# 건축 인테리어 실무를 위한

# 건축 ILLUSTRATOR CS6 REALITY

건축인테리어 실무를 위한

# 건축 ILLUSTRATOR CS6
# REALITY

| 만든 사람들 |

**기획** IT · CG기획부 | **진행** 유명한 | **집필** 강윤정 | **편집 디자인** 디자인 숲 · 이기숙 | **표지 디자인** 김진

| 책 내용 문의 |

도서 내용에 대해 궁금한 사항이 있으시면
저자의 홈페이지나 디지털북스 홈페이지의 게시판을 통해서 해결하실 수 있습니다.
**디지털북스 홈페이지** www.digitalbooks.co.kr
**디지털북스 페이스북** www.facebook.com/ithinkbook
**디지털북스 카페** cafe.naver.com/digitalbooks1999
**디지털북스 이메일** digital@digitalbooks.co.kr
**저자 이메일** dudwn1138@naver.com
**저자 카페** cafe.naver.com/goodsen3d
**저자 블로그** blog.naver.com/dudwn1138

| 각종 문의 |

**영업관련** hi@digitalbooks.co.kr
**기획관련** digital@digitalbooks.co.kr 또는 dgbookplan@digitalbooks.co.kr
**전화번호** (02) 447-3157~8

# Prologue

안녕하세요. 이 책의 저자이자, 인테리어 디자이너 강윤정입니다. 현재 9살 승현이와 7살 승건이 또 멋진신랑 영주씨와 알콩달콩 9년차 가정을 꾸리고 있구요.

존경하는 김종철 사장님과 김선미 차장님이 계시는 (주)아이투디자인에서 설계실장으로 근무 중입니다. 블로그와 카페를 운영중이지만, 시간내에 처리해야 하는 (6시 칼퇴근) 방대한 업무와 완벽한 육아를 구사(?)하기 위해 고군분투 중이라, 가까스로 관리하고 있다는...카페 회원님들 죄송합니다. 바쁘신 중에도 이미지를 협찬해주신 이용선 실장님과 권도현 실장님께 이 자리를 빌어 감사함을 전합니다. ^^ 물에서 저를 건지셨어요~~

한참을 바쁘다는 이유로 늦어지던 일이었습니다. 더 이상은 미룰 수 없게 되었는데, 제 일은 그 전 상황보다 1.5배 더 바빠져 있네요. 지금도 책상에 앉아 이렇게 글을 쓰고 있자니, '그동안 바빠서 못한다', '할 수 없다'는 말은 어쩌면 핑계였나 봅니다. 무엇이든 마음먹기 달렸다는 말.. 다시 한번 실감합니다.

[포토샵 도면 칼라링], [캐드 도면 설계]에 이어, 저의 세 번째 책은 건축, 인테리어 실무를 위한 일러스트레이터입니다. 그동안 포토샵만 고집하다 일러스트레이터를 우연히 접하게 되었고, 아트보드 기능에 대해 알게 되면서는 일러스트레이터에 푹 빠지게 되었습니다. 아무리 방대한 작업도 한꺼번에 쫙 불러와서 후루룩 배치하면 절반이 바로 완성되어 버리지요.

캐릭터, 로고, 편집디자인 쪽의 일러스트레이터 책은 많은데, 건축, 인테리어 디자이너들을 위한 책이 거의 없었지요. 더 늦기 전에 공유하고 싶습니다. 제가 알고 있는 방법을 알려드리고 싶습니다. 그것이 제가 책을 쓰게 된 이유입니다.

이 책은 저의 작업 과정 위주로 쓰여졌고, 이 방법이 꼭 정석이라 할 수는 없지만. 일러스트레이터 작업시 꼭 필요한 명령어와 단축키를 이용한 방법 위주로 서술하여, 일러스트레이터의 모든 기능을 알지 못하더라도, 책을 보면서 스스로 독학할 수 있도록 상세히 풀어놓았습니다. 많은 분들의 일러스트작업에 도움이 되셨으면 합니다.
마지막으로 또 한번의 기회를 주신 양종엽 과장님, 끊임없는 격려와 기도를 해주신 아버님, 어머님, 아빠, 엄마께 감사의 마음을 전합니다.

2014년 7월 강윤정

# 목차

# PART

# 01

# 일러스트레이터 CS6 기본기 다지기

명함, 표찰, 현수막, 지명원, 제안서에 이르기까지 다양하게 활용되고 있습니다. 일러스트레이터 CS6을 시작하기에 앞서 기본이 되는 기능, 화면, 툴패널, 단축키에 대해 알아보도록 하겠습니다.

일러스트레이터는 편집, 타이포, 패키지, 캐릭터 디자인 뿐만 아니라 간판, 보드, 전단지, 명함, 표찰, 현수막, 지명원, 제안서에 이르기까지 다양하게 활용되고 있습니다. 일러스트레이터 CS6을 시작하기에 앞서 기본이 되는 기능, 화면, 툴패널, 단축키에 대해 알아보도록 하겠습니다.

## >> Chapter 01  일러스트레이터 CS6 새로운 기능은 뭐가 있을까?

## >> Lesson 01  인터페이스 색상의 변화

일러스트레이터 CS6을 실행하면 가장 눈에 띄는 변화는 인터페이스 색상입니다. 연회색이었던 인터페이스가 진회색으로 바뀌었죠. 전체화면은 어둡고, 작업화면만 밝게 표현되기 때문에, 작업물에 좀 더 집중할 수 있습니다. 캐드에서 기존 클래식 모드에 익숙한 분들이 리본 메뉴에 적응이 안되듯이, 기존 연회색의 배경에 익숙해진 분들은 역시 적응이 안되실 수 있습니다. 하지만, 환경설정에서 색상을 바꿀 수 있으니, 걱정하지 마세요.

일러스트레이터 CS6의 기본 인터페이스 색상은 진회색입니다. 만약 이전 버전처럼 연회색으로 인터페이스 색상을 바꾸고 싶다면 단축키 Ctrl + K 를 누른 후 사용자 인터페이스의 밝기를 퍼센트(%) 단위로 값을 직접 입력하여 조절할 수 있습니다. 변화하는 인터페이스 비교되시나요?

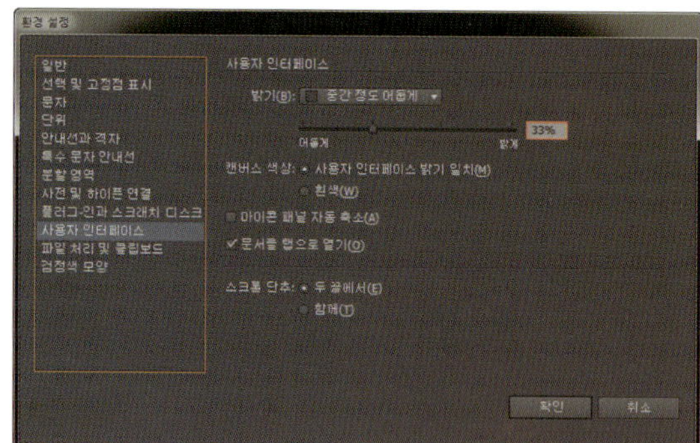

▲ 밝기 33%일때

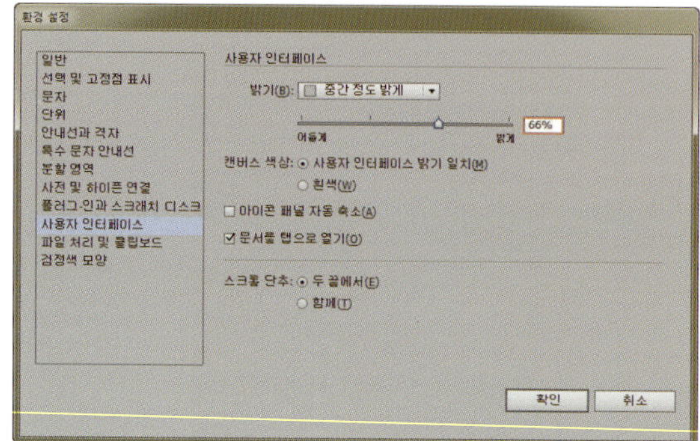

▲ 밝기 66%일때

## >> Lesson 02 강화된 이미지 추적 기능

기존의 이미지 추적기능은 복잡한 이미지를 추적하는데 처리 시간이 많이 걸리는 편이었습니다. 컴퓨터가 순간적으로 멈추기도 했었지요. CS6에서는 이미지를 편집 가능한 벡터파일로 훨씬 빠르고 쉽게 변환할 수 있습니다.

**1** Ctrl + N 을 누르고 다음과 같이 설정 후, 확인 버튼을 눌러 새 창을 만듭니다.

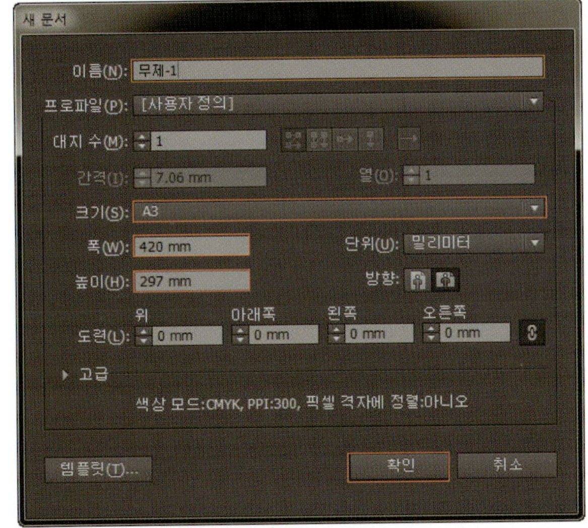

**2** Ctrl + O 를 눌러, 부록CD_Part01_ 01_예제_새로운 기능.jpg 파일을 불러옵니다. 이미지를 클릭하고 컨트롤 패널에서 [이미지 추적–충실도가 높은 사진]을 클릭합니다.

**3** 첫 픽셀 그룹화하기 – 패스 매끄럽게 하기 – 곡선 맞추기 과정을 거쳐, 이미지 추적이 완료됩니다.

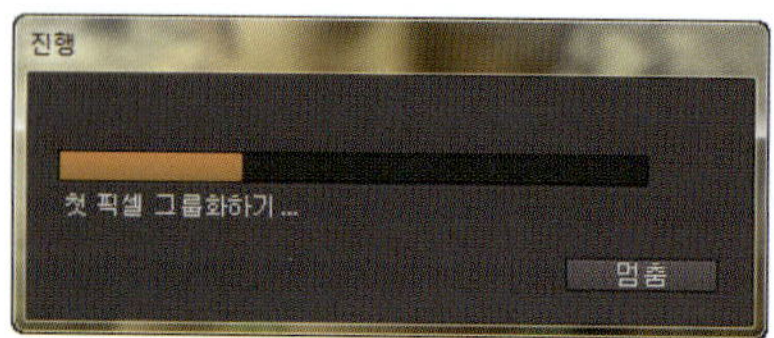  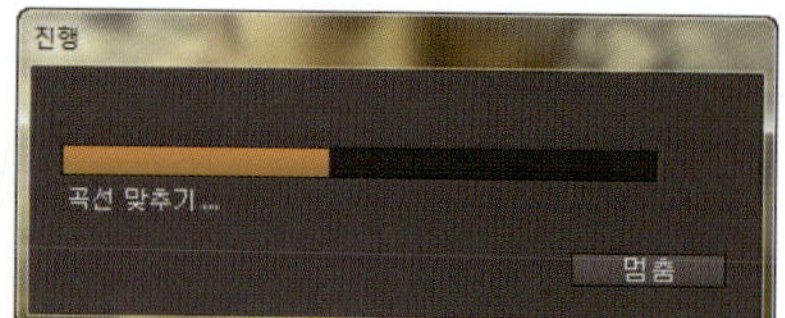

**4** 복잡한 인물 예제인데도 정말 사실적으로 이미지가 추적되었습니다. [이미지 추적] 옆의 [확장] 버튼을 클릭하면 벡터 이미지로 변환됩니다.

▲ 예제 이미지

▲ 벡터 이미지로 변환

**5** 이미지를 확대해보면, 벡터화된 것이 보이시죠.

**6** 원본이미지와 비교해보겠습니다. 옵션 설정에 따라 달라지는 이미지 변화입니다.

▲ 원본이미지

▲ 백터이미지

▲ 충실도가  낮은사진

▲ 3색상

▲ 6색상

▲ 16색상

▲ 회색음영

▲ 흑백로고

▲ 스케치아트

▲ 윤곽

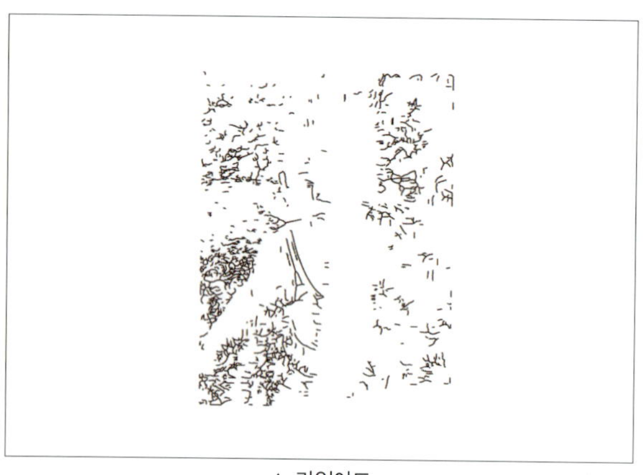

▲ 라인아트

▲ 기술도면

[윈도우]–[이미지 추적] 메뉴를 선택하면 나타나는 이미지 추적 패널에서 설정값을 좀 더 세밀하게 조절할 수 있습니다.

# 선에 그라디언트 적용 기능

선의 길이, 폭 또는 선 자체에 그라디언트를 적용할 수 있을 뿐 아니라, 그라디언트 배치 및 불투명도를 완벽하게 제어할 수 있습니다.

**1** 툴 패널에서 별 모양 도구를 클릭합니다. Shift를 누르면서 다음과 같이 적당한 크기의 별 모양을 만들어줍니다.

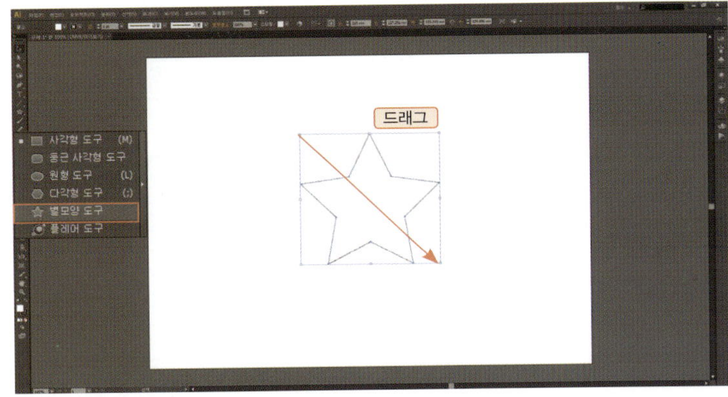


**2** 효과적인 결과물을 보기 위해 선두께를 10pt정도로 조절해줍니다.

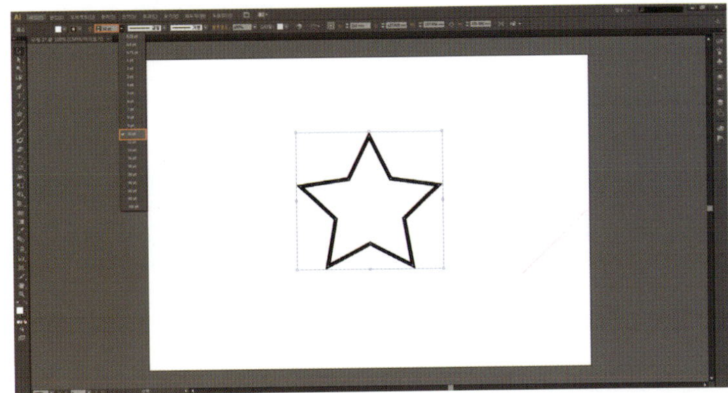

**3** 단축키 Ctrl+F9를 눌러 그라디언트 패널을 불러옵니다. 왼쪽 컬러피커를 더블 클릭하고 오렌지색, 노랑색으로 설정합니다.

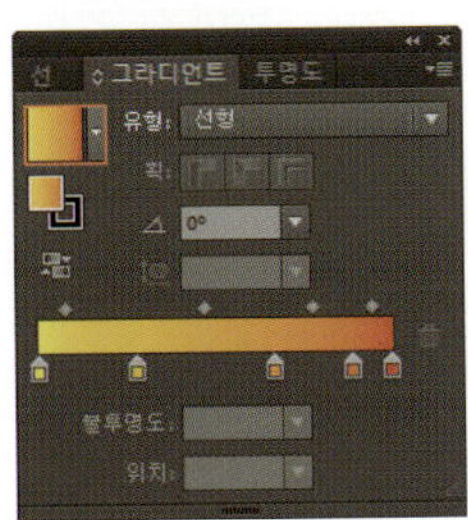


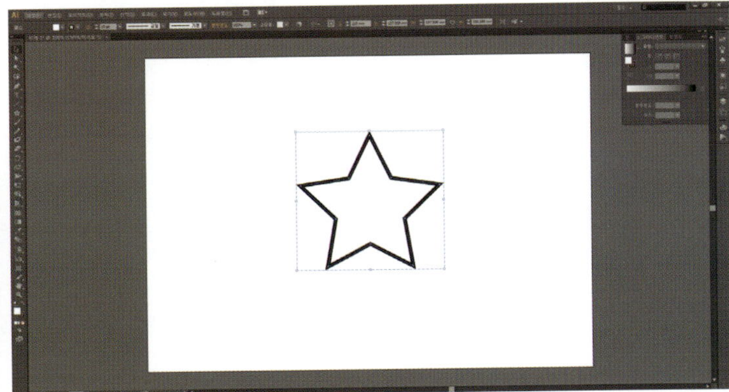

**4** 면 색상에 그라디언트가 적용되었습니다.

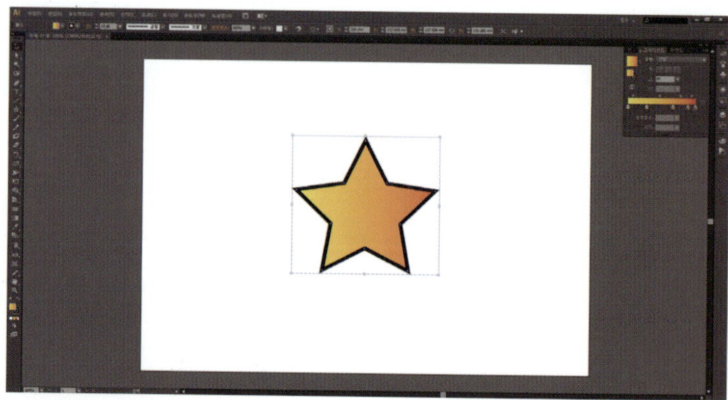

**5** 단축키 Shift+X 를 눌러서 선과 면 색상을 바꿔주고, 단축키 / 를 눌러 면 색상을 없애줍니다. 선에 그라디언트 효과가 적용되었습니다.

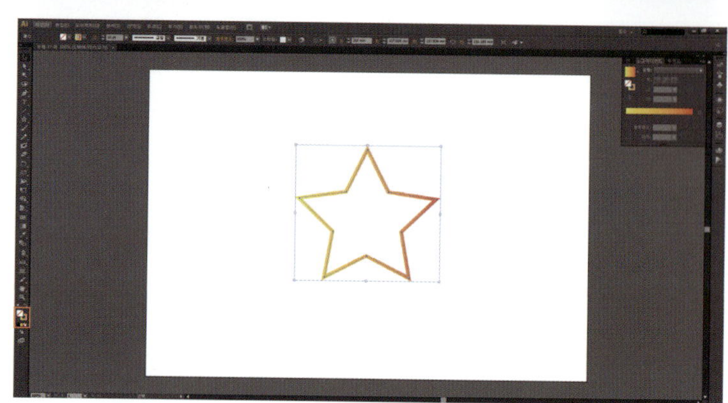

## >> Lesson 04 고정 가능한 숨겨진 툴

모양 툴이나 펜 툴처럼 숨겨진 툴이 있는 경우에 툴 자체를 분리하여 고정할 수 있습니다. 툴을 가로 또는 세로로 고정하여 보다 효율적으로 작업 영역을 활용할 수 있습니다.

**1** 선분 툴( )을 꾹 누르면 하위 툴이 나타나고 옆의 숨겨진 툴( )을 꾹 누르면 다음과 같이 툴이 분리됩니다.

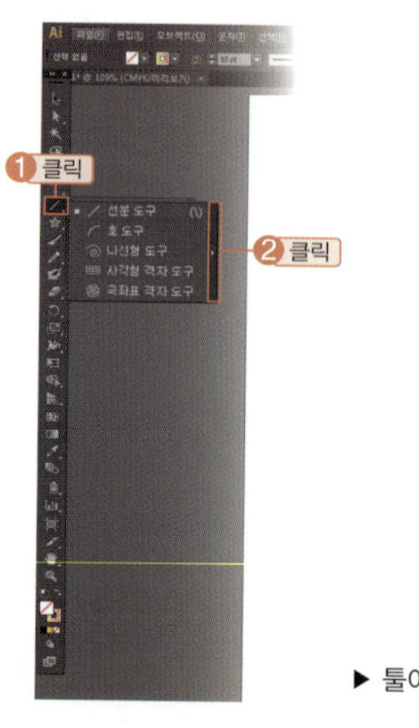

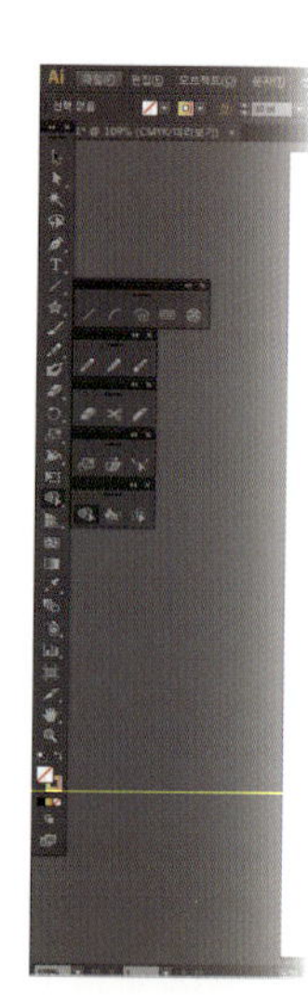

▶ 툴이 분리됨

**2** ( ◀◀ )버튼을 누르면 세로로 정렬도 가능합니다. 원하는 모양으로 고정하여 작업영역을 활용해보세요.

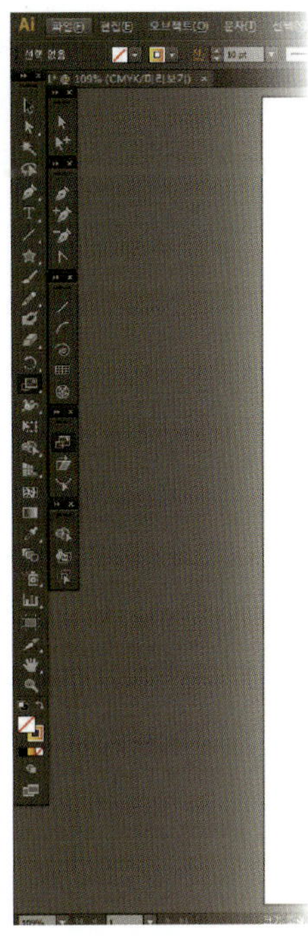

## >> Lesson 05 간편해진 패턴만들기

일러스트레이터 CS6에서 패턴 생성 기능은 더 깔끔하고, 더 정확하고, 더 쉽게 패턴 경로를 지정하여 작업할 수 있습니다. 다양한 유형의 타일식 벡터 반복 패턴은 언제든지 편집하여 최대한 유연하게 디자인할 수 있습니다.

**1** Ctrl + N 을 누르고 다음과 같이 설정 후 확인 버튼을 클릭하여, 새 문서를 만듭니다.

**2** [윈도우]-[심볼 라이브러리]-[프리미티브]를 클릭하고, 심볼을 배경화면으로 하나하나 드래그해서 다음과 같이 정렬해줍니다.

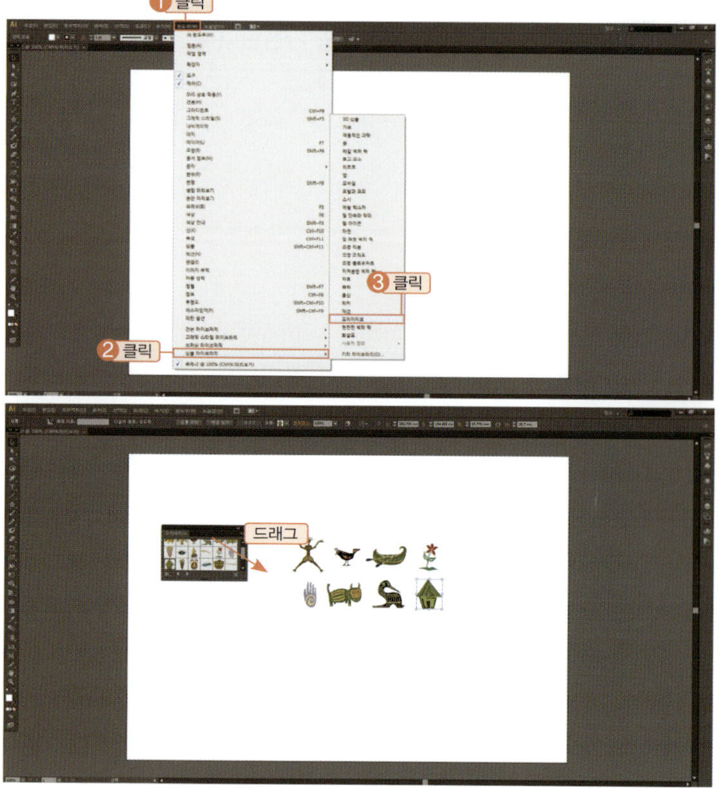

**3** 전체 오브젝트를 선택하고, 상단의 연결 끊기 버튼을 클릭하여, 일반 오브젝트로 변경합니다.

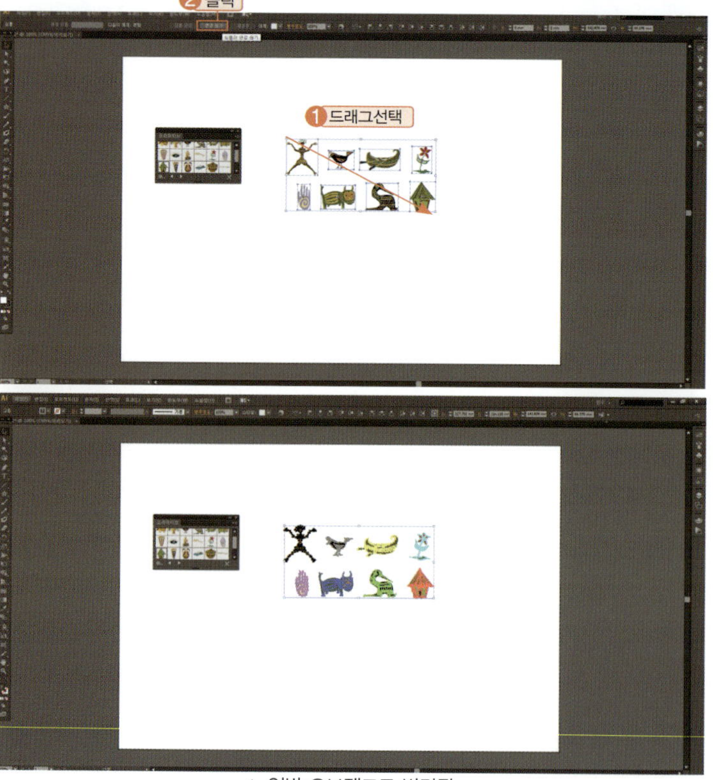

▲ 일반 오브젝트로 변경됨

**4** 전체 오브젝트가 선택되었는지 확인
후, [오브젝트]–[패턴]–[만들기]를 선택하
면, 다음과 같이 새 패턴을 견본에 추가한
다는 내용의 창이 나타납니다.

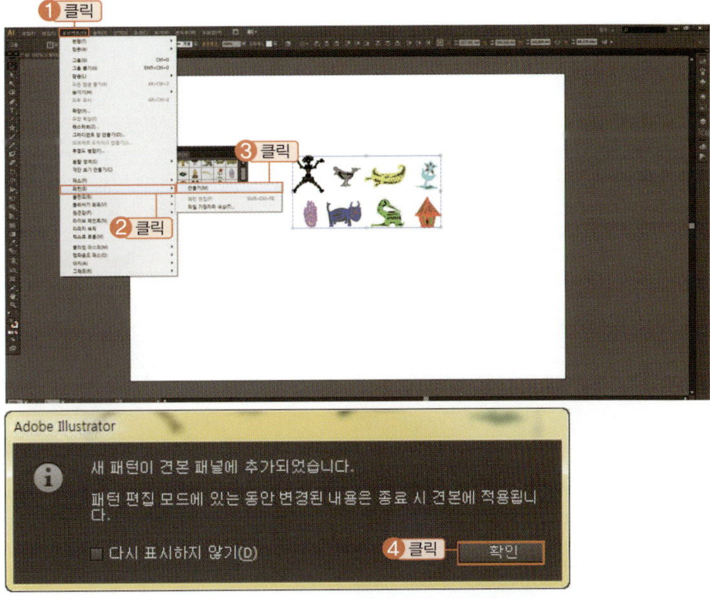

**5** 확인 버튼을 누르면, 짠~~패턴 옵
션창과 함께, 작업 창이 패턴 편집 창으로
바뀝니다.

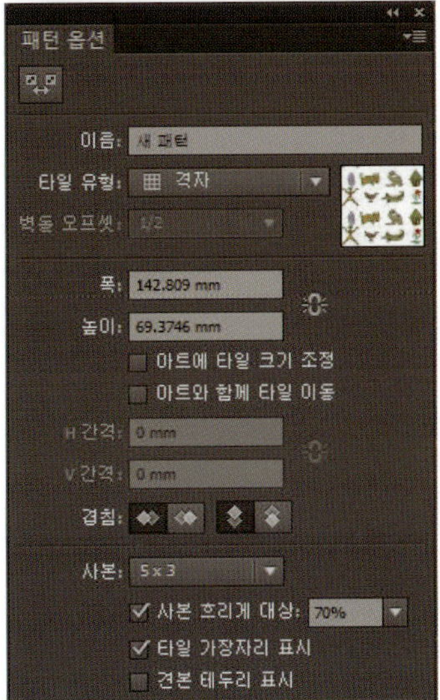

▲ 패턴 옵션 창

알 아 두 기

## 패턴 옵션 패널 살펴보기

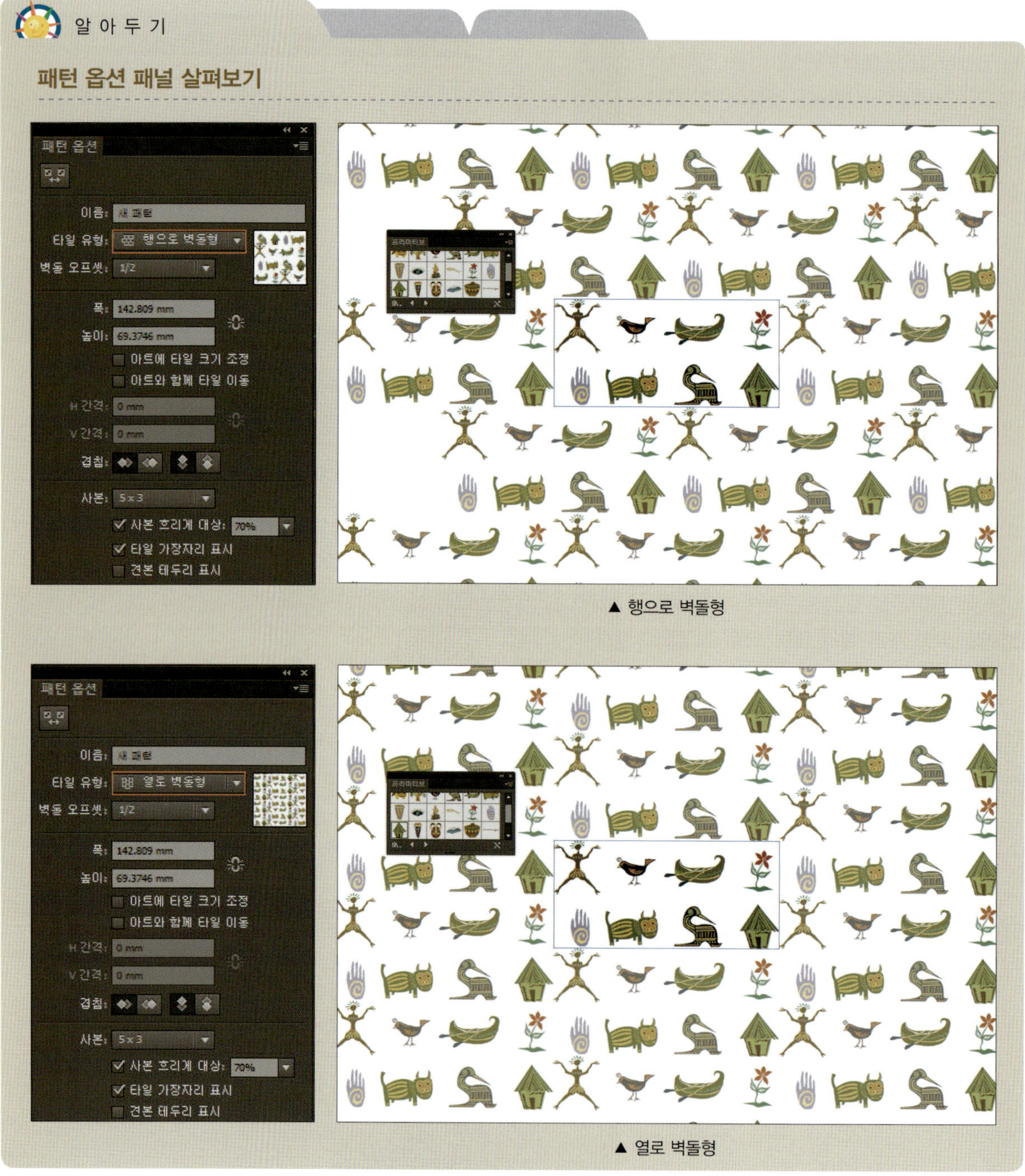

▲ 행으로 벽돌형

▲ 열로 벽돌형

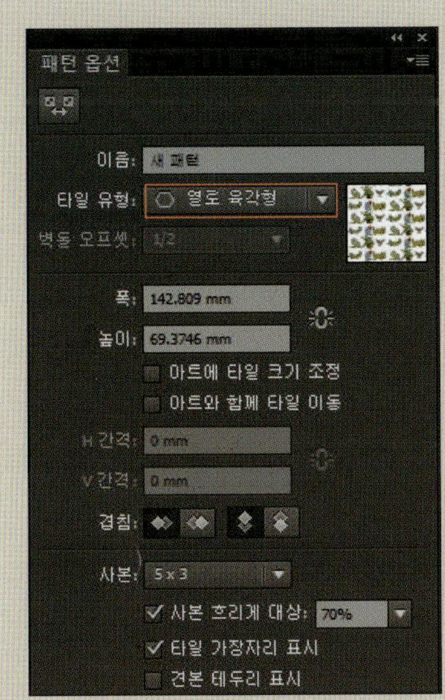

▲ 열로 육각형

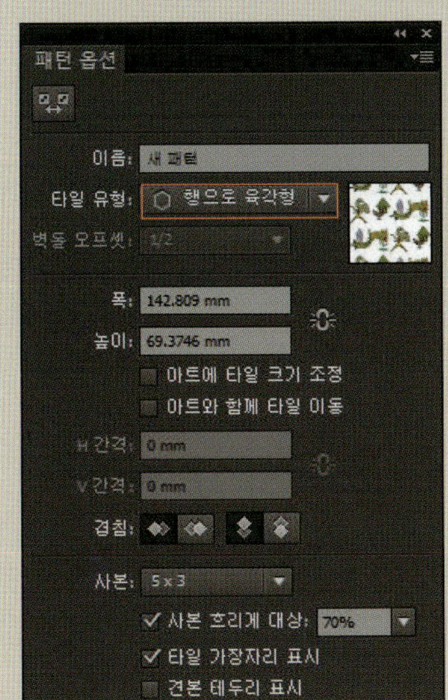

▲ 행으로 육각형

## 알 아 두 기

### 패턴 옵션 패널 살펴보기

❶ 폭/ 높이 : 패턴으로 만들 타일 크기를 조절합니다.

❷ H간격 / V간격 : 아트에 타일 크기 조정을 체크했을 때 타일 사이의 간격을 정합니다.

❸ 겹침 : 타일이 겹칠 때 오브젝트 중 어느쪽을 위로 배치시킬지 정합니다.

❹ 사본 : 복제될 패턴의 개수를 정합니다.

❺ 사본 흐리게 대상 : 복제될 패턴의 투명도를 정합니다.

❻ 타일의 테두리를 표시합니다.

❼ 패턴의 견본 테두리를 표시합니다.

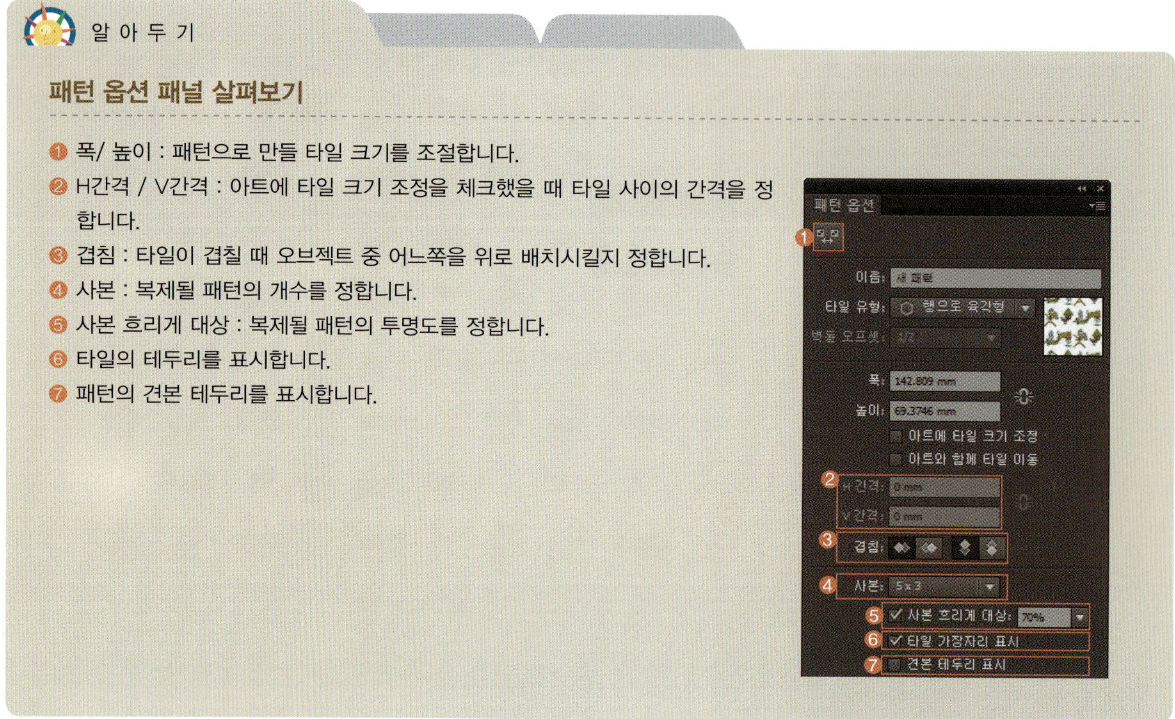

**6** 만들어진 패턴을 적용시켜 보겠습니다. 사각형 툴(■)단축키 M 을 누르고 화면을 드래그 하여 사각형을 만들어줍니다. 새로운 패턴이 바로 적용되었습니다.

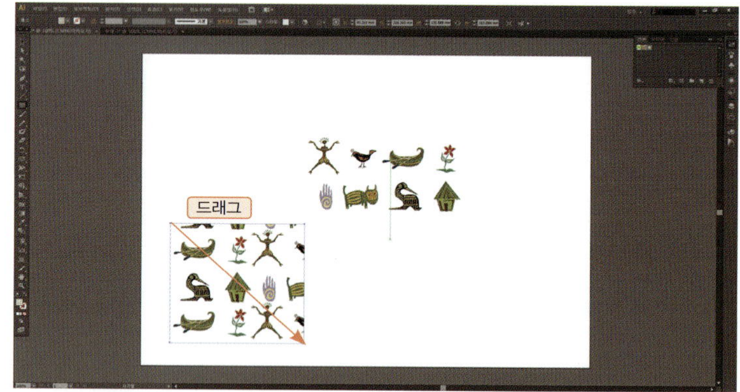


**7** 다른 도형 오브젝트로도 만들어봅니다.

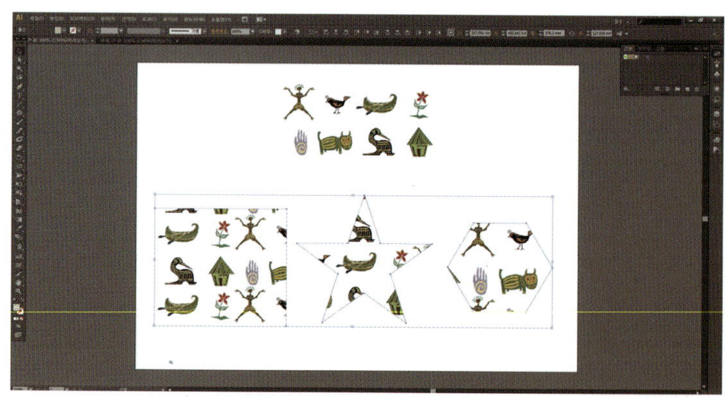

**8** 패턴 크기를 조절하고 싶나요? 툴바의 크기 조절 툴( )을 더블클릭하면 나타나는 크기 조절 창에서 균일에 원하는 크기의 %를 기입하고, 옵션에서 패턴 변형에 체크한 후 확인 버튼을 누릅니다.

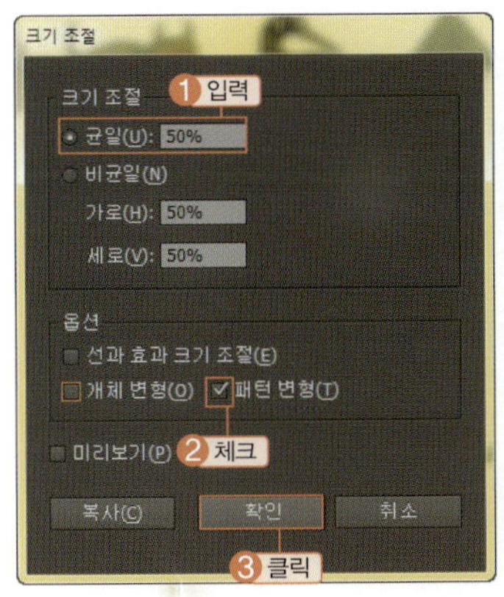

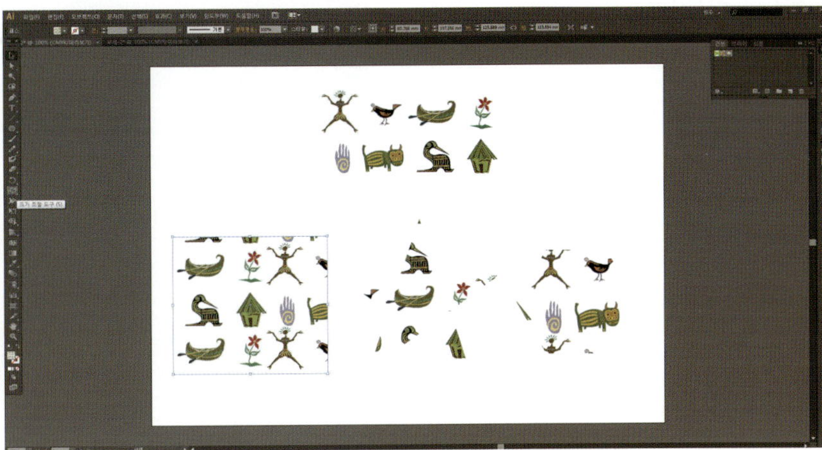

## 빠르게 적용되는 효과기능

>> Lesson 06

포토샵에서 유용하게 쓰이던 효과기능이 일러스트레이터에서도 빠르게 적용 가능합니다.

**1** Ctrl+ O 를 눌러, 부록CD_Part01_01_ 예제_효과.Ai 파일을 불러옵니다.

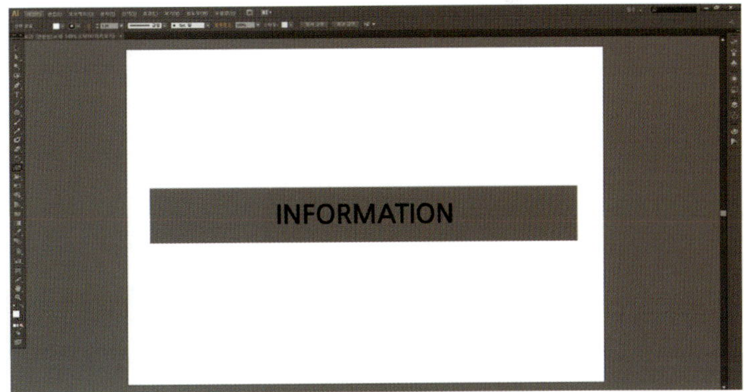

**2** 선택 툴( ) 단축키 [V]를 누르고, 예제의 문자를 선택합니다. [효과]–[스타일화]–[그림자 만들기]를 클릭하고 그림자 만들기 창이 나타나면, 확인 버튼을 누릅니다.

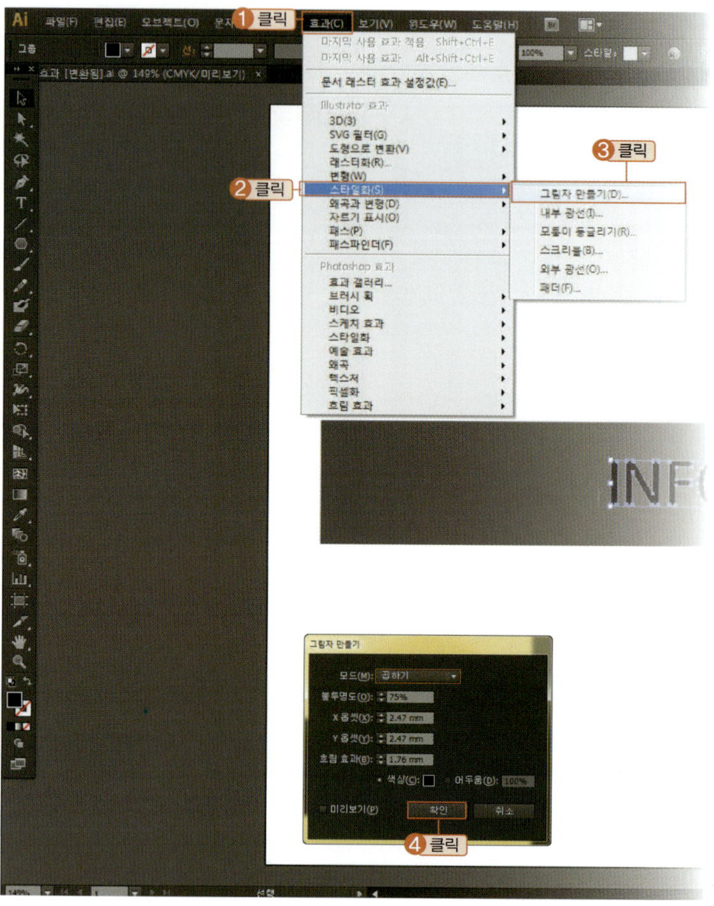

**3** 간단하게 그림자 효과가 적용되었습니다.

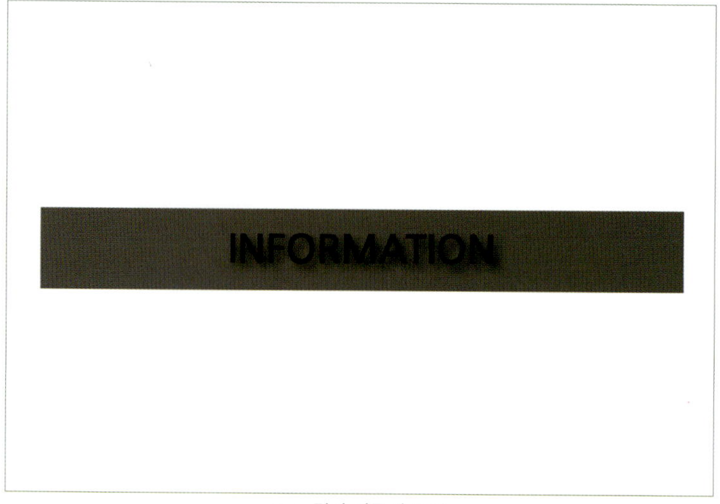

▲ 그림자 만들기 효과

**4** 단축키 `Ctrl`+`Z`를 눌러, 전 단계로 돌아옵니다. 이번엔, [효과]–[스타일화]– [내부 광선]을 선택하고, 내부 광선 옵션 창이 나타나면, 확인 버튼을 누릅니다.

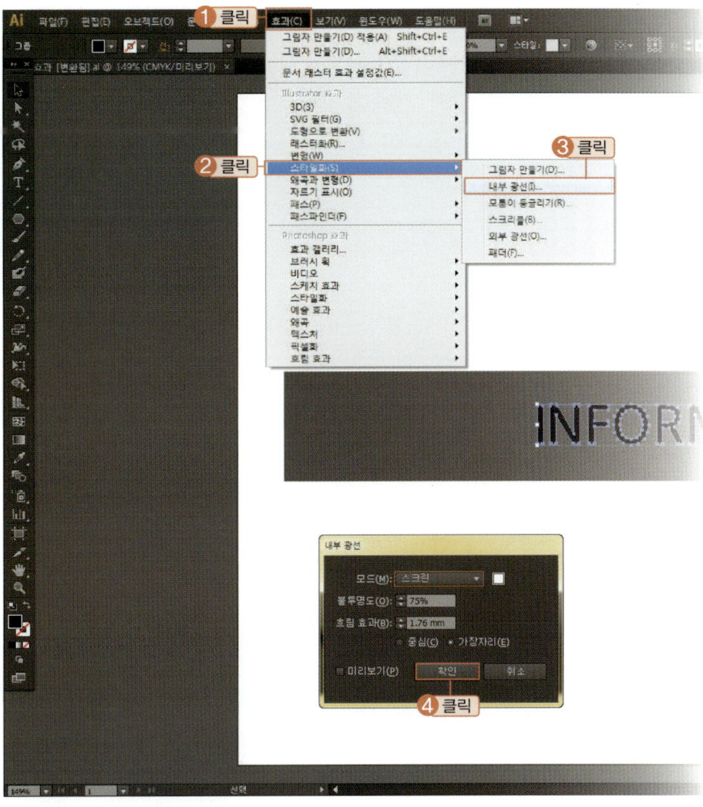

**5** 내부 광선 효과가 적용되었습니다.

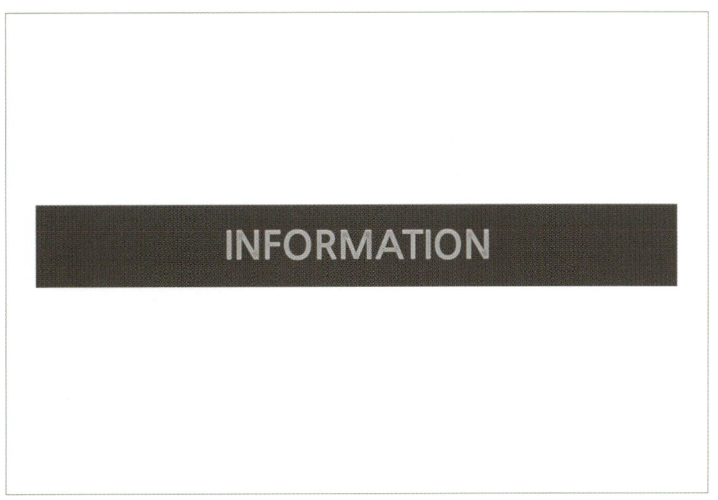


▲ 내부 광선 효과

**6** 포토샵 효과를 일러스트레이터에서도 표현하고 있자니, 점점 재미있어지지요? 내부광선 안에서도, 모드의 선택에 따라 각각 다른 효과가 적용이 됩니다. [모드]–[차이] 효과입니다.

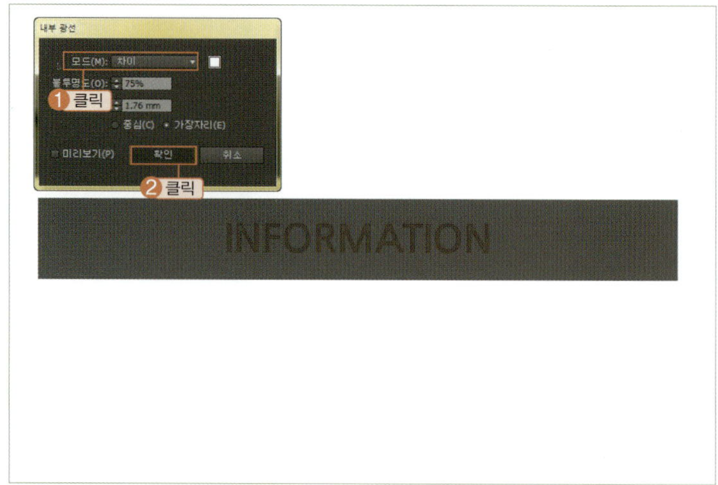


**7** 단축키 Ctrl + Z 를 눌러, 전 단계로 돌아옵니다. [효과]–[스타일화]–[모퉁이 둥글리기]를 선택하고, 모퉁이 둥글리기 옵션 창이 나타나면, 확인 버튼을 누릅니다.

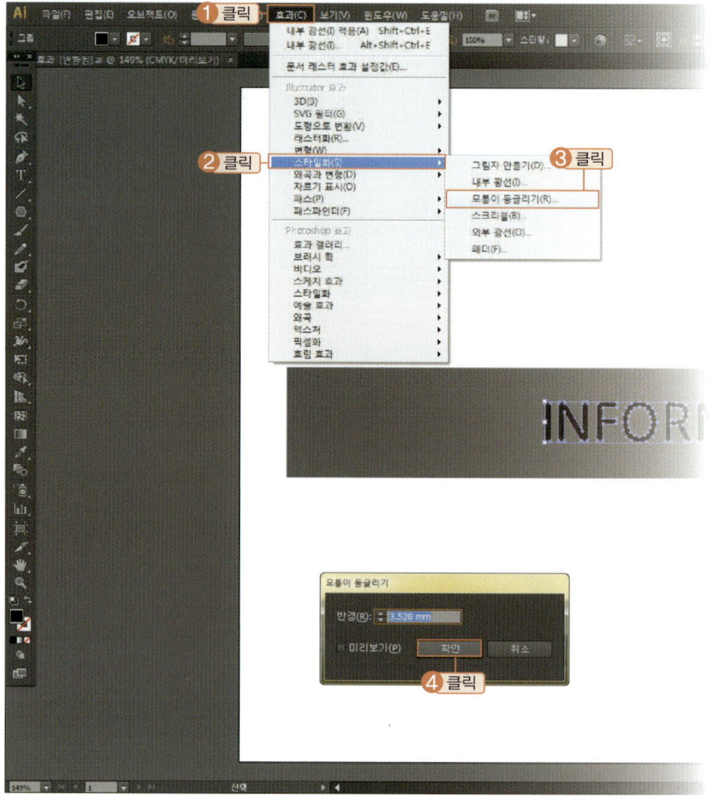

**8** 별다른 옵션값을 지정하지 않고, 기본값만 적용해 봅니다. 원하는 효과를 내기 위해 값은 얼마든지 조절 가능합니다. 모퉁이 둥글리기 효과가 적용되었습니다.

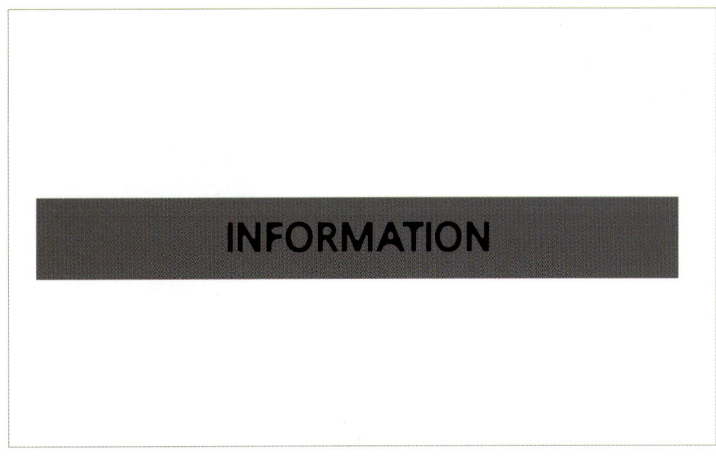

▲ 모퉁이 둥글리기 효과

**9** 단축키 Ctrl + Z 를 눌러, 전 단계로 돌아옵니다. [효과]-[스타일화]-[스크리블]을 선택합니다. 스크리블 효과는 스케치그림을 만들 수 있는 효과입니다. 스크리블 옵션 창에서 설정을 [모아레]로 바꿔봅니다. 응용하면 정말 재미있는 효과가 나오겠죠?

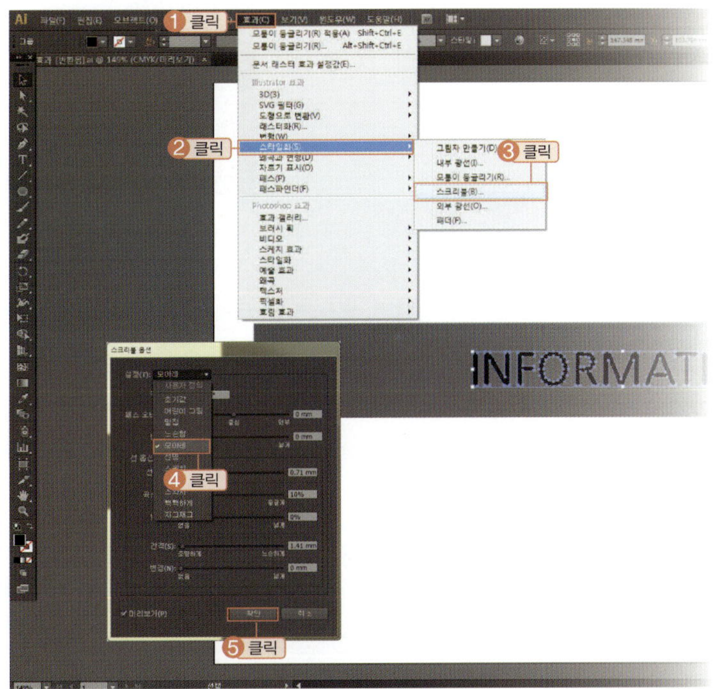

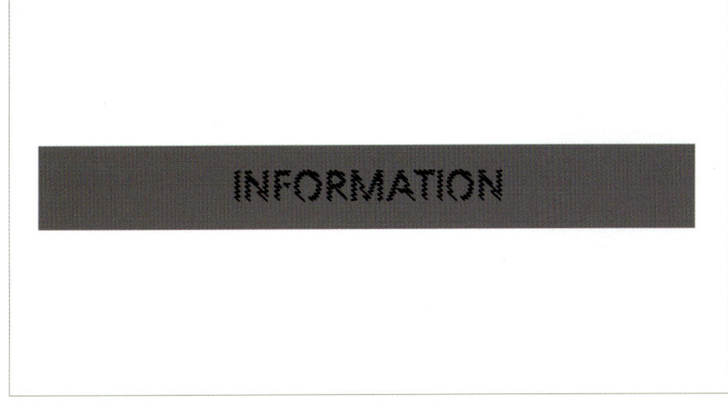

▲ 스크리블 효과

**10** 단축키 Ctrl + Z 를 눌러, 전 단계로 돌아옵니다. [효과]-[스타일화]-[외부 광선]을 선택합니다.

**11** 외부 광선 옵션 창이 나타나면, 모드는 [스크린]을 선택하고, 옆의 버튼을 눌러 색상피커를 광선색상이 될 흰색 계통으로 설정한 후 확인 버튼을 누릅니다.

**12** 간판 시안을 계획할 때 후광 효과 로 정말 유용하겠지요.

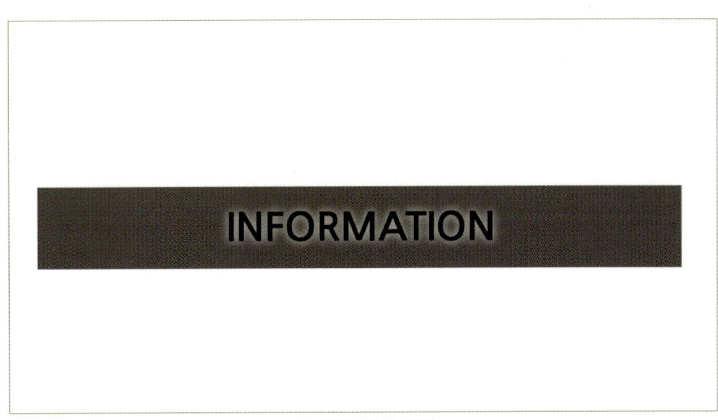

▲ 외부 광선 효과

**13** 단축키 [Ctrl]+[Z]를 눌러, 전 단계로 돌아옵니다. [효과]–[스타일화]–[패더]를 선택합니다. 패더 옵션 창이 나타나면, 반경을 1mm로 설정하고, 확인 버튼을 누릅니다. 이와 같이 다양한 효과를 누려보시길 바랍니다.

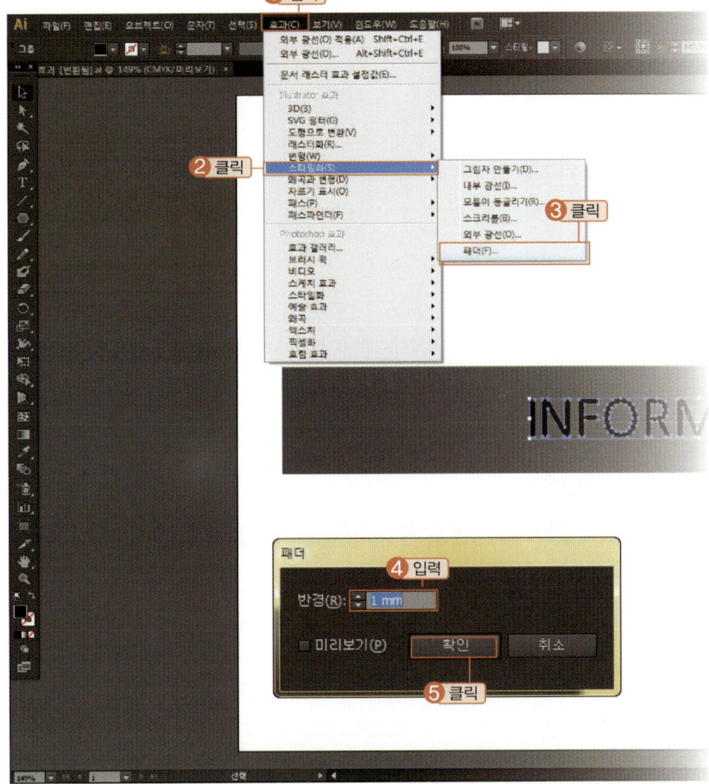

## >> Chapter

# 02 일러스트레이터 CS6 기본화면은 어떻게 생겼지?

일러스트레이터 CS6의 작업화면은 크게 메뉴, 패널, 작업 창으로 나뉩니다. 화면을 구성하는 각 요소와 사용법을 알아보도록 하겠습니다.

① **브릿지 바로가기 아이콘(Br)**: 어도비 전용뷰어 프로그램인 브릿지를 실행합니다. 어도비 브릿지를 실행하면, 일반 이미지뷰에서는 볼 수 없는 PSD파일이나 AL파일의 이미지를 볼 수 있습니다.

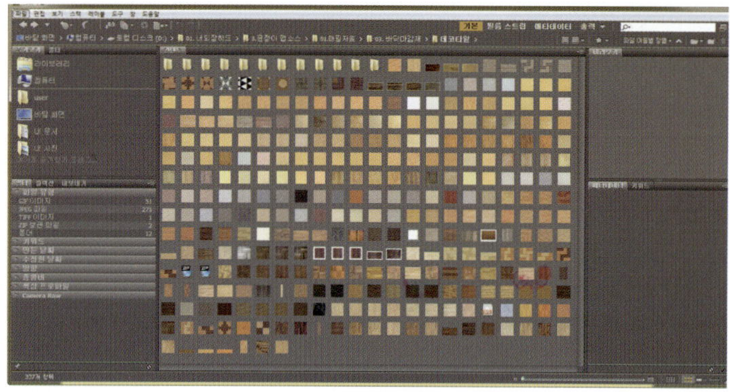

▲ 브릿지 실행화면

② **문서정돈(**  **) :** 작업 창이 여러개 열려 있을 때 원하는 버튼 모양대로 작업창을 재배치할 수 있습니다.

③ **메뉴바 :** 파일, 편집, 오브젝트, 문자, 선택, 효과, 보기, 윈도우, 도움말, 이렇게 9가지 메뉴가 있고, 각 메뉴별로 하위 메뉴가 있습니다. 메뉴를 클릭하면 실행할 수 있는 메뉴는 검은색, 조건에 맞지 않아 실행할 수 없는 메뉴는 회색으로 표현됩니다.

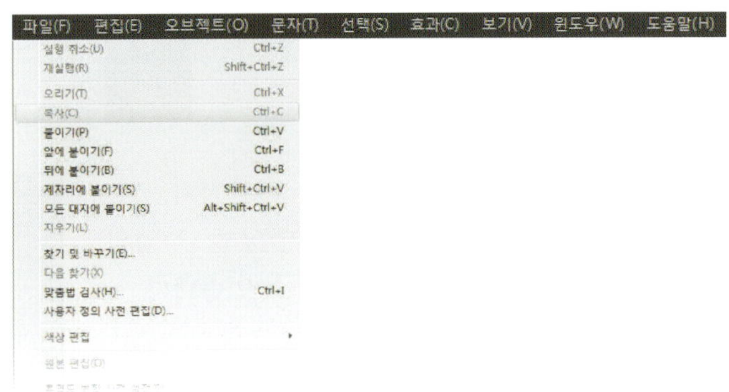

④ **컨트롤 패널 :** 상황에 맞는 패널을 모아서 표시해줍니다. 간단한 기능은 컨트롤 패널에서 빠르게 실행할 수 있습니다.

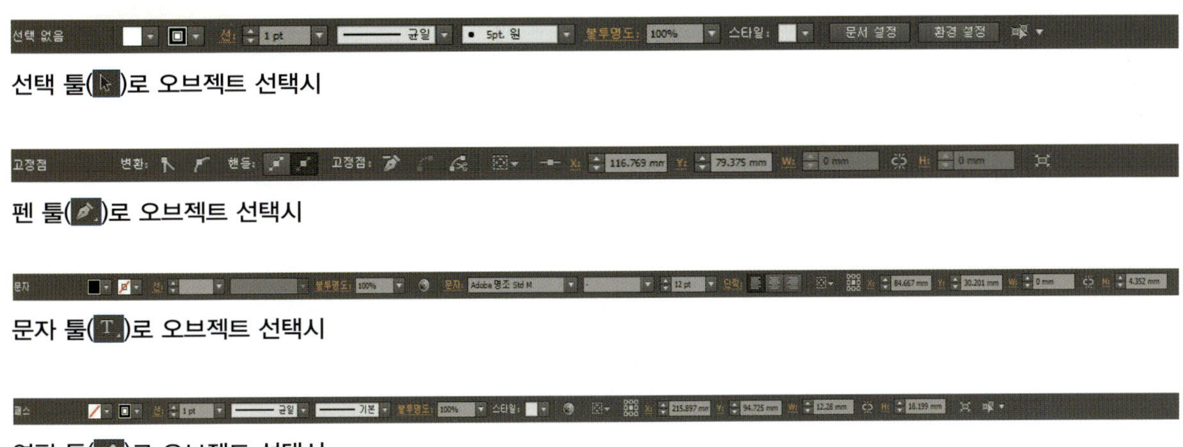

**선택 툴(**⬚**)로 오브젝트 선택시**

**펜 툴(**⬚**)로 오브젝트 선택시**

**문자 툴(** T **)로 오브젝트 선택시**

**연필 툴(**⬚**)로 오브젝트 선택시**

⑤ **툴 패널 :** 일러스트레이터에서 가장 중요하면서도 기본이 되는 툴을 모아둔 곳입니다.

⑥ **작업 창 :** 작업하는 영역입니다. 작업창이 여러 개 일 때는 작업창을 탭으로 구분할 수 있습니다. 탭을 클릭해서 원하는 창으로 이동하기도 하고, 탭을 드래그해서 창의 순서를 바꾸기도 합니다.

⑦ **작업화면 선택하기 :** 레이아웃, 문자처리, 웹, 인쇄 및 보정, 자동화, 추적, 페인팅 등 작업의 특성에 맞게 화면구성을 선택할 수 있습니다.

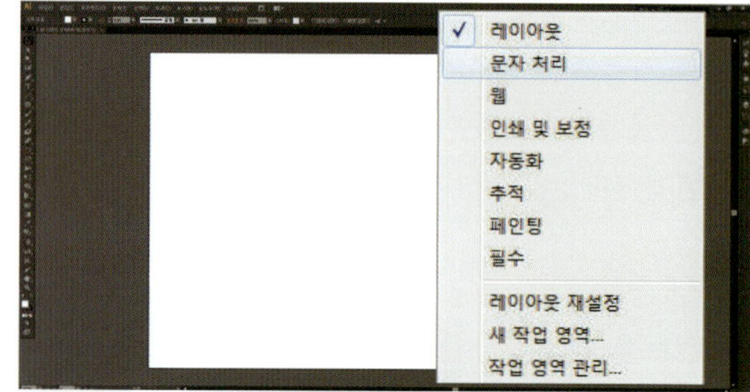

▲ 레이아웃 화면

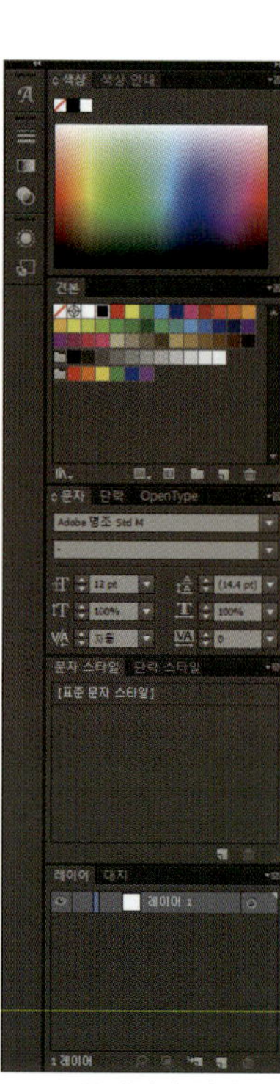

▲ 문자처리 화면

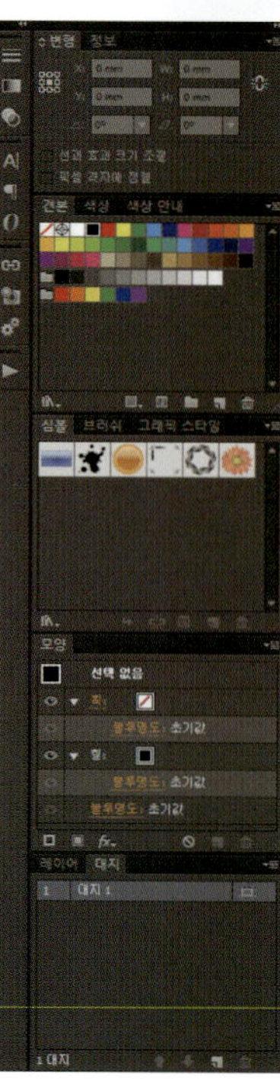

▲ 웹 화면

▲ 인쇄 및 보정 화면

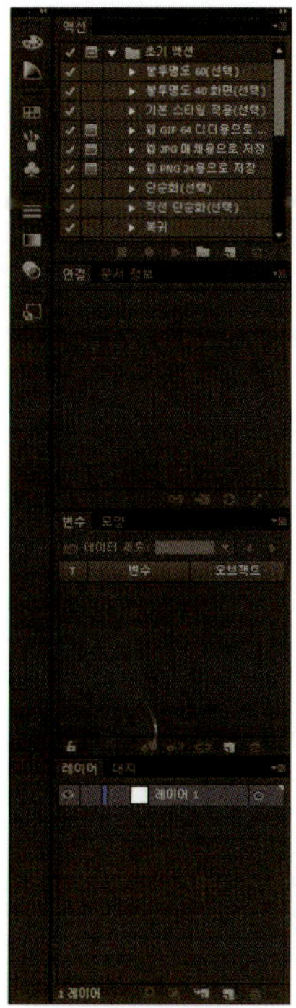

▲ 자동화 화면

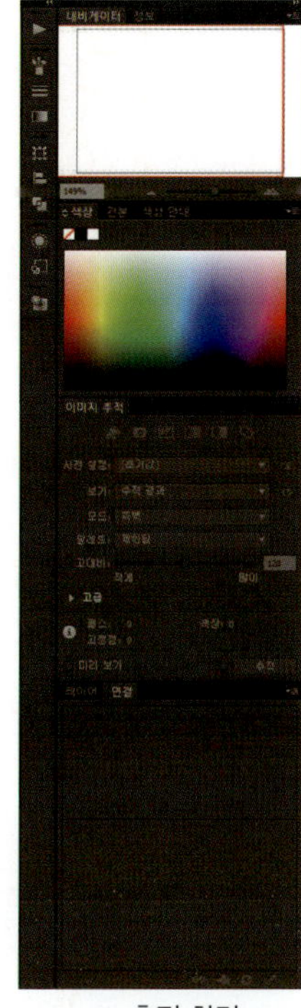

▲ 추적 화면

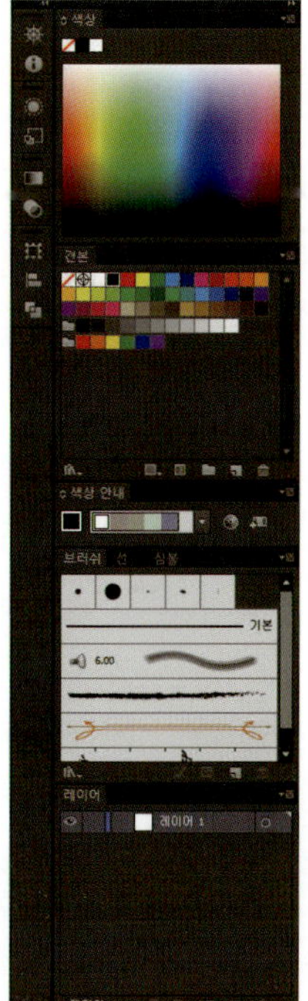

▲ 페인팅 화면

⑧ **도움말(**  **)** : 작업시 궁금한 사항을 키워드에 입력하면, 검색하여 정보를 얻을 수 있습니다.

⑨ **패널** : 오브젝트를 제어하는 기능을 모아놓은 곳 입니다.

⑩ **상태바** : 작업 창의 보기 비율을 조절하거나, 분리된 아트보드 선택에 사용됩니다.

# 03 자주 쓰는 툴 패널 익히기

각 툴은 선택 툴 그룹, 그리기와 글자 툴 그룹, 모양 변경 툴 그룹, 채색 툴 그룹, 심볼과 그래프 툴 그룹, 영역 툴 그룹, 오브젝트 색상 및 화면 모드 변경 그룹으로 나누어져 있습니다. 그룹을 익혀두면, 일러스트레이터를 더 쉽게 활용할 수 있겠죠? 툴패널을 사용하는 방법과 기능을 알아보도록 하겠습니다.

**1** 툴패널의 삼각버튼(▶▶)을 누르면 툴패널이 1열 또는 2열로 표시됩니다.

**2** 각 툴에 마우스를 가져가면 툴이름이 나타나고, 단축키가 보입니다.

**3** 툴의 오른쪽 아래에 있는 삼각형표시(◢)가 있는 툴은 숨겨진 세부 툴이 더 있다는 표시입니다. 삼각형표시(◢)를 꾹 누르면 세부툴이 나타나고, 원하는 툴을 선택할 수 있습니다.

▲ 1열일 때    ▲2열일 때

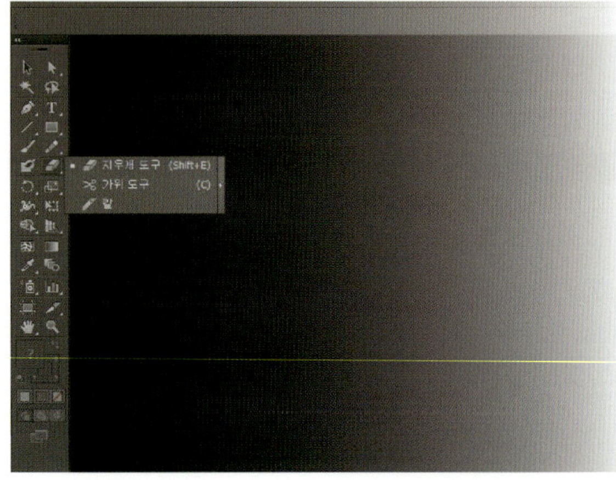

4 오른쪽의 또다른 삼각형을 누르면 관련 툴이 별도로 밖으로 나오게 됩니다.

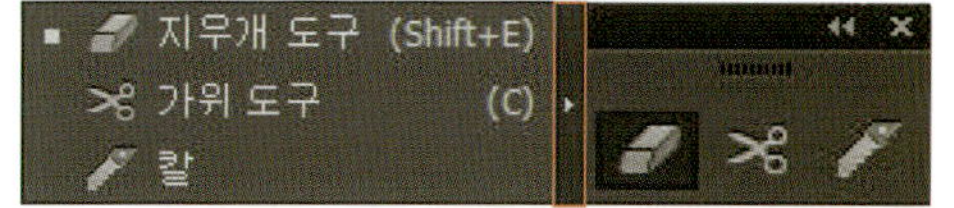

5 이렇게 숨겨진 툴이 있을 경우 Alt 를 누르면서 툴을 클릭하면, 숨겨진 세부 툴이 차례로 선택됩니다.

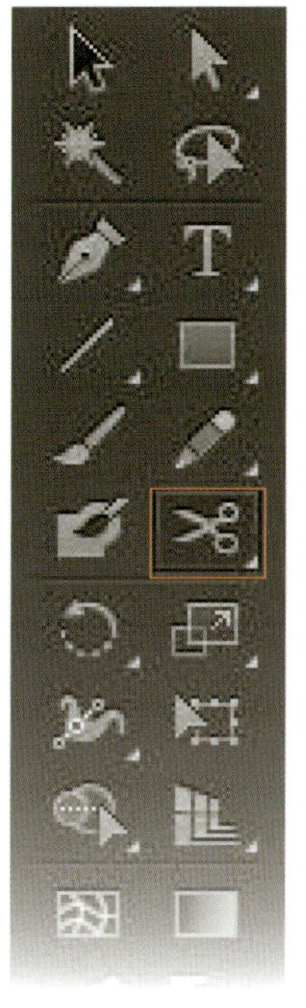

▲ Alt +한번 클릭

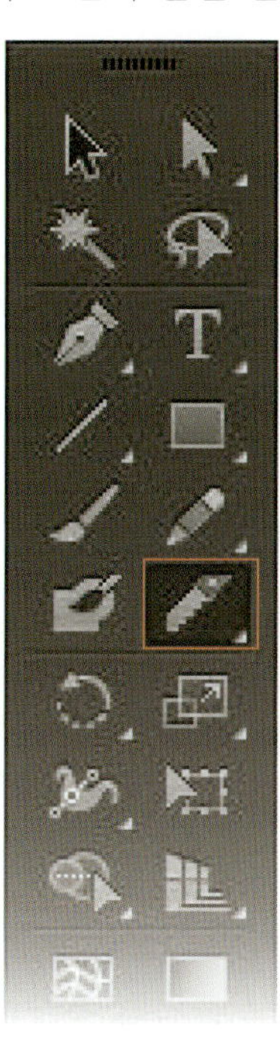

▲ Alt +두번 클릭

▲ Alt +세번 클릭

6 툴을 더블클릭하면 해당 툴의 옵션 창이 나타납니다.

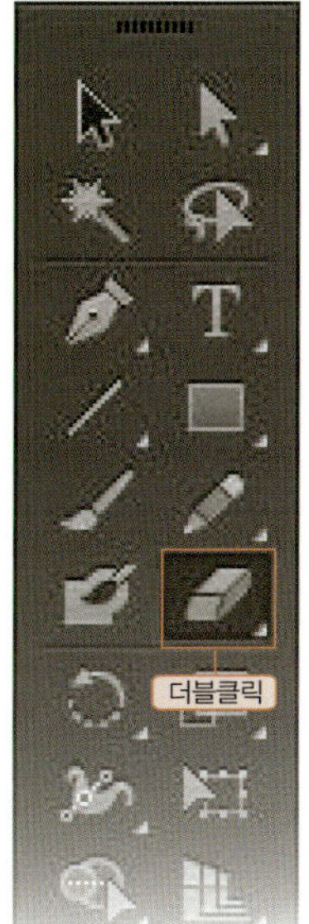

▲ 더블 클릭

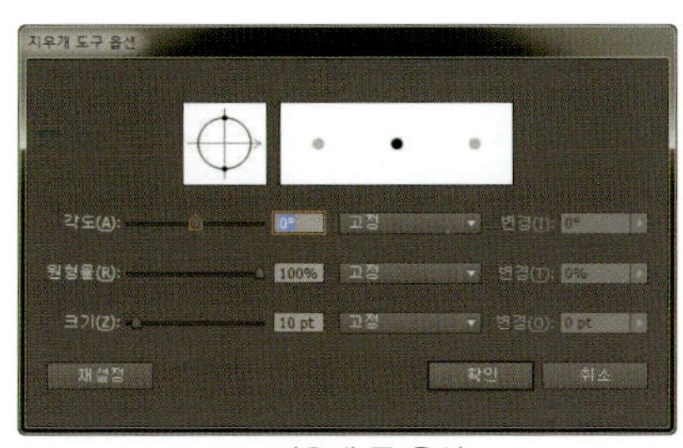

▲ 지우개 툴 옵션

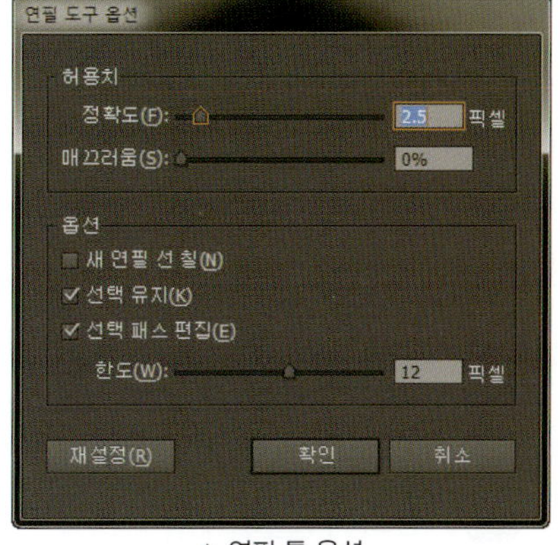

▲ 연필 툴 옵션

## [선택 툴 그룹]

① **선택 툴**( / 단축키 V) : 오브젝트를 선택하거나 옮깁니다.

② **직접 선택 툴**( / 단축키 A) : 오브젝트의 기준점이나 패스를 선택합니다.

　**그룹 선택 툴**( ) : 그룹으로 묶인 오브젝트 중 일부 개체를 선택해서 수정할 때 사용합니다.

③ **자동 선택 툴**( / 단축키 Y) : 클릭한 곳과 비슷한 속성을 가진 오브젝트를 선택합니다.

④ **올가미 툴**( / 단축키 Q) : 드래그한 영역에 속한 오브젝트를 모두 선택합니다.

## [그리기와 글자 툴 그룹]

⑤ **펜 툴**( / 단축키 P) : 직선, 곡선, 도형 등의 오브젝트를 그립니다.

　**고정점 추가 툴**( ) : 고정점이 없는 패스의 기준점을 추가합니다.

　**고정점 삭제 툴**( ) : 고정점을 클릭해서 삭제합니다.

　**고정점 변환 툴**( / 단축키 Shift+C) : 고정점 양옆의 패스를 직선 또는 곡선으로 수정합니다.

⑥ **글자 툴** ( T , , , T , , / 단축키 T) : 영역 문자 툴, 패스 상의 문자 툴, 세로 문자 툴, 세로 영역 문자 툴, 패스 상의 세로 문자 툴 등 글자를 다양한 형식으로 입력합니다.

⑦ **선 툴**( , , , , / 단축키 W) : 직선, 호, 나선, 사각형 격자, 극 좌표를 그립니다.

⑧ **도형 툴**( , , , , , / 단축키 M), 사각형, 둥근 사각형, 원형, 다각형, 별, 플레어를 그립니다.

⑨ **브러시 툴**( / 단축키 B) : 다양한 선이나 붓터치 모양으로 패스를 그립니다.

⑩ **연필 툴**( / 단축키 N) : 자유롭게 드래그해서 패스를 그립니다.

　**매끄럽게 툴**( ) : 그린 패스위를 드래그해서 부드럽게 만듭니다.

　**패스 지우개 툴**( ) : 그린 패스를 지웁니다.

⑪ **물방울 브러시 툴**( / 단축키 Shift+B) : 실제 붓으로 색칠하는 것처럼 자유롭게 그릴 수 있는 툴이며, 선이 아닌 면으로 인식하는 점이 연필 툴, 브러쉬 툴과 다른 점입니다.

⑫ **지우개 툴**( / 단축키 Shift+E) : 오브젝트를 지웁니다.

　**가위 툴**( / 단축키 C) : 이어져 있는 패스를 자릅니다. 잘라낸 오브젝트는 열린 패스가 됩니다.

　**칼 툴** ( ) : 오브젝트를 자릅니다. 잘라낸 오브젝트는 닫힌 패스가 됩니다.

## [모양변경 툴 그룹]

⑬ **회전 툴**( / 단축키 R), **반사 툴**( , 단축키 O) : 오브젝트를 회전하거나 반전시킵니다.

⑭ **크기 조절 툴**( / 단축키 S), **기울이기 툴**( ), **모양 변경 툴**( ) : 오브젝트의 크기를 줄이거나 변을 움직이거나 꼭짓점을 움직입니다.

⑮ **폭 툴**( / 단축키 Shift+W) : 선의 폭을 자유롭게 조절합니다.

　**왜곡 툴**( , , , , , , / 단축키 Shift+R) : 다양한 방법으로 오브젝트의 모양을 왜곡시킬 때 사용합니다.

⑯ **자유 변형 툴**( / 단축키 E) : 오브젝트의 크기, 기울기, 회전 정도를 조절합니다.

⑰ **도형 구성 툴**( / 단축키 Shift+M) : 선택한 여러 오브젝트를 드래그로 연결해서 한 그룹으로 만듭니다.

**라이브 페인트 툴**( / 단축키 K ) : 오브젝트의 선과 면에 원하는 색으로 채웁니다.

**라이브 페인트 선택 툴**( / 단축키 Shift + L ) : 라이브 페인트 툴로 색을 채운 오브젝트만 선택합니다.

⑱ **원근감 격자 툴**( / 단축키 Shift + P ) : 일러스트를 원근감 있게 그릴 수 있는 격자를 만듭니다.

**원근감 선택 툴**( / 단축키 Shift + V ) : 소실점을 사용하여 원근감 있는 일러스트를 그립니다.

## [채색 툴 그룹]

⑲ **망 툴**( / 단축키 U ) : 그물망 기준점을 사용하여 정교하게 그레이디언트 효과를 만듭니다.

⑳ **그라디언트 툴**( / 단축키 G ) : 선택한 오브젝트에 그라디언트 효과를 줍니다.

㉑ **스포이드 툴**( / 단축키 I ) : 선택한 오브젝트 속성을 복사할 때 사용합니다.

**측정 툴**( ) : 드래그한 곳의 좌표와 길이 정보를 확인합니다.

㉒ **블렌드 툴**( / 단축키 W ) : 오브젝트의 자연스러운 변화 단계를 자동으로 만듭니다.

## [심볼과 그래프 툴 그룹]

㉓ **심볼 분무기 툴**( , , , , , , , / 단축키 Shift + S ) : 심볼을 만들고 만든 심볼을 수정합니다.

㉔ **그래프 툴**( , , , , , , , , / 단축키 J ) : 세로, 가로 막대 그래프, 꺾은선 그래프, 영역 그래프, 분산 그래프, 원 그래프 툴, 방사형 그래프 등 다양한 그래프를 만듭니다.

## [영역 툴 그룹]

㉕ **대지 툴**( / 단축키 Shift + O ) : 대지를 추가 및 이동, 복사합니다.

㉖ **분할 영역 툴**( / 단축키 Shift + K ), **분할 영역 선택 툴**( ) : 작업 영역을 웹 이미지별로 나누거나, 선택합니다.

㉗ **손 툴**( / 단축키 H ) : 작업화면을 드래그하여 원하는 곳으로 이동할 수 있습니다. 더블클릭하면 도큐먼트 크기가 화면에 딱 맞게 바뀌고 Space Bar 를 누르면, 일시적으로 손 툴 상태가 됩니다.

**인쇄 타일링 툴**( ) : 출력할 인쇄 영역의 위치를 옮길 수 있습니다.

㉘ **돋보기 툴**( / 단축키 Z ) : 클릭하면 화면이 확대되고 Alt 를 누른 채로 클릭하면 화면이 축소됩니다. 더블클릭하면 작업 화면의 배율이 100%로 바뀝니다.

## [오브젝트 색상 및 화면 모드 변경 그룹]

㉙ **면 색과 선 색 초기화 버튼**( / 단축키 D ) : 선택한 오브젝트 면과 선의 색상을 흰색과 검은색으로 초기화합니다.

㉚ **바꾸기 버튼**( / 단축키 Shift + X ) : 선택한 오브젝트의 선 색과 면 색을 서로 맞바꿉니다.

㉛ **면과 선색 아이콘**( , 단축키 X ) : 면 색과 선 색을 지정합니다. 투명할 때는 붉은색 사선으로 나타납니다.

㉜ **면과 선 타입 버튼**( / 단축키 〈 , 〉 , ／ ) : 선택한 오브젝트의 선 또는 면을 단일색, 그라디언트, 투명으로 바꿉니다.

㉝ **그리기 모드**( / 단축키 Shift + D )) : 그리기 모드를 선택합니다.

㉞ **화면 모드**( / 단축키 F )) : 화면 모드를 선택합니다.

---

🌞 알 아 두 기

### Tab 을 이용해서 작업 화면 넓게 보기

[ Shift + Tab ]을 눌렀을 때 : 기능 패널이 사라
집니다. [ Shift + Tab ]을 한번 더 누르면 사라
진 패널이 다시 나타납니다.

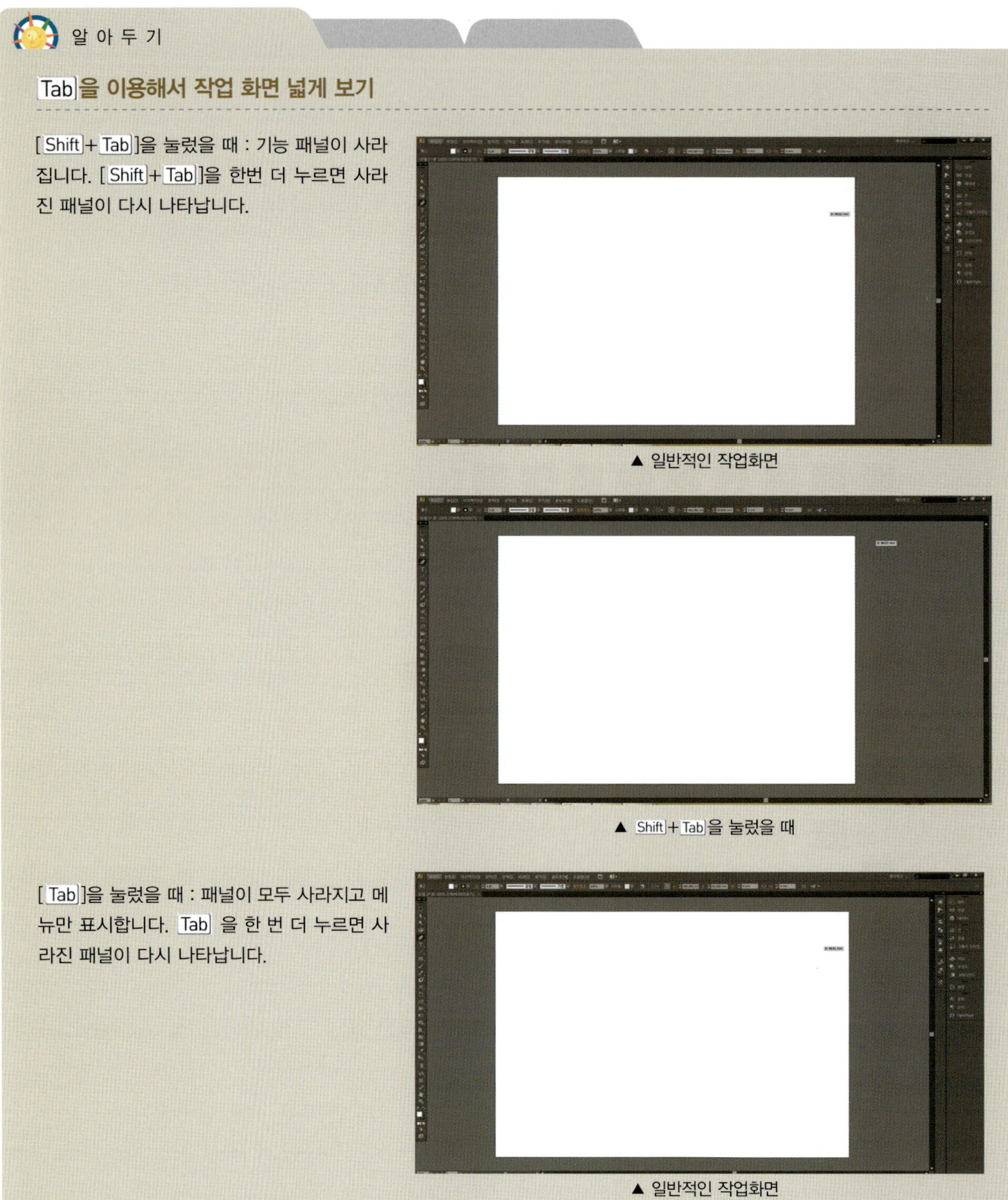

▲ 일반적인 작업화면

▲ Shift + Tab 을 눌렀을 때

[ Tab ]을 눌렀을 때 : 패널이 모두 사라지고 메
뉴만 표시합니다. Tab 을 한 번 더 누르면 사
라진 패널이 다시 나타납니다.

▲ 일반적인 작업화면

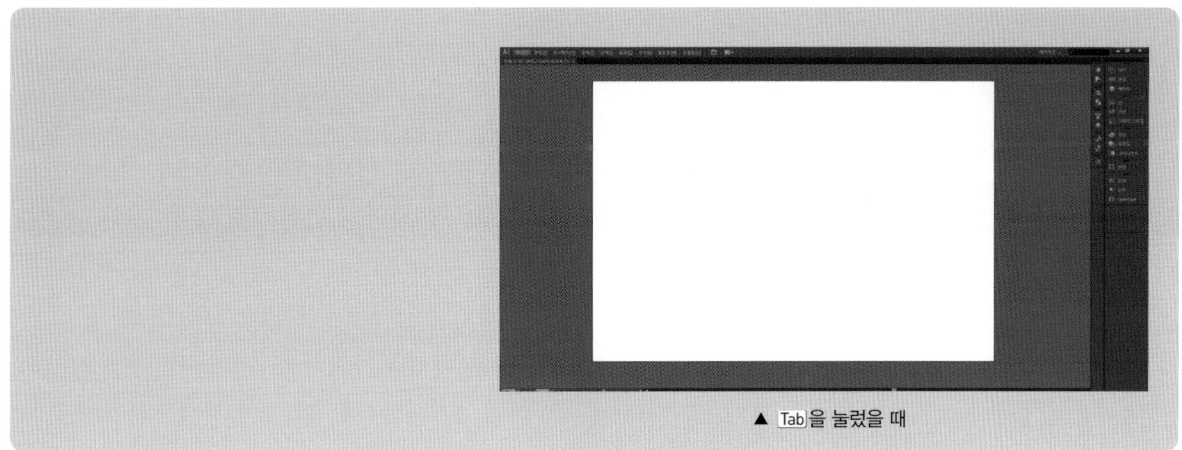

▲ Tab 을 눌렀을 때

## >> Chapter 04
# 빠르게 작업 가능해. 단축키 외우기

처음으로 타자연습 할 때가 생각이 나네요. 레포트는 30장을 써야 하는데, 한시간에 1장씩 쓸 수 밖에 없는 독수리 타법의 소유자였던지라, 엄청난 시간을 소비해야만 했었지요. 한타한타 독수리타법으로 타이핑하는 것과 영타까지 자유자재로 빠르게 타이핑하는 것, 어떤 것이 업무에 효율적일까요? 단축키를 사용하는 것 또한 그런 맥락입니다. 그게 어디있었더라.. 찾다가 시간을 허비하고 있지는 않나요? 단축키를 쓰는 버릇을 들여서 자연스럽게 익혀보세요. 업무시간을 보다 빠르게 단축할 수 있을 것입니다.

## 단축키 살펴보기

### [툴]

| | |
|---|---|
| / V 선택 툴 | / Shift+R 뒤틀기 툴 |
| / A 직접선택 툴 | / E 자유 변형 툴 |
| / Y 자동 선택 툴 | / Shift+M 도형 구성 툴 |
| / Q 올가미 툴 | / K 라이브 페인트 통 툴 |
| / P 펜 툴 | / Shift+L 라이브 페인트 선택 툴 |
| / T 글자 툴 | / Shift+P 원근감 격자 툴 |
| / W 선 툴 | / Shift+V 원근감 선택 툴 |
| / M 도형 툴 | / U 망 툴 |
| / L 원 툴 | / G 그라디언트 툴 |
| / B 브러시 툴 | / I 스포이드 툴 |
| / N 연필 툴 | / W 블렌드 툴 |
| / Shift+B 물방울 브러시 툴 | / Shift+S 심볼 분무기 툴 |
| / Shift+E 지우개 툴 | / J 막대 그래프 툴 |
| / C 가위 툴 | / Shift+O 대지 툴 |
| / R 회전 툴 | / Shift+K 분할 영역 툴 |
| / O 반사 툴 | / H 손 툴 |
| / S 크기조절 툴 | / Z 돋보기 툴 |
| / Shift+W 폭 툴 | |

## [파일 관련]

Ctrl+N 새 파일 만들기

Ctrl+Shift+N 템플릿 불러오기

Ctrl+O 파일 열기

Ctrl+W 파일 닫기

Ctrl+Alt+O 어도비 브릿지로 불러오기

Ctrl+S 파일 저장하기

Ctrl+Shift+S 다른 이름으로 저장하기

Ctrl+Alt+S 사본 저장하기

Ctrl+Shift+Alt+S 웹용 파일로 저장하기

Ctrl+P 프린트하기

Ctrl+Q 종료하기

## [편집 관련]

Ctrl+Z 실행취소

Ctrl+Shift+Z 재실행

Ctrl+X 잘라내기

Ctrl+C 복사하기

Ctrl+V 붙여넣기

Ctrl+F 앞에 붙이기

Ctrl+B 뒤에 붙이기

Ctrl+Shift+K 색상설정

Ctrl+Shift+V 제자리에 붙이기

Ctrl+Shift+Alt+V 모든 아트보드에 붙이기

Ctrl+Shift+Alt+K 단축키 만들기

## [오브젝트 관련]

Ctrl+D 작업 반복하기

Ctrl+G 그룹 만들기

Ctrl+Shift+G 그룹 풀기

Ctrl+] 선택한 오브젝트 배열을 위로

Ctrl+[ 선택한 오브젝트 배열을 아래로

Ctrl+Shift+] 선택한 오브젝트 배열을 제일 위로

Ctrl+Shift+[ 선택한 오브젝트 배열을 제일 아래로

Ctrl+2 선택한 오브젝트 잠그기

Ctrl+Shift+2 잠긴 오브젝트 풀기

Ctrl+3 선택한 오브젝트 숨기기

Ctrl+Shift+3 선택한 오브젝트 보이게 하기

Ctrl+Shift+Alt+3 선택한 오브젝트만 남기고 모두 숨기기

Ctrl+J 떨어져 있는 패스 기준점 이어주기

Ctrl+Alt+X 라이브 페인트 환경 만들기

Ctrl+7 클리핑 마스크 만들기

Ctrl+Alt+7 클리핑 마스크 해제하기

Ctrl+8 컴파운드 패스 만들기

Ctrl+Alt+B 블렌드 만들기

Ctrl+Shift+Alt+B 블렌드 없애기

## [선택 관련]

Ctrl+A 모두 선택하기

Ctrl+Alt+A 활성 아트보드 모두 선택하기

Ctrl+Shift+A 선택 취소하기

Ctrl+6 재선택하기

## [보기 관련]

Ctrl++, Ctrl+Space Bar+드래그 도큐먼트 확대

Ctrl+−, Ctrl+Space Bar+Alt+드래그 도큐먼트 축소

Ctrl+0 도큐먼트를 화면에 딱 맞게 보기

Ctrl+1 실사이즈 100%로 보기

Space Bar+드래그화면 옮기기

Ctrl+Y 아웃라인 보기/숨기기

Ctrl+H 패스보기/숨기기

Ctrl+R 눈금자 보기/숨기기

Ctrl+Shift+B 바운딩 박스 보기/숨기기

Ctrl+Shift+D 도큐먼트를 투명으로 보기/ 흰색으로 보기

Ctrl+; 안내선 보기/숨기기

Ctrl+Alt+; 안내선 잠그기/풀기

Ctrl+5 선택한 패스를 안내선으로 만들기

Ctrl+" 그리드 보기/숨기기

Ctrl+Shift+" 그리드에 물리기

Ctrl+Alt+" 포인트에 물리기

Ctrl+Y 윤곽선 표시하기

Ctrl+Alt+Y 픽셀 미리보기

Ctrl+U 특수문자 안내선

## [글자 관련]

Ctrl+Shift+O 글자 속성을 버리고 아웃라인 만들기

Ctrl+→ 단어 끝으로 커서이동

Ctrl+← 단어 시작으로 커서이동

Ctrl+Shift+↑, Ctrl+Shift+↓ 행단위로 블록 선택

Ctrl+Shift+→, Ctrl+Shift+← 단어 단위로 블록 선택

Ctrl+Shift+R 오른쪽 정렬

Ctrl+Shift+L 왼쪽 정렬

Ctrl+Shift+C 가운데 정렬

Ctrl+Shift+〉 글자 크기 키우기

Ctrl+Shift+〈 글자 크기 줄이기

Alt+↑ 행간 넓히기

Alt+↓ 행간 좁히기

Alt+→ 자간 넓히기

Alt+← 자간 좁히기

## [패널 관련]

Shift+F3 색상안내 패널 열기

F5 브러시 패널 열기

Shift+F5 그래픽 스타일 패널 열기

F6 색상 패널 열기

Shift+F6 모양 패널 열기

F7 레이어 패널 열기

Shift+F7 정렬 패널 열기

Ctrl+F8 정보 패널 열기

Shift+F8 변형 패널 열기

Ctrl+F9 그라디언트 패널 열기

Ctrl+Shift+F9 패스파인더 패널 열기

Ctrl+F10 선 패널 열기

Ctrl+Shift+F10 투명도 패널 열기

Ctrl+F11 속성 패널 열기

Ctrl+Shift+F11 심볼 패널 열기

Ctrl+F12 실행할 스트립트 파일 찾기

## [단축키 만들기]

1 단축키 Alt+Shift+Ctrl+K 를 누르면, 키보드 단축키 창이 나타납니다. 삼각형을 만들 때 유용하게 쓰이는 다각형 도구가 단축키가 없네요. 단축키를 만들어보도록 하겠습니다.

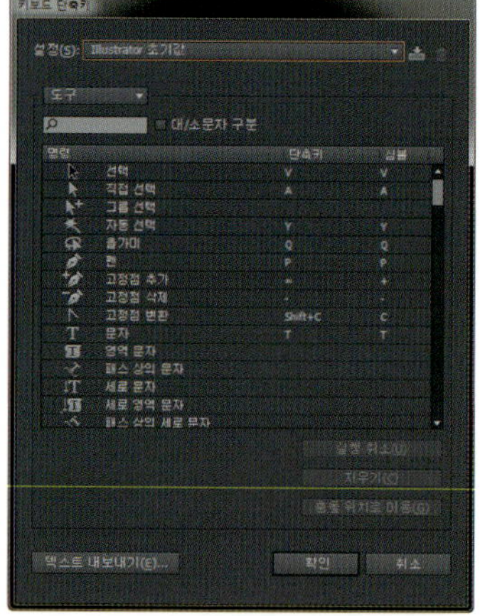

2 우선 단축키를 어떤 것으로 지정할 지 고민을 해봐야 겠죠? 단축키 항목을 클릭하고 'U'를 입력해봅니다. '단축키 U는 이미 다른 항목에서 사용중'이라는 문구가 뜨죠?

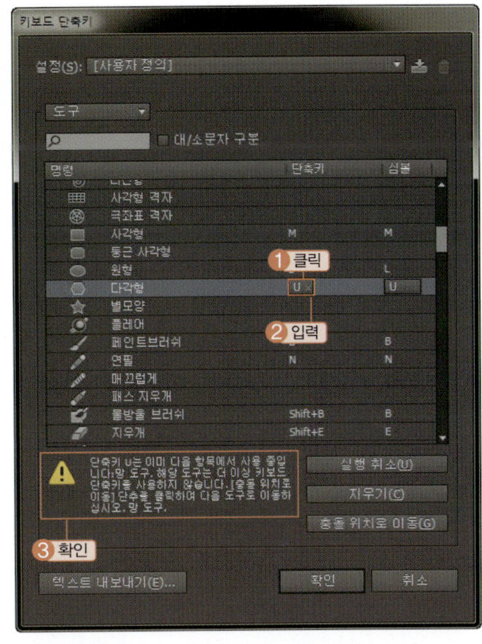

3 ☒를 눌러 제거한 후 다시 항목을 클릭하고 ' ; '를 입력합니다. 경고창이 뜨지 않네요. 확인 버튼을 눌러주면, 키세트 확인 창이 나타납니다. 원하는 이름을 입력하고 확인 버튼을 누릅니다.

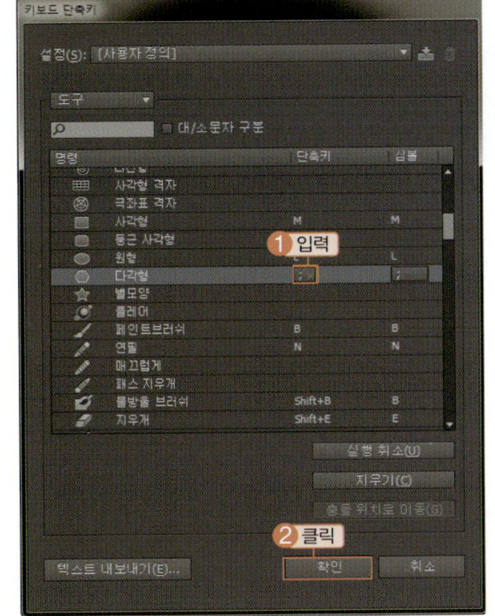

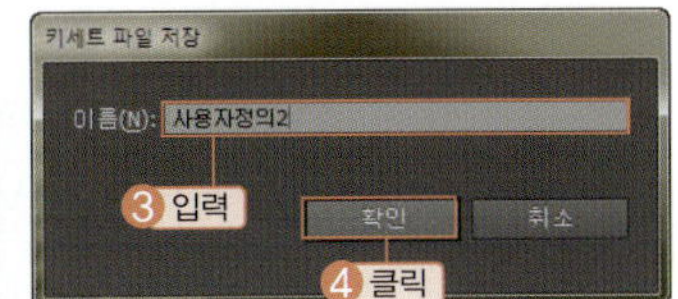

4 단축키가 잘 만들어졌는지, 확인해보죠. 삼각형을 만들어보도록 하겠습니다. 단축키 Ctrl+N을 눌러 다음과 같이 설정 후 확인 버튼을 눌러 새 문서를 만들어줍니다.

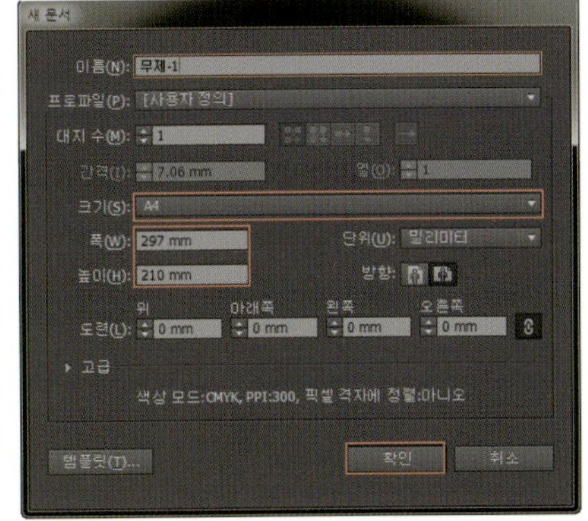

5 원하는 색상을 클릭하여 선택해주고, 새로 만들어둔 단축키 ; 를 누릅니다.

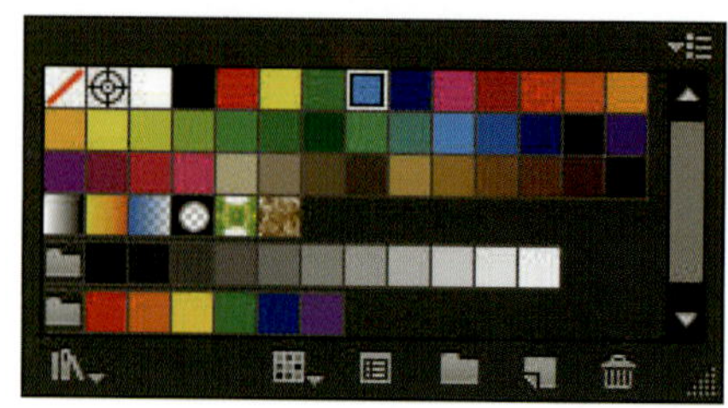

6 화면에서 드래그해보세요. 육각형이 보이시나요?

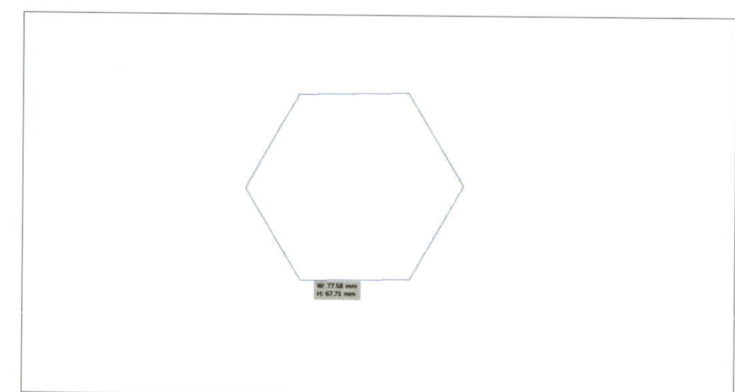

7 마우스에서 손을 떼지 않은 상태에서 아래쪽 방향키 ↓ 버튼을 세 번 눌러주세요. 삼각형이 만들어졌습니다.

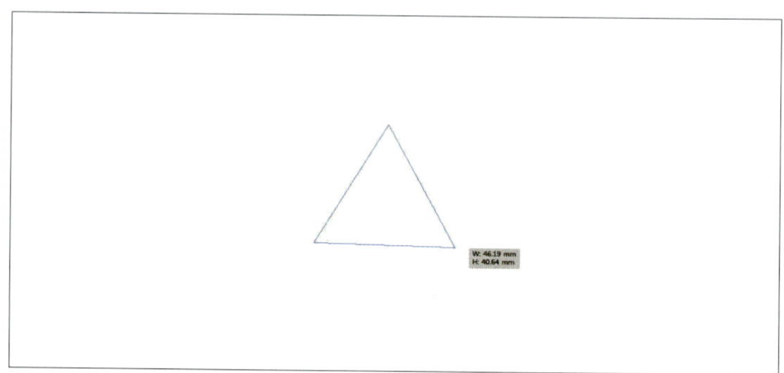

8 아래쪽 방향키 ↓ 을 누르면, 변이 하나씩 줄어들고, 위쪽 방향키 ↑ 를 누르면 변이 하나씩 늘어나서, 원에 가깝게도 만들어집니다. 단축키가 잘 만들어졌습니다.

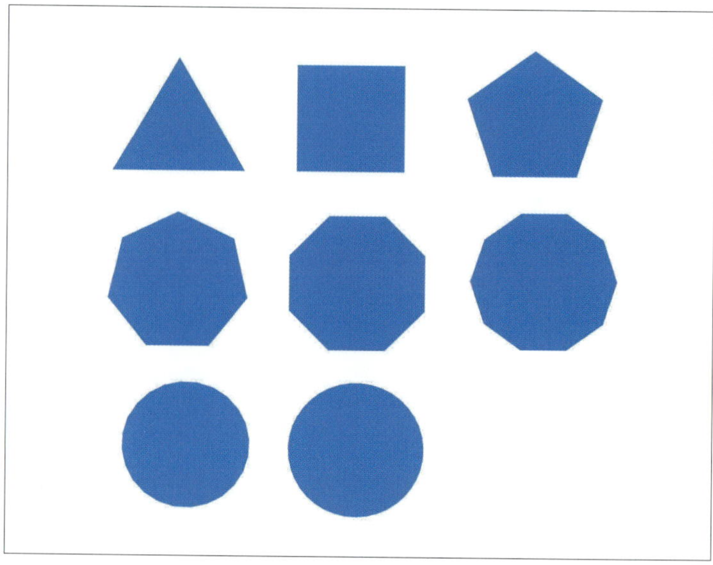

# MEMO

# 02

# 일러스트레이터로 작업 준비하기

항을 정리하였습니다. 작업하기 편리한 환경설정, 폰트 설치법, 호환 가능한 다양한 파일로 호환하는법, 어떤 작업을 할 때 일러스트레이터가 유용할지, 기본적으로 알아두어야 하는 팁 등 일러스트레이터로 작업을 하기 위해 준비할 사항들을 차례대로 알아보도록 하겠습니다.

이번 파트에서는 일러스트레이터로 작업하기에 앞서 설정해둘 사항과 알아두어야 할 사항을 정리하였습니다. 작업하기 편리한 환경설정, 폰트 설치법, 호환 가능한 다양한 파일로 호환하는법, 어떤 작업을 할 때 일러스트레이터가 유용할지, 기본적으로 알아두어야 하는 팁 등 일러스트레이터로 작업을 하기 위해 준비할 사항들을 차례대로 알아보도록 하겠습니다.

## >> Chapter

# 01 작업하기 편한 환경으로 만들기

## >> Lesson 01 환경 설정하기

작업하다가도 "이건 이렇게 좀 되면 좋겠는데…"라 생각하는 부분 없으셨나요? 사용자에 맞춰진 편한 작업환경으로 만들 수 있습니다. [편집]-[환경 설정]을 선택하거나, 단축키 Ctrl+K를 누르면 환경 설정 창이 나타납니다. 몇 가지 사항만 짚어보도록 하겠습니다.

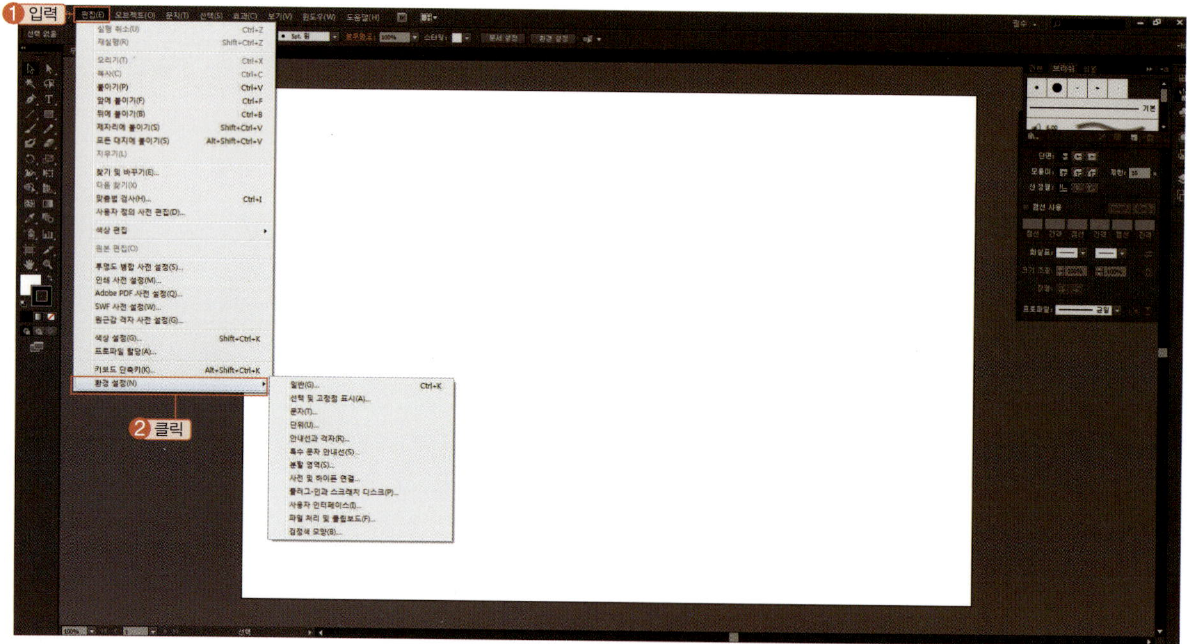

## 1. 일반

일러스트레이터 작업에 기본이 되는 환경 설정 메뉴입니다.

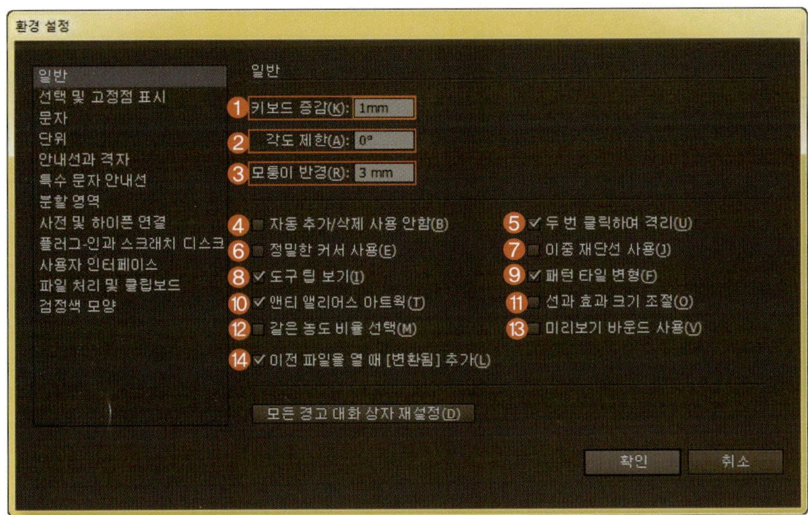

❶ **키보드 증감** : 오브젝트를 선택하고 방향키로 오브젝트를 이동할 때 한 번에 이동하는 거리를 조절합니다. 1mm를 입력하고 →를 누르면 오른쪽으로 1mm 옮겨집니다.

❷ **각도 제한** : 오브젝트를 그릴 때 기울어지는 각도를 설정합니다. 기본값은 0도입니다.

❸ **모퉁이 반경** : 둥근 사각형 모서리의 둥근 정도를 설정합니다. 수치가 작을 수록 모서리가 각지게 나타납니다.

❹ **자동 추가 / 삭제 사용 안함** : 오브젝트를 구성하는 포인트의 수를 마음대로 늘리거나 줄일 수 없도록 합니다.

❺ **두 번 클릭하여 격리** : 묶여 있는 오브젝트를 더블클릭하면 선택한 각각의 오브젝트만 활성화됩니다.

❻ **정밀한 커서 사용** : 마우스 포인터의 모양을 하나로 통일합니다. 정밀한 작업을 할 수 있지만 지시점을 선택할 때 불편하므로 일반적으로 체크 표시하지 않습니다.

❼ **이중 재단선 사용** : 출력할 때 나타나는 재단선의 모양을 일본식 재단선으로 설정합니다.

❽ **도구 팁 보기** : 툴 패널에서 툴을 선택할 경우 풍선 도움말을 표시합니다.

❾ **패턴 타일 변형** : 패턴이 적용된 오브젝트를 이동하거나 크기를 변형할 경우 패턴도 같이 변형됩니다. 체크표시를 풀면 패턴 오브젝트를 회전하거나, 축소해도 패턴 모양이나 크기가 바뀌지 않습니다.

❿ **앤티 앨리어스 아트웍** : 비트맵 이미지로 변환하거나 비트맵 이미지로 미리볼 때 부드럽게 보이도록 합니다. 체크표시를 해제하면 날카롭고 거칠게 보입니다.

⓫ **선과 효과 크기 조절** : 이펙트가 적용된 오브젝트를 축소 또는 확대했을 때 이펙트의 적용 비율도 함께 조절됩니다. 체크 표시를 풀면 오브젝트 크기를 바꿔도 선 굵기나 이펙트 크기가 바뀌지 않습니다.

⓬ **같은 농도 비율 선택** : 같은 농도의 오브젝트를 선택합니다.

⓭ **미리보기 바운스 사용** : 바운딩 박스의 형태를 미리 볼 수 있습니다.

⓮ **이전 파일을 열 때 [변환됨] 추가** : 경고 메세지를 다시 표시합니다.

## 2. 문자

글꼴 이름을 영문으로 보기에 체크 해제하면 영문 폰트를 한글로 볼 수 있습니다. 또한 글꼴 미리보기에
체크하면, [문자]-[글꼴] 메뉴에서 폰트 모양을 미리 볼 수 있습니다.

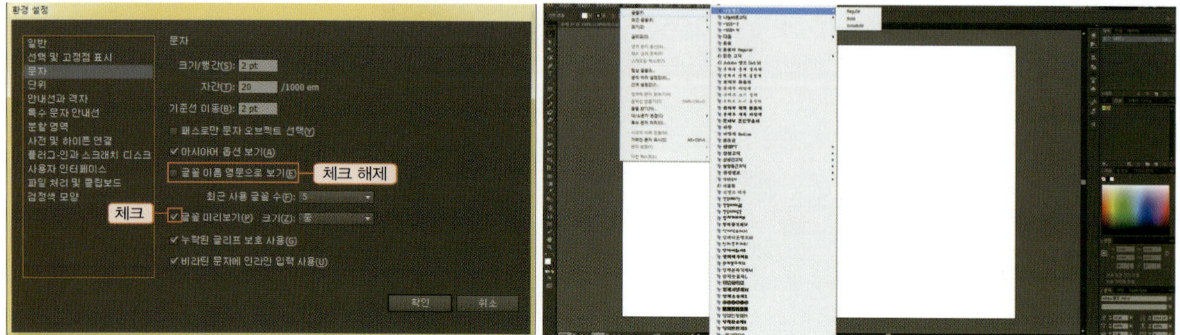

## 3. 단위

폰트를 포함한 모든 단위를 설정하며, 자주 쓰는 단위를 입력하면 됩니다.

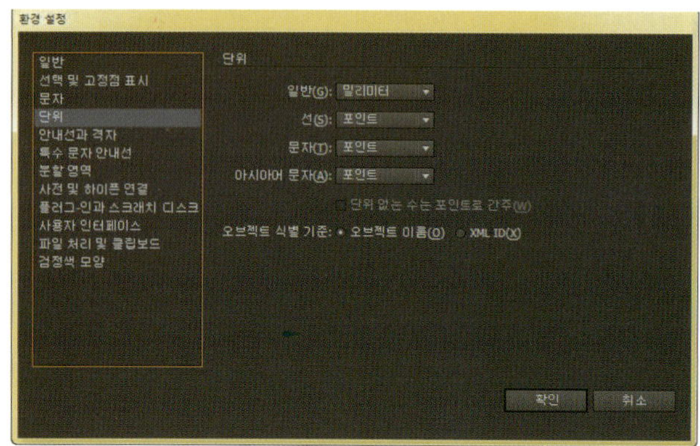

## ≫ Lesson 02  작업화면 설정하기

### ◆ 눈금자 활용하기

눈금자를 사용하면, 정확한 수치로 작업해야 하는 경우에 유용하겠죠? 어떻게 사용하는지, 알아보도록
하겠습니다.

1 Ctrl + N 을 눌러 다음과 같이 설정 후 [확인] 버튼을 누릅니다.

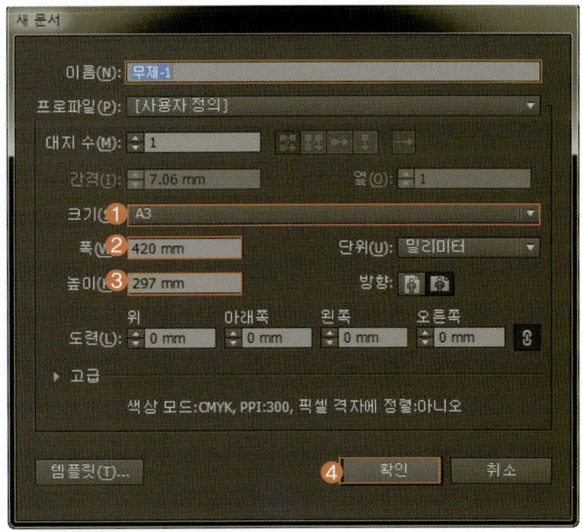

2 [보기]-[눈금자]-[눈금자표시]를 선택하거나, 단축키 Ctrl + R 을 눌러줍니다. 눈금자를 다시 보이지 않게 할때도 단축키 Ctrl + R 을 눌러줍니다.

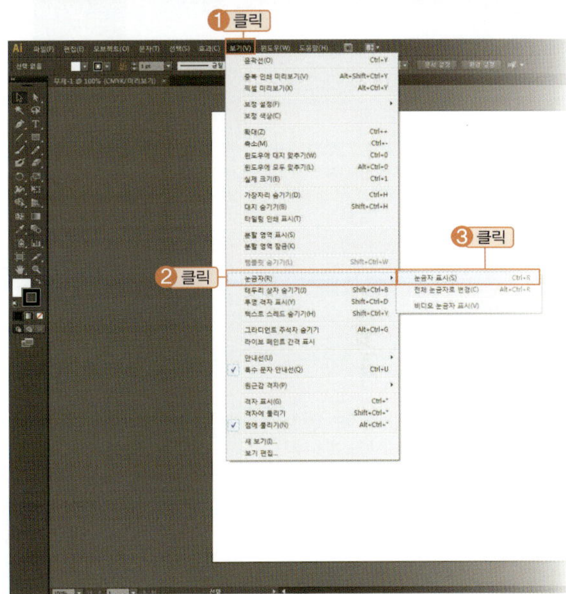

▲ 눈금자가 있을때

▲ 눈금자가 없을때

❸ 눈금자의 시작을 바꿀려면 눈금자의 십자 점선 부분(▨)을 클릭하고, 오브젝트가 시작되는 지점으로 드래그하면, 눈금자의 기준점이 바뀝니다.

❹ 눈금자의 단위를 바꾸고 싶다면 눈금자 위에 마우스 오른쪽 버튼을 클릭하세요. 원하는 단위로 변경할 수 있습니다.

## ◆ 안내선 만들기

눈금자를 드래그하여 안내선을 만들 수 있습니다. 안내선의 활용방법을 알아보도록 하겠습니다.

❶ 단축키 Ctrl+R을 눌러 눈금자를 보이게 합니다. [보기]-[안내선]-[안내선 표시]를 클릭하거나. 단축키 Ctrl+;를 누릅니다.

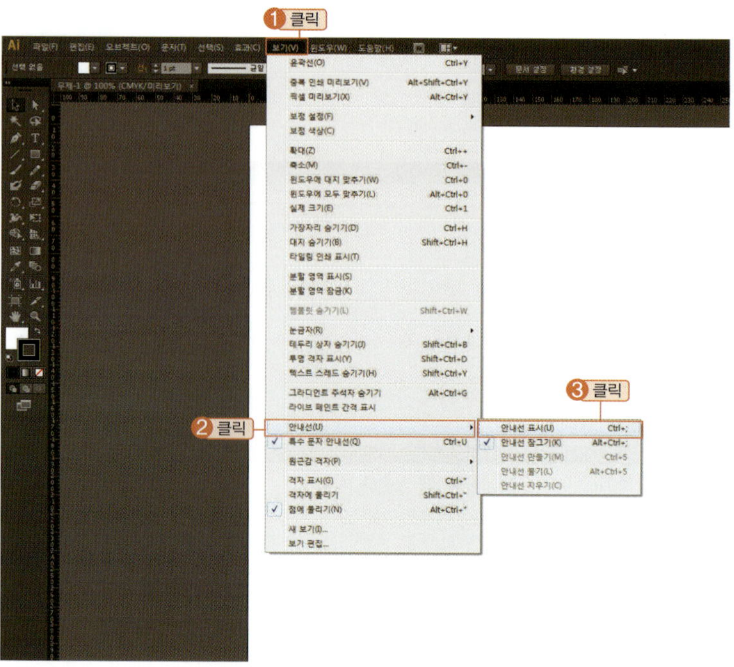

2 눈금자에서 클릭하여, 화면으로 드래그 해보세요. 왼쪽에서 오른쪽으로 위에서 아래로 각각 수직, 수평 안내선이 만들어집니다.

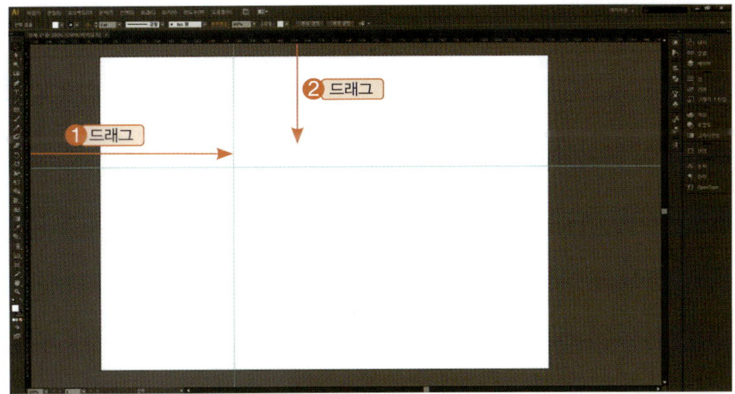


3 안내선을 숨기고 싶다면, 화면에서 마우스 오른쪽 버튼을 클릭하여, [안내선 숨기기]를 선택합니다. 안내선이 없어졌습니다. 다시 보이게 하고 싶다면 마우스 오른쪽 버튼을 클릭하여, [안내선 표시]를 선택하면 됩니다.

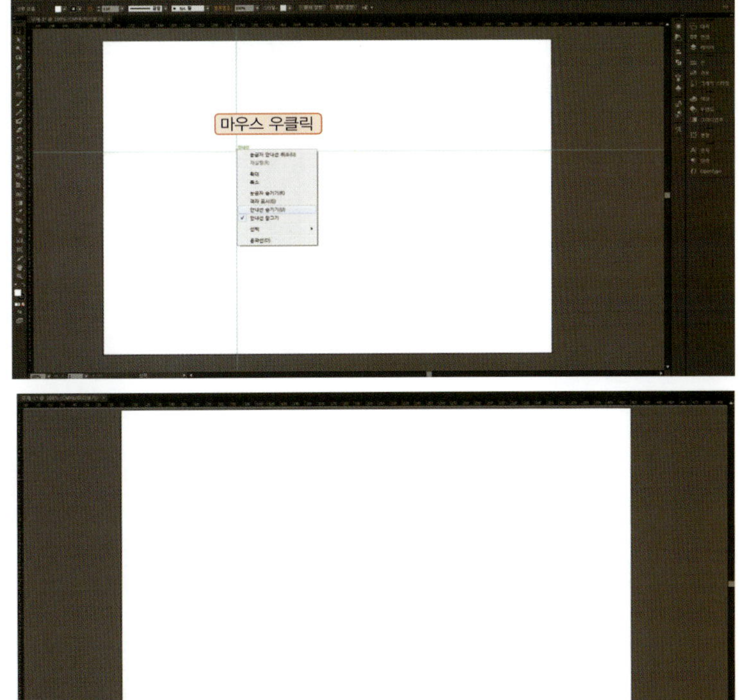


4 만들어둔 안내선을 이동하게 하거나, 고정하고 싶나요? 마우스 오른쪽 버튼을 클릭하여 [안내선 잠그기]에 체크하면 고정되고, 체크 해제하면 이동가능합니다. 단축키 Ctrl+Alt+ ; 를 눌러도 같은 방법이 적용됩니다. 안내선을 지우고 싶다면, [안내선 잠그기]가 체크 해제된 상태에서 안내선 선택 후 Delete 를 눌러줍니다.

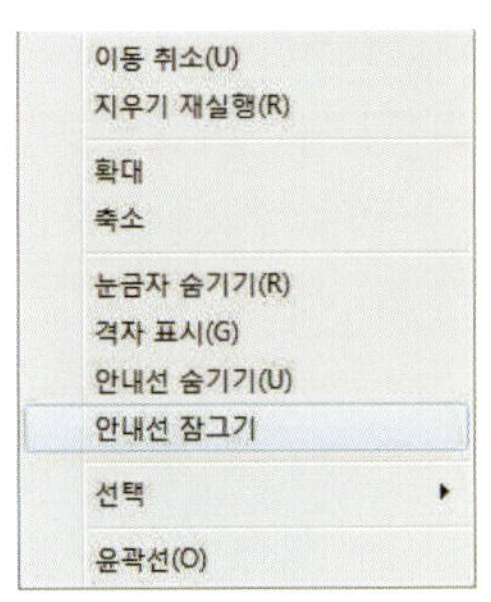


▲ 안내선잠그기
체크 해제된 상태

## ◆ 그리드 만들기

**1** [보기]–[격자표시]를 선택하거나, 단축키 Ctrl+˝를 누르면 그리드가 나타납니다. 화면에서 마우스 오른쪽 버튼을 눌러 격자표시를 클릭해도 그리드가 나타납니다. 같은 방법을 한번 더 적용해주면, 그리드가 없어집니다.

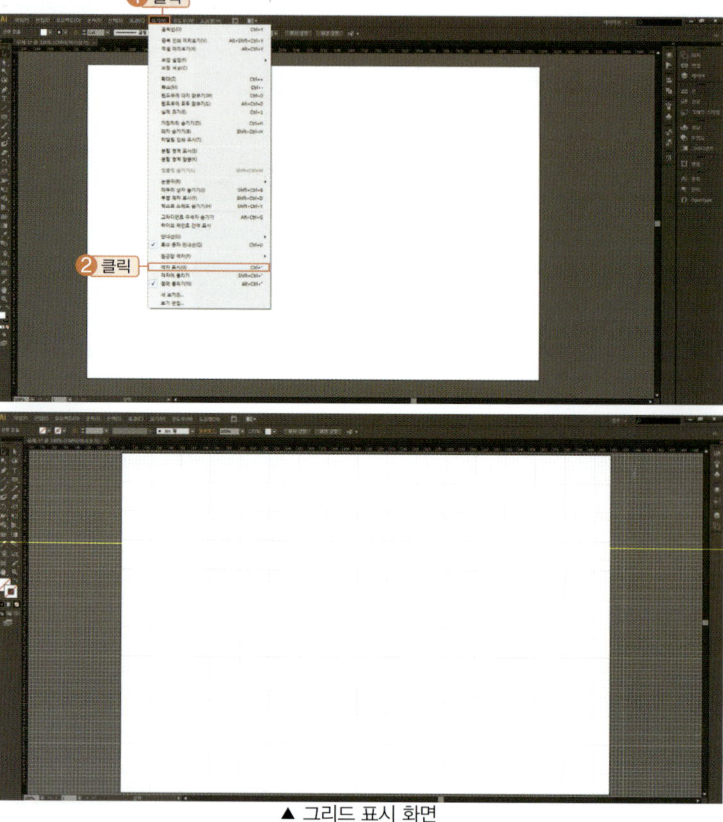

▲ 그리드 표시 화면

**2** [보기]–[격자에 물리기]를 클릭하거나, 단축키 Shift+Ctrl+˝를 누르면 오브젝트를 이동시킬 때 그리드에 자석이 붙듯이 스냅되어 편리합니다.

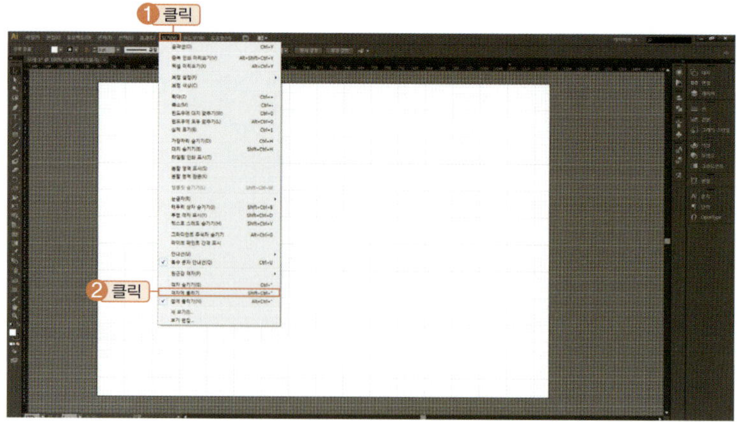

# >> Chapter
# 02 폰트 다운로드하고 설치하기

예쁜 폰트가 많다는 건.. 옷장에 예쁜 옷이 많다는 느낌입니다. 다른 사람에겐 없는 특별한 폰트를 가지고 있는 것이 경쟁력이 되기도 합니다. 폰트를 다운로드 하는 방법과 설치하는 방법을 알아보도록 하겠습니다.

무료폰트도 개인 용도로만 사용처를 제한하는 경우가 많기 때문에 상업적인 용도로 활용하려면, 다양한 제약조건을 확인해야 합니다.

## 무료폰트사이트

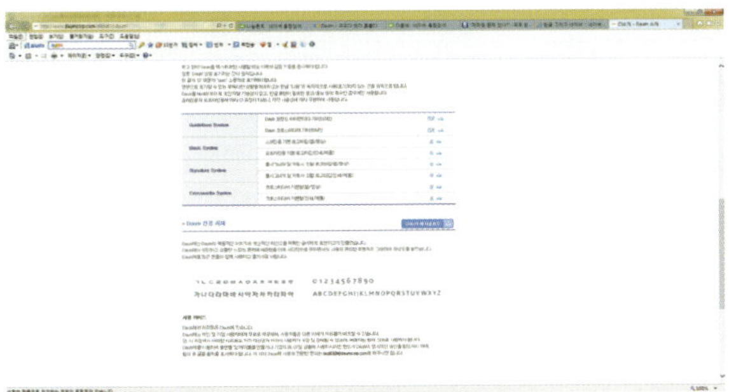

▲ 다음체: http://www.daumcorp.com/about/ci.daum

▲ 한컴한초롬체:http://www.hancom.co.kr/downLoad.downView.do?seqno=3136&mcd_save=005

▲ 서울시 서울남산체, 서울한강체: http://www.seoul.go.kr/v2012/seoul/symbol/font.html

▲ 부산시청 부산체: http://www.busan.go.kr/04ocean/0402symbol/02_01.jsp

▲ 제주도청 제주한라산체, 제주명조체, 제주고딕체

▲ 윤디자인 대한체: http://yoonfont.co.kr/event/20140101_daehan/
daehan_20140101.html

▲ 인터파크 인터파크 고딕: http://incorp.interpark.com/gate/
company_info/info_ci.html

▲ 아모레퍼시픽 아리따 돋움, 아리따 산스 http://www.amorepacific.
com/about/about_font.jsp

다양한 무료폰트중 네이버 나눔폰트를 설치해보도록 하겠습니다.

**1** 검색창에서 '나눔폰트'를 입력하여 검색하거나 다음 http://hangeul.naver.com/ 주소를 입력하고,
〈TTF윈도우용 나눔글꼴 패키지 설치하기〉 버튼을 클릭합니다.

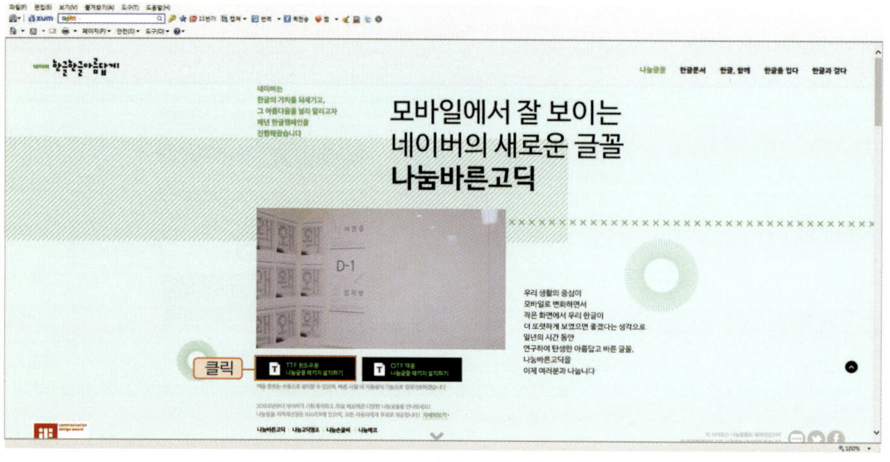

**2** 파일을 실행하거나, 저장할 건지. 묻는 창이 나타나면 〈실행〉 버튼을 클릭합니다.

**3** 나눔 글꼴 설치창이 나타나면, 〈다음〉 버튼을 클릭합니다.

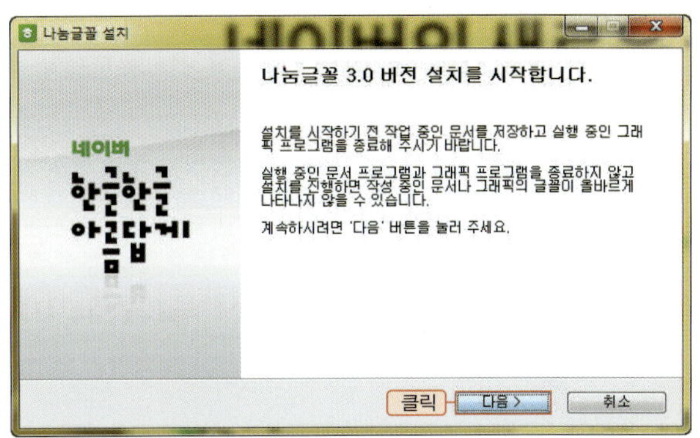

**4** 설치하려는 글꼴을 선택하고 〈설치〉 버튼을 클릭합니다.

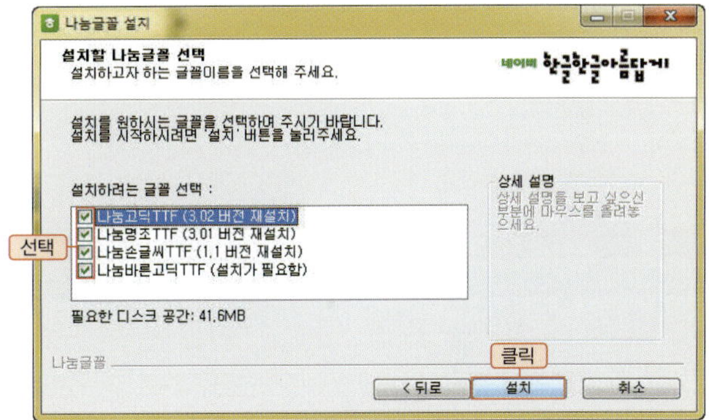

**5** 글꼴 설치가 완료 되었습니다. 〈마침〉 버튼을 클릭합니다.

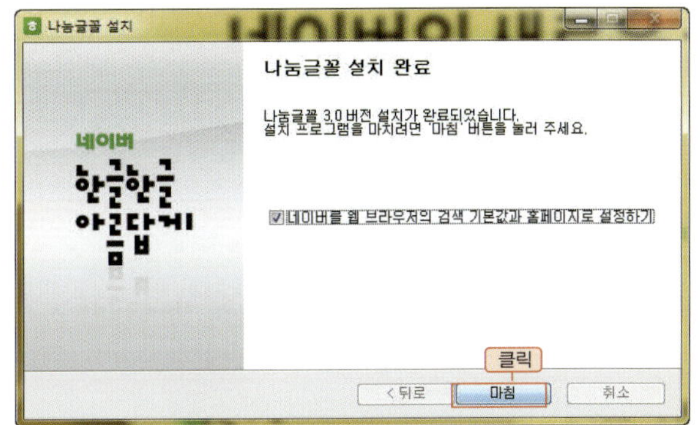

 알 아 두 기

혹시 수동설치 파일을 받아두셨나요? 알집 파일을 더블클릭하여, 압축풀기 버튼을 클릭하여, 압축을 풀어줍니다. [제어판]–[모양 및 개인설정]–[글꼴] 폴더를 찾은 후 설치할 글꼴 파일을 글꼴 폴더로 드래그하면 설치가 완료됩니다.

# >> Chapter
# 03 각종 파일로 호환하기

## >> Lesson 01 캐드 dwg.파일을 eps파일로 전환하기

캐드파일을 EPS파일로 전환하면 일러스트레이터에서 활용할 수 있습니다. EPS파일로 전환하기 위한 드라이버 설정 과정을 알아보도록 하겠습니다.

### 플로터 드라이버 설정하기

**1** 캐드를 실행 부록 CD_Part02_03_01. 예제_계획도면.dwg 후 불러옵니다.

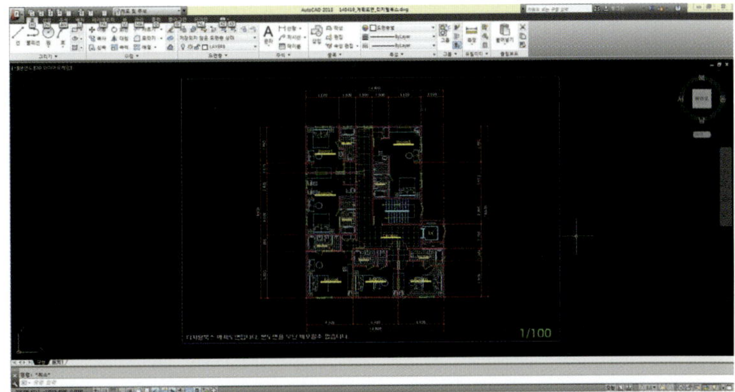

**2** 마우스 우클릭을 하여, 옵션을 클릭합니다.

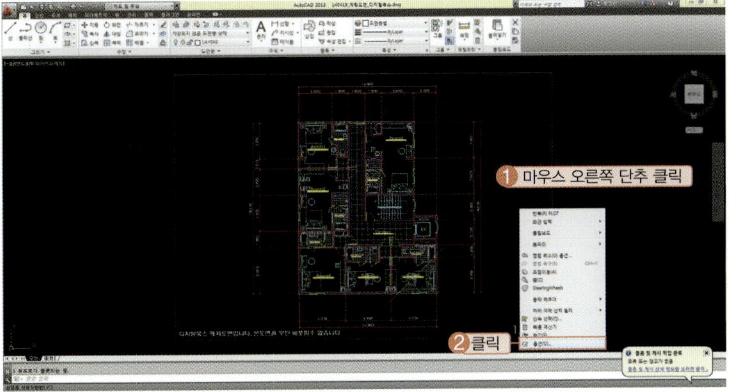

**3** 플롯 및 게시탭에서 플로터 추가 또는
구성 버튼을 클릭합니다.

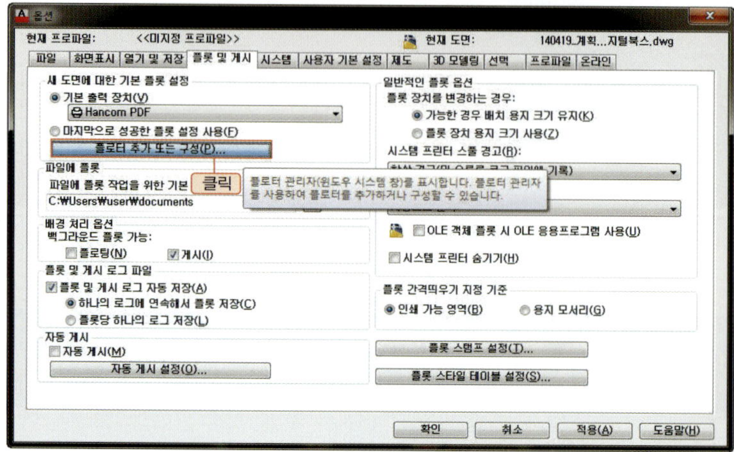

**4** 플로터 추가 마법사를 더블클릭합
니다.

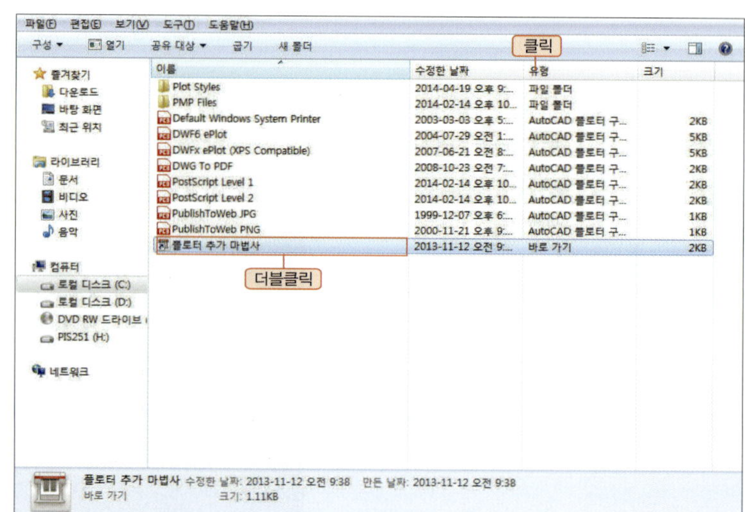

**5** [다음]버튼을 누릅니다.

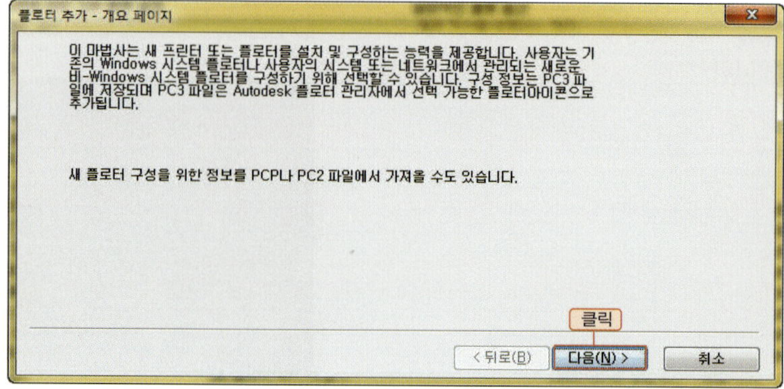

**6** [다음]버튼을 누릅니다.

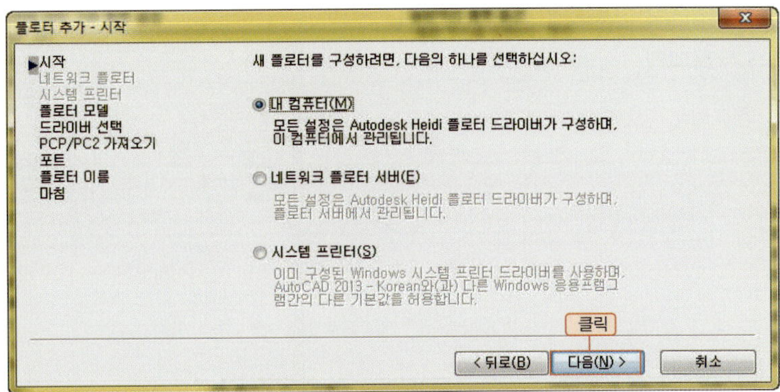

**7** PostScript Level 1을 선택하고 [다음] 버튼을 누릅니다.

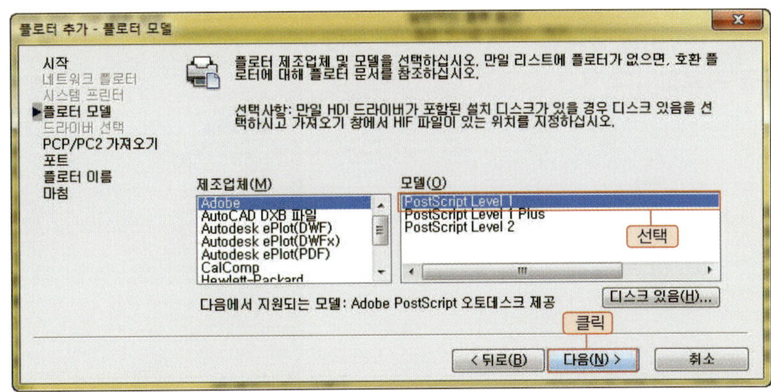

**8** [다음]버튼을 누릅니다.

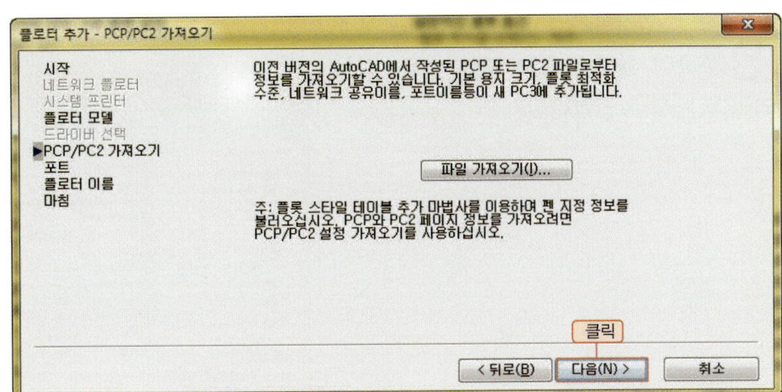

**9** 파일에 플롯을 체크하고 [다음]버튼을 누릅니다.

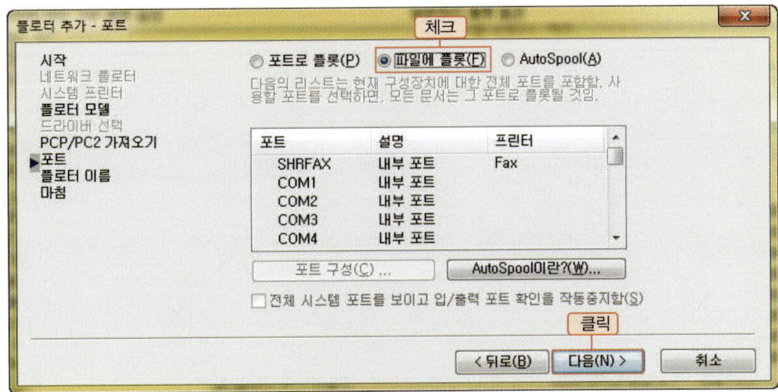

**10** 플로터 이름을 지정해주고 [다음]버튼을 누릅니다.

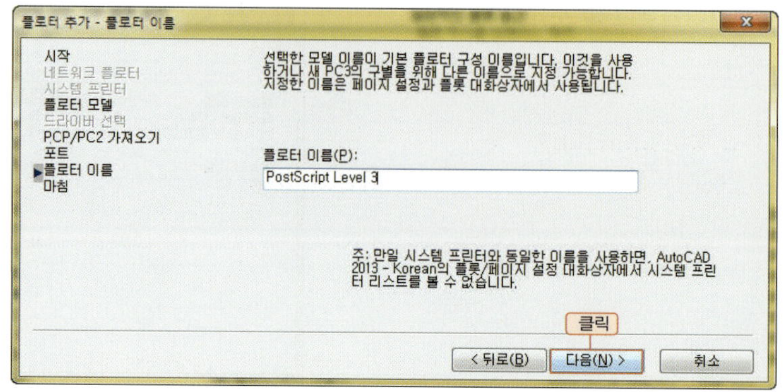

**11** [마침]을 눌러 플로터 드라이버 세팅을 종료합니다.

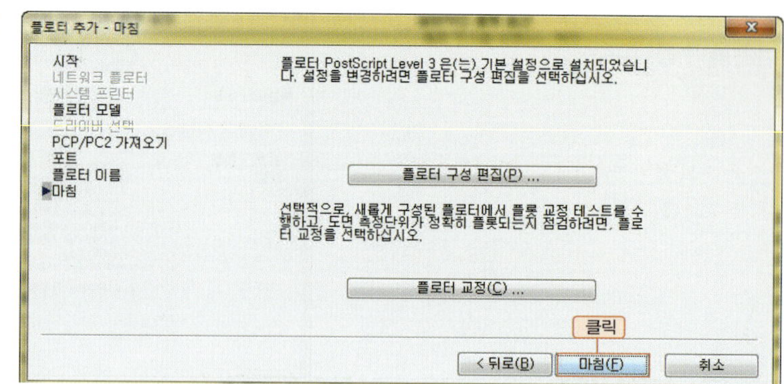

**12** 플로터 창에 플로터 드라이버가 설정되어 있는지 확인합니다.

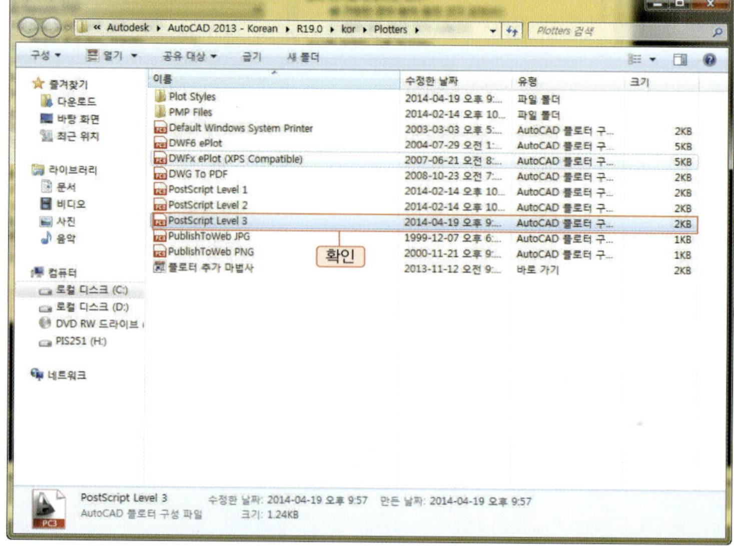

## 캐드 파일을 eps파일로 전환하기

**1** 인쇄 단축키 [PLOT]를 누르면, 플롯 모형 창이 나타납니다.
프린터/플로터를 PostScript Level 3.PC3 을 선택합니다.

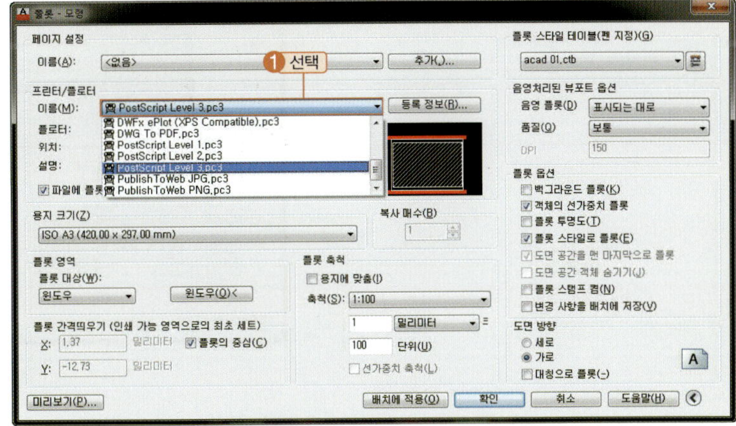

**2** 플롯스타일 테이블 지정_원하는 선두 께를 지정해줍니다.

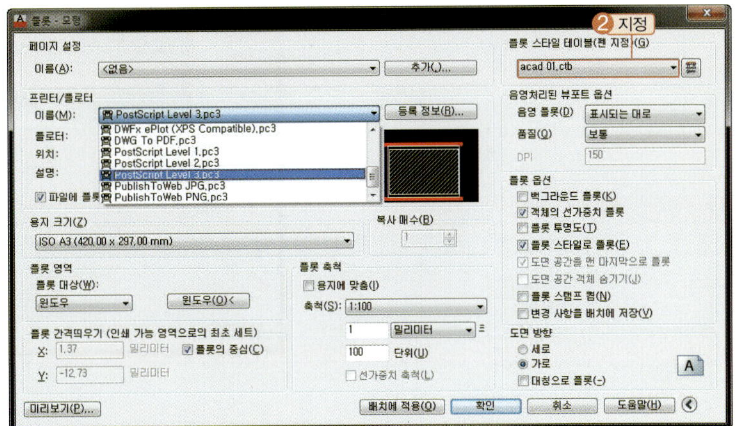

**3** 용지크기를 A3 (420X297)로 선택합 니다.

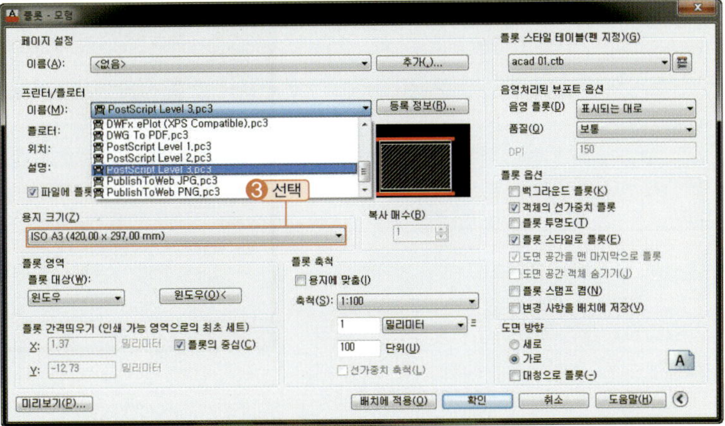

**4** 축척을 1/100으로 설정합니다.

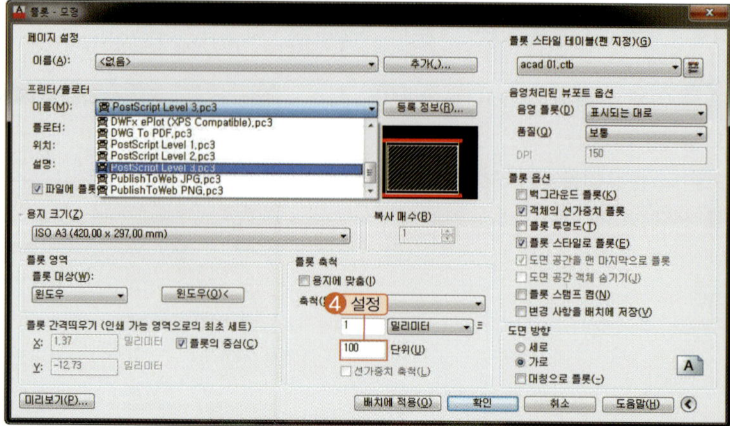

**5** 플롯의 중심에 체크하여 도면이 정중앙에 위치하게 합니다.

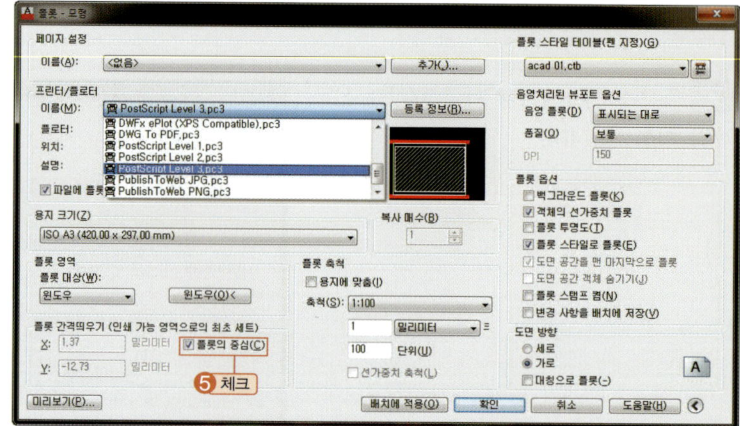

**6** 윈도우 버튼을 클릭하여, 도면의 좌측 위와 우측 아래쪽으로 드래그합니다.

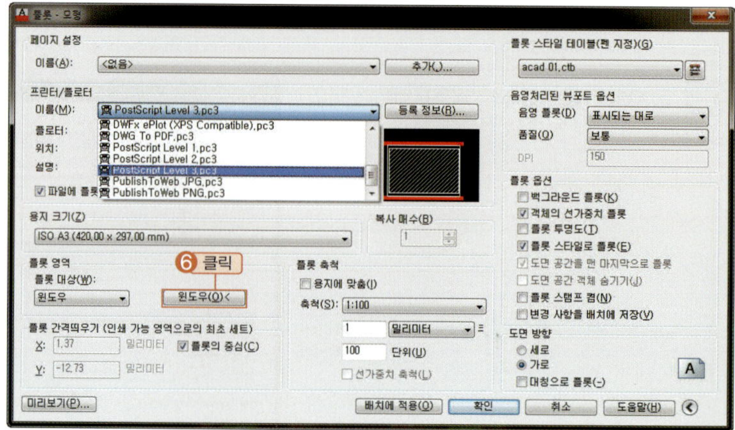

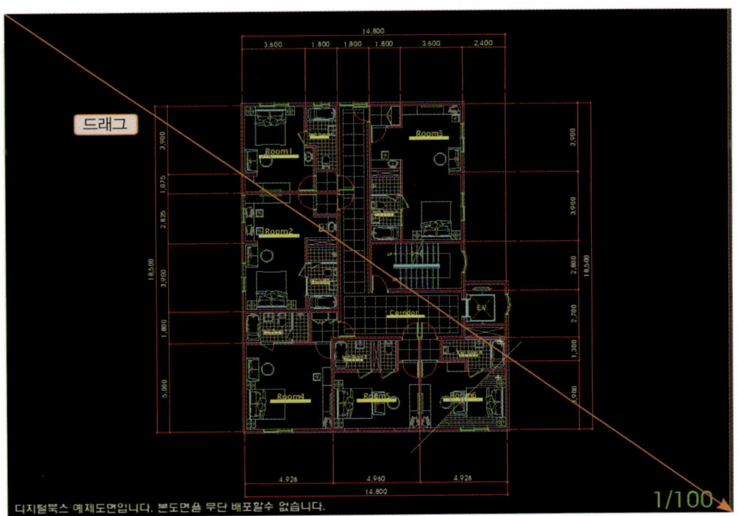


**7** 미리보기 버튼을 눌러 도면이 잘 배치 되었는지. 확인하고 Esc버튼을 눌러 미리 보기 창을 나옵니다.

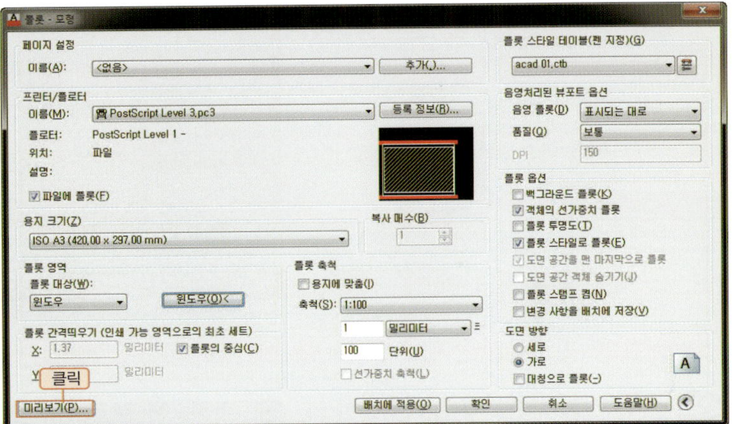

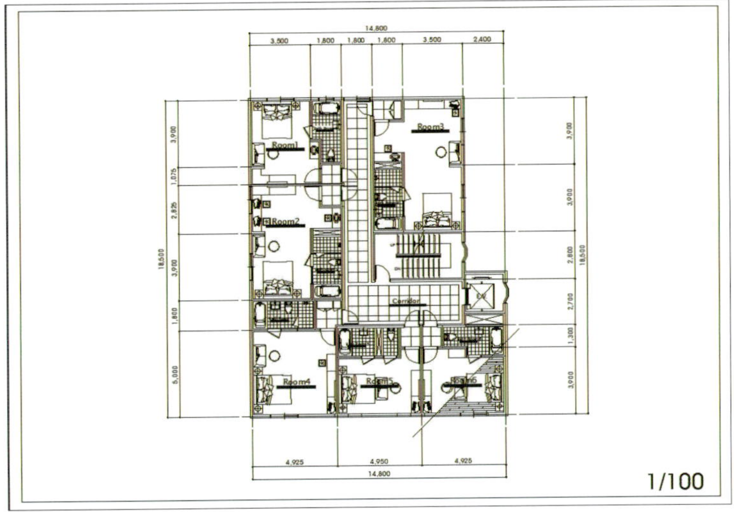

**8** 확인 버튼을 누르고, 파일이름을 입력해준 후 저장 버튼을 누릅니다. eps파일이 저장되었습니다.

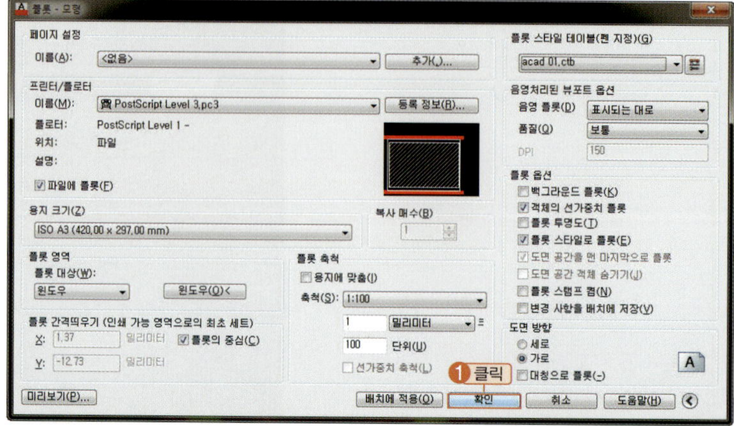

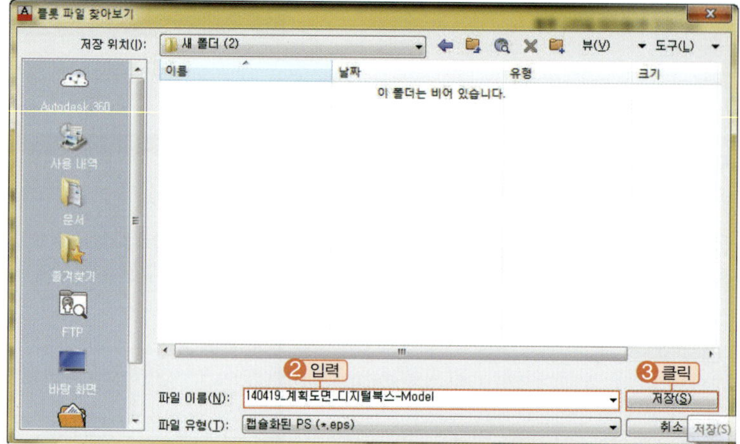

**9** 일러스트레이터를 실행하고, 열기 단축키 Ctrl+O를 눌러 조금전 저장해둔 파일을 열어줍니다.

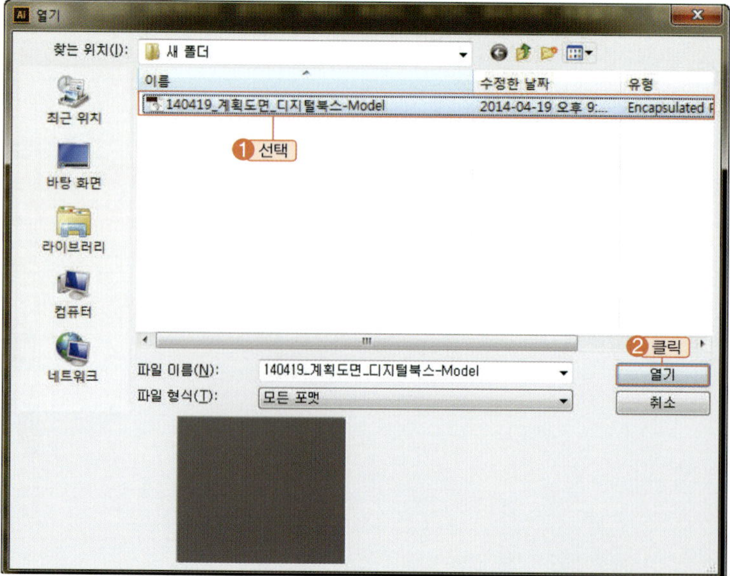

**10** 패스가 살아있는 eps 파일로 저장이
되어 있습니다.

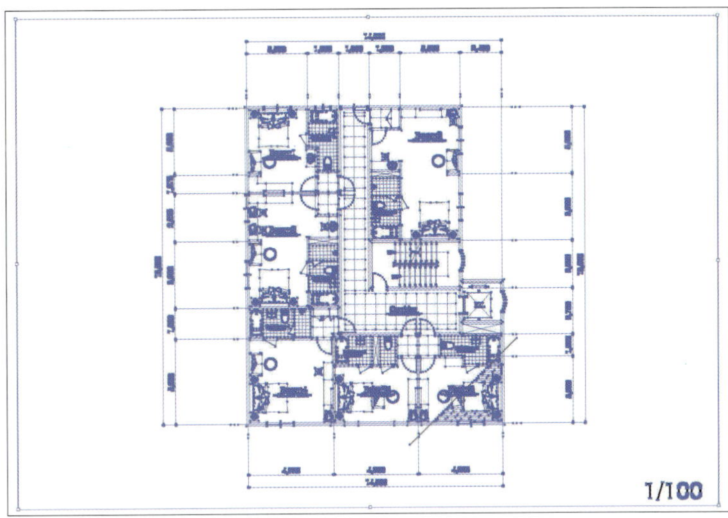




## eps파일을 WMF파일로 저장하여, 정음 글로벌에서 활용하기

**1** 조금전 바꿔둔 eps파일을 WMF파일로 저장하여, 정음 글로벌에서 열어보도록 하겠습니다.
[파일]–[내보내기]를 선택하고, 저장위치와 파일이름을 설정한 후 파일형식을 Window 메타파일 *WMF로 저장합니다.

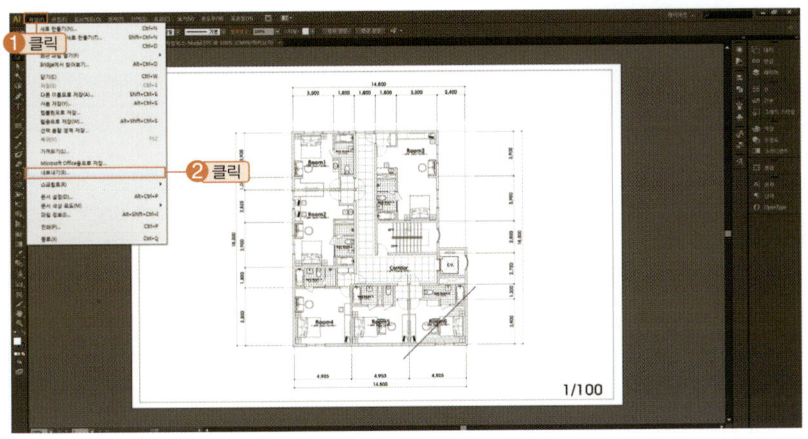


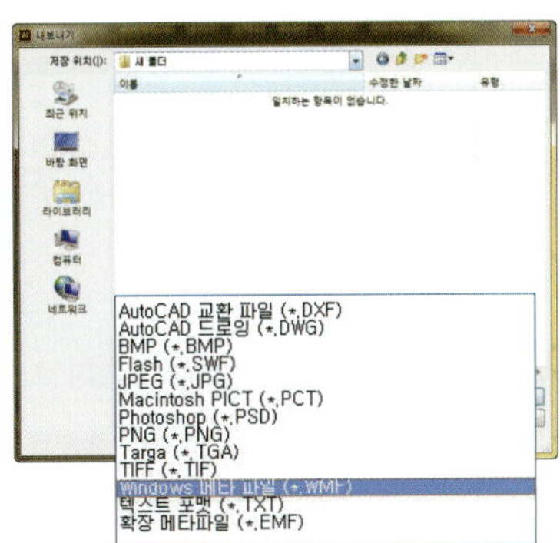

**2** 정음 글로벌을 열고, [조판]–[쪽설정]을 클릭합니다. 용지/단/구역 설정 창이 나타나면, 가로방향 버튼을 클릭하고 확인 버튼을 누릅니다. 용지가 가로방향으로 변경되었습니다.

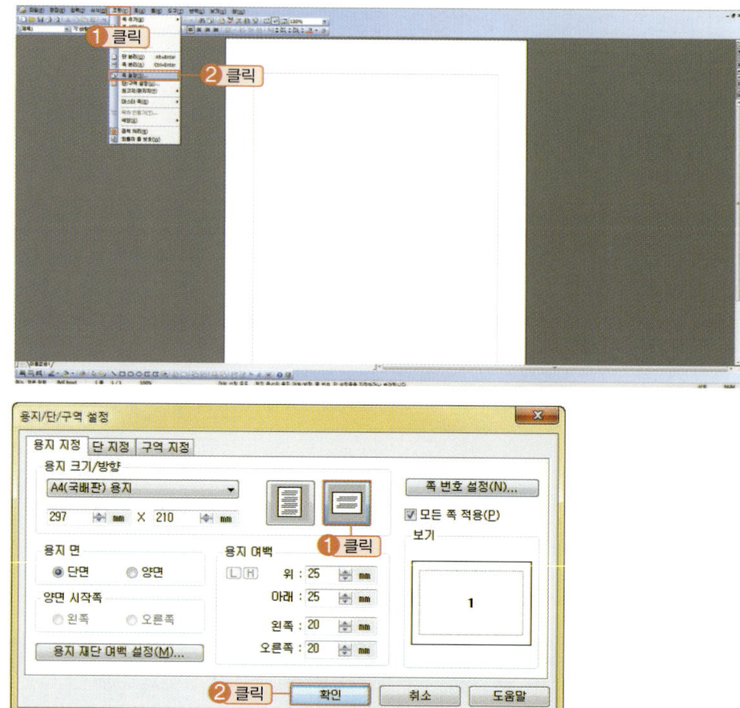

**3** 그림 입력(🖼) 버튼을 클릭합니다.

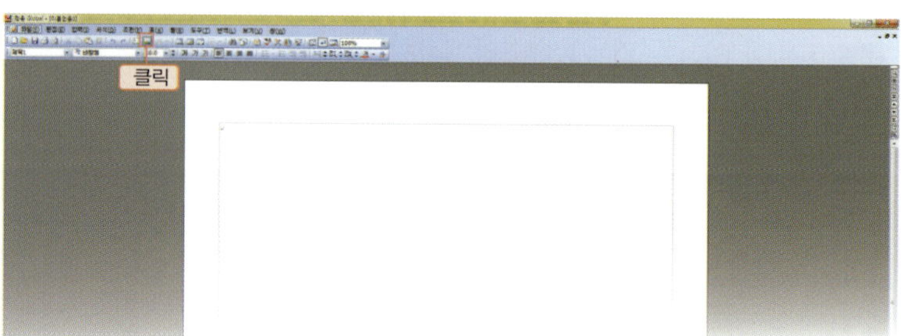

**4** 불러올 예제파일을 선택하고, 열기를 누릅니다.

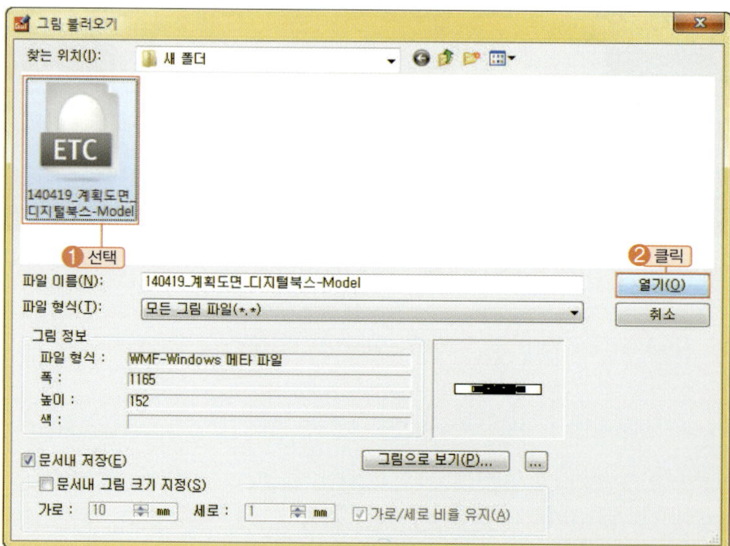

**5** 이미지 모서리부분을 드래그하여, 크기를 작업화면에 맞춰줍니다. 완성되었습니다.

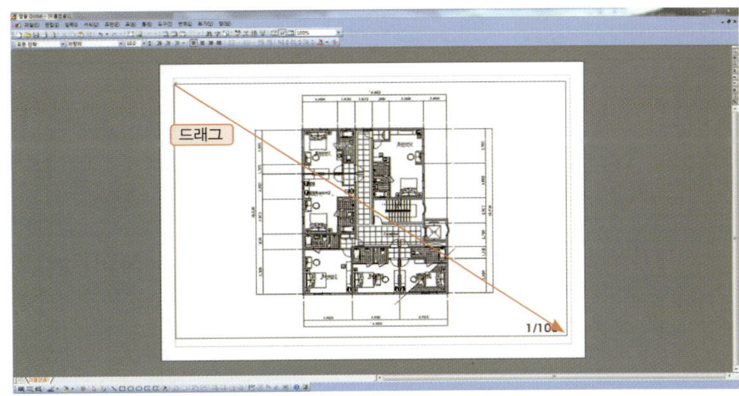



## >> Lesson 03  포토샵의 패스를 일러스트레이터에서 이용하기

포토샵 PSD파일은 있는데, 일러스트레이터에서 다시 작업해야 하나? 고민하셨나요? 포토샵의 패스를 일러스트레이터에서 이용하는 방법을 알아보도록 하겠습니다.

**1** 열기 단축키 Ctrl + O 를 눌러 부록 CD_Part02_03_03.예제_로고_PSD 파일을 불러옵니다.

**2** 자동 선택 툴( ) 단축키 W 를 눌러 Shift 버튼을 누르면서 하나 하나 선택해줍니다.

**3** 패스패널의 (　) 버튼을 눌러 작업
패스 만들기를 선택합니다.

**4** 작업 패스 만들기 창이 열리면, 허용치를 0.5로 입력하고,
확인 버튼을 누릅니다. 패스패널에 작업패스가 등록됩니다.

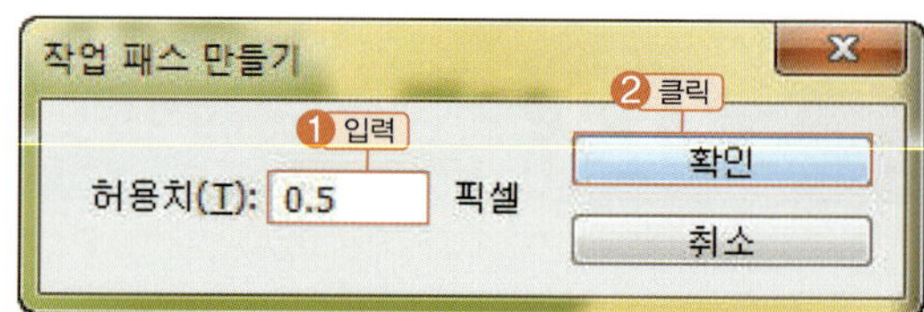

**5** [파일]-[내보내기]-[Illustrator로 패스
내보내기] 메뉴를 선택합니다. 저장할 패스
를 선택하고 폴더를 지정해준 후 ai파일로
저장합니다.

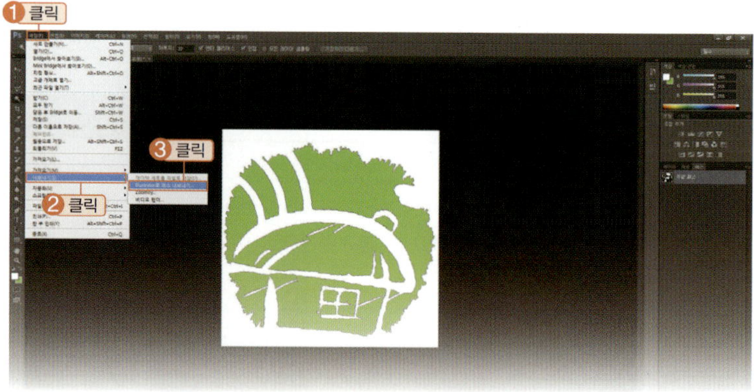

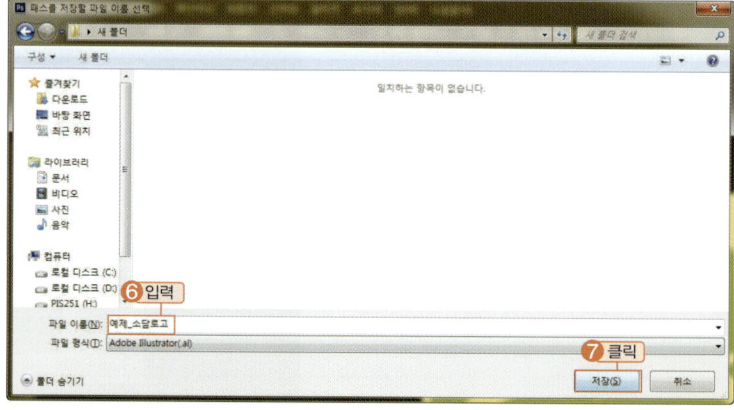

**6** 일러스트레이터를 실행하고, 열기 단축키 Ctrl+O를 눌러 **5** 번에서 저장해 둔 파일을 불러옵니다.

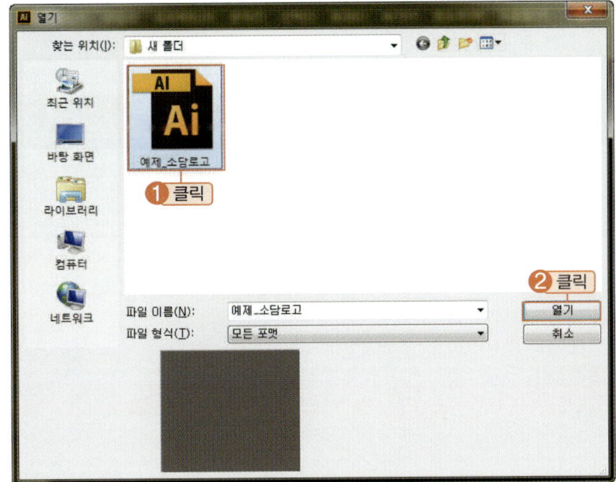

**7** 대지로 변환 창이 열리면, 이전 대지와 자르기 영역에 체크하고, 확인버튼을 누릅니다.

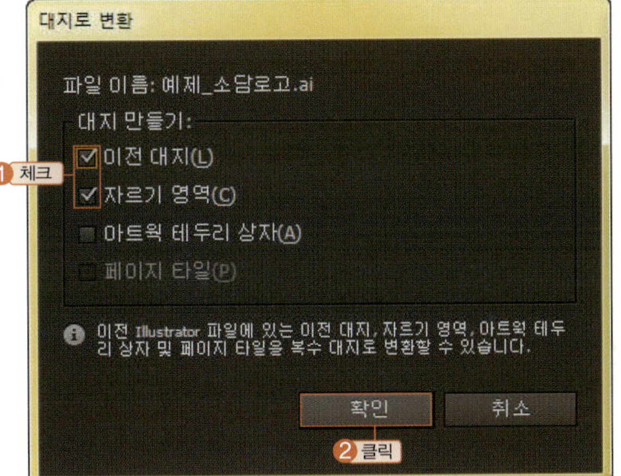

**8** 전체선택하기 단축키 Ctrl+A를 누르면 패스가 선택됩니다.

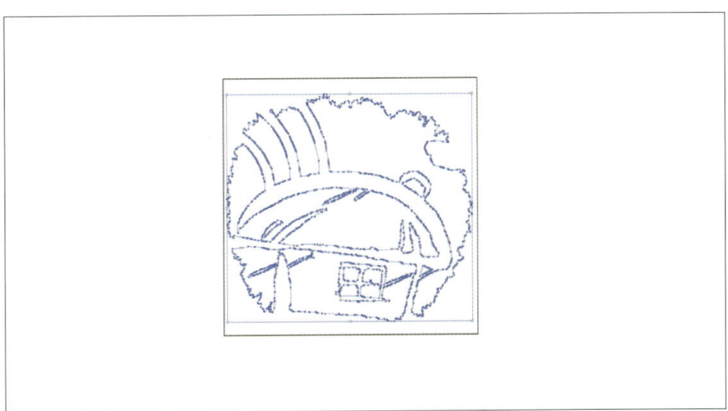

**9** 면색을 견본 라이브러리 메뉴에서 [음식]–[과일]의 C:46, M:3, Y:100, K:1을 선택하고, 선색은 없음으로 설정합니다.

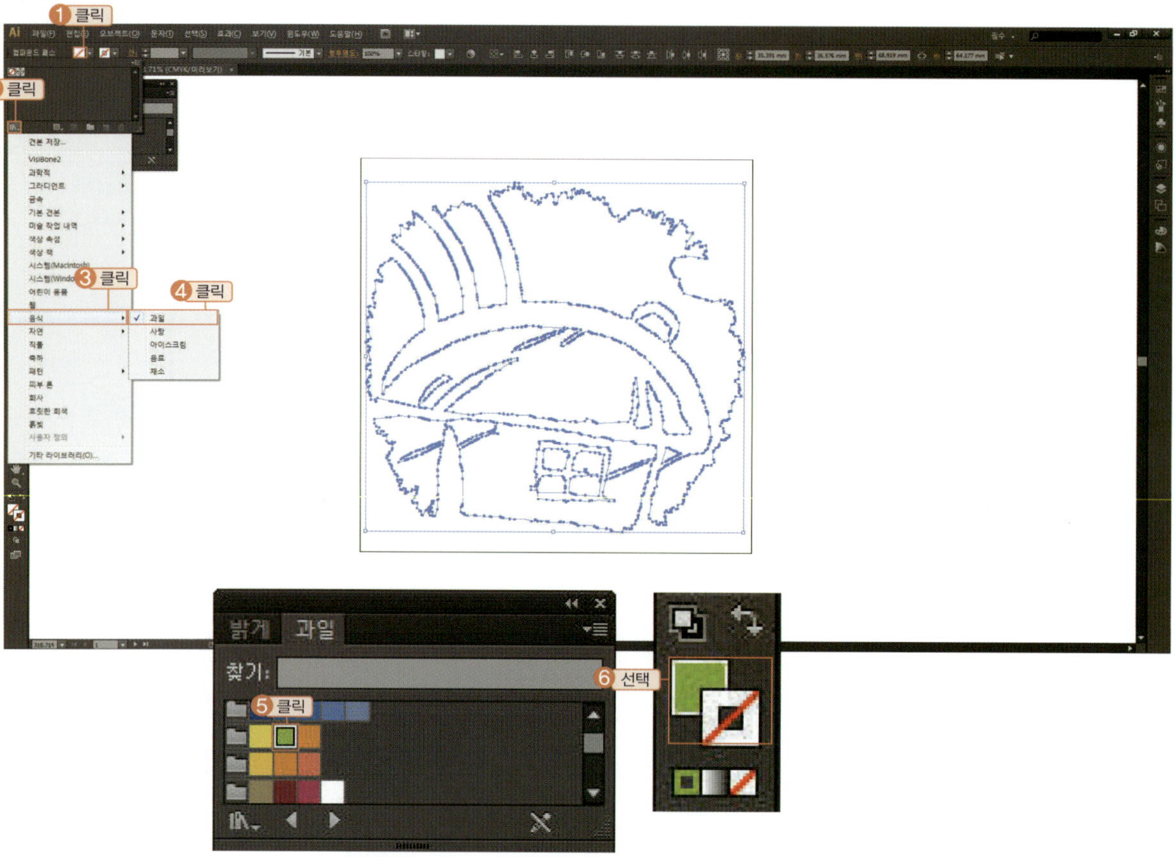

**10** 패스파인더 패널 단축키 Shift+Ctrl+F9를 눌러 불러온 후 합치기 버튼( )을 눌러줍니다. 이렇게 저장된 벡터 오브젝트는 유용하게 활용할 수 있습니다.

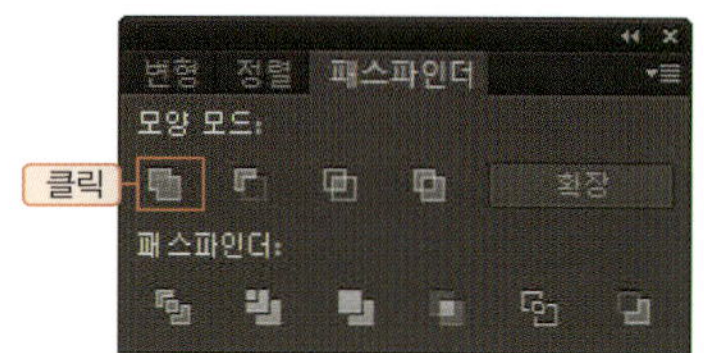

## >> Lesson 04 AI파일을 캐드파일로 전환하기

Lesson 03번에서 완성된 예제를 이용해서 이번에는 Ai 파일을 캐드파일로 전환하는 방법을 알아보도록 하겠습니다.

**1** [파일]–[내보내기]를 누르고, 저장해줄 폴더와 파일형식을 지정해 준 후 저장 버튼을 누릅니다.

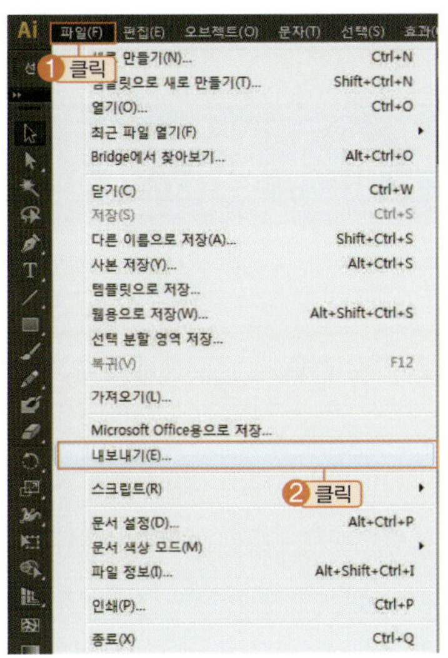
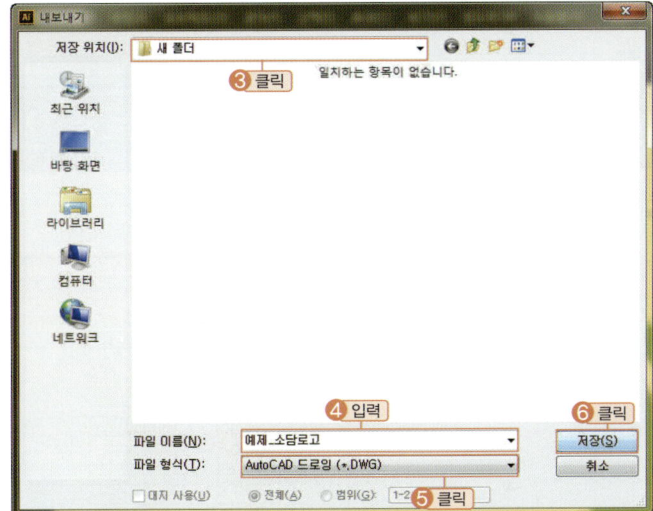

**2** 내보내기 옵션 창이 나오면, 캐드 저장 버전을 선택해주고, 확인 버튼을 눌러줍니다.

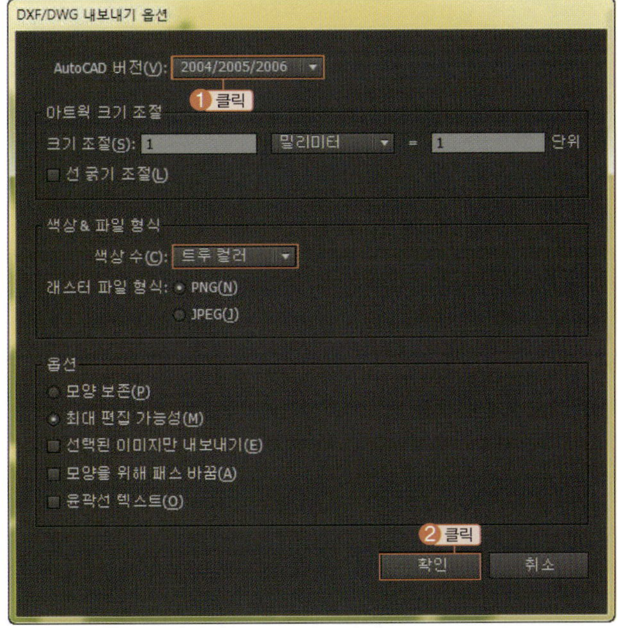

**3** 이렇게 저장된 파일은 캐드에서 활용할 수 있게 됩니다.

## >> Lesson 05  엑셀파일을 일러스트레이터에서 활용하기

**1** 열기 단축키 Ctrl + O 를 눌러 부록 CD_Part02_03_예제_샘플북 보유현황.Excel 파일을 열어줍니다.

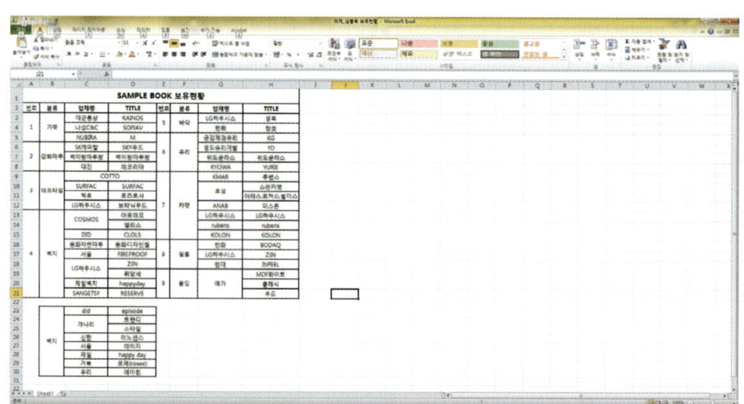

**2** 다음과 같이 드래그하여 선택하고, 복사하기 단축키 Ctrl + C 를 누릅니다.

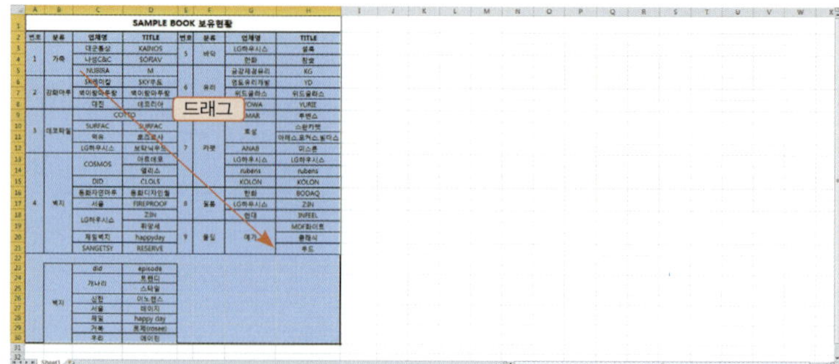

**3** 일러스트레이터를 실행하고, 새창 열기 단축키 Ctrl + N 을 눌러 다음과 같이 설정한 후 확인 버튼을 누릅니다.

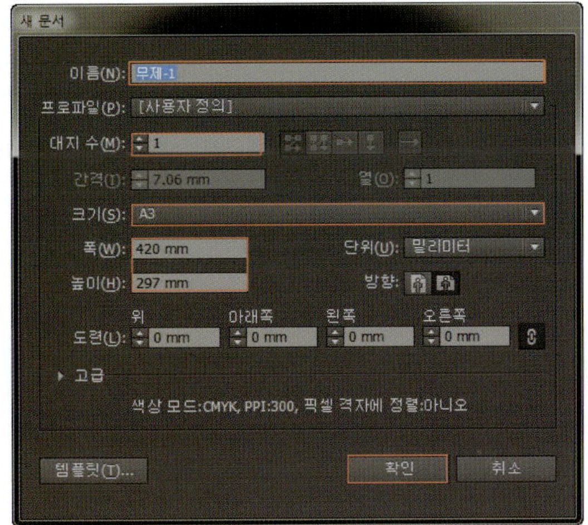

**4** 붙여넣기 단축키 Ctrl + V 를 누릅니다. 엑셀표가 붙여졌습니다. 마우스 우클릭의 [그룹 풀기] 선택, 또 마우스 우클릭의 클리핑마스크 풀기를 누르면, 필요없는 선들도 Delete 버튼을 이용하여, 삭제할 수 있습니다.

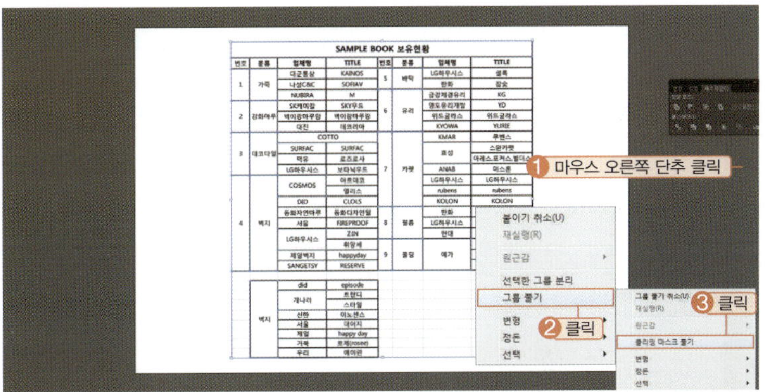

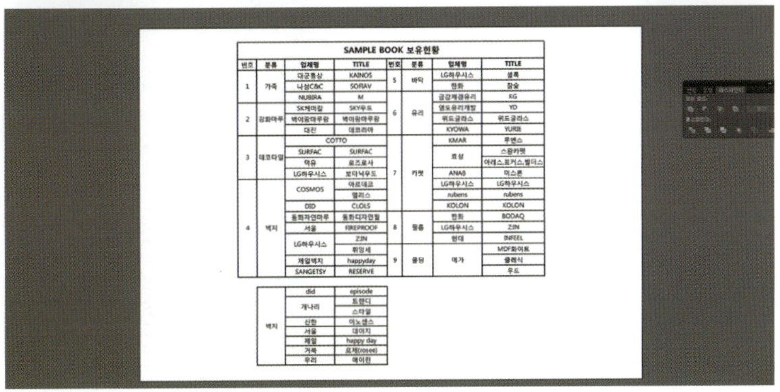

**5** 글자를 더블클릭하면 편집도 가능합니다.

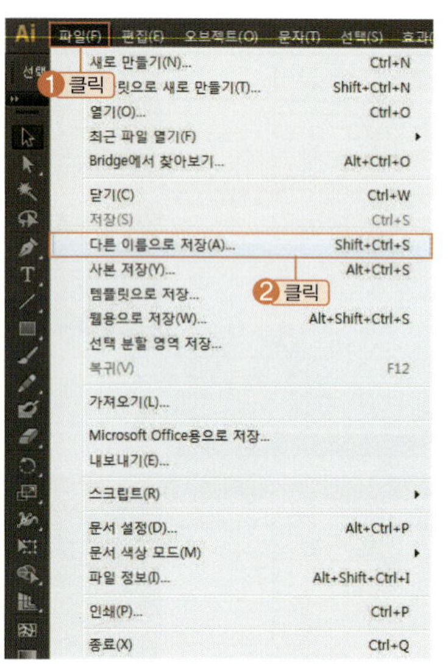

## >> Lesson 06  AI파일을 PDF파일로 저장하기

**1** Lesson 05에서 만들어둔 표를 PDF파일로 저장해 보도록 하겠습니다. [파일]–[다른 이름으로 저장] 또는 단축키 Shift+Ctrl+S 을 눌러 파일 이름을 설정하고, 파일형식을 PDF로 지정해준 후 저장 버튼을 누릅니다.

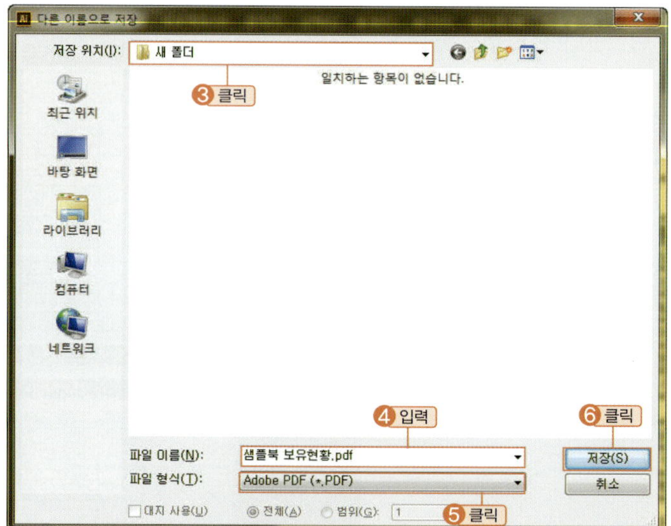

**2** 별다른 옵션을 체크할 필요없이 PDF 저장 버튼을 누르면 PDF파일로 저장됩니다.

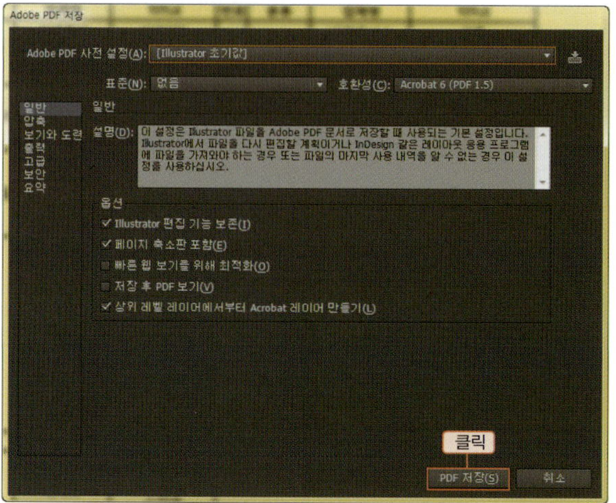

**3** 잘 저장되었나, 확인해볼까요? PDF 파일을 더블클릭하여, 실행해봅니다.

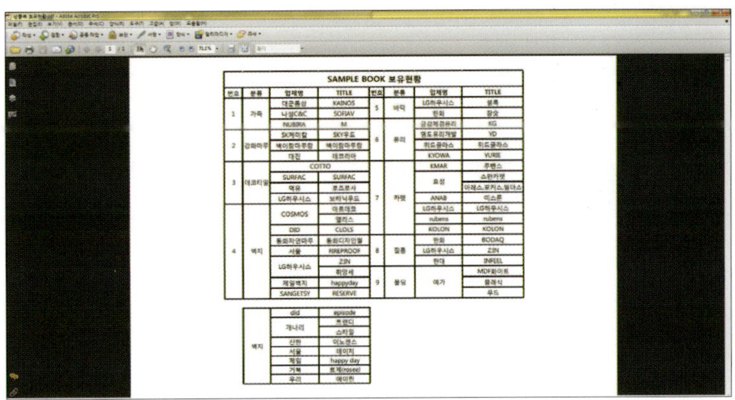

Chapter

# 04 포토스케이프 알아보기

포토스케이프는 사용해본 결과, 사진보정과 편집에 특별한 방법을 알고 있지 않아도, 클릭한번으로 간단하게, 멋진 효과를 적용시킬 수 있는 프로그램이라 생각합니다. 그래서 간단한 사진편집이나 보정작업은 포토샵보다 포토스케이프를 사용하고 있습니다. 여러분도 한번 익혀보세요. "오호~~" 감탄사가 절로 나올것입니다. ^^

## >> Lesson 01 포토스케이프 설치하기

**1** 검색창에 '포토스케이프'를 입력한 후, 다음과 같이 검색이 되면 photoscape를 클릭합니다.

**2** 오른쪽 상단에 무료다운로드 버튼을 클릭합니다.

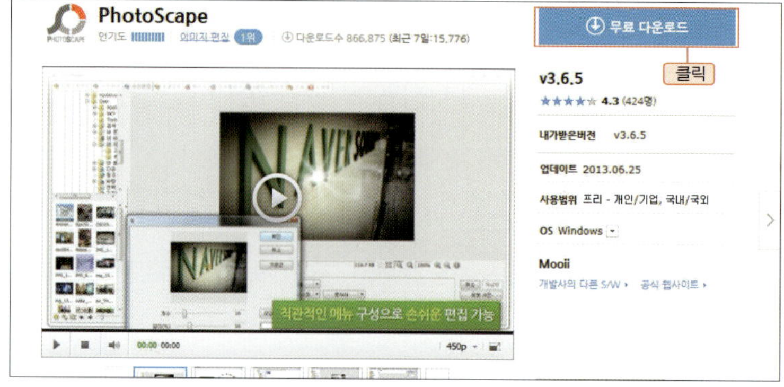

**3** 저장할 위치를 지정해주고, 다운로드
버튼을 누릅니다

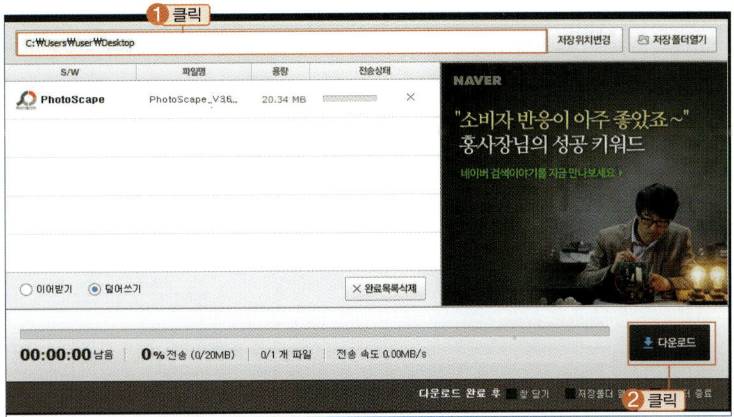


**4** 저장한 위치에 보면 실행파일이 있을
겁니다. 더블클릭해서 실행해줍니다.

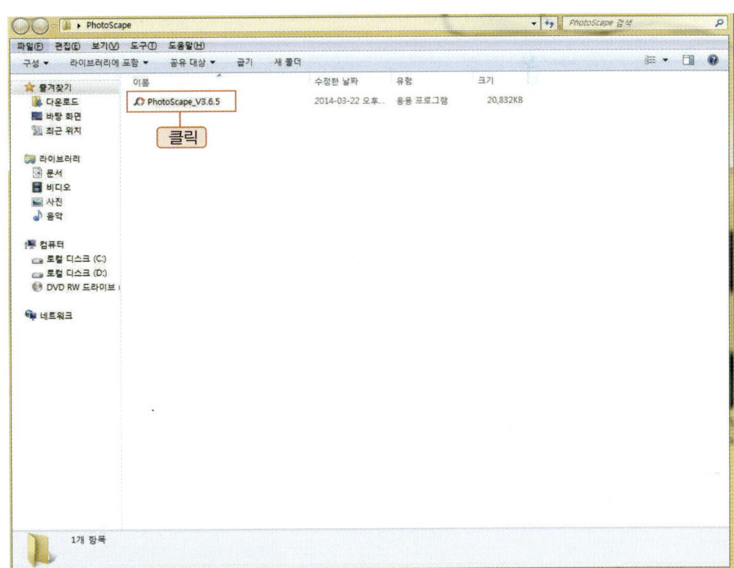


**5** 포토스케이프 설치 창이 나타나면, 설
치 버튼을 눌러줍니다.

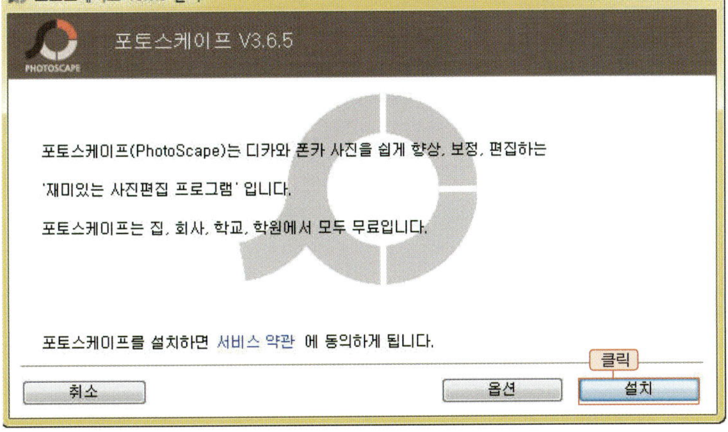

**6** 구글 툴바 설치에는 체크해제하고 다음 버튼을 누릅니다.

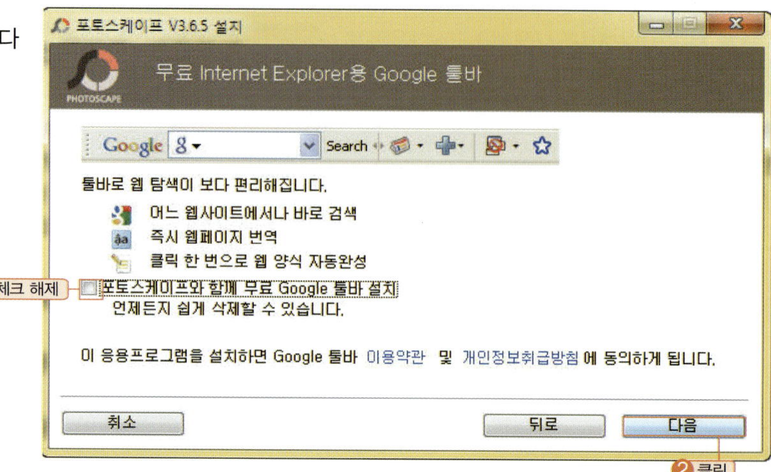


**6** 잠시 기다린 후 마침 버튼을 누르면 설치가 완료 되었습니다.

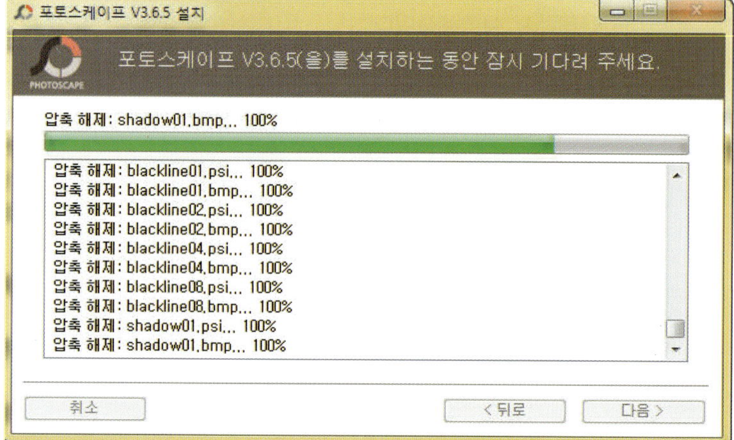


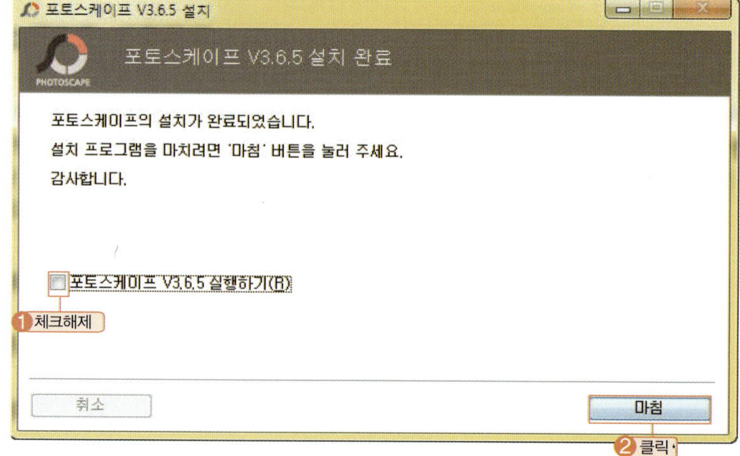

## >> Lesson 02 포토스케이프 자주 쓰는 기능 살펴보기

**1** 설치한 포토스케이프 아이콘을 더블 클릭하여 실행합니다. 여러 가지 기능중에서 '사진편집'을 클릭합니다.

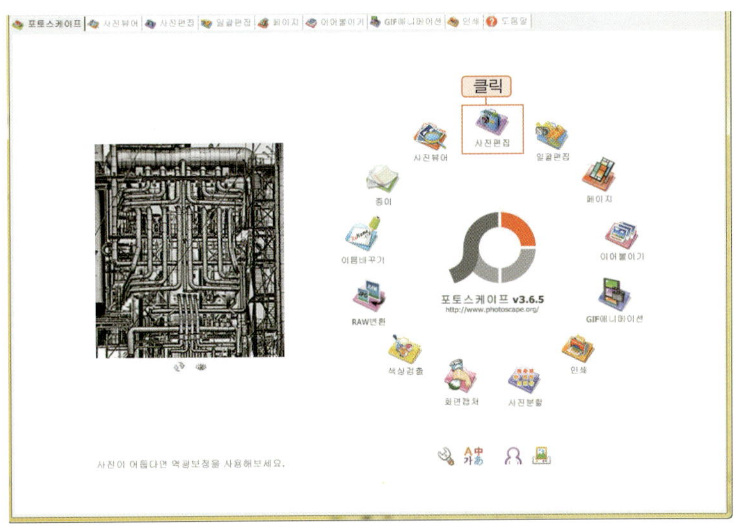

**2** 화면이 나타나면 부록CD_Part02_04_예제_신부대기실(1).jpg 파일을 열어서 사진편집 창으로 드래그해줍니다.

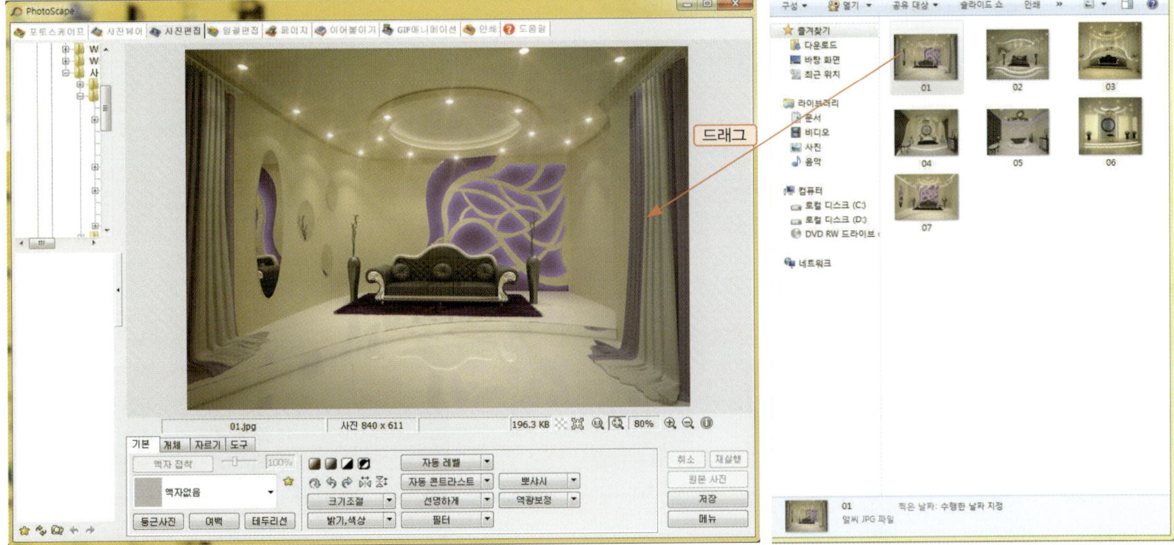

차례로 클릭해보도록 하죠.

## 1. 기본기능

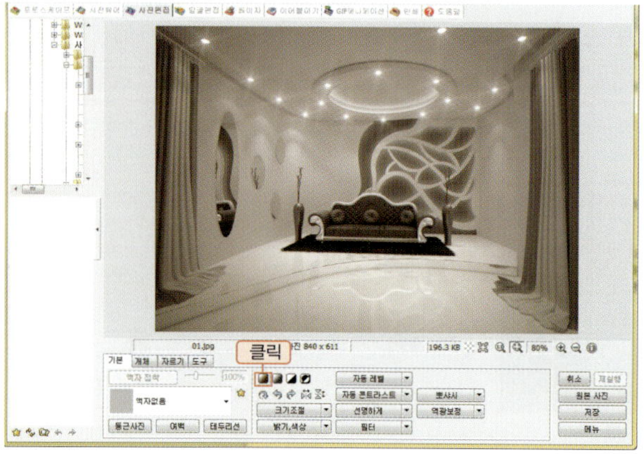

▲ 세피아 색상필터를 적용한 흑백사진 만들기

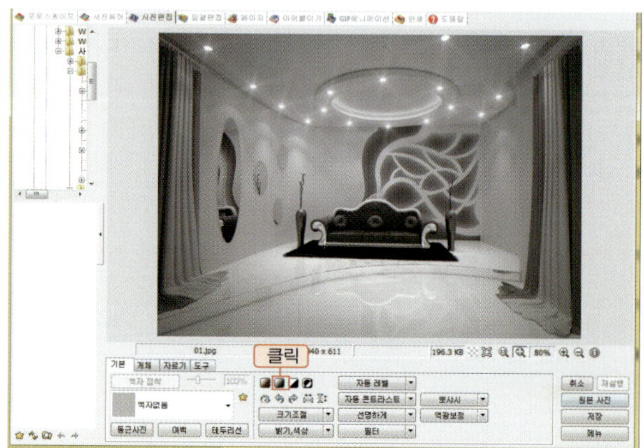

▲ 무채색 흑백사진 만들기

▲ 수평 맞추기

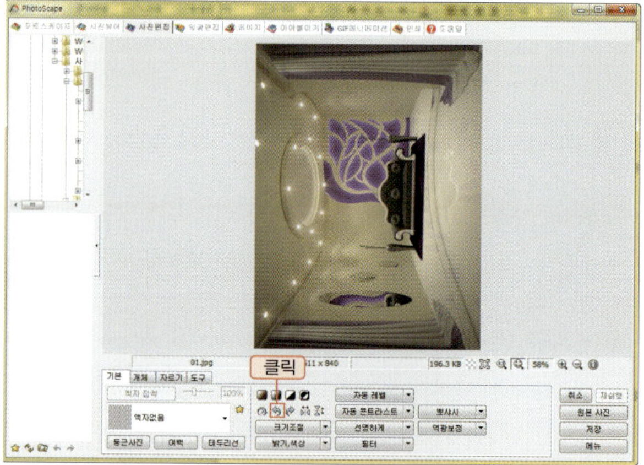

▲ 반시계 방향으로 회전하기

▲ 시계 방향으로 회전하기

▲ 사진 좌우 교체하기

▲ 사진 위아래 교체하기

▲ 크기 조절하기

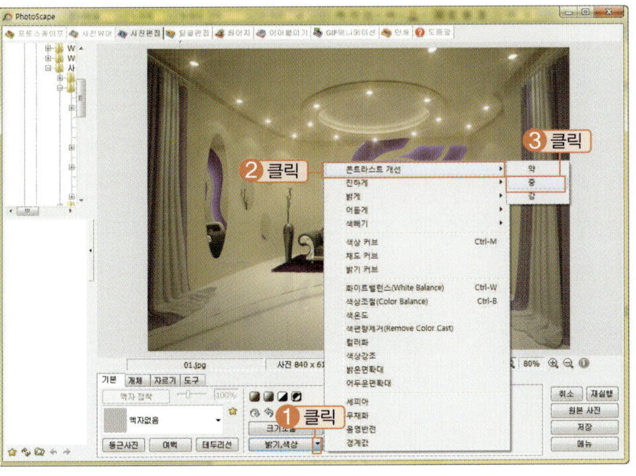

▲ [밝기, 색상]–[콘트라스트 개선]–[중]

▲ 결과 이미지

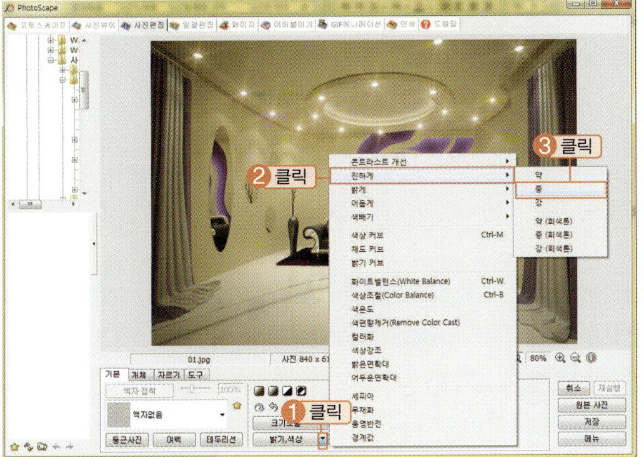

▲ [밝기, 색상]–[진하게]–[중]

▲ 결과 이미지

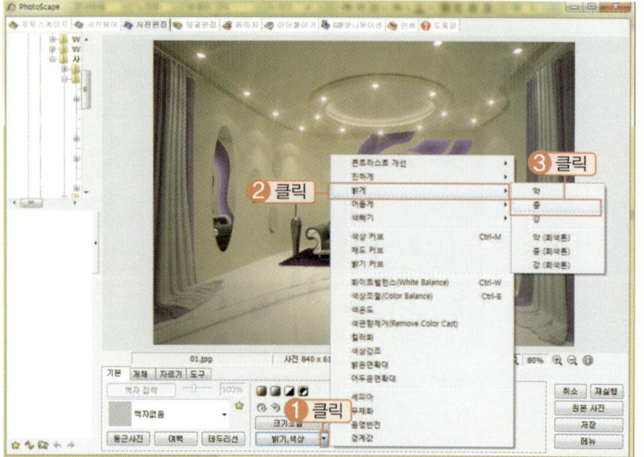

▲ [밝기, 색상]-[밝게]-[중]

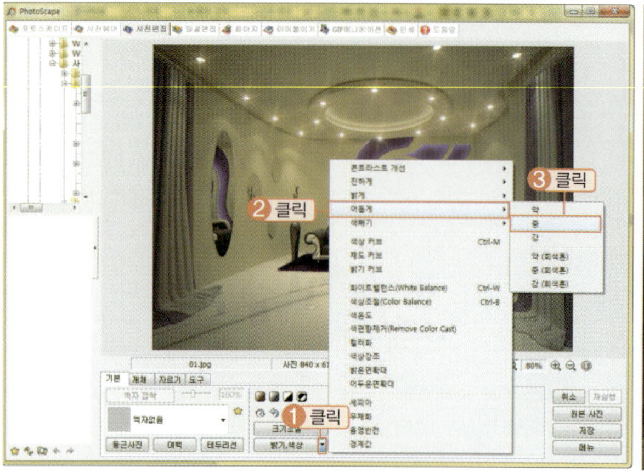

▲ [밝기, 색상]-[어둡게]-[중]

▲ 결과 이미지

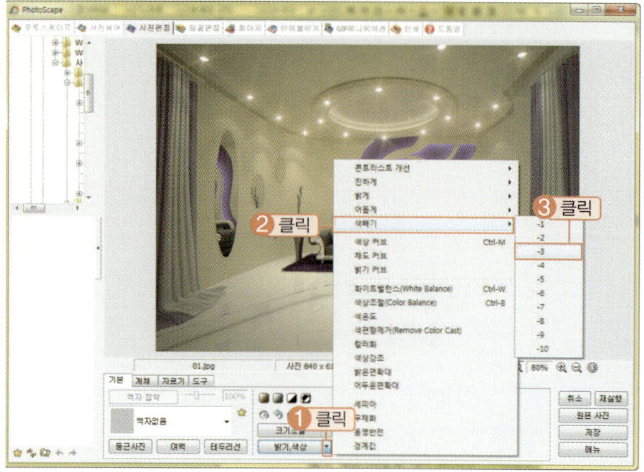

▲ [밝기, 색상]-[색빼기]-[-3]

▲ 결과 이미지

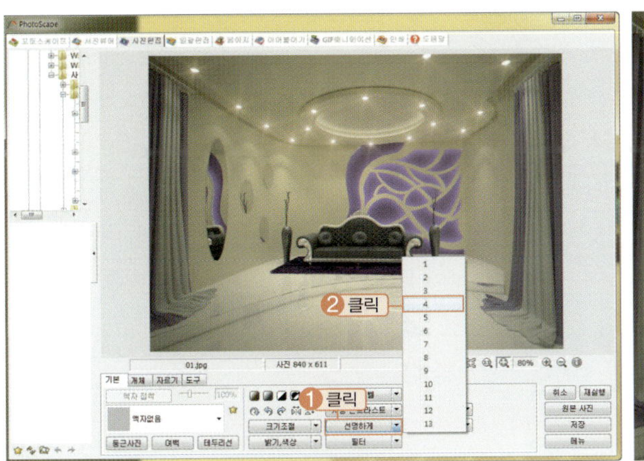

▲ [선명하게]-[4]

▲ 결과 이미지

선명하게 기능은 단계별로 조절이 가능합니다. 원하는 이미지가 나올 때 까지 테스트 해보세요.

## 2. 필터기능

필터기능은 사진을 더욱 멋져보이게 합니다. 차례대로 살펴보겠습니다.

❶ [필터]–[필름느낌]–[영화]–[중]

❷ [필터]–[필름느낌]–[크로스프로세스]–[중]

❸ [필터]–[필름느낌]–[벨비아]–[중]

❹ [필터]–[필름느낌]–[프로비아]–[중]

❺ [필터]–[필름느낌]–[포스트라]–[중]

❻ [필터]–[필름느낌]–[아그파]–[중]

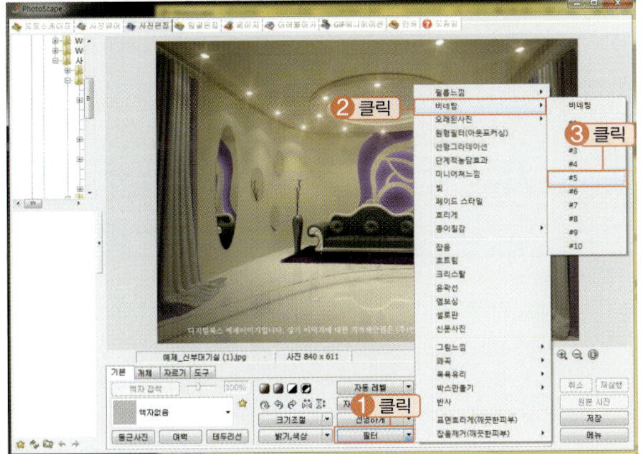

▲ [필터]–[비네팅]–[#5]

▲ 결과 이미지

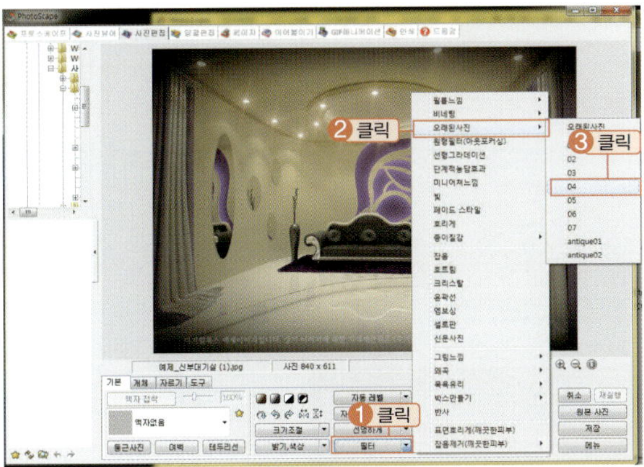

▲ [필터]–[오래된사진]–[4]

▲ 결과 이미지

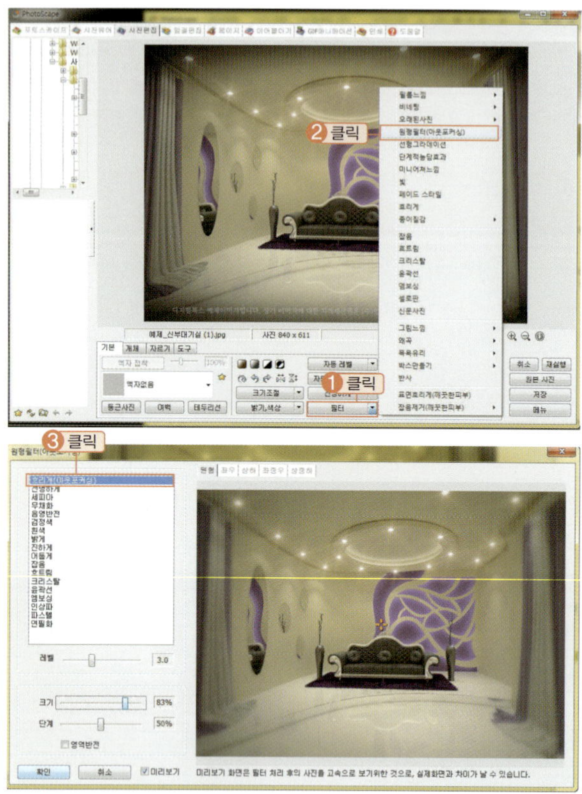

▲ [필터]–[원형필터(아웃포커싱)]–[흐리게 아웃포커싱]

▲ 결과 이미지

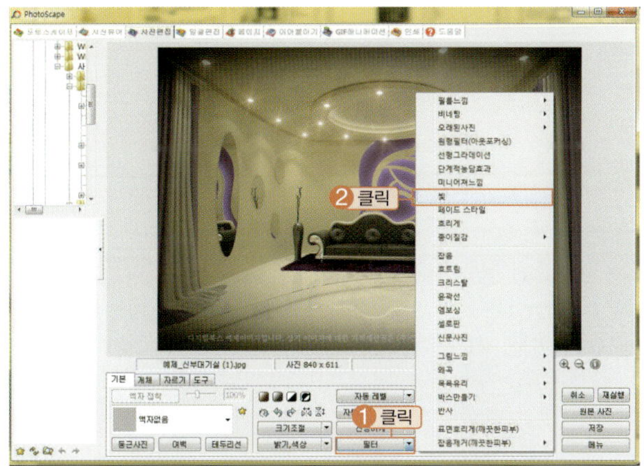

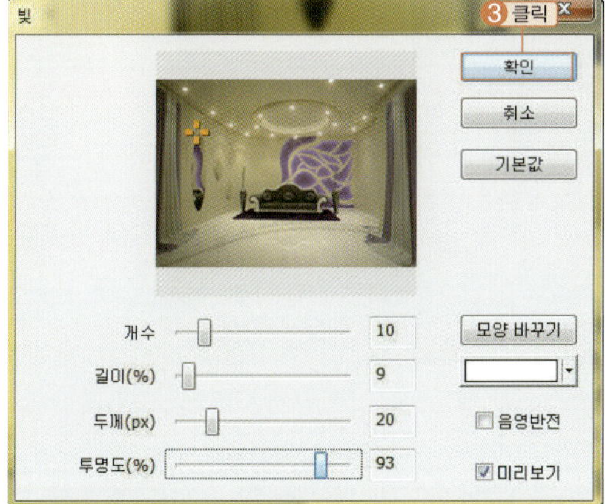

▲ [필터]-[빛]

▲ 결과 이미지

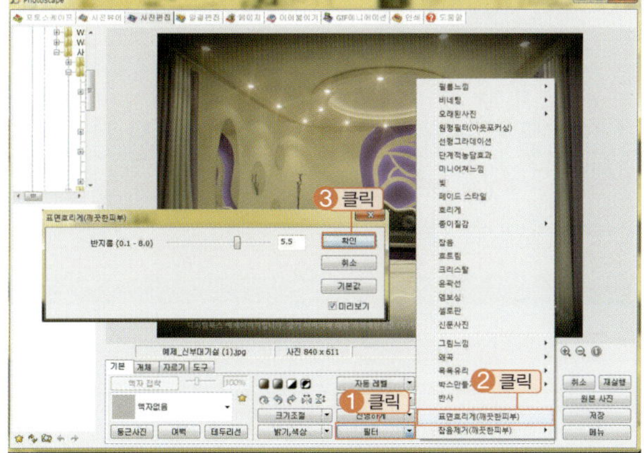

▲ [필터]-[표면흐리게(깨끗한피부)]

▲ 결과 이미지

## 3. 뽀샤시 효과, 역광보정 기능

뽀샤시와 역광보정 기본이미지 입니다.

▲ [뽀샤시]

▲ [역광보정]

## 4. 자르기 기능

[자르기]−[자유롭게 자르기]를 클릭하면, 사각창이 나옵니다. 자르고 싶은 부분을 조절하고 [자르기] 버튼을 클릭하면, 사진이 원하는 크기로 잘라집니다.

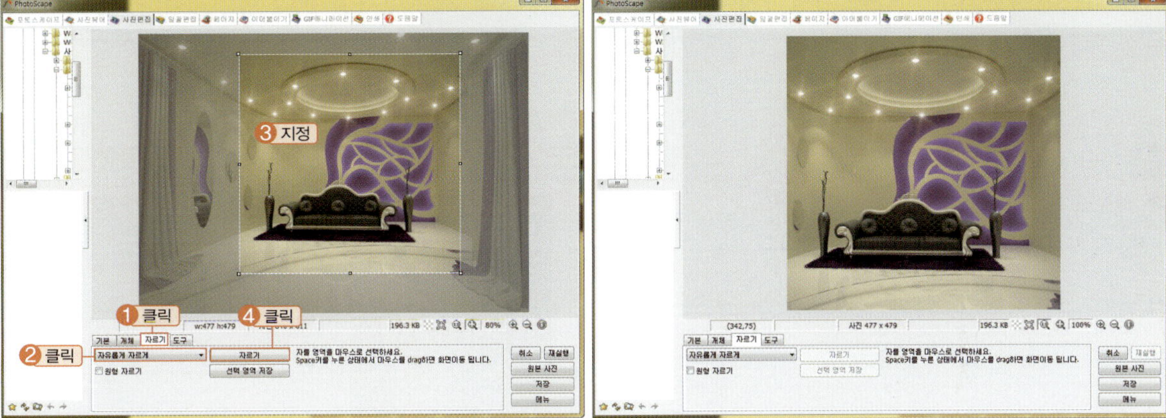

## 5. 도구기능

[도구]−[모자이크]−[모자이크−중]을 클릭하고, 모자이크처리할 부분을 드래그하여 선택해주면, 모자이크 효과가 적용됩니다.

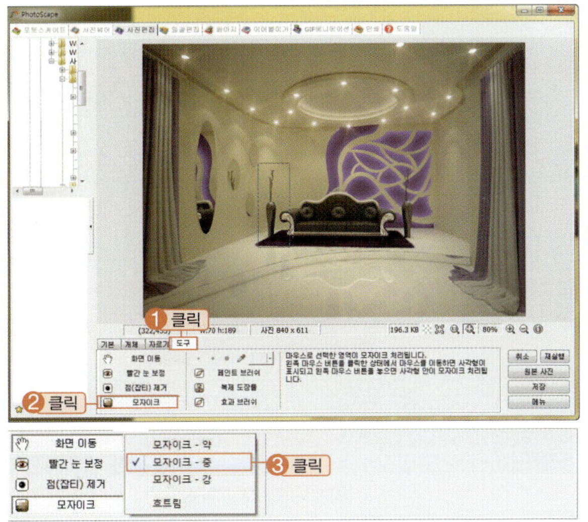

## >> Lesson 03 사진 보정하기

기본적으로 사용되는 기능을 간략하게 알아보았습니다. 이제, 신부대기실 렌더 이미지를 보정해보도록 하겠습니다.

**1** 이미지가 좀 어두운 것 같죠? 좀 밝게 해보도록 하겠습니다. 밝기, 색상 옆의 (▼)를 누르고, [밝게]-[중]을 클릭합니다.

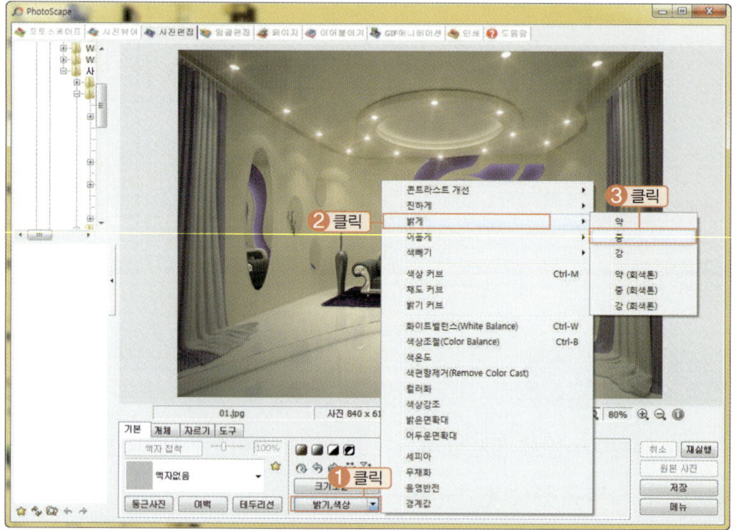

▲ [밝게]-[중]

▲ [밝게]-[중] 실행 취소

어떠세요? 좀 밝아졌나요? [취소] 또는 [재실행] 버튼으로 명령을 실행할 수도 취소시킬 수도 있습니다.

▲ 밝기 명령이 취소된 이미지

**2** 이미지를 선명하게 만들어보겠습니다. 선명하게 옆의 ⬇ 버튼을 누르고 [3]으로 지정해줍니다. 조금 더 선명해졌습니다.

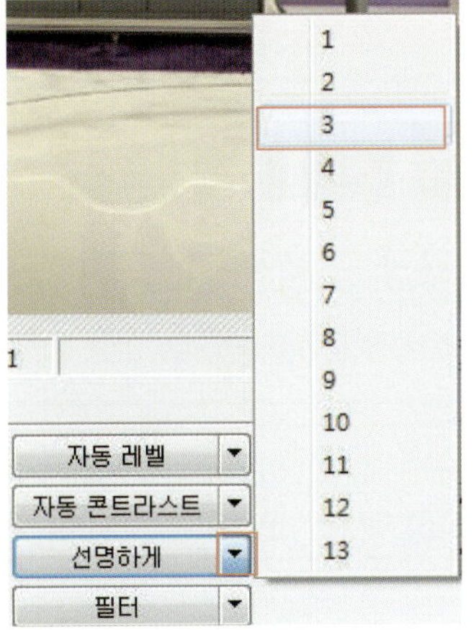

**3** 보정한 이미지를 저장해보도록 하겠습니다. 저장 버튼을 누르고, 원본과의 구분을 위해(다른 이름으로 저장)을 클릭한 후 새 이름을 만들어주고 저장합니다.

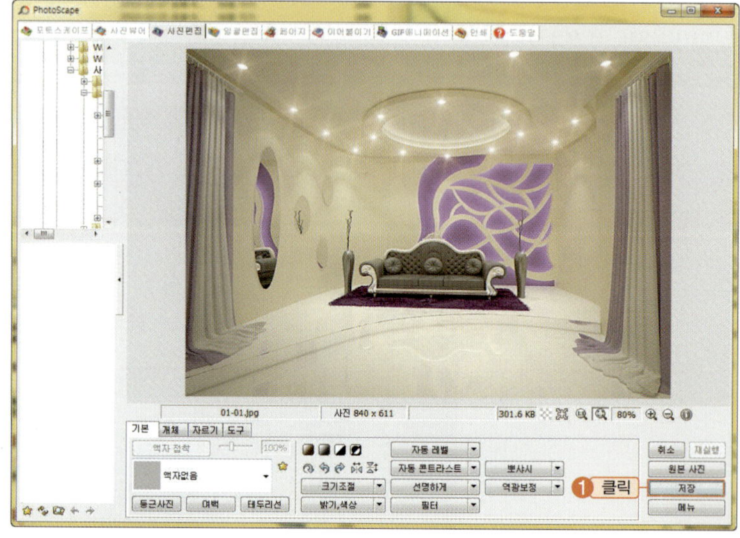

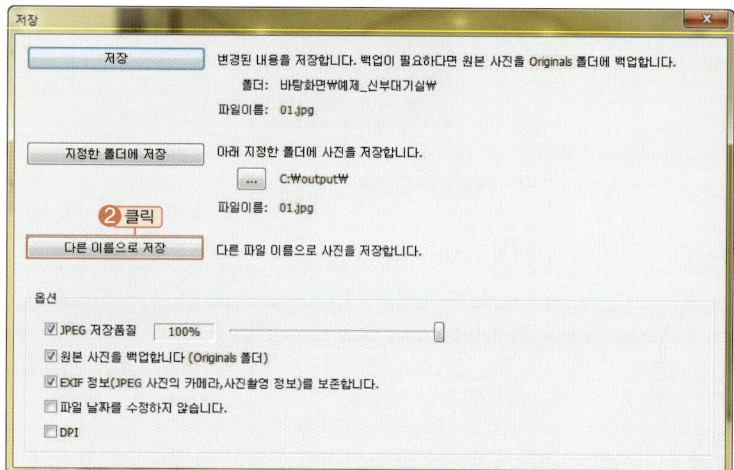

**4** 다른 이미지도 다양한 방법으로 보정해주고 저장해줍니다. Lesson 04의 제안서에 보정된 이미지를 넣어보도록 하겠습니다.

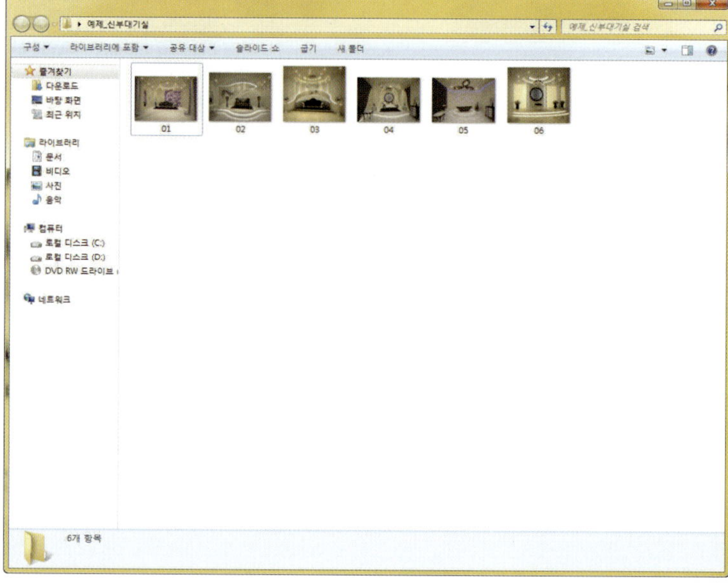

## Lesson 04 제안서에 배치하기

**1** 일러스트레이터를 실행하고, Ctrl+ O를 눌러, 부록CD_Part02_04_예제_ 웨딩홀제안서_시작Ai. 파일을 불러옵니다.

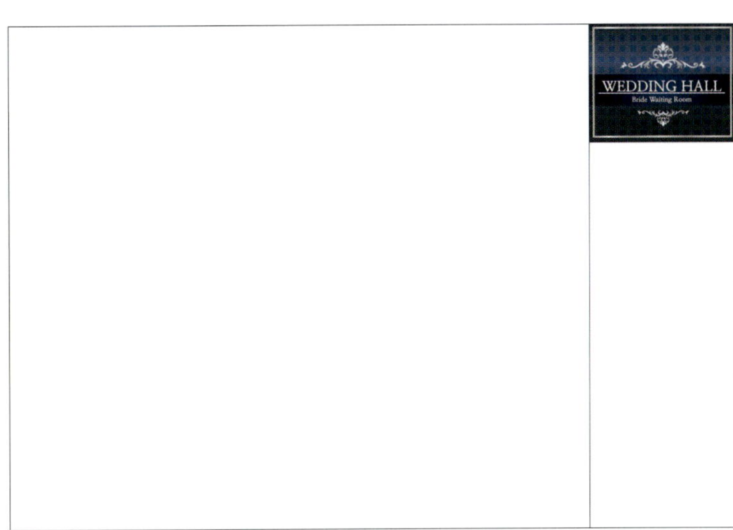

**2** Lesson03에서 저장해 둔 이미지 중 보정한 사진만 Ctrl를 눌러가면서 선택하 고, 복사하기 단축키 Ctrl+C를 눌러 복 사해줍니다.

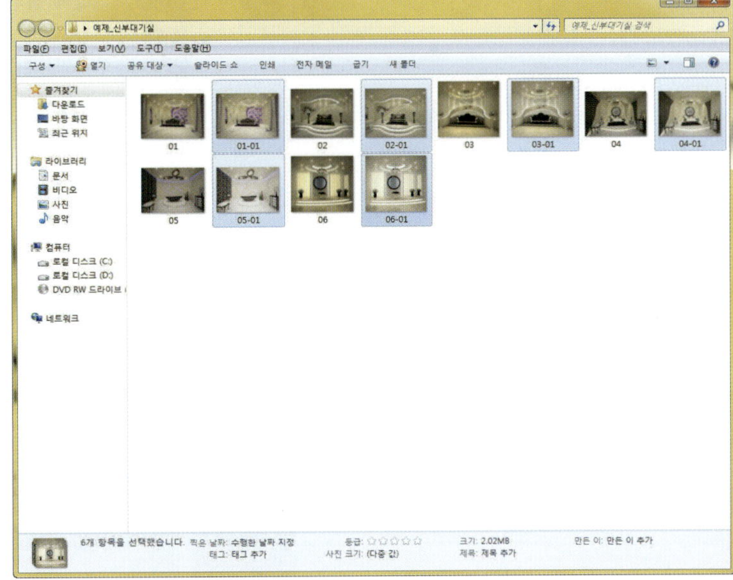

**3** 일러스트레이터 화면으로 돌아와서, 붙여넣기 단축키 Ctrl + V 를 눌러줍니다. 이미지가 붙여넣어졌습니다.

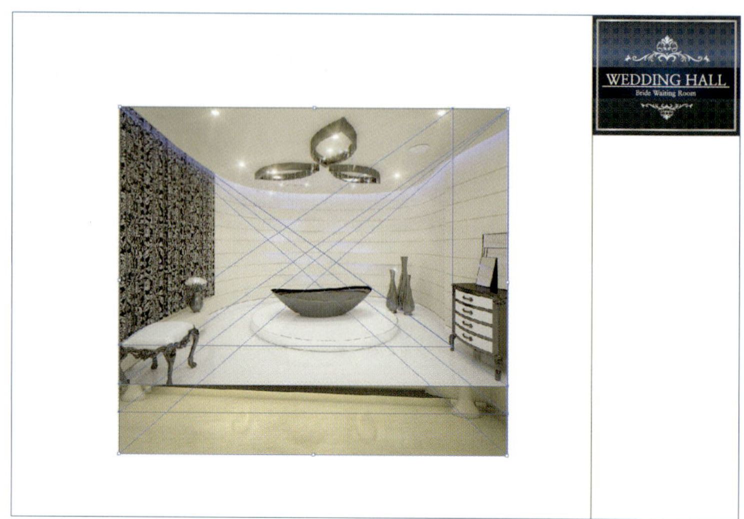

**4** 전체 이미지가 좀 크죠? 함께 뭉쳐 있을 때 크기를 조금 줄여보겠습니다. 모서리 부분을 잡고 드래그하여, 이미지 크기를 전체적으로 줄여줍니다.

**5** 흰배경을 클릭해서 전체이미지 선택을 취소시킨 다음 선택하기 쉽도록 이미지를 흩어놓습니다.

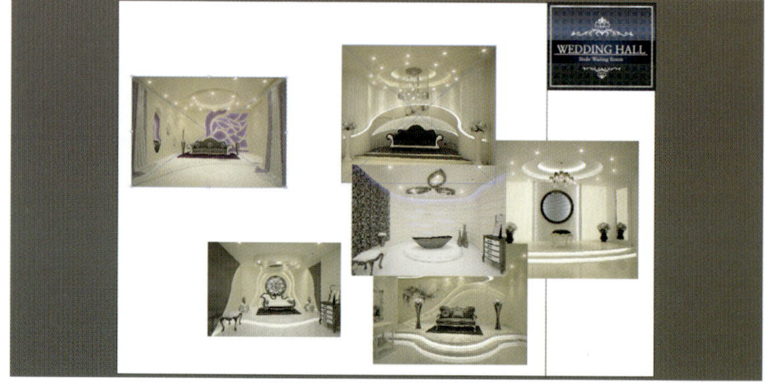

**6** 이미지를 차례로 정리해줍니다.

**7** 사진의 윗라인을 맞추고 싶다면 사진을 선택하고, [세로위 정렬]( ) 버튼을 눌러줍니다.

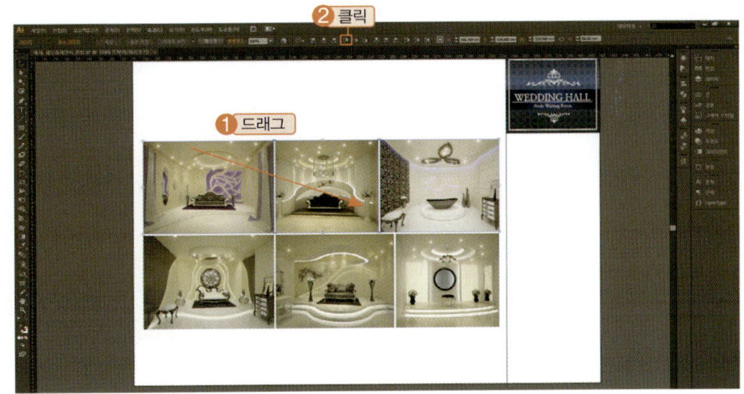


**8** 눈금자 단축키 Ctrl + R 을 눌러주고, 선택 툴( ) 단축키 V 를 눌러서, 위에서 아래로, 좌측에서 우측으로 눈금자에서 드래그하여, 라인을 맞춰서 배치합니다.

**9** 배치가 다 되었으면, 눈금자를 선택하고, Delete 를 눌러 눈금자를 삭제해줍니다. 사진을 선택해보면 X자 표시가 있지요? 이미지 파일이 외부폴더와 링크되어 있다는 표시입니다. 이럴 경우, 이미지 파일의 경로가 바뀌면, 이미지가 보이지 않게 됩니다. 불러온 사진의 경로를 다시 지정 해주어야 열린다는 사실.. 이미지 파일을 포함하지 않기 때문에, 용량이 작다는 것이, 장점입니다. 하지만, 다른 컴퓨터에서 열려면 링크된 파일을 별도로 준비해야 합니다.

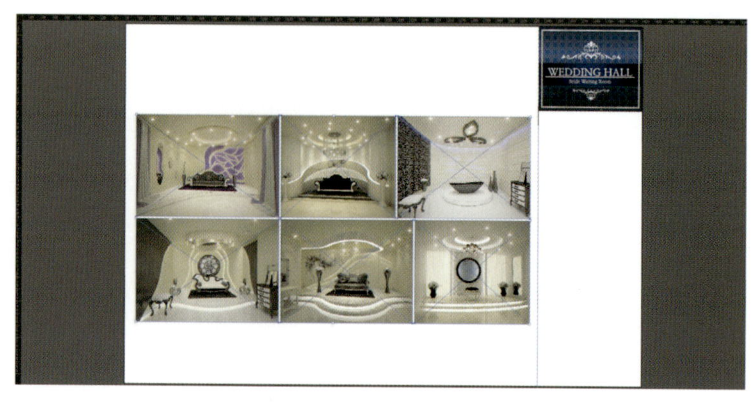

**10** 번거로운 과정이 없도록 이미지를 제안서에 포함시켜 보도록 하겠습니다. 이미지를 선택한 후, 포함 버튼을 클릭합니다. X자가 없어지면서, 이미지가 제안서에 포함되었습니다. 이제, 이미지 경로가 바뀌어도, 동일하게 열린다는 의미입니다.

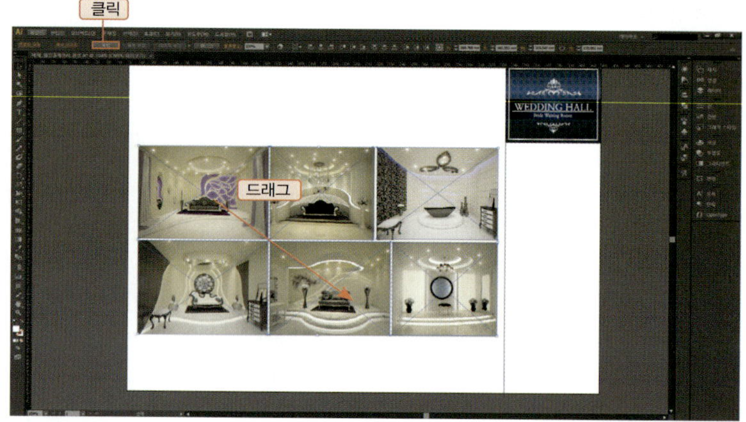


▲ 이미지 포함 전

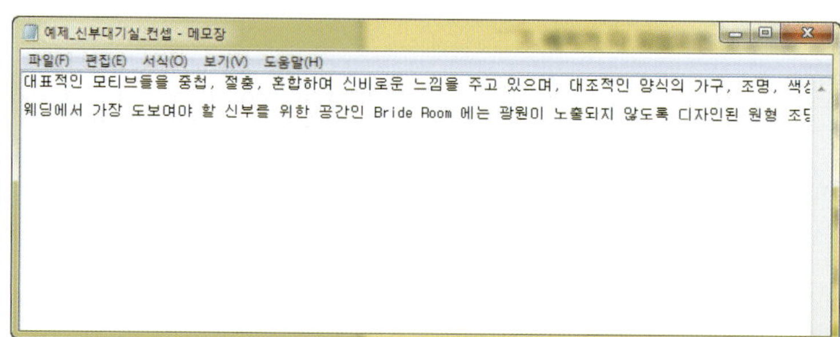


▲ 이미지 포함 후

**11** 컨셉글을 넣어 보도록 하겠습니다. 부록CD_Part02_04_예제_신부대기실_컨셉.txt 파일을 열고, 전체선택하기 Ctrl + A 를 누르고, 복사하기 단축키 Ctrl + C 를 눌러 복사하여 줍니다.

**12** 글자를 써넣을 공간을 만들기 위해 사각형 툴(▣) 단축키 M을 누르고 다음과 같이 드래그하여 줍니다.

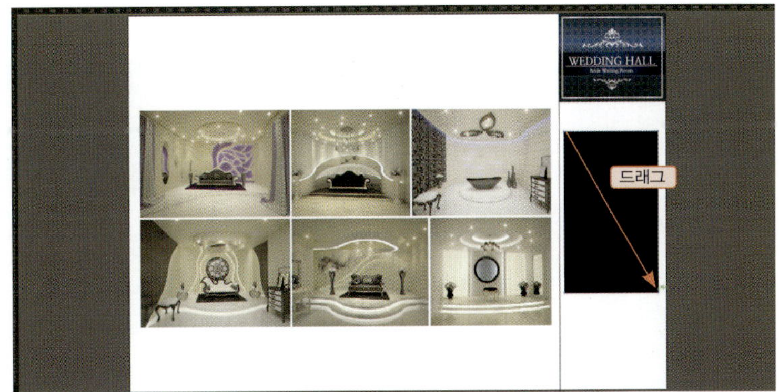


**13** 문자 툴(T) 단축키 T를 누르고 만들어둔 사각형 테두리를 클릭하면 다음과 같이 검정이었던 사각형이 흰색으로 바뀌면서 사각형의 안쪽에서 커서가 깜빡거리게 됩니다.

**14** 조금 전 복사해두었던 텍스트파일을 붙여 넣어 보겠습니다. 붙여넣기 단축키 Ctrl+V를 눌러 텍스트 문서를 붙여 넣어 줍니다.

**15** 글꼴을 '나눔손글씨 붓', 글꼴크기를 '13' 으로 설정하고, '가운데 정렬' 에 체크해줍니다.

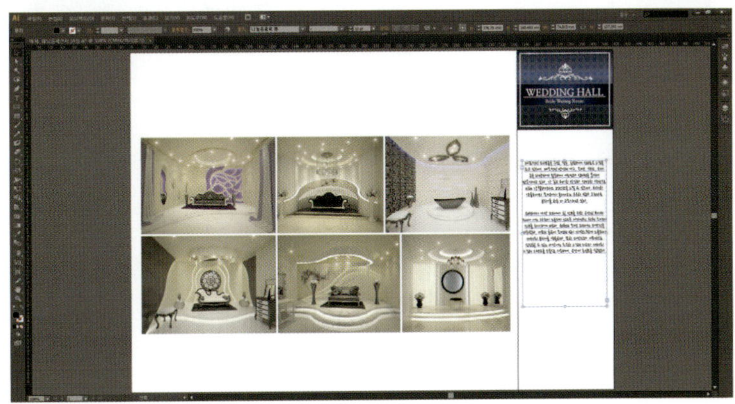

**16** 단락패널에서 '양쪽정렬(마지막정렬 왼쪽정렬)'을 선택하면, 내용이 예쁘게 정돈됩니다.

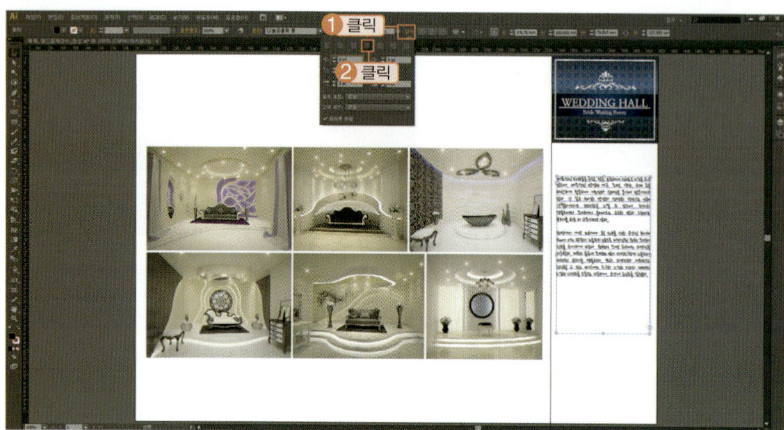

**17** 가지고 있는 소스를 응용해서 좀 더 풍성하게 표현해봅니다. 완성되었습니다.

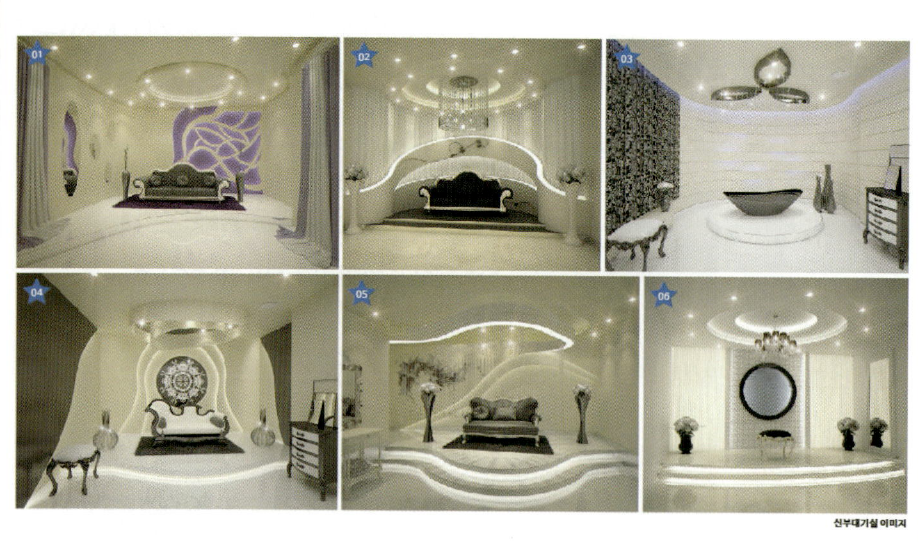

# >> Chapter 05
# 포토샵 VS 일러스트

포토샵은 사실적으로 표현이 가능해서 도면 칼라링 및 투시도 리터치, 이미지 보정에 효과적으로 표현이 되구요. 일러스트레이터는 인쇄시 크기와 상관없이, 선명한 결과물을 얻을 수 있는 벡터 방식이라서, 로고 디자인, 간판 디자인, 보드 디자인, 전단지 디자인, 명함 디자인, 표찰 디자인, 현수막 디자인, 지명원 디자인, 제안서 디자인, 실측, 준공 사진대장, 실사벽지 디자인에 두루두루 활용됩니다.

예전에는 간판시안도 포토샵으로 작업을 했었는데, 업체에게 발주 넣는 과정에서 일러스트로 재작업이 되어야 했습니다. 포토샵이 픽셀단위로 되어 있어, 간판처럼 크기가 클 경우 선명도가 떨어졌기 때문인데요.

재작업 과정에서 문자크기라든지, 작업물의 배치가 작은 차이로 인해 변형되면서, 원하는 결과물이 안되는 경우가 있었죠. 지금은 일러스트레이터로 작업을 해서 바로 넘깁니다.

제안서는 능숙하게 다루는 프로그램이 사람마다 다르니까, 원하는 프로그램으로 작업을 하시면 되지만, 큰 보드 작업 등은 해상도가 커야 하니까, 일러스트레이터로 디자인 하는 것이 좋습니다.

▲ 비트맵 파일 확대

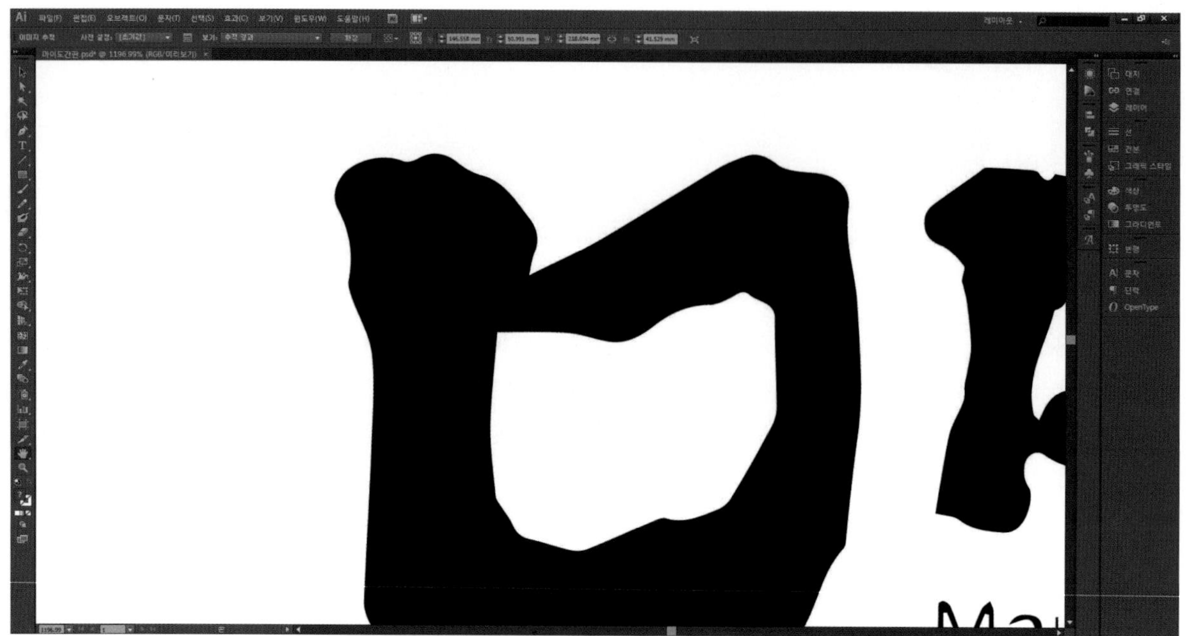

▲ 벡터파일 확대

>> Chapter

# 06 기본이 되는 팁

실무자들이 자주 질문하였던 내용입니다. 워낙 다루어야 하는 프로그램이 많은 관계(포토샵, 캐드, 일러스트, 맥스, 워드, 훈민, 엑셀 등)로 속속들이 기능들을 잘 알지 못하는 경우가 많습니다. 기본적이지만 모르면 당황스러운 작업들을 모아모아 정리해보았습니다. 작업하다가 막히면 이 장을 열어서 차근차근 살펴보시기 바랍니다.

>> Lesson

## 01 이미지 고정시키고 고정풀기

이것만 안움직이면 좋겠는데, 느껴본적 있으시죠. 이미지 고정시키고, 고정을 푸는 방법을 알아보도록 하겠습니다.

**1** 열기 단축키 Ctrl+O를 누르고 부록 CD_Part02_06_01.예제_이미지 고정시키기.Ai 파일을 불러옵니다.

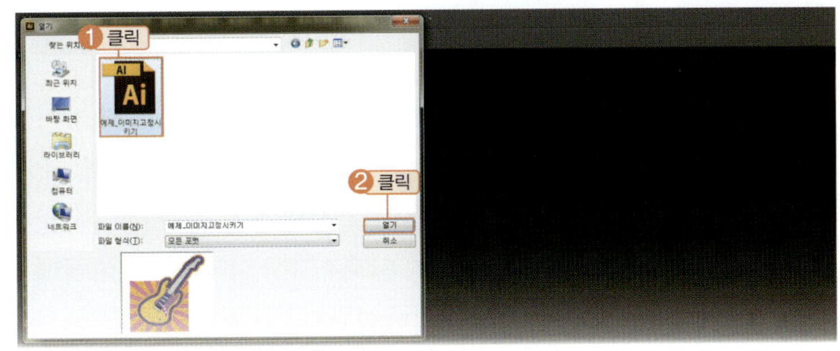

**2** 선택 툴( ) 단축키 V 를 눌러, 임시
로 고정하고 싶은 오브젝트를 선택하고, 고
정하기 단축키 Ctrl + 2 를 누릅니다.

**3** 파란색 박스가 없어지면서, 선택한 오브젝트가 고정되었습니다. 다시 풀고 싶으시다구요? 고정풀기 단축키 Alt
+ Ctrl + 2 를 눌러줍니다.

## >> Lesson 02  레이어 잠그고 풀기

복잡한 작업이 많을 때 임시로 고정하기 Ctrl + 2 외에도 레이어를 잠그는 방법이 있습니다. 작업 파일을
다른 사람에게 받았거나, 인터넷에서 소스를 다운받았을 때 레이어가 잠겨있다는 사실까지 생각하지 못
할 때도 있지요. 고정이 되었나 싶어, 고정풀기 단축키 Alt + Ctrl + 2 를 수도없이 눌러봐도 고정이 풀어지
지 않는다는.. 그럴땐 레이어 패널 단축키 F7 을 열고, 레이어에 자물쇠 아이콘이 있나 확인해보세요. 빈
공간을 클릭해서 잠금상태를 해제해줍니다.

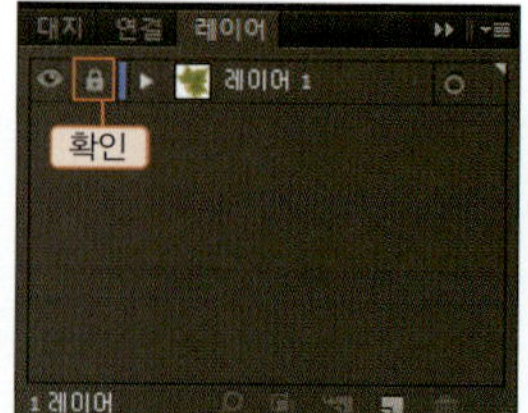


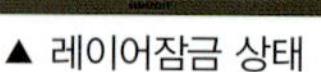

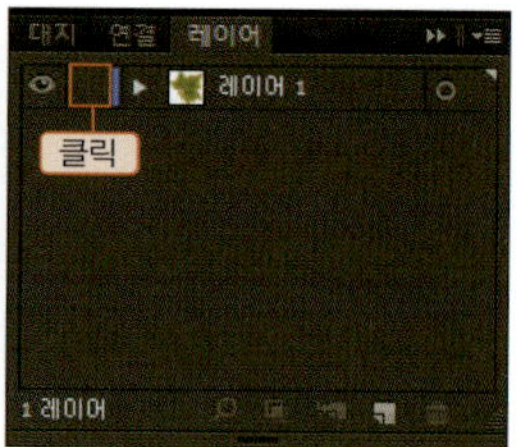


▲ 레이어잠금 상태          ▲ 레이어잠금 해제상태

## >> Lesson 03 오브젝트를 같은 간격으로 복사하기

**1** 열기 단축키 Ctrl + O 를 누르고 부록CD_Part02_06_03.예제_같은 간격으로 복사하기.Ai 파일을 불러옵니다.

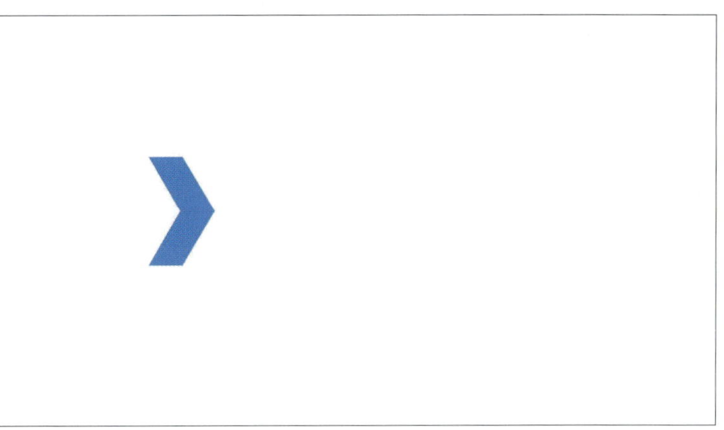

**2** 선택 툴( ) 단축키 V 를 눌러, 오브젝트를 선택하고, Alt 키를 누르면서 오른쪽으로 드래그합니다. 오브젝트가 복사되었습니다.

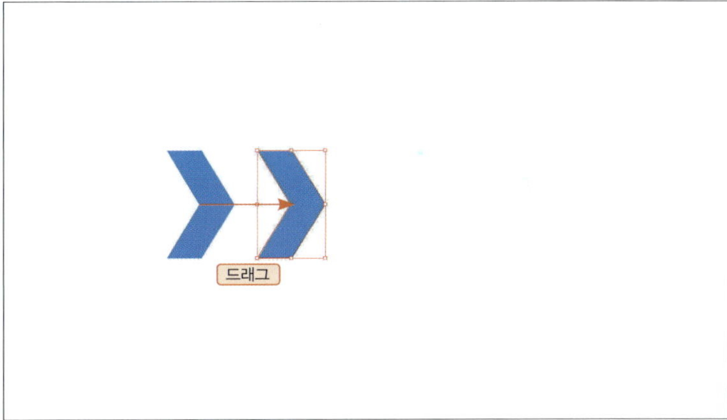


**3** 작업 반복하기 단축키 Ctrl + D 를 누르면 같은 간격으로 오브젝트가 하나더 복사됩니다.
Ctrl + D 를 신나게 눌러보세요. 누른만큼 작업이 반복됩니다.

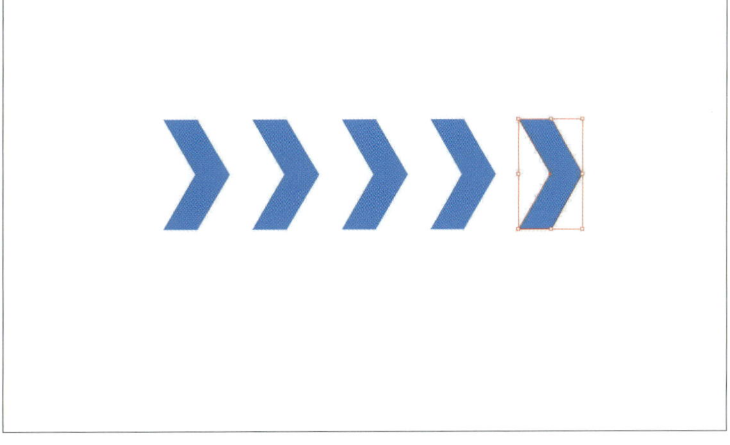

## >> Lesson 04 겹친 오브젝트 정리하기

**1** 열기 단축키 Ctrl + O 를 누르고 부록CD_Part02_06_04.예제_겹친 오브젝트 정리하기.Ai 파일을 불러옵니다. 여러 가지 오브젝트들이 옹기종기 모여있는 가운데, 정렬순서를 바꿔주면 정리가 될 것 같은 느낌이 듭니다.

**2** ❶,❷,❸번 오브젝트를 Shift 를 누르면서 하나하나 선택하고, 앞으로 단축키 Ctrl + ] 를 눌러 뒤에 있던 오브젝트를 앞으로 정렬시켜줍니다.

**3** 자동차는 아직도 뒤에 있네요. 자동차를 선택한 후 단축키 Ctrl+Shift+1 를 눌러 제일 앞으로 바로 정렬시켜줍니다. 겹친 오브젝트들이 정리되었습니다.

 알 아 두 기

Ctrl+[ 선택한 오브젝트를 뒤로 보내기
Ctrl+Shift+[ 선택한 오브젝트를 맨 뒤로 보내기

## >> Lesson 05 작업 취소하고 전단계로 되돌리기와 다시 실행하기

작업을 진행하다가, 마음에 들지 않거나, 실수를 했을 때 실행취소 단축키 Ctrl+Z 를 누르면, 바로 전단계로 되돌아갈 수 있습니다.

**1** 열기 단축키 Ctrl+O 를 누르고 부록CD_Part02_06_04.예제_작업 취소하고 전단계로 되돌리기와 다시 실행하기.Ai 파일을 불러옵니다.

**2** 선택 툴( ) 단축키 V 를 눌러, 오브젝트를 선택하고, Alt 키를 누르면서 오른쪽으로 드래그하여, 오브젝트를 여러개 복사합니다.

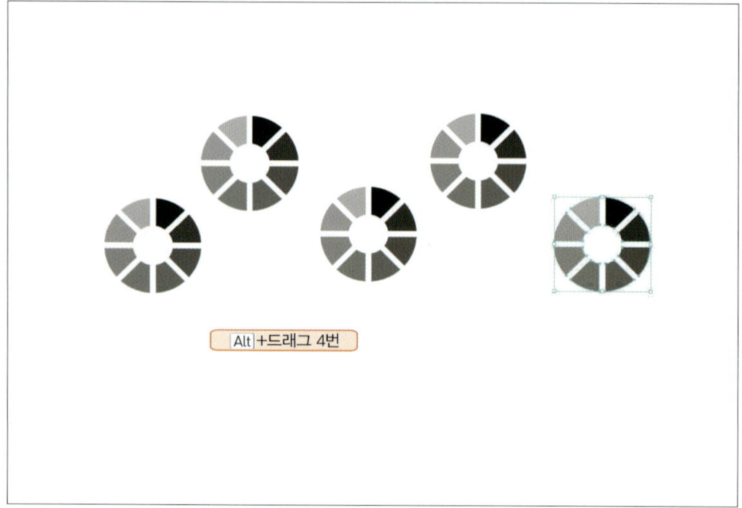


**3** 두 번째 복사했던 단계로 되돌아가고 싶습니다. Ctrl + Z 를 3번 눌러, 전전전단계로 되돌아갑니다.

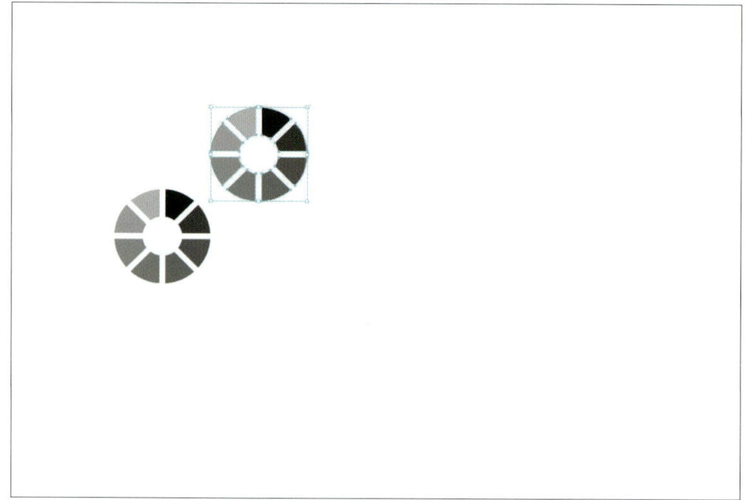

**4** 생각해보니, 오브젝트가 하나는 더 있었으면 좋겠네요. 다시 복사해서 3번째 오브젝트를 복사해두었던 위치에 그대로 복사하긴 힘들 것 같죠? 그럴땐 다시 실행 단축키 Ctrl + Shift + Z 를 눌러줍니다. 최근 단계로 되돌아갔습니다.

# >> Lesson 06
# 정렬 패널로 오브젝트 정렬하기

**1** Lesson 05 예제에서 만들어둔 오브젝트를 정렬해보겠습니다. 오브젝트를 드래그하여 선택하고, 컨트롤 패널에서 세로 가운데 정렬 버튼(⬚)을 클릭합니다. 오브젝트가 세로 가운데로 정렬되었습니다.

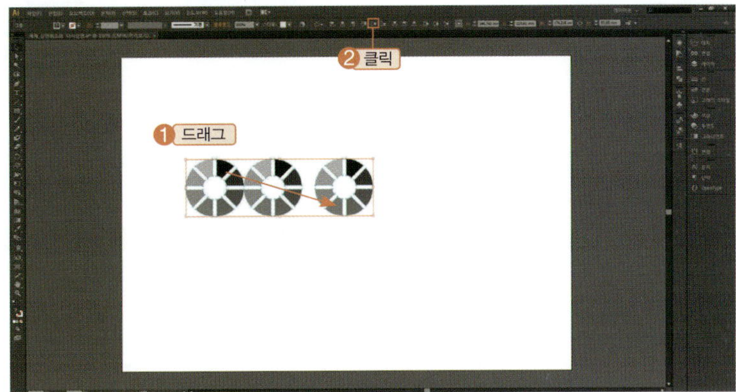


**2** 컨트롤 패널의 정렬 버튼과 정렬 패널은 사용법이 같지만, 정렬 패널에는 더 많은 옵션이 있습니다. 정렬 패널 단축키 Shift + F7을 누르면 정렬 패널을 불러올 수 있습니다.

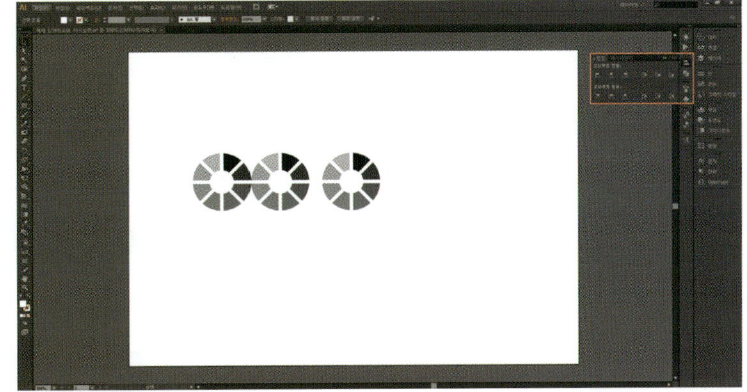

**3** 정렬 패널의 (▼☰)버튼을 눌러서, 옵션표시를 클릭하면, 숨겨져 있던 옵션이 나타납니다.

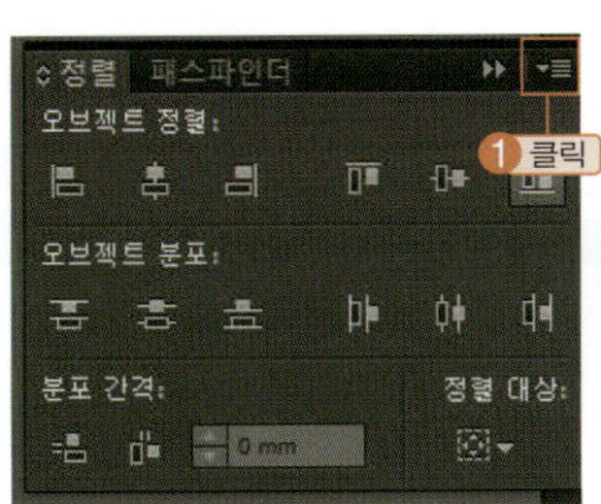


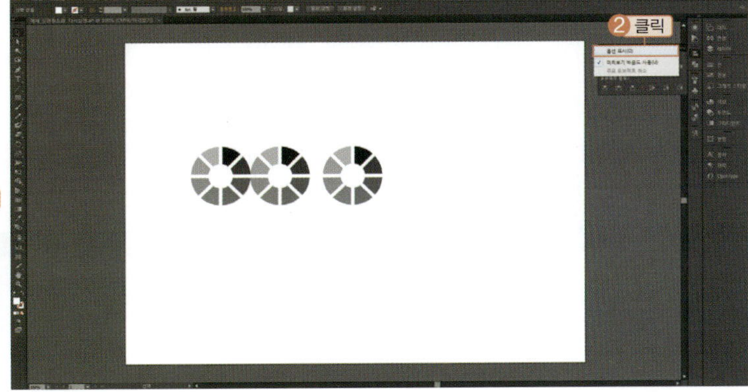

**4** 오브젝트가 같은 간격으로 배치되었으면 좋겠죠? 오브젝트를 드래그하여 선택하고, 가로 가운데 분포( ) 버튼을 누르면 오브젝트가 균등하게 정렬됩니다.

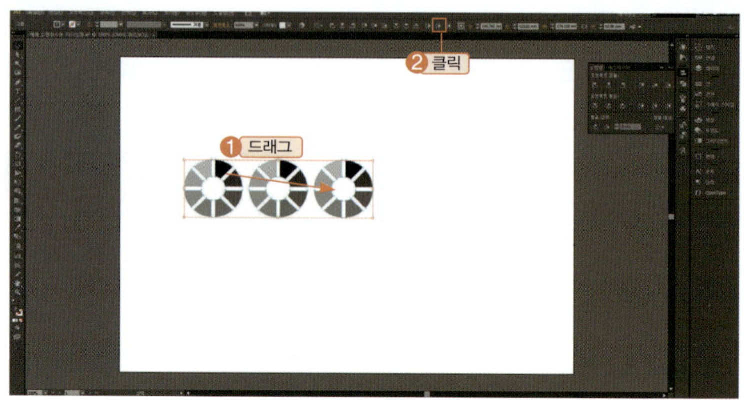


**5** 오브젝트 간격을 입력하여 정렬할 수도 있습니다. 오브젝트가 선택된 상태에서 기준이 될 오브젝트를 한번 더 클릭합니다. 좀 더 진한 테두리가 생겼죠?

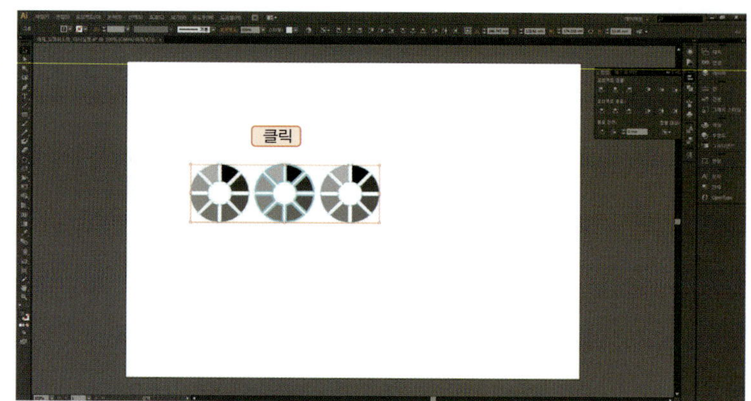


**6** 간격값을 '20' 으로 지정하고, 가로 공간 분포 버튼( )을 클릭합니다. 오브젝트 간격이 조정되었습니다.

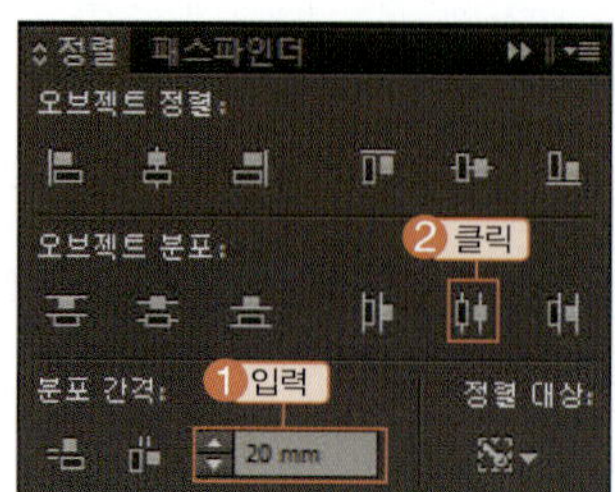


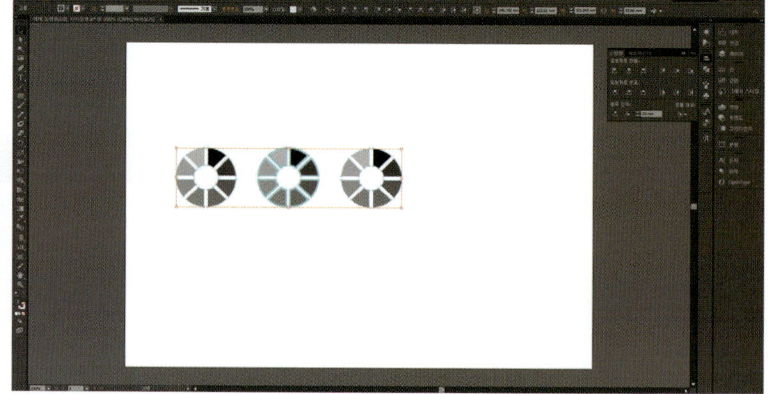

**7** 오브젝트가 왼쪽으로 배치되어 있네요. 아트보드 중앙으로 오브젝트를 배치하고 싶습니다. 오브젝트가 선택되어 있는 상태죠? Ctrl+G를 눌러 그룹으로 만들어줍니다. 정렬 패널에서 [정렬대상 버튼]( )을 클릭하고, [대지에 정렬]을 선택합니다.

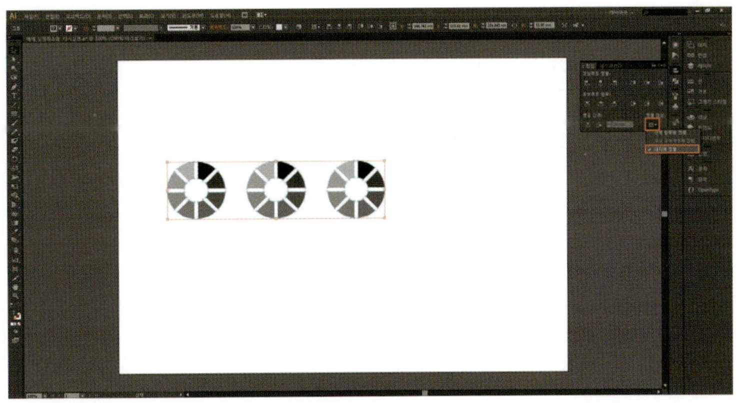

**8** [가로 가운데 정렬 버튼]( )과 [세로 가운데 정렬 버튼]( )을 차례로 누르면 아트보드 중앙으로 오브젝트가 배치되었습니다.

>> Lesson
## 07   스포이드 툴로 색상 추출하기

스포이드툴은 클릭한 오브젝트의 속성을 복사합니다. 색뿐만 아니라, 오브젝트의 선두께, 면, 그라디언트, 투명도, 글꼴 등의 모든 속성을 함께 추출합니다.

**1** 열기 단축키 Ctrl+O를 누르고 부록 CD_Part02_06_07.예제_스포이드툴로 색상 추출하기.Ai 파일을 불러옵니다.

**2** 물고기를 선택해보면 그룹으로 묶여 있는 것을 알 수 있습니다. 물고기 색상을 고양이와, 강아지, 새의 색상을 조합해서 다른 색상으로 변경해 볼겁니다.

**3** 빈화면을 클릭해서 선택을 해제한 다음 직접 선택 툴( ) 단축키 A 를 누르고, 다음과 같이 선택해줍니다. 직접 선택 툴( )은 기준점이나, 이렇게 그룹으로 묶여진 오브젝트 중 일부를 선택할 때 사용됩니다.

**4** 스포이드 툴( ) 단축키 I 를 누르고, 고양이 몸을 클릭합니다. 색상이 변경되었습니다.

**5** 직접 선택 툴(　) 단축키 A 를 누르고, 물고기 배부분을 선택한 후 스포이드툴 단축키 I 를 눌러 강아지 몸을 클릭합니다.

**6** 직접 선택 툴(　)과 스포이트 툴(　)을 번갈아가면서 눌러서, 다른 부분도 다음과 같이 색상을 변경해봅니다. Shift 를 누르면서 클릭하면 여러개의 오브젝트를 함께 선택할 수 있습니다. 스포이드 툴(　) 명령을 해제하고 싶다면, 선택 툴(　) 단축키 V 를 눌러줍니다.

## >> Lesson 08  같은 속성 오브젝트 선택하기

같은 속성인 오브젝트를 한꺼번에 선택할 수 있습니다. Lesson 07예제에 바로 연결해서 오브젝트 한꺼번에 선택하는 방법을 알아보도록 하겠습니다.

**1** 직접 선택 툴(　) 단축키 A 를 눌러 새의 눈을 선택하고, 메뉴바에서 [선택]-[동일하게]-[모양]을 선택합니다.

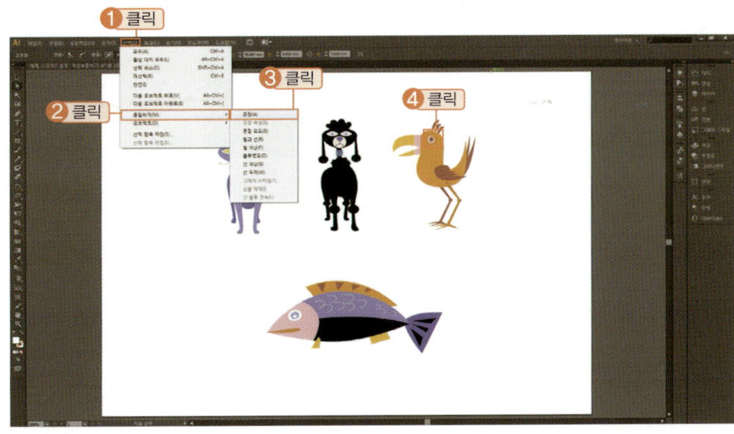

**2** 새의 눈과 같은 원형 오브젝트가 선택되었습니다. 정말 잼있죠?

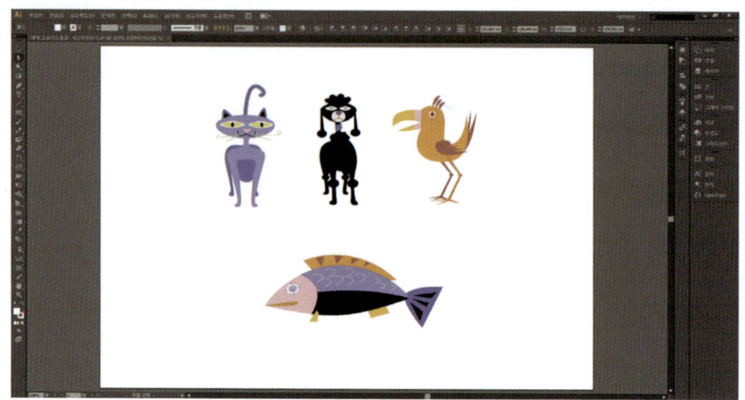

**3** 빈 화면을 클릭해서 선택을 해제한 후 이번에는 직접 선택 툴(  ) 단축키 A 를 눌러 고양이 얼굴 색상을 선택합니다. 이번에는 같은 색상 오브젝트를 선택해보겠습니다. 메뉴바에서 [선택]–[동일하게]–[칠색상]을 선택합니다.

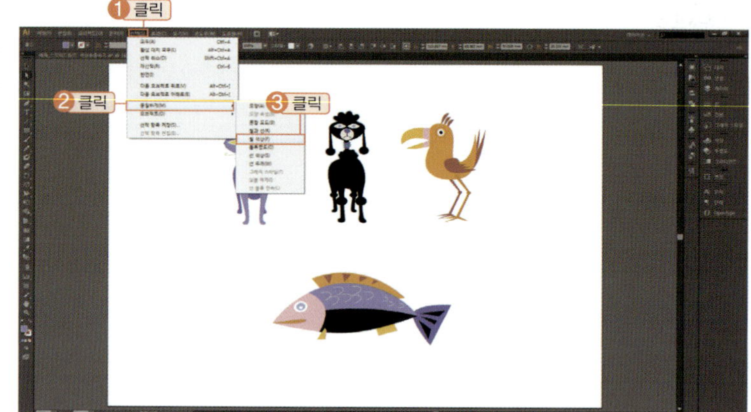


**4** 고양이 얼굴과 같은 색상이 모두 선택되었습니다.

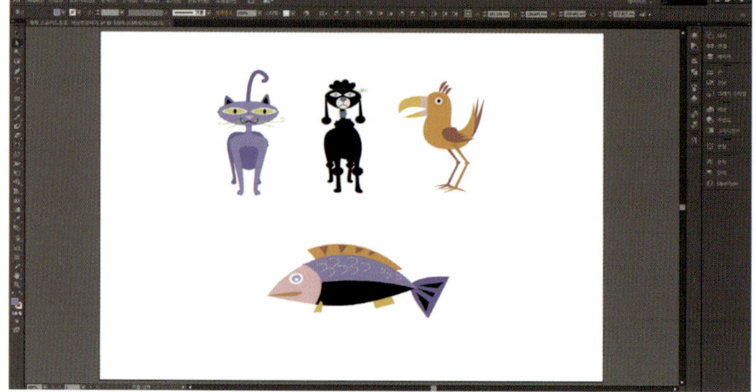

## >> Lesson 09 점선 그리고, 선을 면으로 바꾸기

점선 그리는 방법과 그 선을 면으로 바꾸는 방법을 알아보도록 하겠습니다.

**1** 열기 단축키 Ctrl+O 를 누르고 부록 CD_Part02_06_09예제_점선그리고, 선을 면으로 바꾸기 파일을 불러옵니다. 단축키 Shift+X 를 눌러 면과 선의 색상을 바꿔 주고, 면색상을 선택하고, 단축키 / 를 눌러 면색상은 없음으로 설정해줍니다.

**2** 선분 툴( / ) 단축키 W 를 누르고, 직선으로 그려질 수 있도록 Shift 를 누르면서 다음과 같이 선을 그려줍니다.

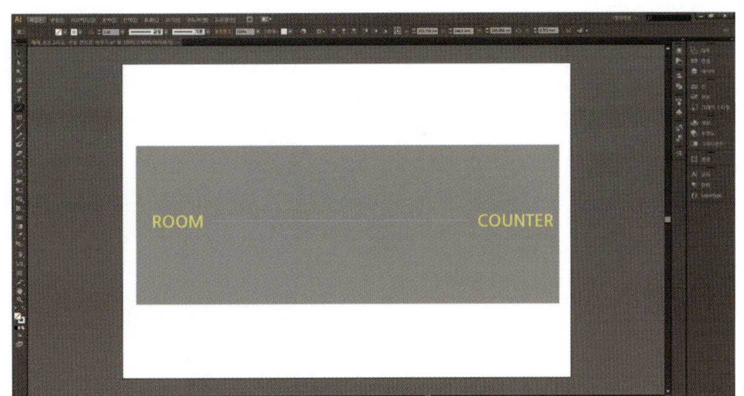


**3** 단축키 Ctrl+F10 을 눌러 선 패널을 불러옵니다. 선두께를 '7'을 선택하고, 점선사용에 체크하고 점선을 '60', 간격에 '30'을 입력합니다.

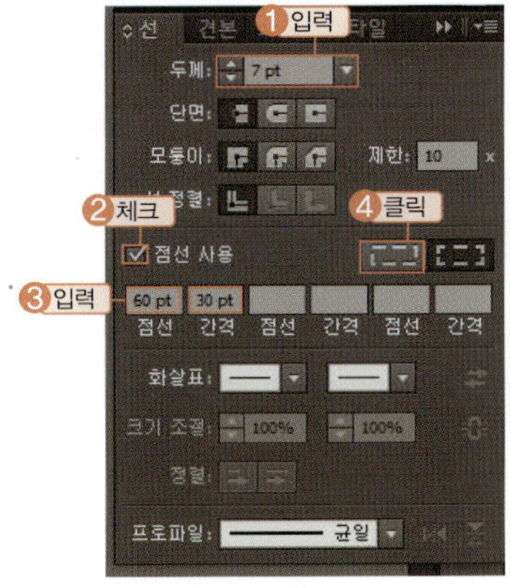


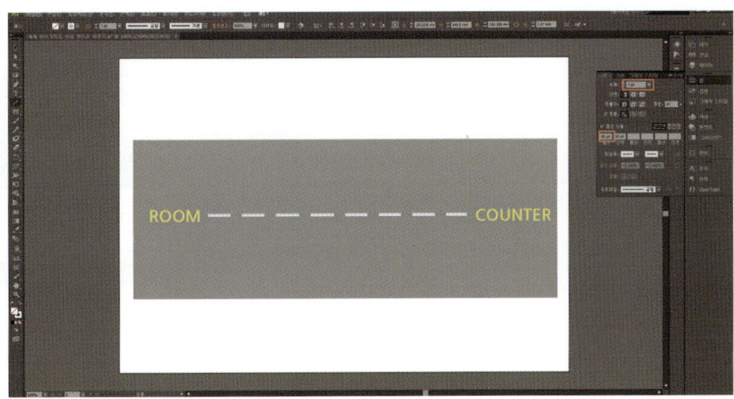

**4** 정확한 점선 및 간격 유지 버튼( )을 클릭하면, 지정한 대로 정확한 점선 간격으로 표시됩니다.

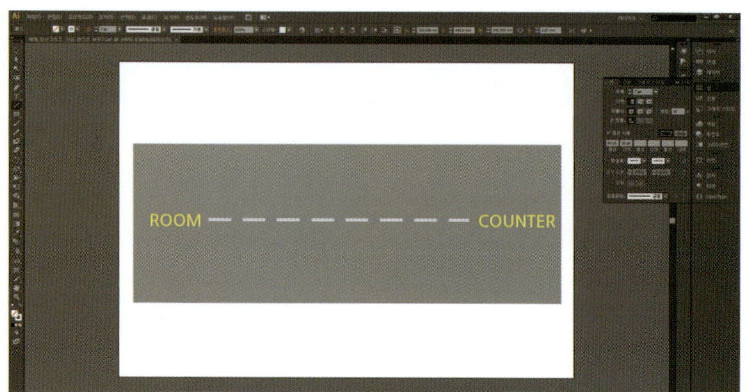


알 아 두 기

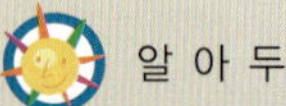

( ) 버튼은 점선을 모서리와 패스 끝에 정렬하고 길이를 조정하여 맞추기 버튼으로 모서리를 기준으로 선 길이를 맞출 때 사용합니다.

**5** 이번엔 선을 면으로 바꿔보도록 하겠습니다. 메뉴바의 [오브젝트]-[패스]-[윤곽선]을 선택합니다. 선이 면으로 바뀌었습니다.

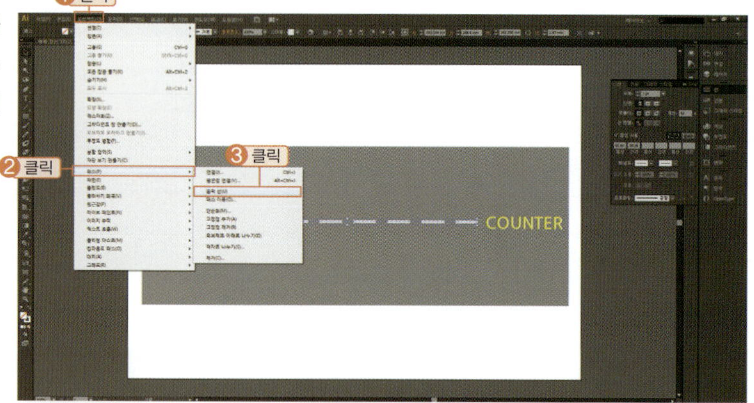


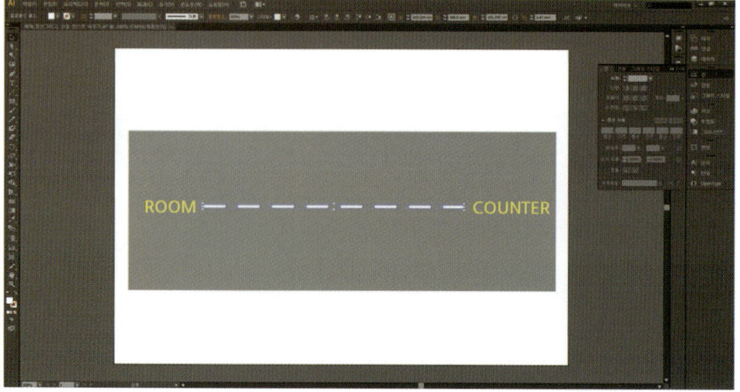

## >> Lesson 10 선을 축소해도, 선 굵기 유지하기

선의 굵기를 유지하기 위해 선을 면으로 변경하기도 하는데요. 선을 축소하더라도, 선굵기는 유지하는 방법을 알아보도록 하겠습니다.

**1** 열기 단축키 `Ctrl`+`O`를 누르고 부록 CD_Part02_06_10.예제_선을 축소해도 선 굵기 유지하기.Ai 파일을 불러옵니다.

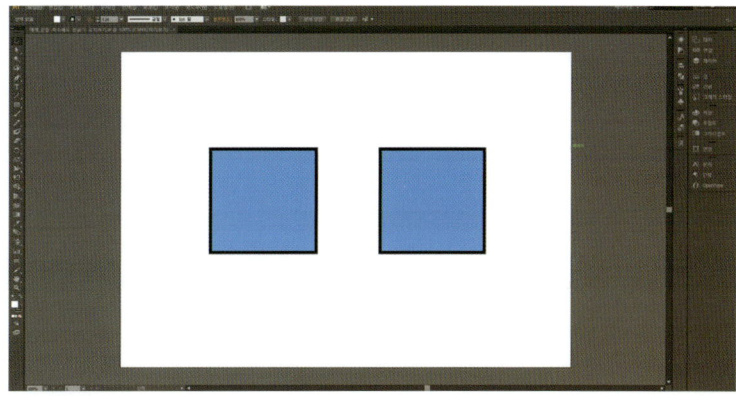

**2** 두 개가 같은 도형입니다. 우측의 오브젝트의 선을 면으로 바꿔보도록 하겠습니다. 우측 오브젝트를 선택하고, 메뉴바의 [오브젝트]–[패스]–[윤곽선]을 선택합니다.

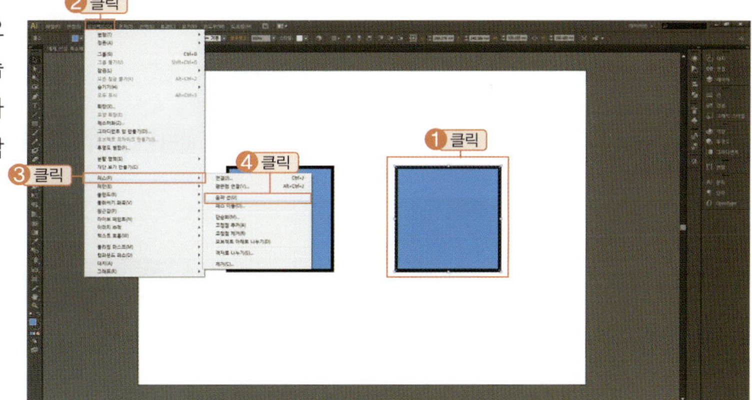

**3** 우측 오브젝트를 선택하고, 더블클릭하여, 그룹 속성 창으로 들어가서, 면을 움직여보면 선이 면으로 바뀐 것을 알 수 있습니다.

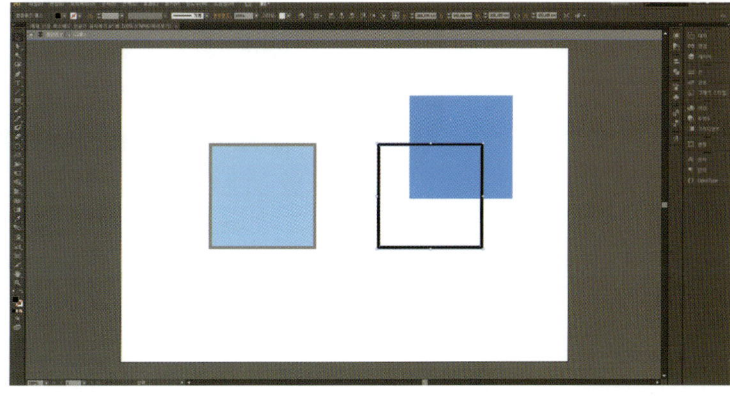

**4** 단축키 Ctrl + Z 를 눌러 전단계로 되돌리고, 상단의 그룹 속성바를 더블클릭하여, 원래 상태로 돌아옵니다.

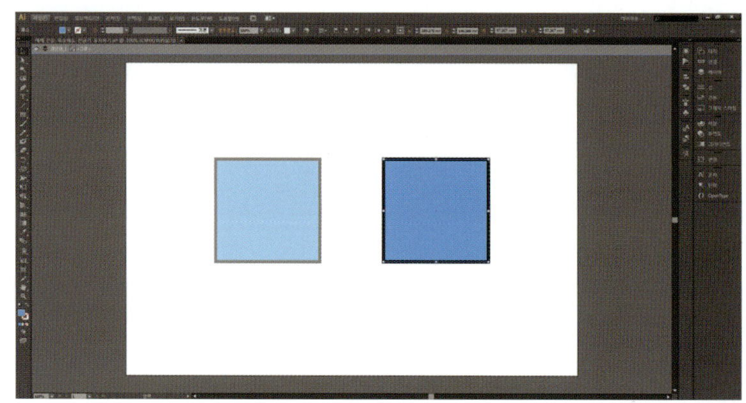

**5** 오브젝트를 축소시켜 보도록 하겠습니다. 우측 오브젝트를 선택하고, 툴바의 크기 조절 도구 툴(🔲)을 더블클릭합니다. 크기 조절 옵션 창이 나타나면, 균일에 '50'을 입력하고, 확인 버튼을 누릅니다.

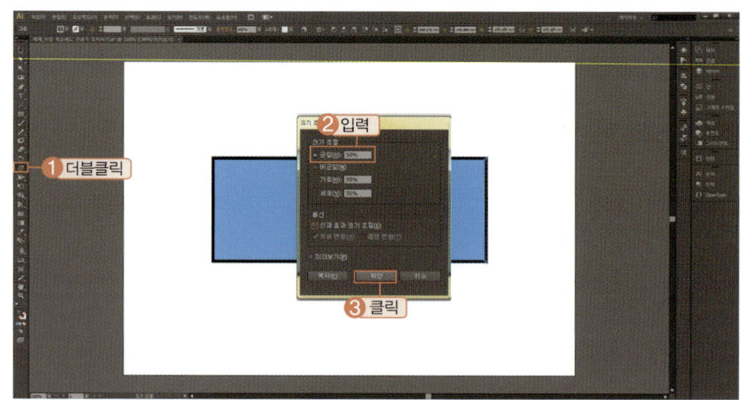


**6** 오브젝트 크기가 축소되었습니다.

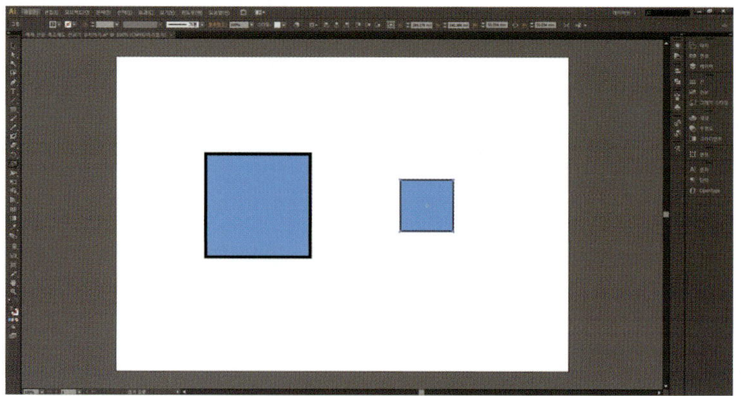

**7** 선택 툴( ) 단축키 V 를 누르고, 좌측 오브젝트를 선택합니다. 툴바의 크기 조절 도구 툴( )을 더블클릭합니다. 크기 조절 옵션 창이 나타나면, 균일에 '50'이 입력되었는지 확인하고 확인 버튼을 누릅니다.

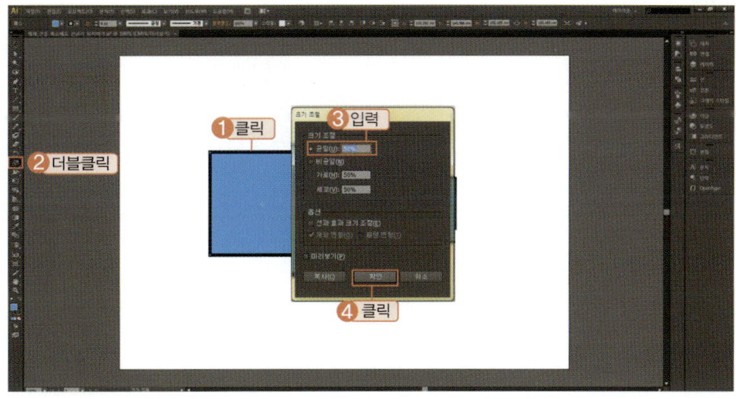

**8** 오브젝트 크기는 축소되었는데. 선굵기는 변함이 없죠?

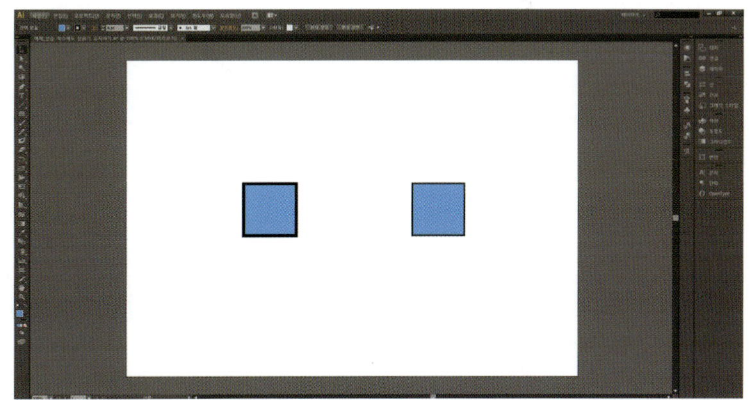

**9** 단축키 Ctrl + Z 를 눌러서 전단계로 되돌아옵니다. 툴바의 크기 조절 도구 툴( )을 더블클릭합니다. 크기 조절 옵션 창이 나타나면, 균일에 '50'이 입력되었는지 확인하고 옵션에 선의 효과 크기 조절에 체크한 후 확인 버튼을 누릅니다.

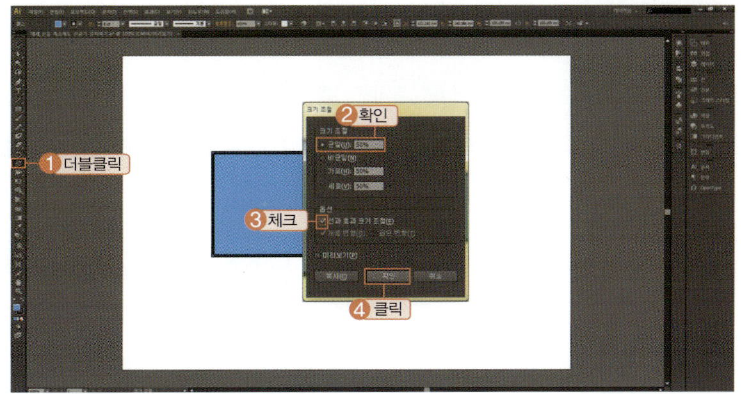

**10** 선굵기도 함께 축소된 오브젝트가 만들어졌습니다.

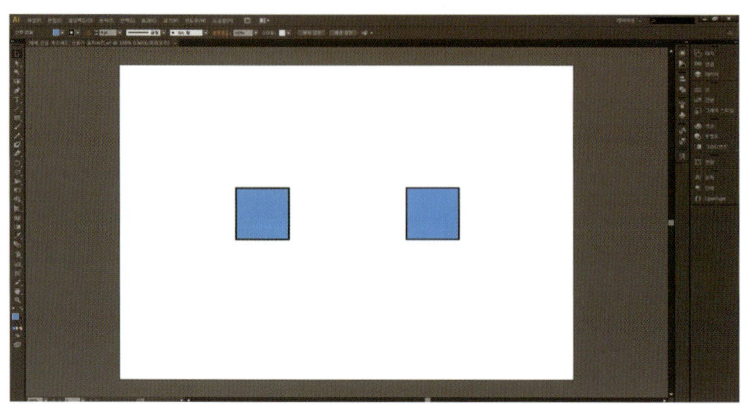

## >> Lesson 11    아트보드 활용하기

최대 100개까지의 아트보드를 만들 수 있습니다. 연결된 순서대로 PDF변환까지 가능해서, 제안서, 지명원 등 장수가 많은 작업에 활용하면, 한눈에 전체화면을 보면서 배치작업이 가능하답니다.

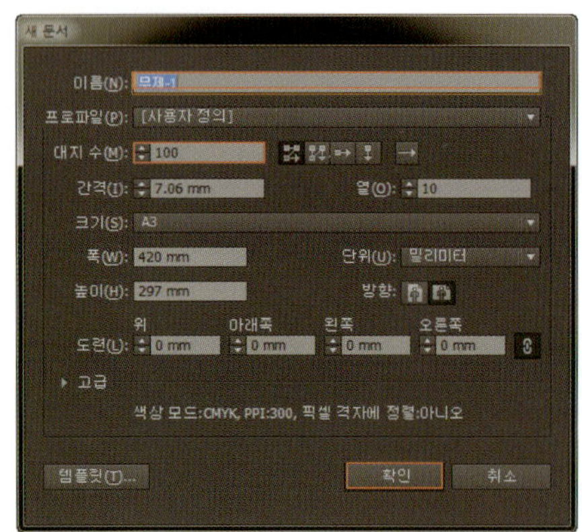

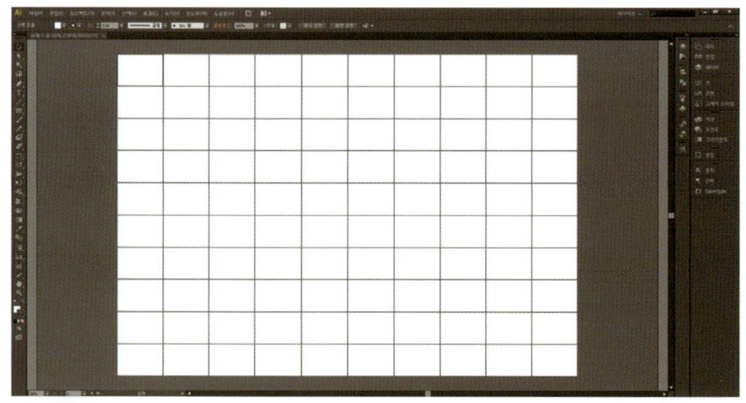

**1** 열기 단축키 Ctrl+O 를 누르고 부록 CD_Part06_11.예제_아트보드활용하기.Ai 파일을 불러옵니다.

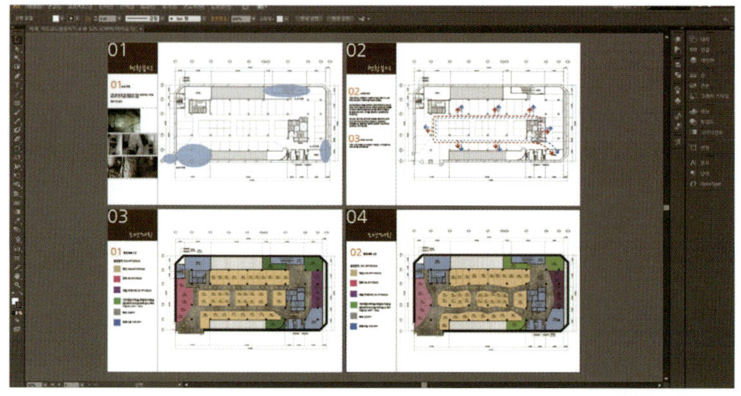

**2** 인쇄 단축키 Ctrl + P 를 누르면 인쇄 창이 나타나고, 출력물의 상태가 확인됩니다.

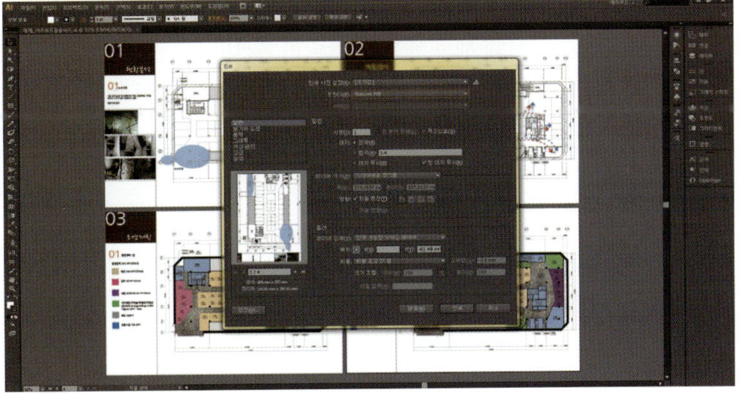

**3** 미디어 크기에서 용지크기를 A3로 설정합니다. 아트보드 미리보기 창의 ( ▶ )버튼을 누르면, 해당 페이지의 아트보드가 차례대로 보입니다.

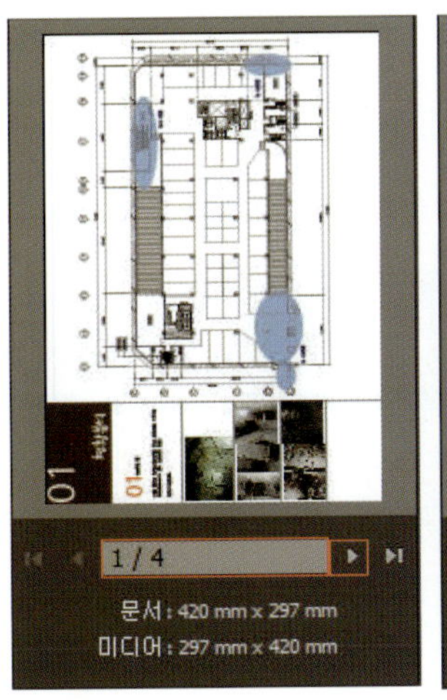

1 / 4
문서 : 420 mm x 297 mm
미디어 : 297 mm x 420 mm

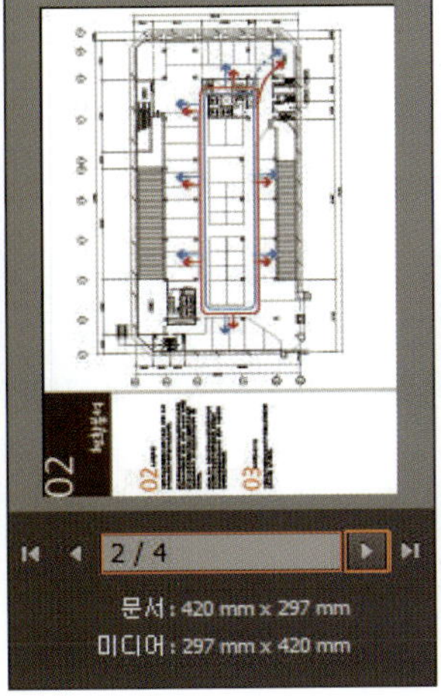

2 / 4
문서 : 420 mm x 297 mm
미디어 : 297 mm x 420 mm

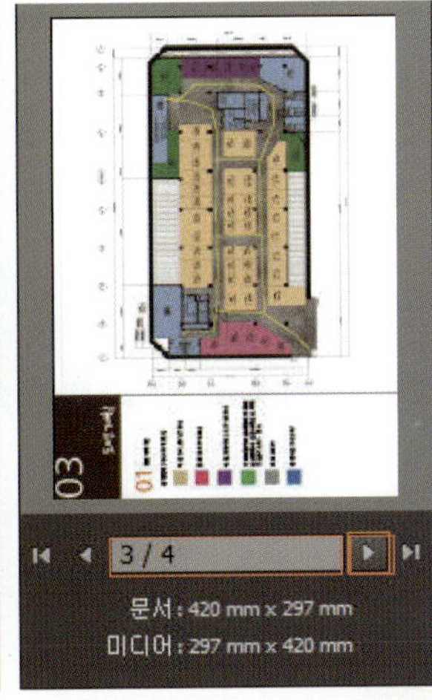

3 / 4
문서 : 420 mm x 297 mm
미디어 : 297 mm x 420 mm

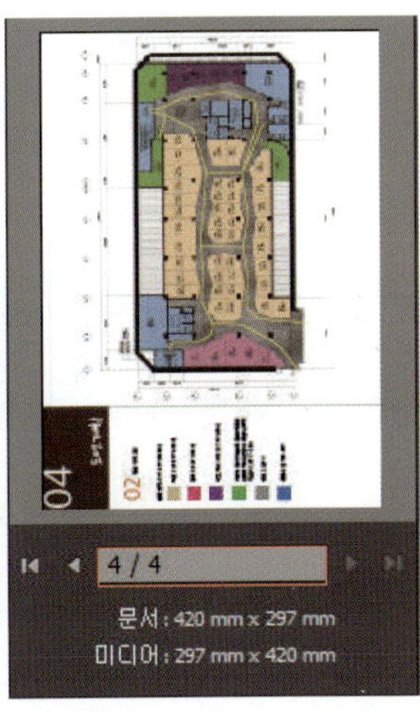

4 / 4
문서 : 420 mm x 297 mm
미디어 : 297 mm x 420 mm

**4** 아트보드 전체를 인쇄하려면, [대지]–[전체]를 체크하고, 일부만 인쇄하려면 [대지]–[범위]를 체크한 후 1–2, 또는 1,2 등 원하는 아트보드 페이지 넘버를 입력하고 인쇄 버튼을 누릅니다.

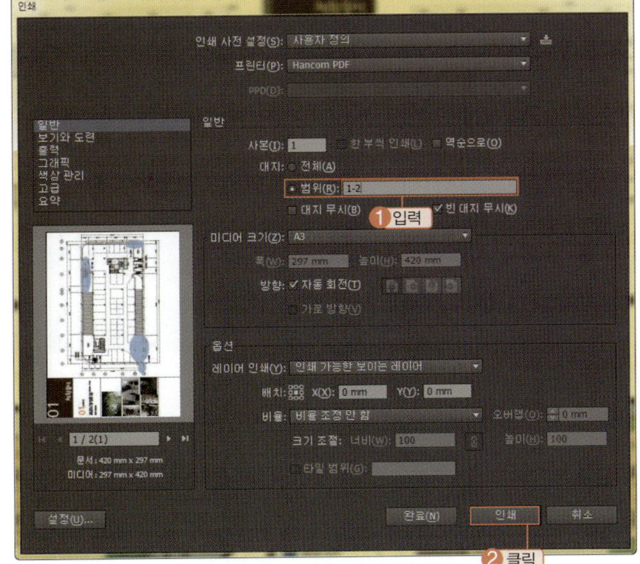

▲ 아트보드 전체 또는 일부 인쇄

**5** 전체 아트보드를 한번에 출력하고 싶다면, 대지 무시에 체크하고, 용지를 세로 버튼을 클릭한 후 비율을 페이지에 맞추기로 설정합니다.

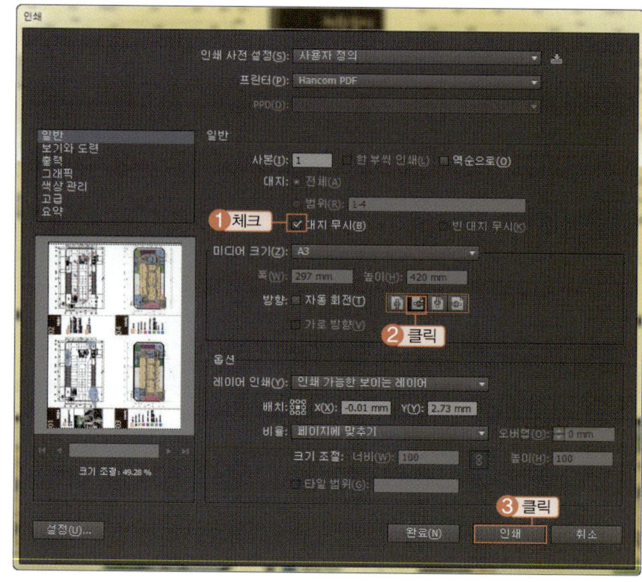

▲ 전체 아트보드 보이는 대로 인쇄

## >> Lesson 12 링크 이미지 경로 재설정하기

이미지를 파일에 포함시키지 않으면, 이미지에 X형태가 표시되어 있습니다. 깜빡하고, 이미지 폴더를 변경시켰을 경우, 다시 파일을 열면 이미지가 보이지 않게 됩니다.

**1** 열기 단축키 Ctrl+O를 누르고 부록 CD_Part06_12.예제_링크 이미지 경로 재설정하기 파일을 열려는데, 다음과 같은 창이 나타납니다. 경로를 재설정하는 1번 방법입니다.

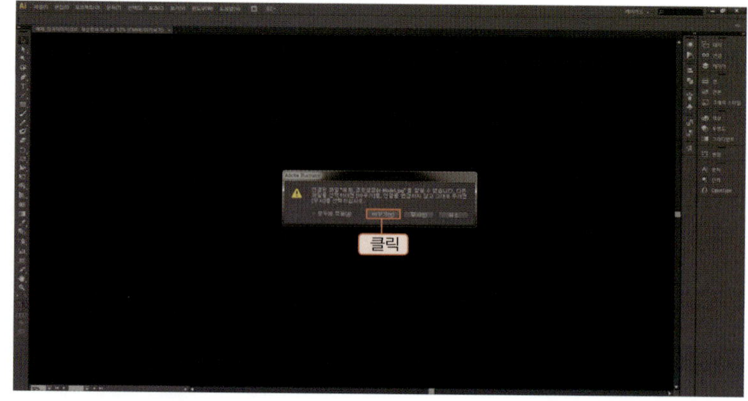

**2** 바꾸기 버튼을 클릭하고, 이미지가 있
는 폴더를 찾아주면, 이미지가 다시 보이
게 됩니다.

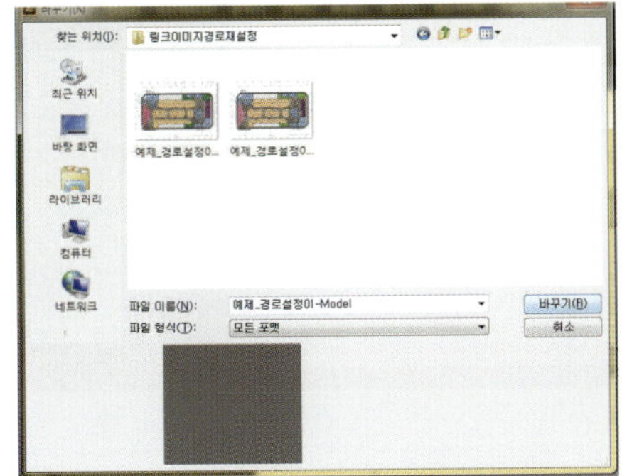

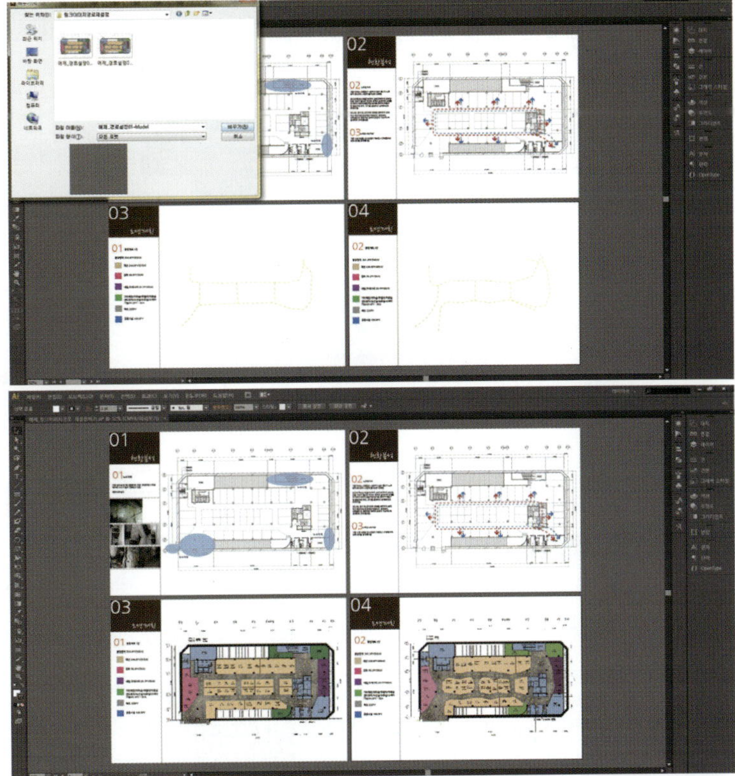

**3** 이번에는 파일을 처음 열었을 때 나오
는 창이 무슨 말인지 몰라서 그냥 무시해버
리는 상황을 가정해보도록 하겠습니다. 무
시 버튼을 클릭합니다.

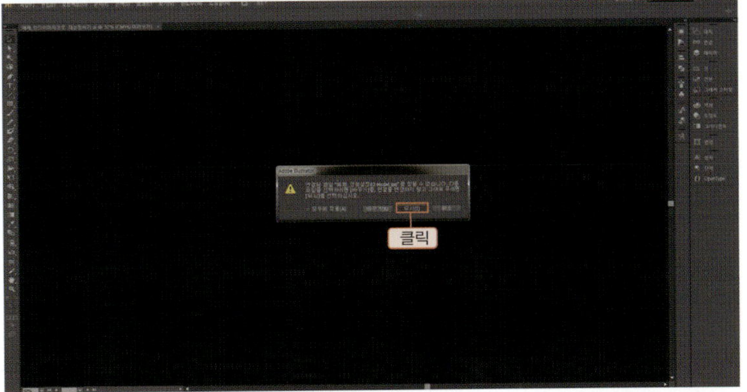


**4** 파일이 열리긴 했는데. 이미지를 클릭
해보면 X자 형태만 표시되고, 이미지는 보
이지 않습니다.

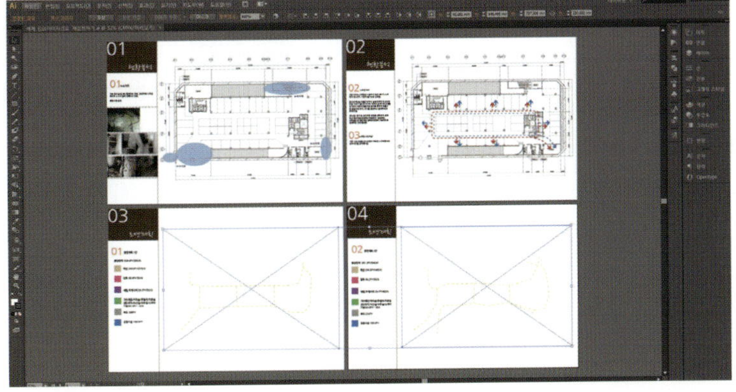

**5** 경로를 재설정하는 2번 방법입니다. 연결패널에서 재연결 (🔗)버튼을 누르면, 가져오기 창이 나타납니다. 이미지 경로 (부록CD_Part06_12.예제_링크 이미지 경로 설정 폴더)를 찾아주면 이미지가 다시 보이게 됩니다.

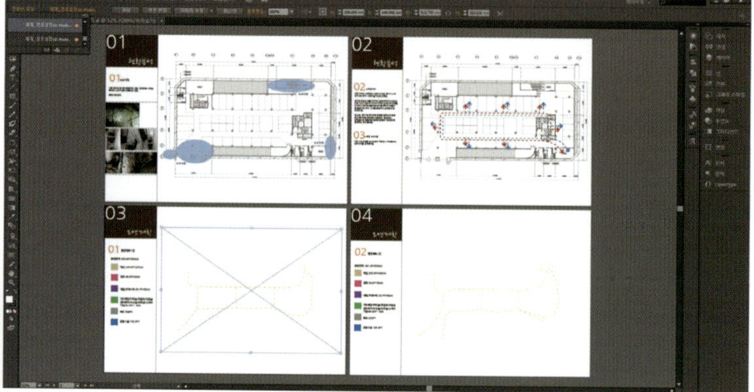

**6** 같은 방법으로 이미지를 선택하고, 컨트롤 패널의 ( 예제_경로설정 01-Model... ) 버튼을 클릭하고, 재연결을 선택하여, 이미지 경로를 재설정 할 수 있습니다.

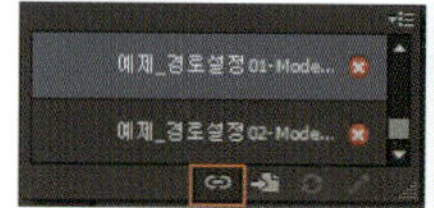


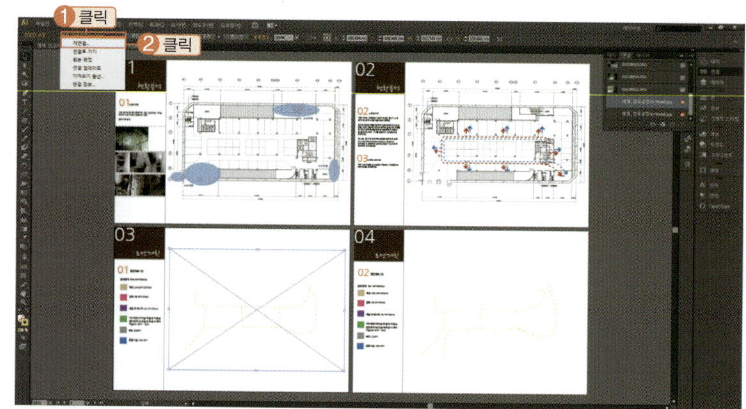

**7** 경로가 재설정 되어 이미지가 보입니다. 하지만 이미지를 선택해보면 X자 표시가 아직 있죠? 파일에 포함시켜 보도록 하겠습니다.

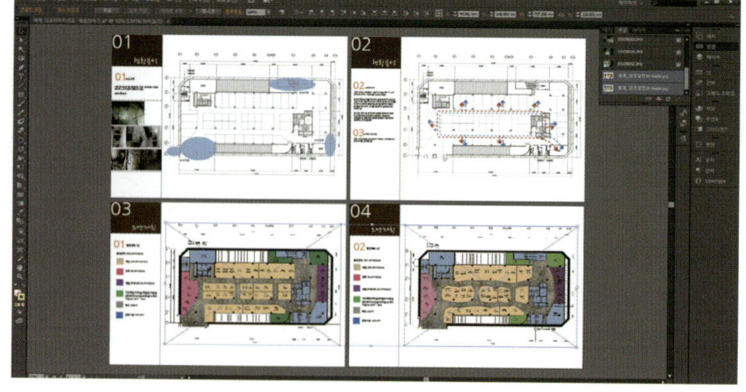

**8** 이미지를 선택하고, 메뉴바의 [오브젝트]–[래스터화]를 누른 후 래스터화 창이 나타나면, 확인 버튼을 누릅니다. 옆의 이미지도 같은 방법으로 래스터화 시켜줍니다.

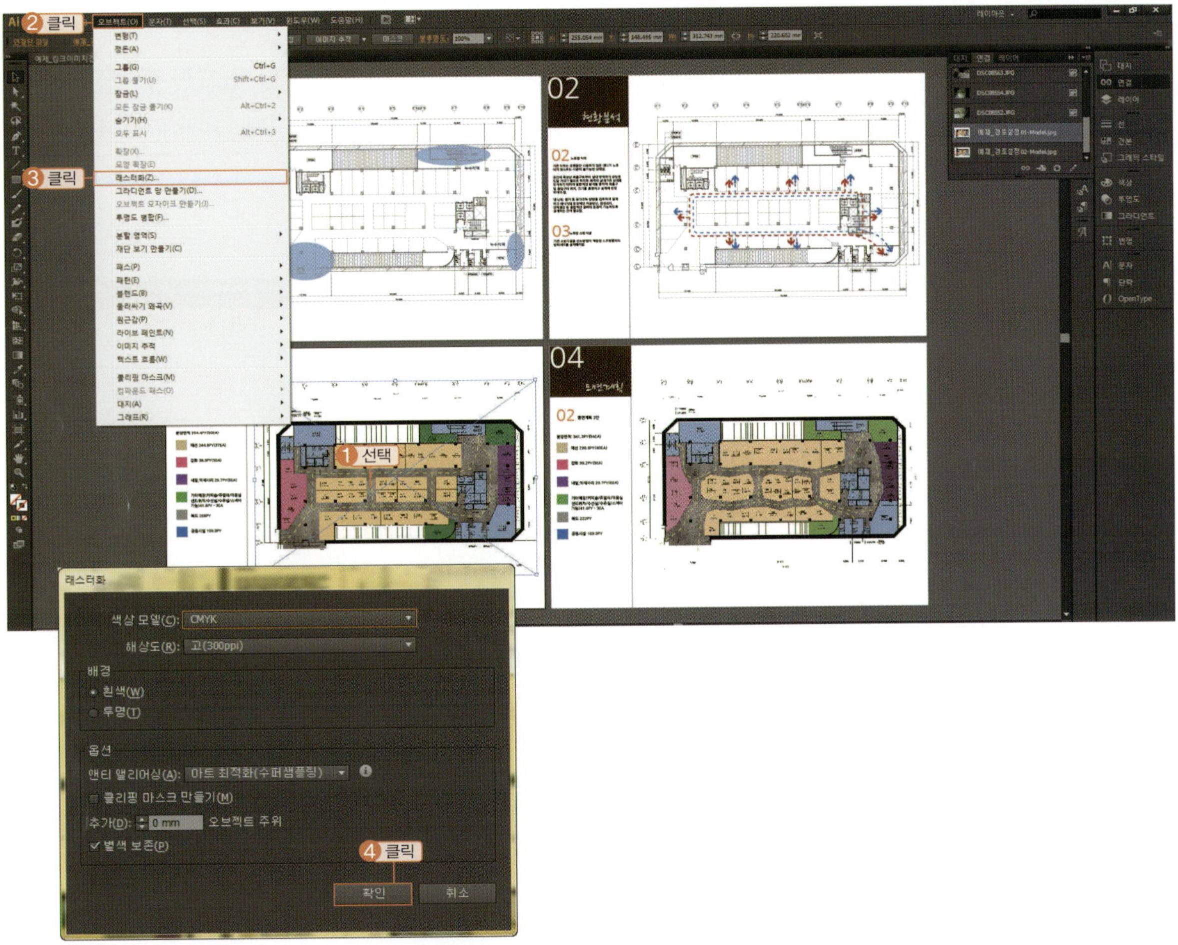

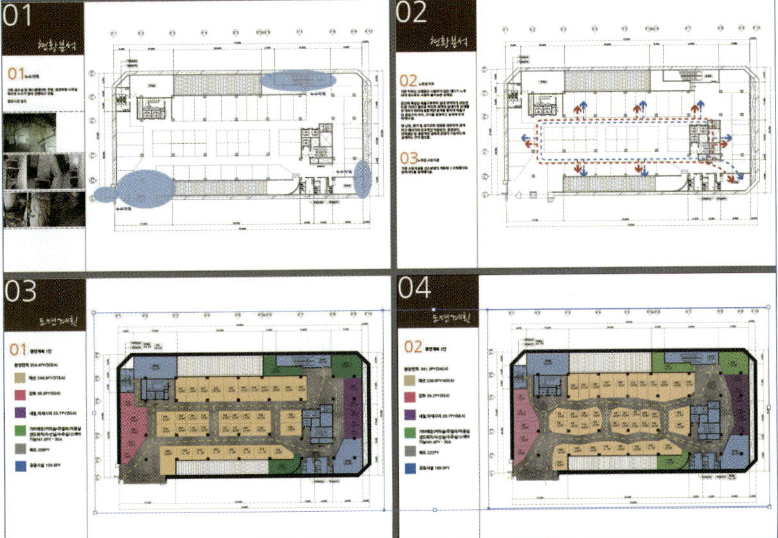

**9** 이미지의 X자 표시가 사라지고, 이미지가 포함되었습니다.

## >> Lesson 13 PDF파일 용량줄이기

이렇게 만든 제안서를 제출하기 위해 PDF 파일로 바로 저장합니다. 이미지가 많이 포함될수록 파일 용량이 커져서 PDF파일로 저장한 파일을 열면, 이미지가 바로바로 열리지 않습니다. PDF파일 용량을 줄이는 방법이 있습니다. 가벼운 용량의 파일을 제출할 수 있도록 합니다.

**1** Lesson 12번에서 작업한 파일을 pdf로 저장해보도록 하겠습니다. 다른이름으로 저장하기 단축키 Shift+Ctrl+S 를 누르고 저장 경로와 파일형식을 PDF 로 지정해준 후 확인 버튼을 누릅니다.

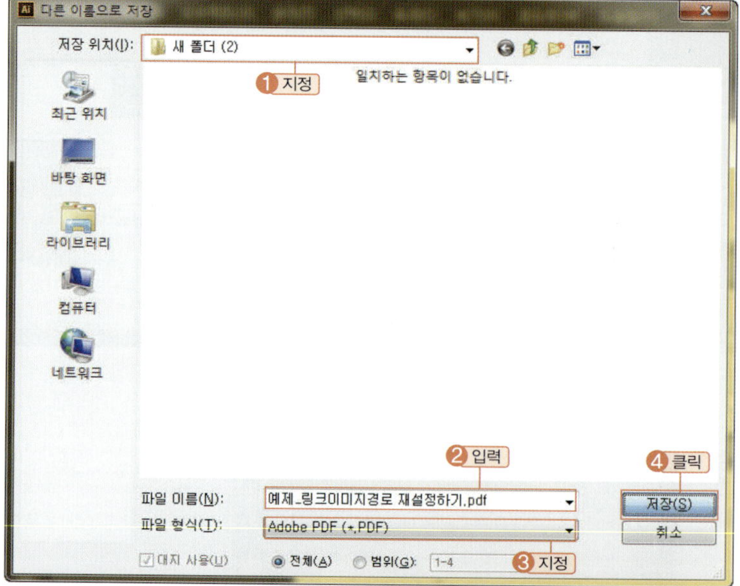

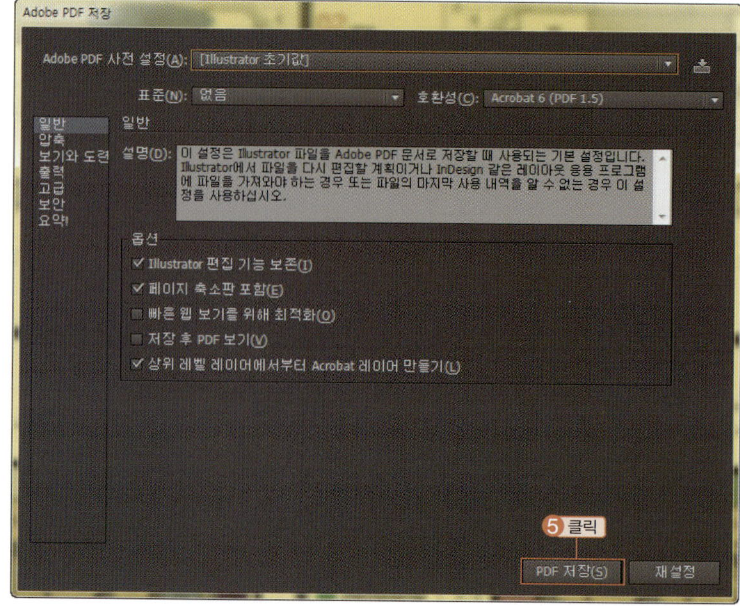

**2** 저장한 PDF파일을 더블클릭하여 실행합니다. 파일크기가 210,833KB가 나왔네요. 사진도 한번에 쫙 열리지는 않습니다.

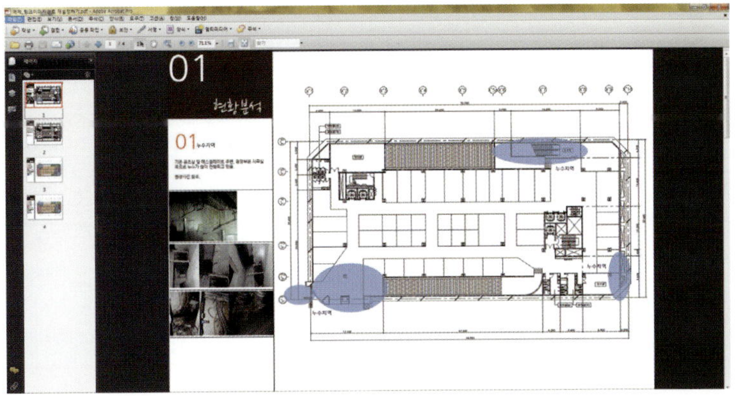

**3** 다른이름으로 저장하기 단축키 Shift +Ctrl+S를 누르고 저장 경로와 파일형식을 PS로 지정해준 후 저장 버튼을 누릅니다.

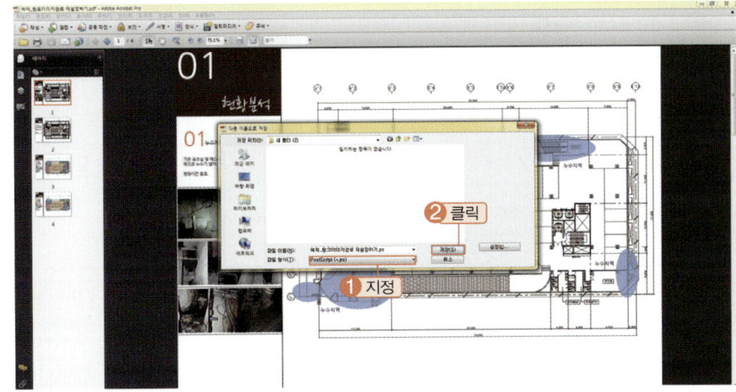


**4** 바탕화면 좌측하부에 시작 버튼을 누르고, [모든프로그램]-[Acrobat Distiller 9]를 선택합니다.

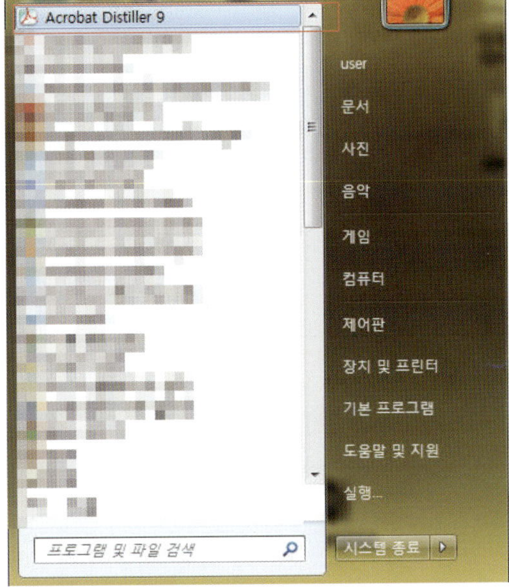

**5** Acrobat Distiller창이 나타나면, 조금 전 저장해둔 PS파일을 드래그해줍니다.

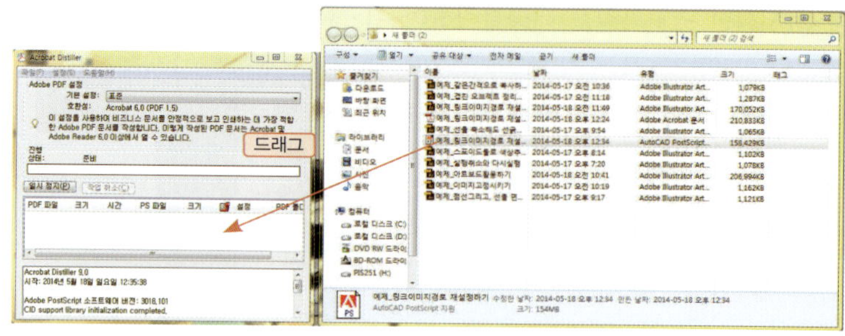

 알 아 두 기

Adobe Acrobat은 워드, 한글, 파워포인트 등의 프로그램으로 만들어진 문서를 어도비 PDF 형식의 전자문서로 변환해주는 프로그램입니다.

**6** 그래프가 100% 진행되고 나면, PDF파일이 다시 저장 됩니다. 용량의 차이 바로 보이시죠?

## >> Lesson 14  작업화면 넓게 보기

모니터 화면이 안 그래도 크기 때문에, 굳이 전체 화면 모드로 바꾼 적은 잘 없었습니다만, 키보드가 잘못 눌러져서, 화면이 전체화면모드로 나타났다면, 원래 표준화면모드로 어떻게 바꿔야 하나, 당황스러울 수 있습니다. 화면모드 변경방법을 알아보도록 하겠습니다.

### 1. 단축키 F 를 활용한 화면모드 변경법

평소 작업하는 화면은 표준화면 모드이구요. 단축키 F 를 차례대로 누르면, 표준화면모드 → 메뉴막대가 있는 전체화면모드 → 전체화면모드로 바뀝니다. 화면모드를 바꾸고 싶을 때도 유용하지만, 단축키 F 를 잘못눌러 패널들이 갑자기 다 사라졌을 때 여유있게 다시 불러올 수 있습니다.

▲ 표준화면모드

▲ 메뉴막대가 있는 전체화면모드

▲ 전체화면모드

## 2. [Tab]을 활용한 화면모드 변경법

[Tab]을 눌렀을 때 : 작업창만 남습니다.

[Tab]을 한번더 눌렀을 때 : 기본작업화면이 다시 나타납니다.

▲ 기본작업화면

▲ [Tab]을 눌렀을 때

## 3. [Shift]+[Tab] : 기능 패널이 없어집니다. [Shift]+[Tab] : 한번더 누르면 다시 나타납니다.

알 아 두 기

Ctrl + Space Bar +드래그: 드래그한 영역만큼 확대
Ctrl + + : 화면 확대
Ctrl + − : 화면 축소
Ctrl + 0 : 아트보드에 딱 맞게 보이기
Ctrl + 1 : 실 사이즈(100%)로 보기
Alt + Ctrl + 0 윈도우에 모두 맞춰보기_아트보드가 많을 때 화면전체보기에 사용됩니다.

## ≫ Lesson 15 오브젝트가 갑자기 선으로 보이면,

작업을 하다가 뭔가 잘못 눌렀는지, 갑자기 오브젝트가 선으로 보여지는 것이죠. 이게 왜 이런것인가? 당황하지 마시구요. 정밀하게 작업을 하기 위해 패스만 보이도록 윤곽선 설정이 되어 있는 것입니다. 윤곽선 단축키 Ctrl + Y 를 눌러주면 원래 오브젝트로 돌아옵니다.

## ≫ Lesson 16 화면에 원근격자 툴 없애기

갑자기 생긴 원근격자.. 이것저것 눌러도 절대 사라지지 않습니다. 이럴땐 단축키 Shift + Ctrl + I 를 눌러줍니다.

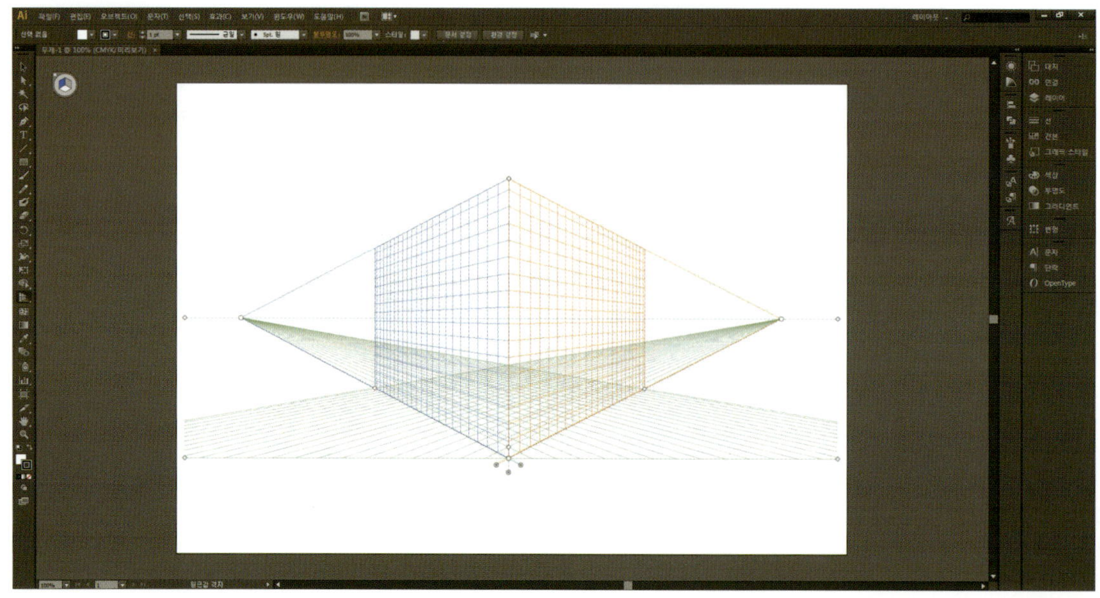

# MEMO

# 03

# 일러스트레이터 실무 테크닉

지금까지 일러스트레이터의 기본기를 다져왔습니다. 이제는 실제 현장 업무에 많이 쓰이는 로고, 명함, 간판, 표찰, 현수막, 전단지, 실측보고서, 제안서 등을 다양한 예제를 통해 실무를 차근차근 배워보도록 하겠습니다.

## >> Chapter 01

# 로고 디자인하기

회사이름은 제가 임의로 'TOP TEAM'이라고 정하였습니다. 설계팀, 시공팀, 공무팀 등 각 팀들의 팀 워크의 중요함을 요즘들어 더 절실히 깨닫게 되었다고나 할까요?^^

'최상의 팀워크를 가진 인테리어 창조자'가 로고 디자인의 컨셉입니다.

로고디자인은 일반도형과 입체감 있는 도형을 조합하여 디자인해서, 컨셉에 맞게 각 개체들이 모여 하나의 팀을 이룬다는 의미를 담으려고 합니다.

**1** Ctrl+N을 누르고 다음과 같이 설정 후 용지크기와 색상모드가 CMYK 모드로 되어 있는지, 확인하시고 확인을 눌러 새 창을 만듭니다.

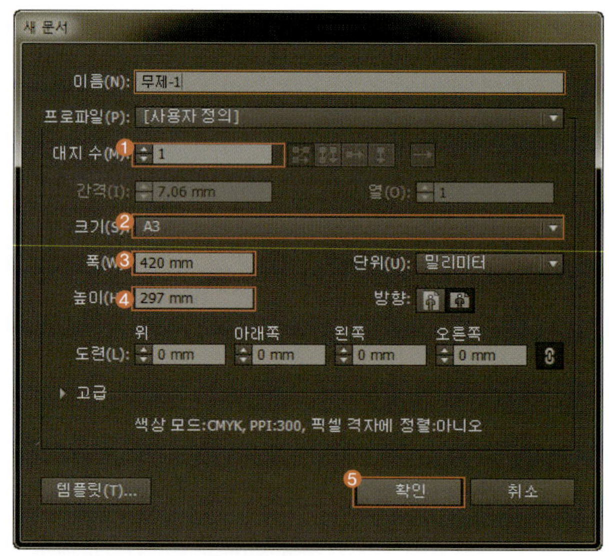

**2** 우선 육각형을 그려보도록 하겠습니다. 도형 툴을 꾹 눌러 다각형 툴(⬠)을 선택하고, 빈 화면을 클릭합니다.

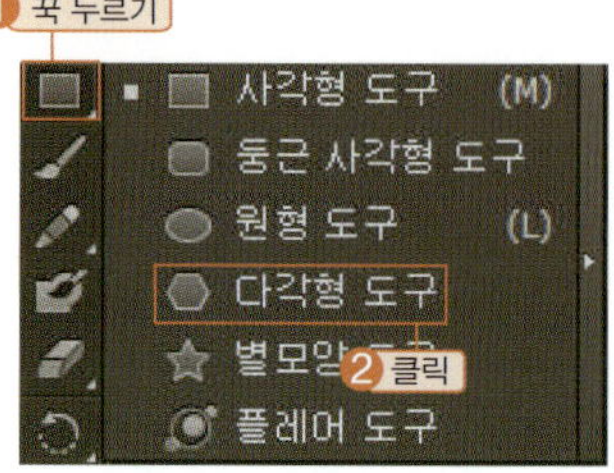

**3** 다각형의 반경과 면의 개수를 다음과 같이 설정하고 확인 버튼을 누르면, 다각형이 그려집니다.

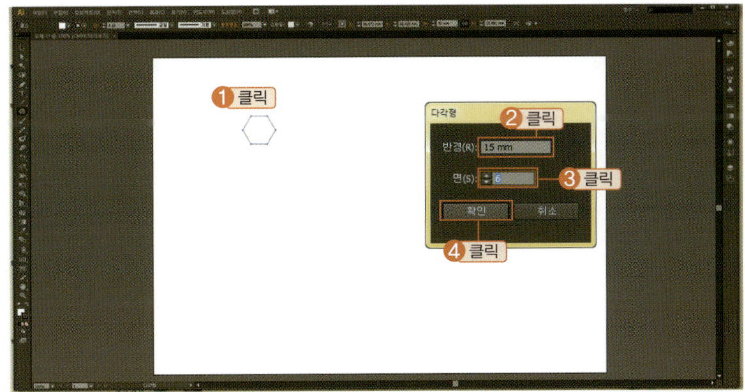


**4** 다각형이 작게 보이죠? 화면을 확대해보도록 하겠습니다. 돋보기 툴( ) 단축키 Z 를 누르고, 다음과 같이 드래그하면 화면이 확대됩니다.

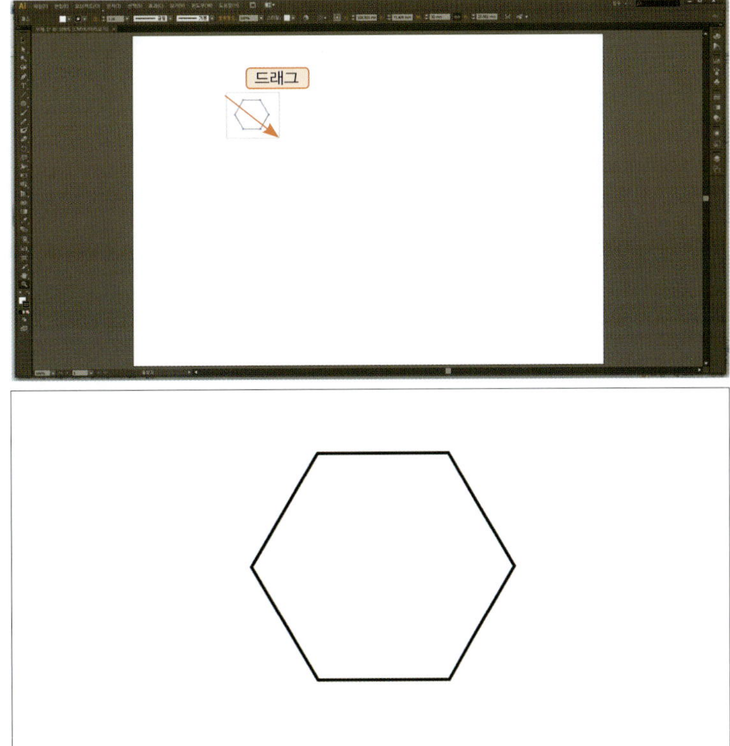


**5** [오브젝트]-[패스]-[패스이동]을 클릭하면 나타나는 패스 이동 창에(이동: −2, 각의 한계: 6)을 입력한 후 확인을 클릭합니다.

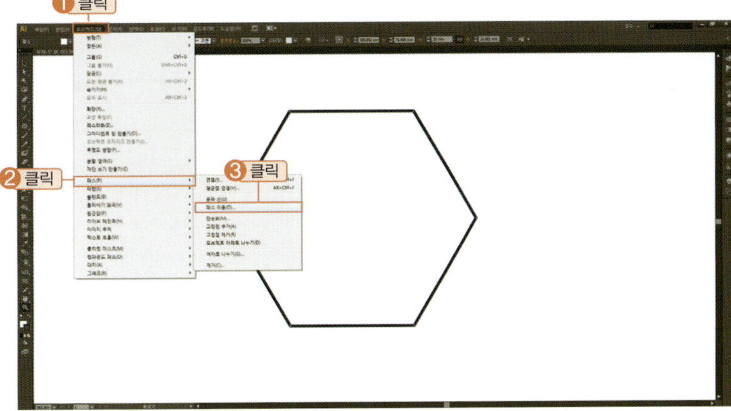

**6** 다음과 같이 좀 더 작은 다각형이 만들어졌습니다.

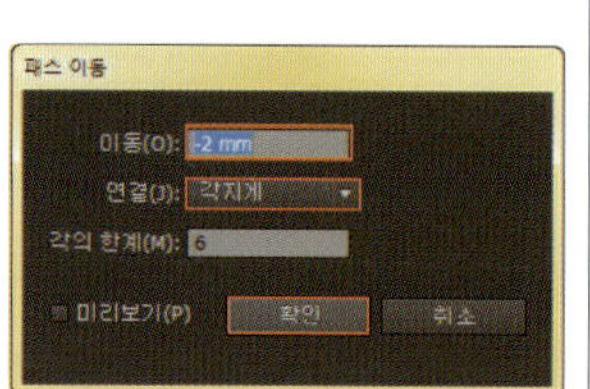

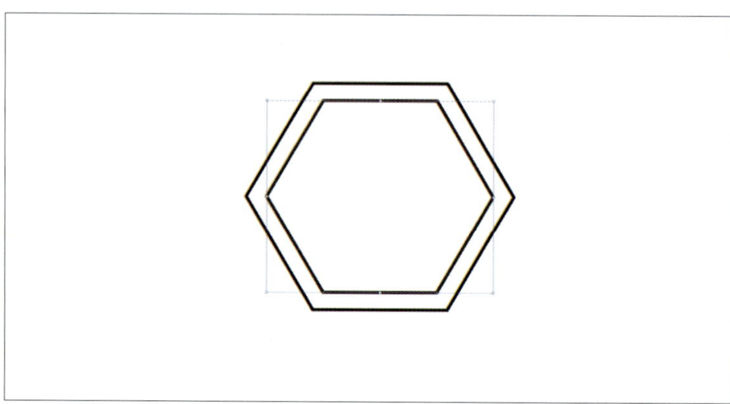

**7** 두 개의 다각형을 하나로 합쳐보도록 하겠습니다. 선택 툴( ) 단축키 V를 누르고 다음과 같이 드래그해서 다각형을 모두 선택합니다.

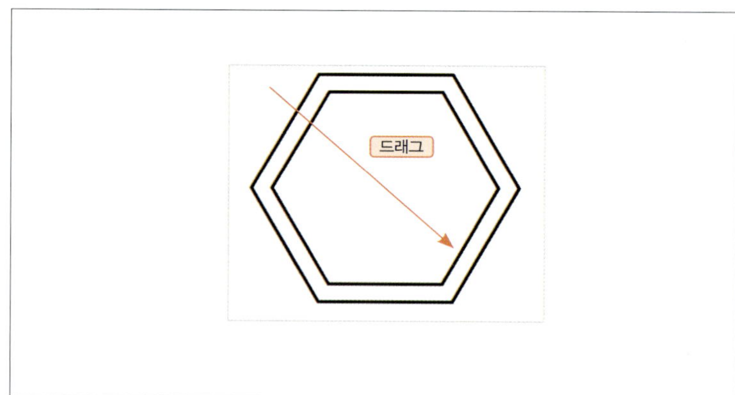



**8** Shift+Ctrl+F9를 눌러 패스파인더 패널을 불러온 후 앞면 오브젝트( )의 버튼을 클릭합니다. 다각형을 선택해보세요. 각각 선택되었던 선들이 한번에 클릭됩니다.

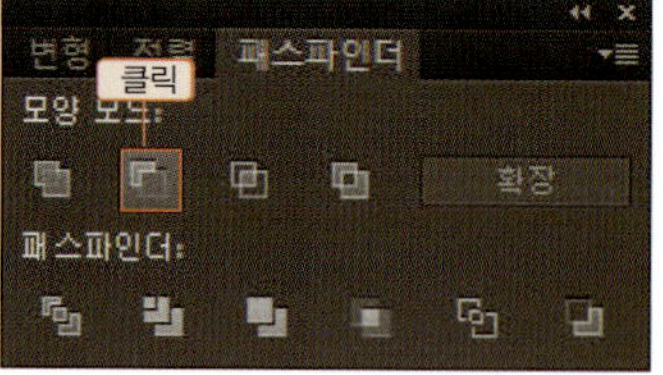



**9** 선을 그려보도록 하겠습니다. 선분 툴( ) 단축키 W를 누르고 다음과 같이 점과 점을 연결시켜 줍니다.

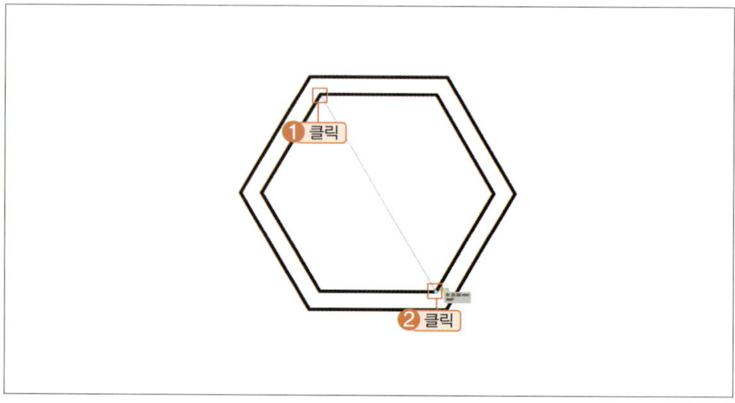

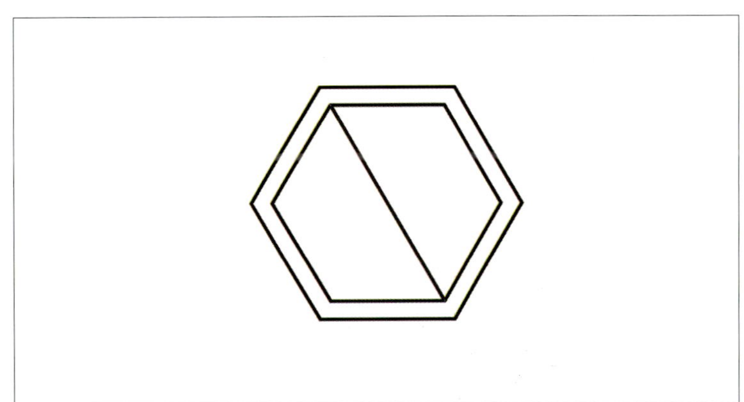

**10** 반대쪽도 같은 방법으로 점과 점을 연결시켜 주면 다음과 같이 X자 선이 만들어졌습니다.

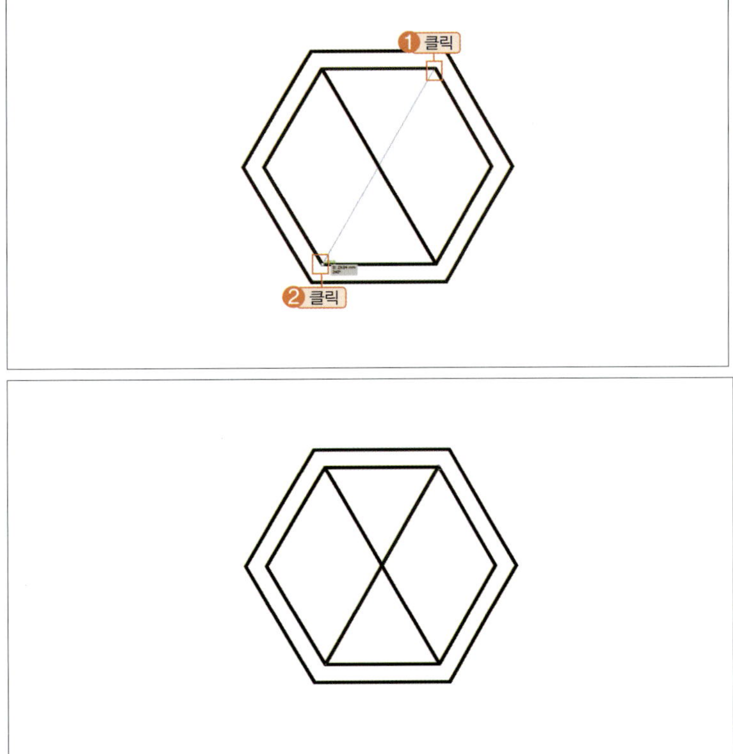

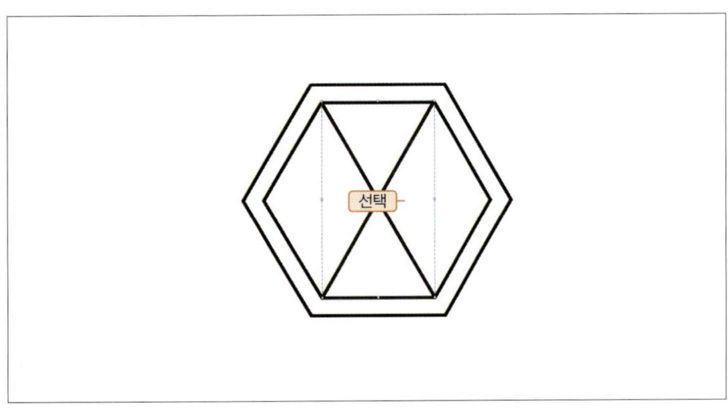

**11** 선택 툴( ) 단축키 V를 누르고 다음과 같이 X자 선을 선택합니다.

**12** [오브젝트]–[패스]–[패스이동]을 클릭
하고, 이동: −1을 입력한 후 확인을 클릭합
니다. 다음과 같이 패스가 이동되었습니다.

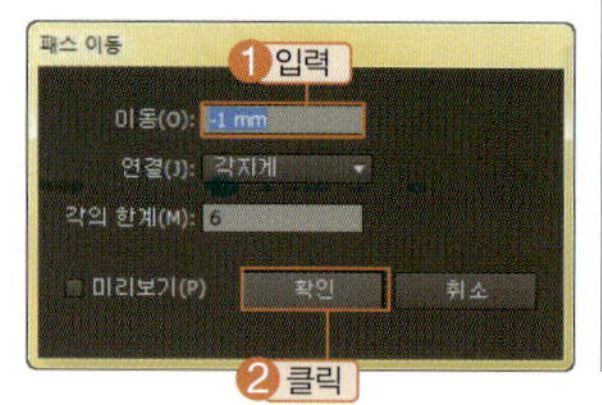
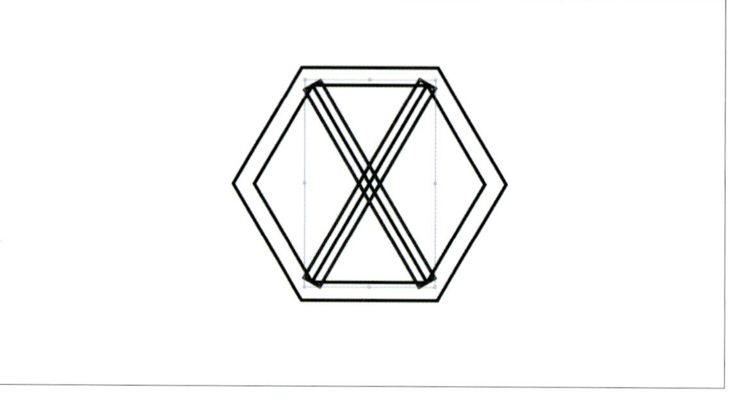

**13** 필요없는 선은 지워줍니다. 중간선을
선택하고 Delete 버튼을 누르면 선이 지워
집니다. Shift 를 누른채로 선을 클릭하면
함께 선택 할 수 있습니다.

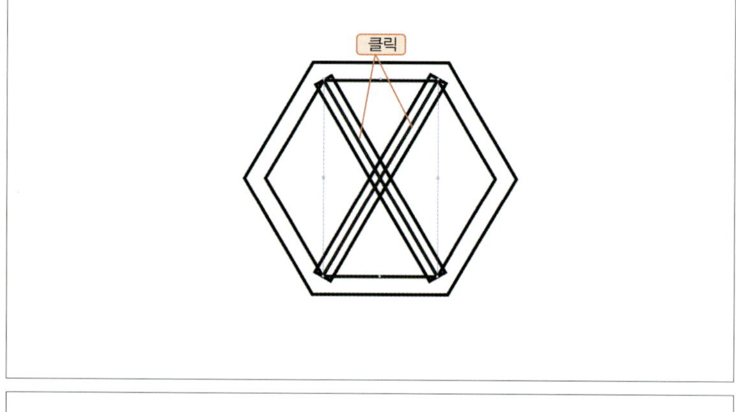

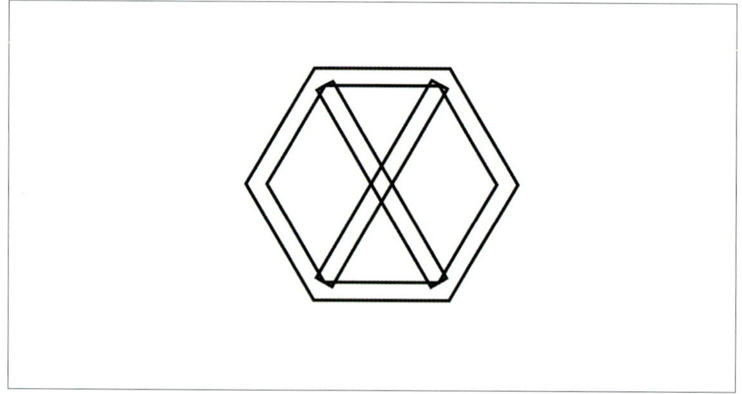

**14** 이제 선들을 합쳐서 하나의 오브젝트
로 만들어보도록 하겠습니다. 다음과 같이
드래그해서 선들을 선택하고, Shift + Ctrl +
F9 를 눌러 패스파인더 패널을 불러온 후
합치기 버튼 (　)을 클릭합니다. 다음과
같이 선들이 합쳐져서 하나의 오브젝트가
되었습니다.

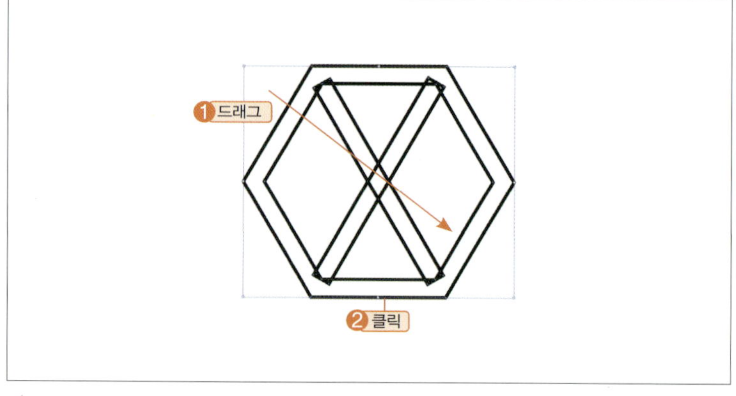

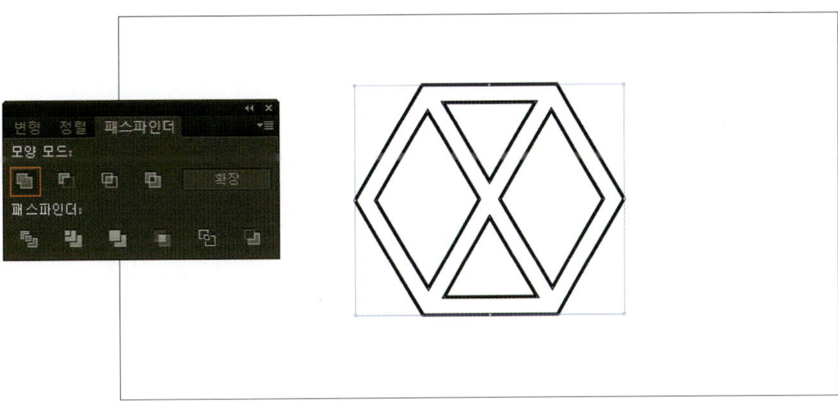

**15** 단축키 [Shift]+[X]를 누르면, 선이 면
으로 바뀝니다.

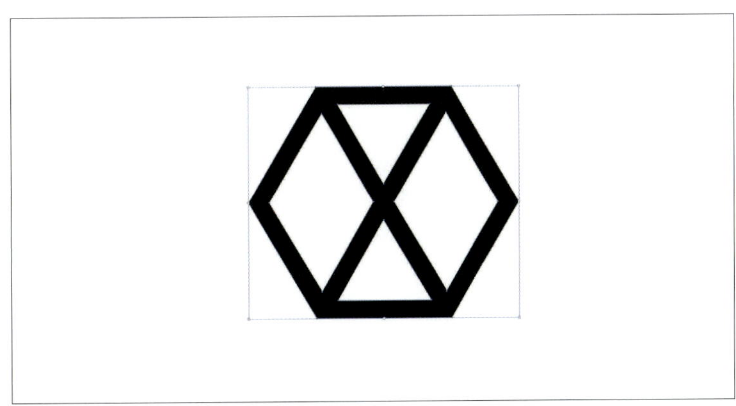

**16** 그라디언트 툴을 이용한 효과를 적용해보도록 하겠습니다. 단축키 [Ctrl]+[F9]를 눌
러 그라디언트 패널을 불러옵니다.

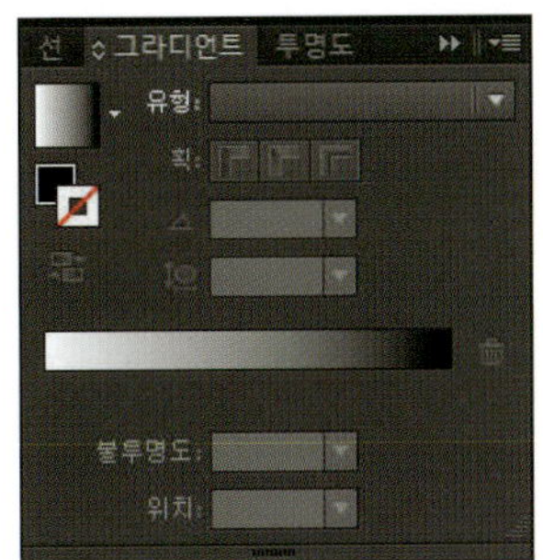

▲ 그라디언트 패널

**17** 왼쪽 흰색 색상피커를 더블클릭하고 C:100, M:0, Y:0, K:0 청록색으로 설정합니다. 오른쪽 검은 색 색상피커를 더블클릭하고 C:0, M:100, Y:0, K:0 자홍색으로 설정합니다.

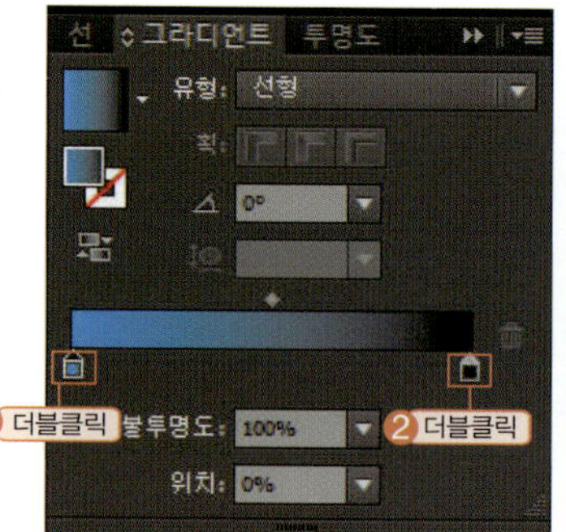
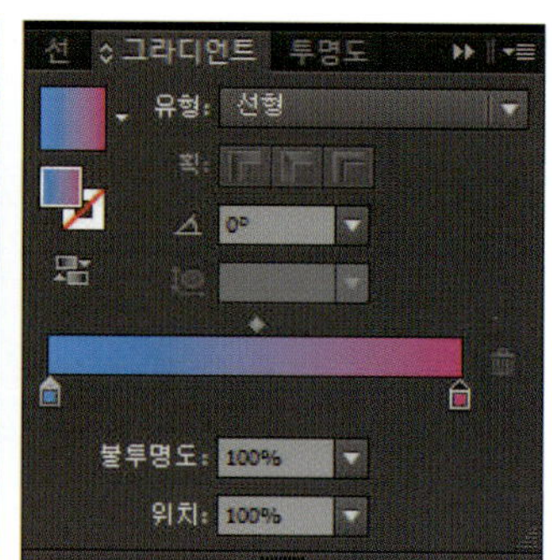

알 아 두 기

색상피커를 더블클릭하면 색상 창과 견본 창을 선택할 수 있습니다. 원하는 색상을 직접 설정할 수 있고, 견본색상을 사용할 수 있습니다.

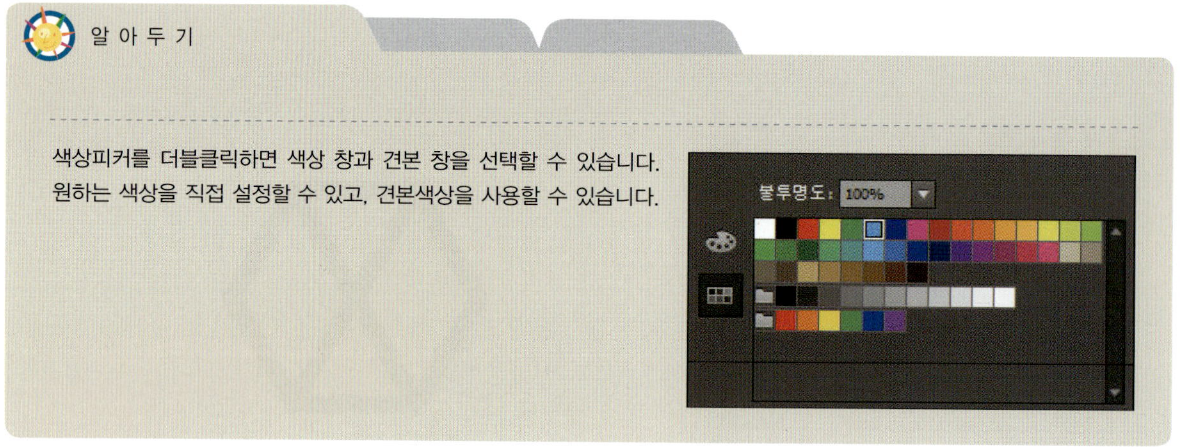

**18** 오브젝트를 선택하고 단축키 〉를 누르면 그라디언트가 오브젝트에 적용되었습니다.
단축키 G를 누르면 그라디언트 패널의 슬라이더처럼 편집할 수 있습니다.

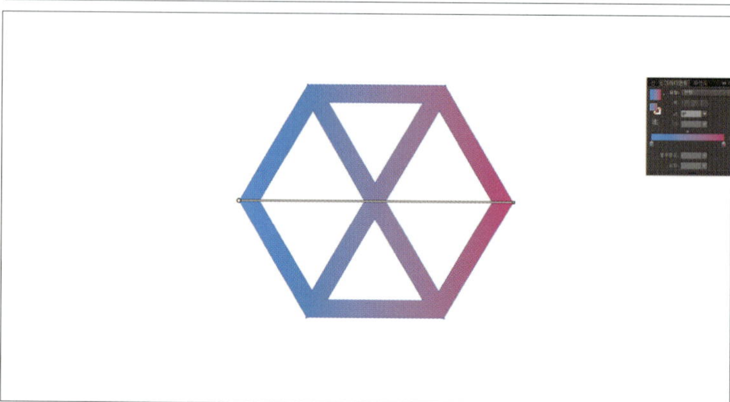

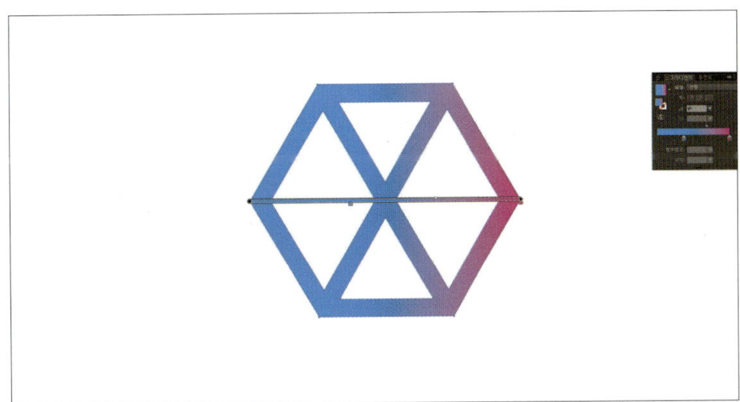

## 알 아 두 기

### 그라디언트 패널 살펴보기

① 그라디언트 패널에서는 그라디언트를 자유롭게 만들고 변형 할 수 있습니다.

② 유형 : 직선형 또는 방사형 그라디언트 종류를 선택합니다.

③ 획 : 선에 적용되는 그라디언트 형태를 선택합니다.

④ 각도 : 그라디언트 각도를 조절합니다.

⑤ 그라디언트 방향을 반전시킵니다.

⑥ 원형 그라디언트를 적용했을 때 종횡비를 설정합니다.

⑦ 슬라이더 : 그라디언트를 이루는 색상을 슬라이더로 보여줍니다.

**19** 이번엔 입체적인 육각형을 만들어보겠습니다. 그전에 면은 흰색으로 선은 검은색으로 설정합니다. 다각형 툴(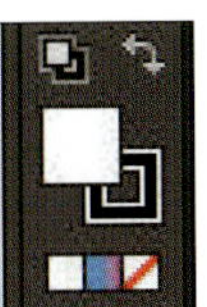)을 선택하고, 빈 화면을 클릭합니다.

**2**, **3** 과정을 참고하세요

**20** 다각형의 반경과 면의 개수를 다음과 같이 설정하고 확인버튼을 누르면, 다각형이 그려집니다.

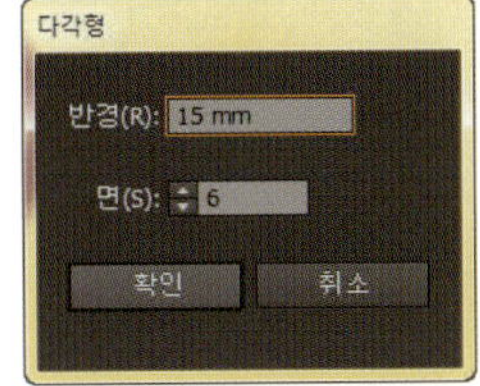

**21** 돋보기 툴(🔍) 단축키 Z를 누르고, 드래그하면 화면이 확대됩니다.

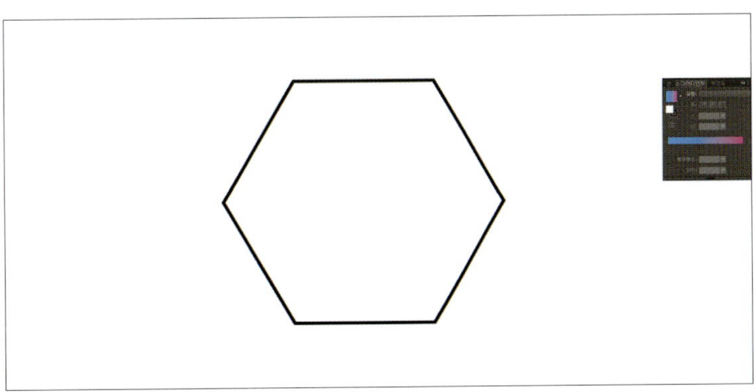

**22** 오브젝트를 선택한 후 [오브젝트]–[패스]–[패스이동]을 클릭하고, 패스 이동창이 나타나면, 이동: –2를 입력한 후 확인을 클릭합니다.  다음과 같이 좀 더 작은 다각형이 만들어졌습니다.

**23** 선을 그려보도록 하겠습니다. 선분 툴 ( ) 단축키 W를 누르고 다음과 같이 점과 점을 연결시켜 줍니다.

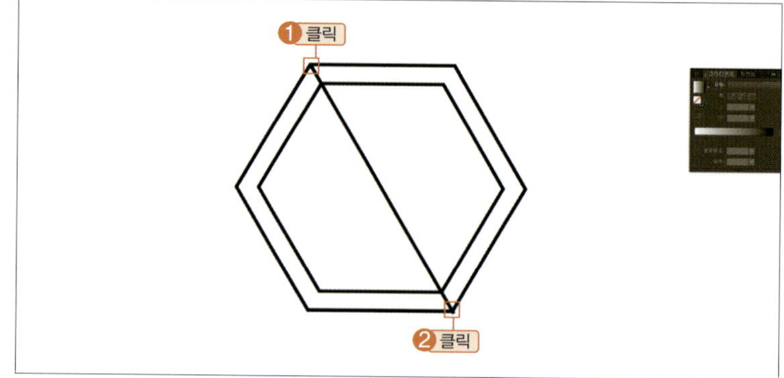

**24** 같은 방법으로 점과 점을 연결시켜 주면 다음과 같이 오브젝트가 만들어졌습니다.

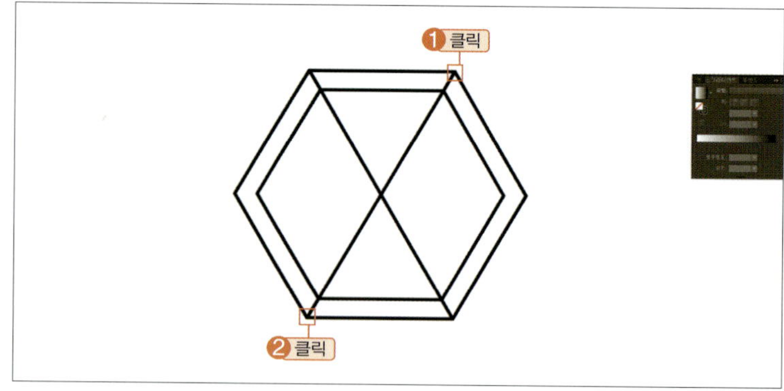

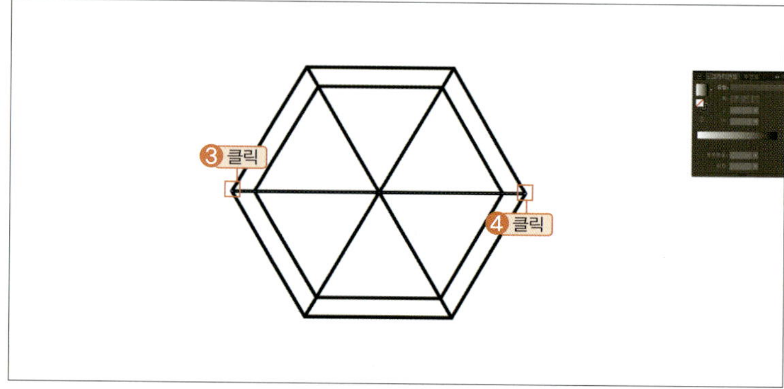

**25** 다각형을 회전시켜보도록 하겠습니다. 선택 툴( ) 단축키 V 를 누르고 오브젝트
를 선택합니다. 툴 패널의 회전 툴( )를 더블클릭하면 나타나는 회전 옵션 창에서 회전
각도를 다음과 같이 입력한 후 확인 버튼을 누릅니다.

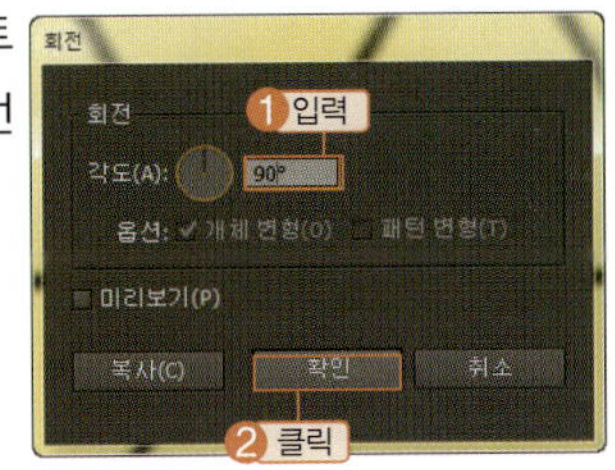

**26** 이미지가 회전되었습니다.

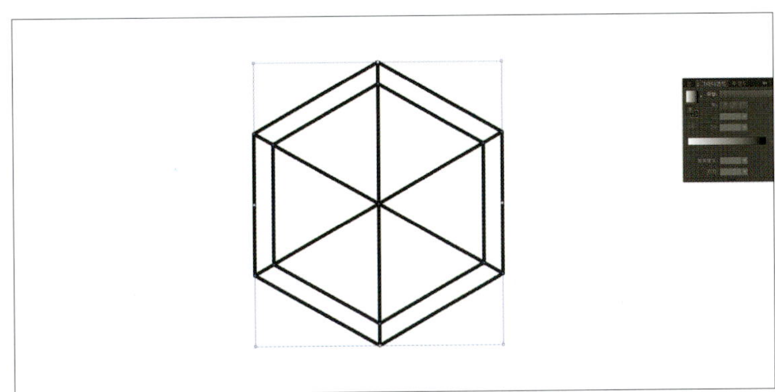

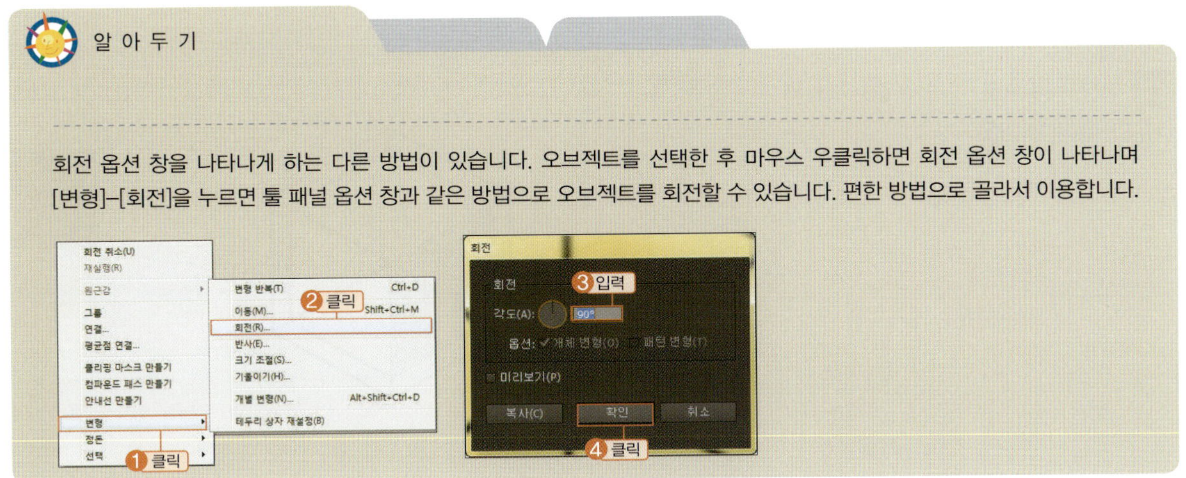


회전 옵션 창을 나타나게 하는 다른 방법이 있습니다. 오브젝트를 선택한 후 마우스 우클릭하면 회전 옵션 창이 나타나며
[변형]-[회전]을 누르면 툴 패널 옵션 창과 같은 방법으로 오브젝트를 회전할 수 있습니다. 편한 방법으로 골라서 이용합니다.

**27** 도형 구성 툴( )를 이용해서 선택된 영역을 하나로 합쳐보겠습니다. 도형구성 도구 단축키 Shift + M 을 누르고, 오브젝트에 마우스를 가져가면 회색 망점으로 선택됩니다. 왼쪽에서 오른쪽으로 드래그해서 영역을 합쳐줍니다.

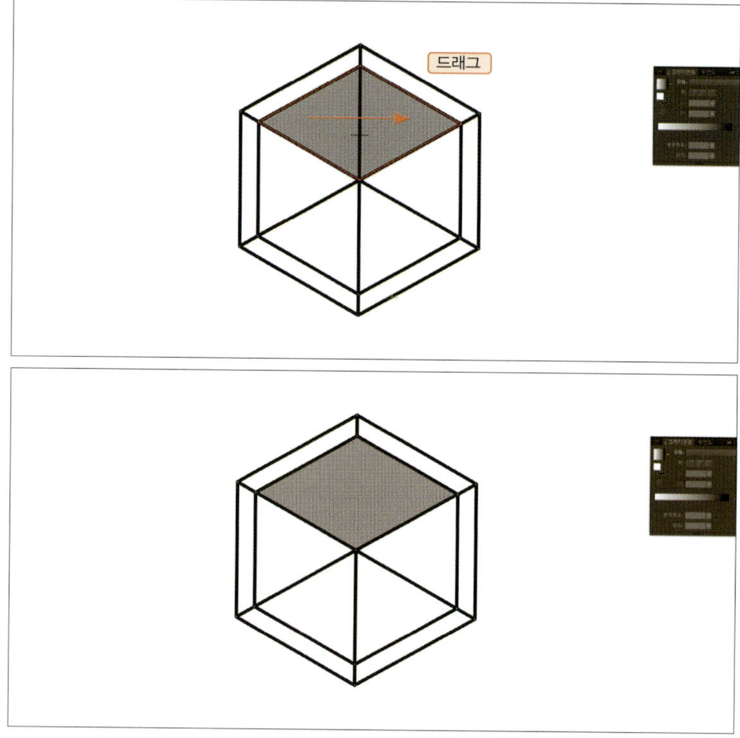


**28** 같은 방법으로 나머지 오브젝트들도 다음과 같이 합쳐줍니다.

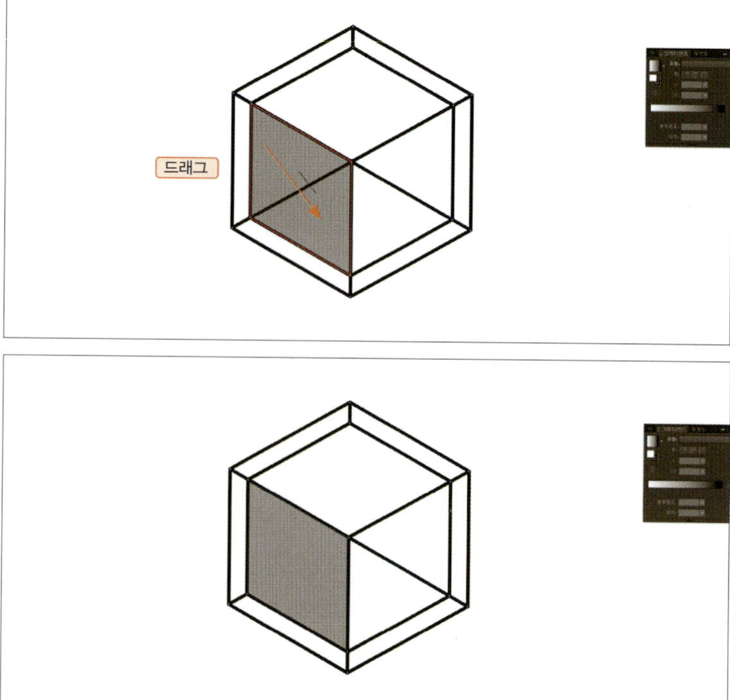

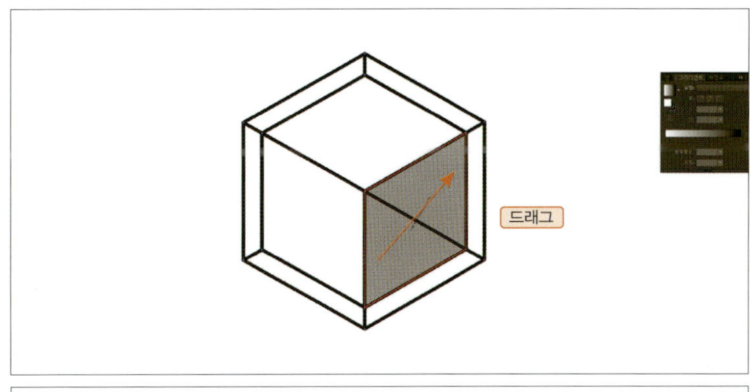


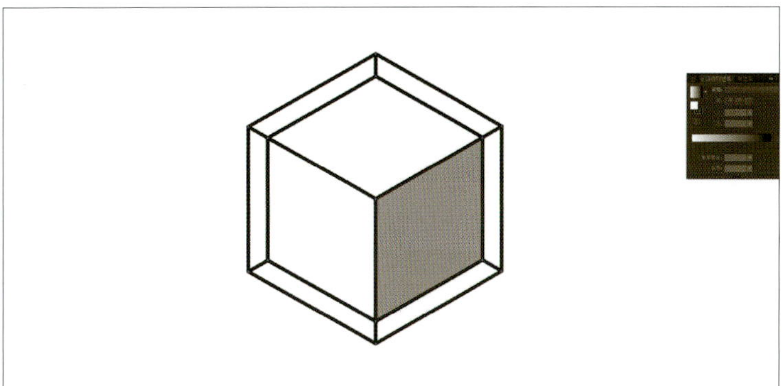

**29** 오브젝트의 면마다 다른 색상을 넣으려고 합니다. 그럴려면 면들이 다 나누어져야 되겠죠? 선택 툴(▣) 단축키 ⓥ를 눌러 오브젝트를 선택합니다.

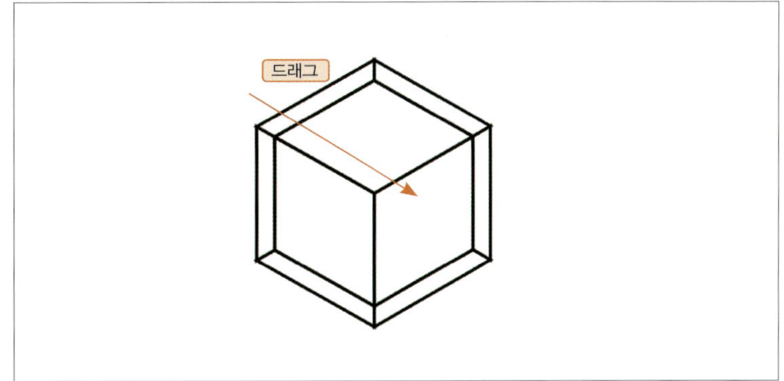


**30** Shift+Ctrl+F9를 눌러 패스파인더의 면 나누기(▣) 버튼을 클릭하여 겹치는 패스의 모양대로 오브젝트를 분할합니다.

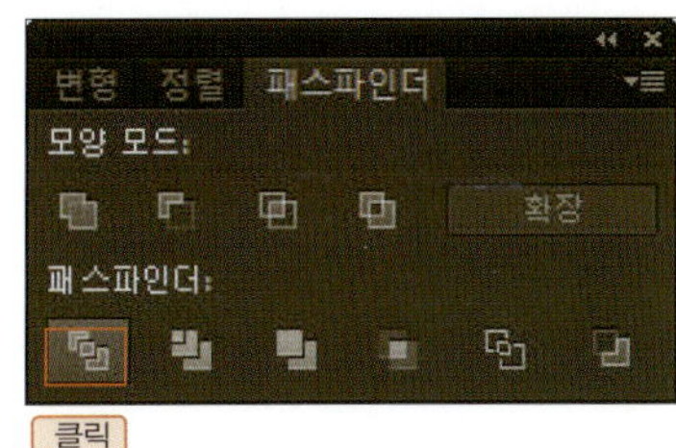

**31** 단축키 Shift+X 눌러 선과 면을 바꿔주고, 면의 색상을 하나하나 바꿔주기 위해 오브젝트를 더블클릭합니다. 그룹격리 모드 창으로 들어가서 면이 하나하나 선택이 됩니다. 확인해보세요.

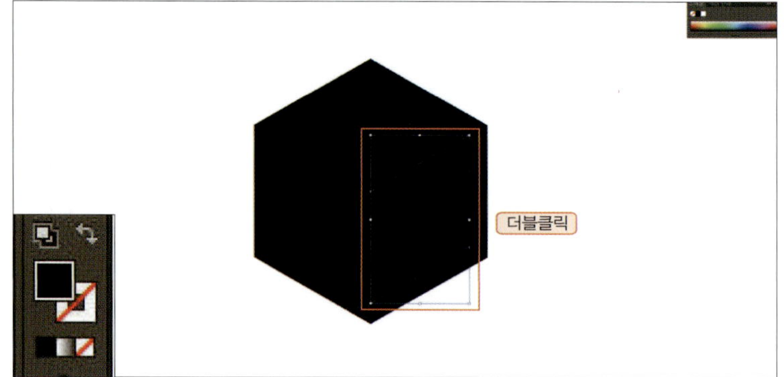


**32** 선택 툴( ) 단축키 V 를 누르고 ❶❷번을 선택합니다. Shift 를 누르면서 면을 하나하나 클릭하면 함께 선택됩니다.

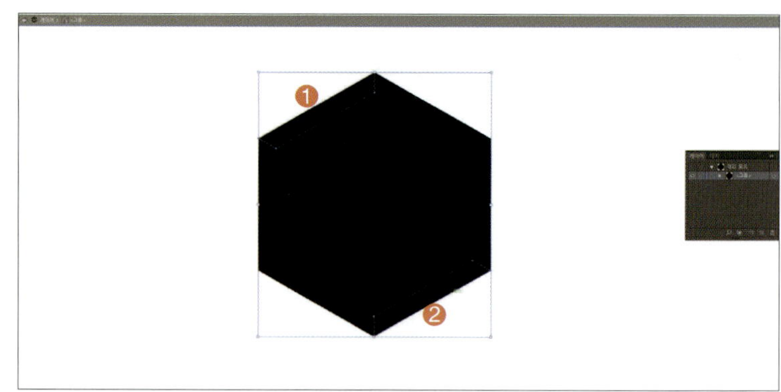

**33** 색상 패널을 눌러 C:0, M:0, Y:0, K:90 인 회색을 선택합니다. 색상이 변경되었습니다.

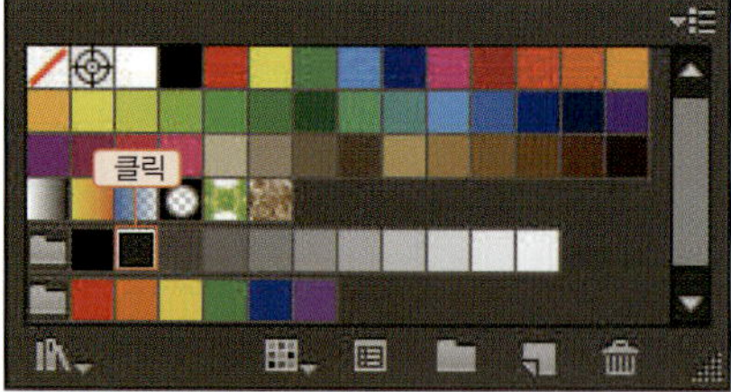


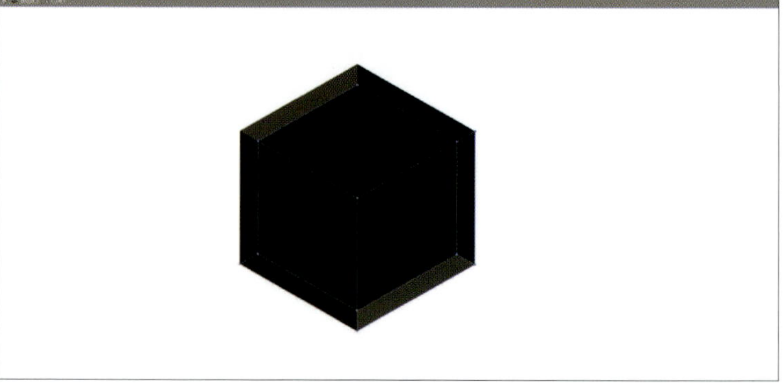

**34** ❸❹번을 선택합니다.

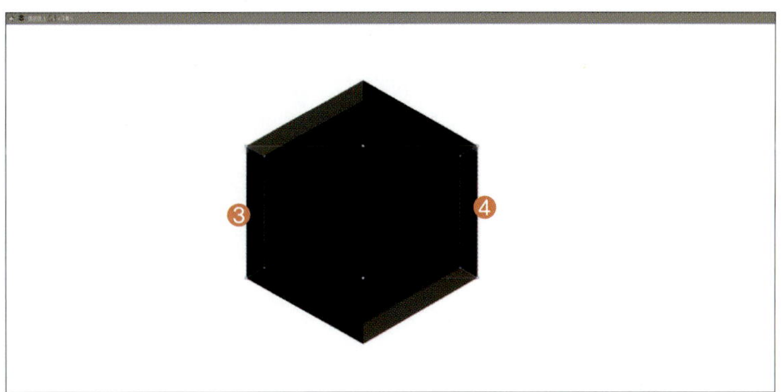

**35** 색상 패널을 눌러 C:0, M:0, Y:0, K:80인 회색을 선택합니다. 색상이 변경되었습니다.

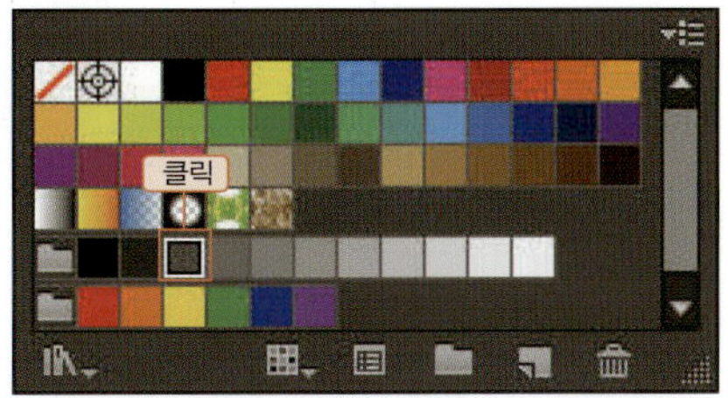


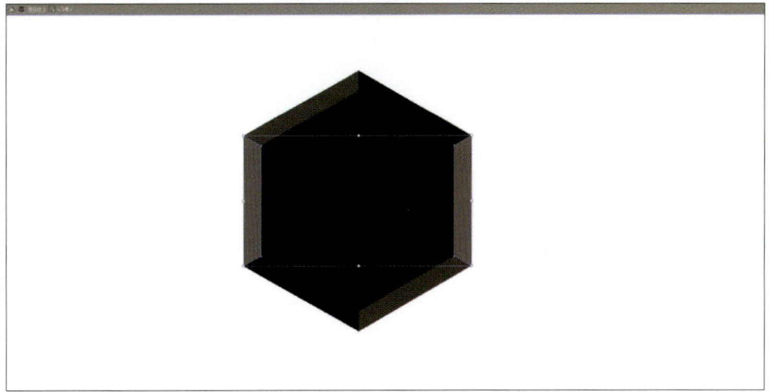

**36** 선택 툴(　) 단축키 V를 누르고 ❺❻번을 선택합니다.

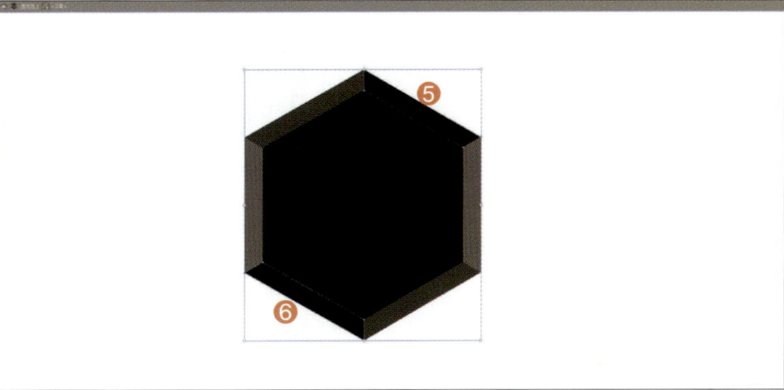

**37** 색상 패널을 눌러 C:0, M:0, Y:0, K:70 인 회색을 선택합니다. 색상이 변경되었습니다.

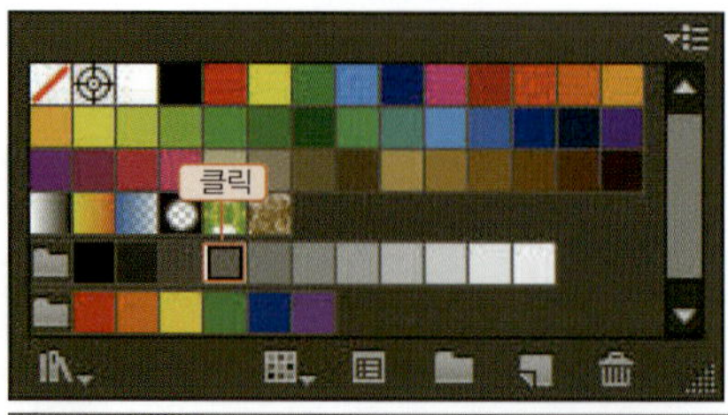


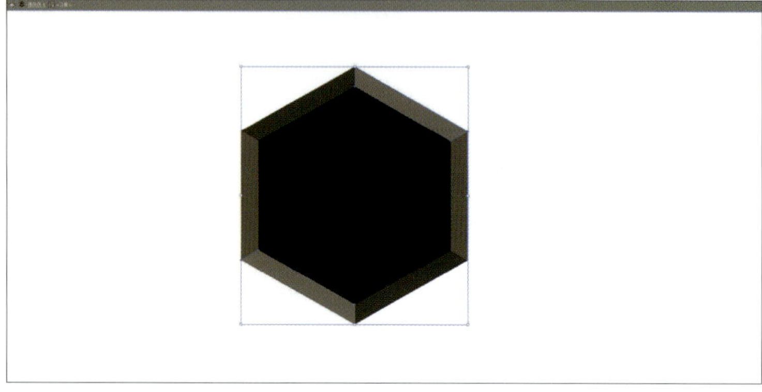

**38** ❼번을 선택합니다.

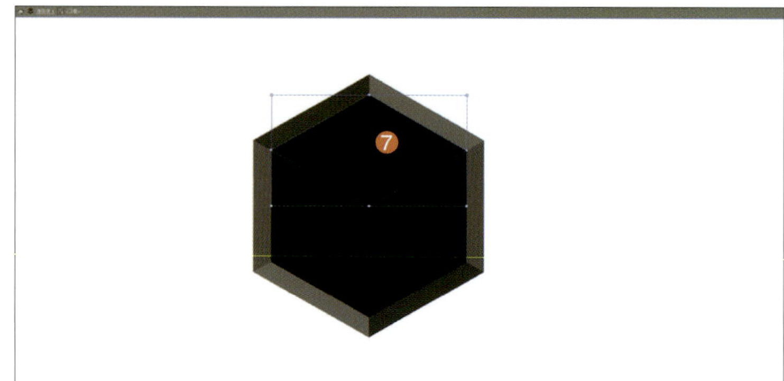


**39** 색상 패널을 눌러 C:0, M:0, Y:0, K:10 인 회색을 선택합니다. 색상이 변경되었습니다.

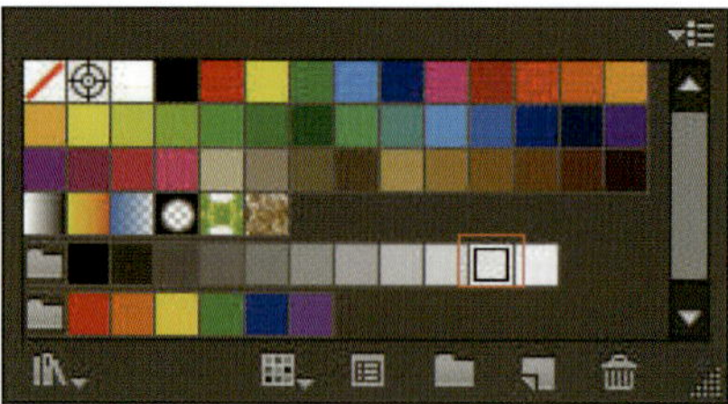

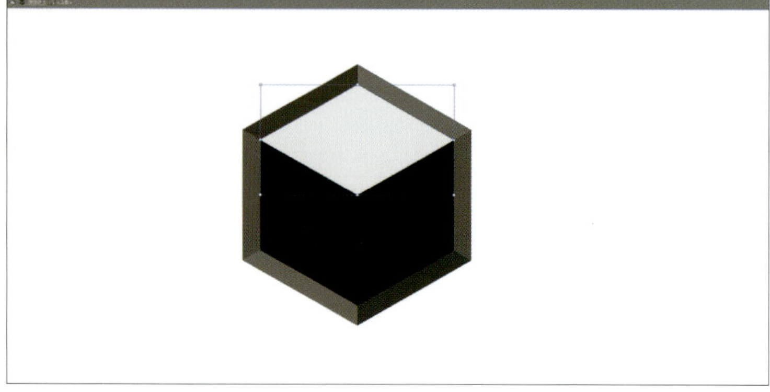

**40** ❽번을 선택합니다.

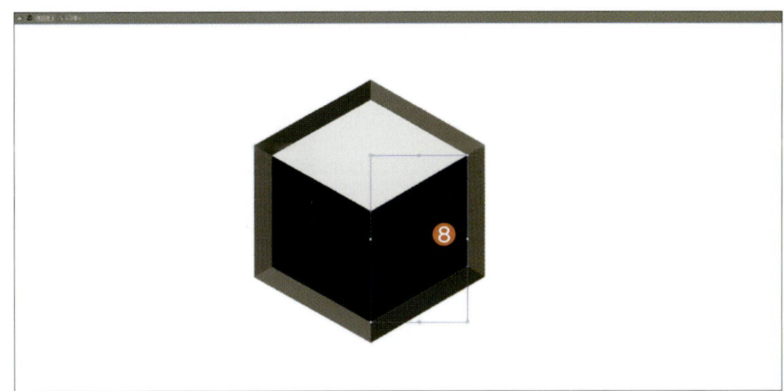

**41** 색상 패널을 눌러 C:0, M:0, Y:0, K:40
인 회색을 선택합니다. 색상이 변경되었습
니다.

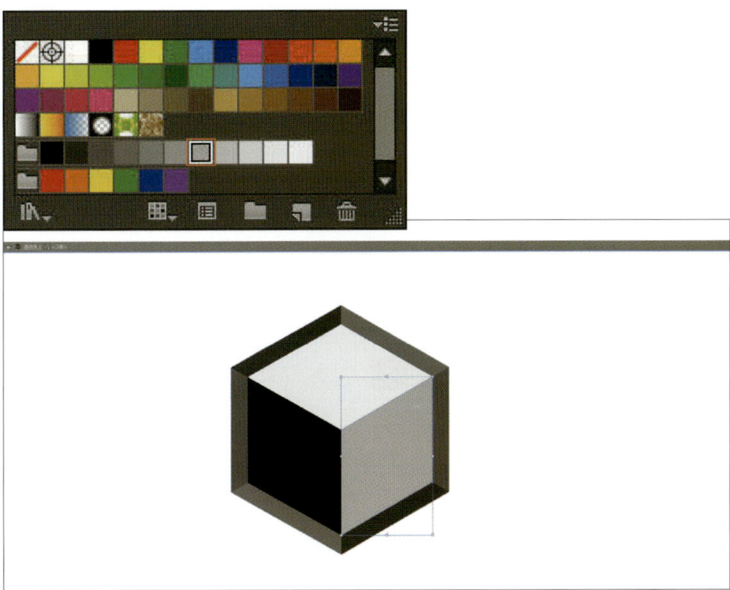

**42** ❾번을 선택합니다.

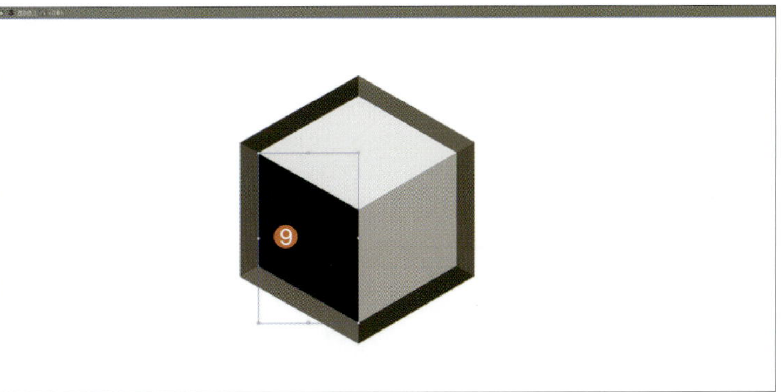

**43** 색상 패널을 눌러 C:0, M:0, Y:0, K:50
인 회색을 선택합니다. 색상이 변경되었습
니다. 그룹 격리 창의 회색부분을 클릭하면
원래화면으로 돌아옵니다.

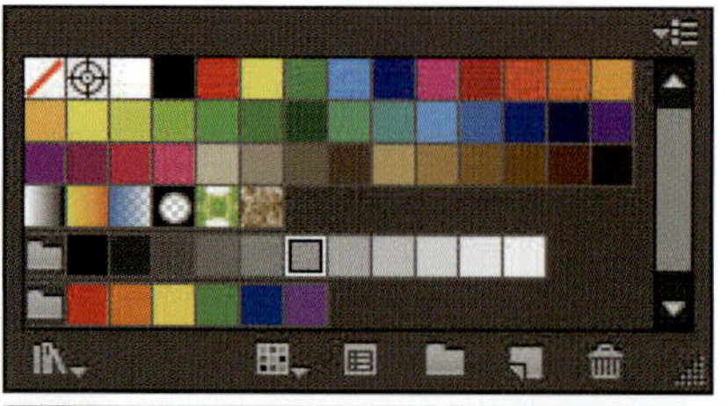

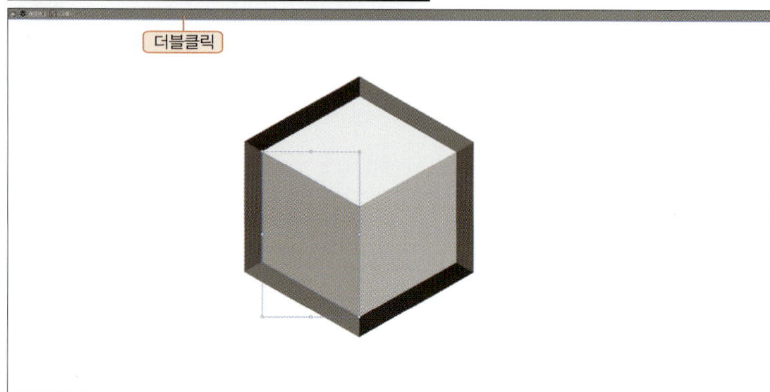


**44** 단축키 Ctrl+O를 눌러 전체화면보
기를 합니다.
먼저 만들어두었던 그라디언트 오브젝트도
회전을 해야 되겠네요. 선택 툴( ) 단축
키 V를 누르고 오브젝트를 선택한 후 툴
패널의 회전 툴( )를 더블클릭합니다.

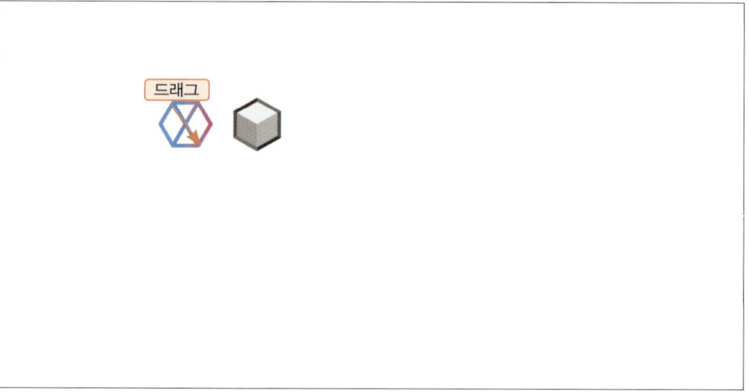


**45** 옵션 창에서 회전각도를 다음과 같이
입력한 후 확인 버튼을 누릅니다. 오브젝트
가 회전되었습니다.

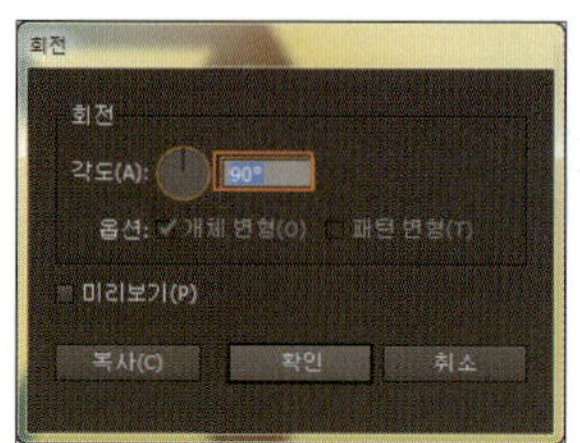


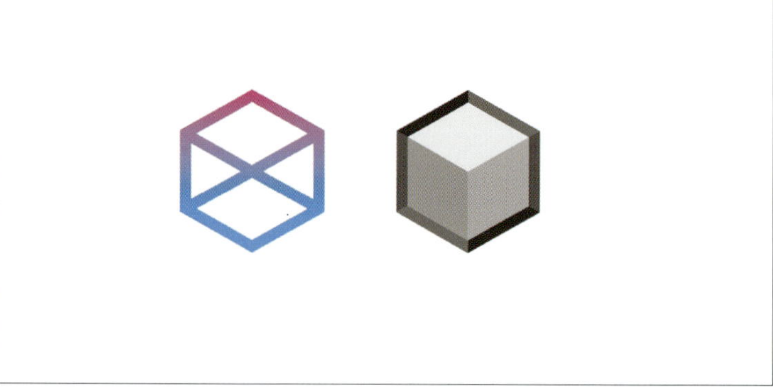

**46** 이제 오브젝트를 조합해서 로고를 만들어보겠습니다. 본격적인 오브젝트 복사와 이동에 들어가기에 앞서 특수문자 안내선이 활성화가 되어 있는지. 확인합니다. 단축키 Ctrl + U 를 누르거나 메뉴바의 [보기]–[특수문자 안내선]을 선택하면 특수문 자 안내선이 활성화 됩니다. 선택 툴로 오브젝트를 선택해서 드래그하여 가져가면 위치 정보와 안내선이 나오며 자석에 붙듯이 스냅되기 때문에. 위치 맞추기가 편리합니다.

**47** 선택 툴( ) 단축키 V 를 누르고 오 브젝트를 선택한 후 Alt 키를 누르면서 마 우스를 아래쪽으로 드래그하면, 오브젝트 가 이동하면서 복사됩니다. 특수문자 안내 선 덕에 위치 맞추기가 훨씬 편리해졌습 니다.

**48** 같은 방법으로 다음과 같이 배치시 켜 줍니다.

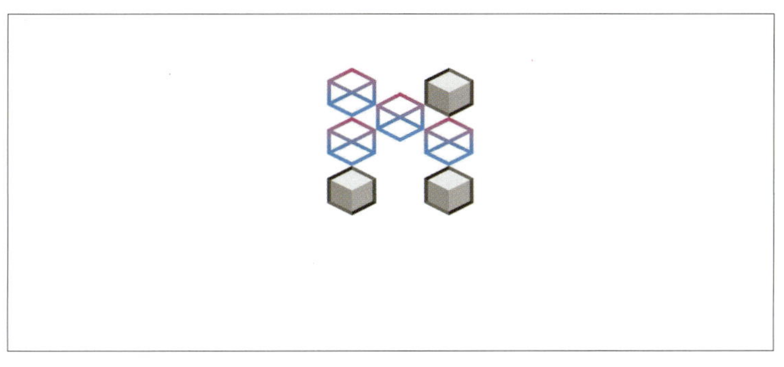

**49** 문자 툴(**T**) 단축키 **T**를 누르고 화면을 클릭하면 글자를 입력할 수 있는 커서가 깜빡입니다. 'TOP TEAM'을 입력하고 선택 툴(↖) 단축키 **V**를 누르면 글자에 바운딩 박스가 생깁니다.

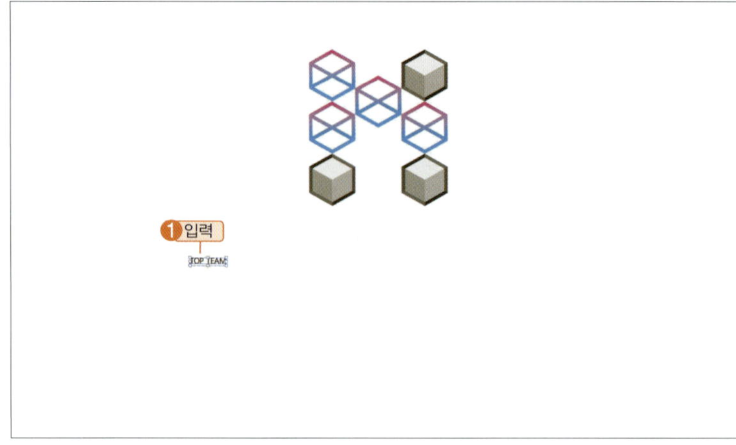


**50** **Ctrl**+**T**를 누르면 문자 옵션을 조절할 수 있는 문자 패널이 나옵니다. 다음과 같이 값을 설정합니다.

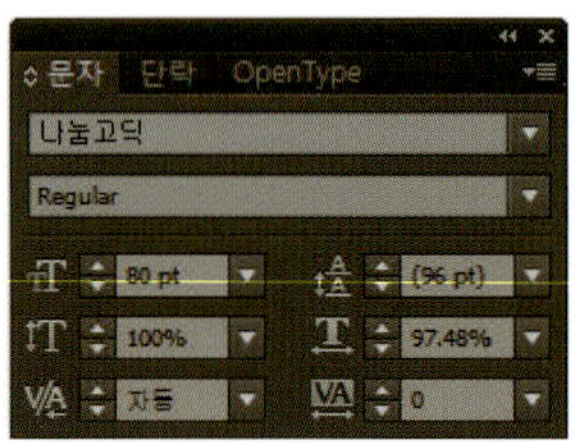

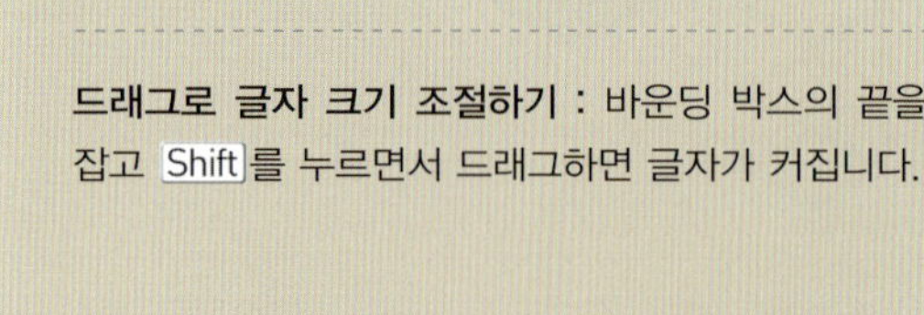

알 아 두 기

**드래그로 글자 크기 조절하기** : 바운딩 박스의 끝을 잡고 **Shift**를 누르면서 드래그하면 글자가 커집니다.

글자 높이를 정확하게 지정하기 : 정해진 높이로 글자크기를 조절하려면 글자를 선택하고 컨트롤 패널에서 글자 높이[단위 mm]를 지정해준 후 Shift+Tab를 눌러주면 지정해준 높이대로 글자크기가 조절됩니다.

**51** 다시 문자 툴(T) 단축키 T를 누르고 화면을 클릭하면 글자를 입력할 수 있는 커서가 깜빡입니다. 'INTERIOR CREATOR'을 입력하고 선택 툴( ) 단축키 V를 누르면 글자에 바운딩 박스가 생깁니다.

**52** Ctrl+T를 눌러 문자 패널이 열리면 다음과 같이 값을 설정해준 후 'TOP TEAM'과 'INTERIOR CREATOR'을 다음과 같이 배치하여 줍니다.

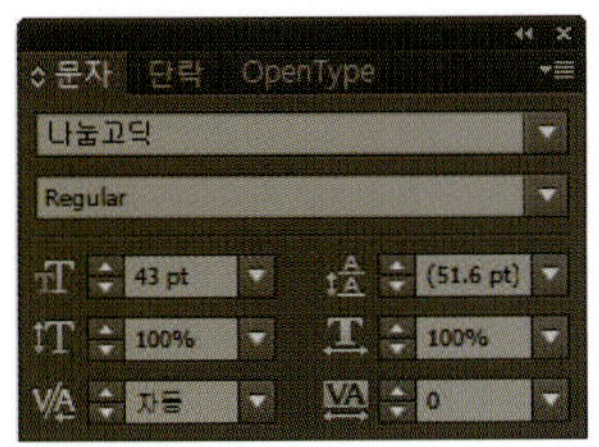

**53** 폰트색상을 좀 더 부드럽게 바꿔보도록 하겠습니다. 선택 툴( ) 단축키 V 를 누르고 문자를 클릭한 후 색상패널에서 C:0, M:0, Y:0, K:90인 회색을 선택합니다. 'INTERIOR CREATOR'도 바꿔보도록 하겠습니다. 선택 툴( ) 단축키 V 를 누르고 문자를 클릭한 후 색상 패널에서 C:0, M:0, Y:0, K:80인 회색을 선택합니다.

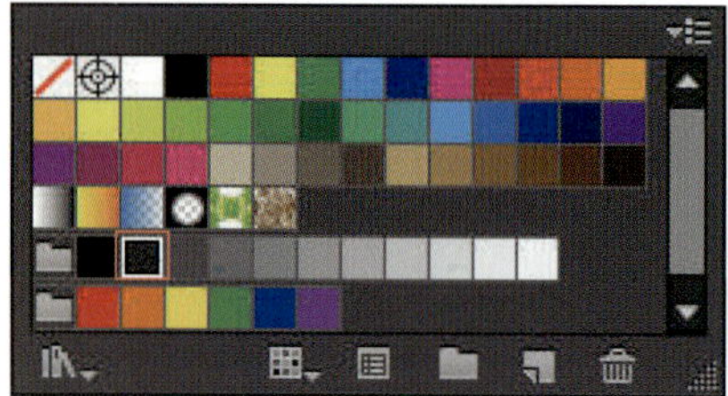

▲ TOP TEAM 색상

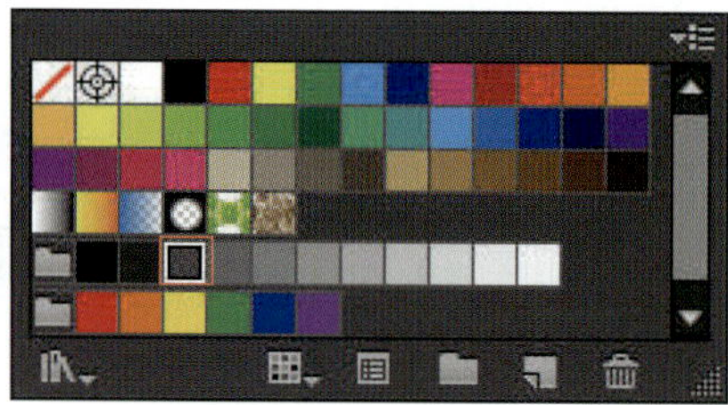

▲ INTERIOR CREA TCR 색상

**54** 폰양한 폰트를 활용하여 완성해봅니다.

---

 알 아 두 기

### 글자툴 자세히 보기

**① T** 문자 도구 (T)
**② T** 영역 문자 도구
**③** 패스 상의 문자 도구
**④ T** 세로 문자 도구
**⑤ T** 세로 영역 문자 도구
**⑥** 패스 상의 세로 문자 도구

**①** 문자 도구 : 기본 글자 툴입니다. 다른 툴이 선택되어 있어도 글자를 더블클릭하면 다시 입력하거나 수정할 수 있습니다. 패스 위에서는 패스 글자 툴, 닫힌 패스 위에서는 패스 영역 속에 글자를 입력할 수 있습니다.
**②** 영역 문자 도구 : 닫힌 패스속에 글자를 씁니다.
**③** 패스 상의 문자 도구 : 패스를 따라 글자를 씁니다.
**④** 세로 문자 도구 : 세로쓰기를 합니다.
**⑤** 세로 영역 문자 도구 : 닫힌 패스 속에 세로쓰기를 합니다.
**⑥** 패스 상의 세로 문자 도구 : 패스를 따라 세로쓰기를 합니다.

## 알 아 두 기

### 패널 자세히 보기

글자패널에서 아래쪽 옵션이 보이지 않을 때는 패널 오른쪽에 있는 버튼(▼≡)을 누르고 옵션표시를 선택합니다.

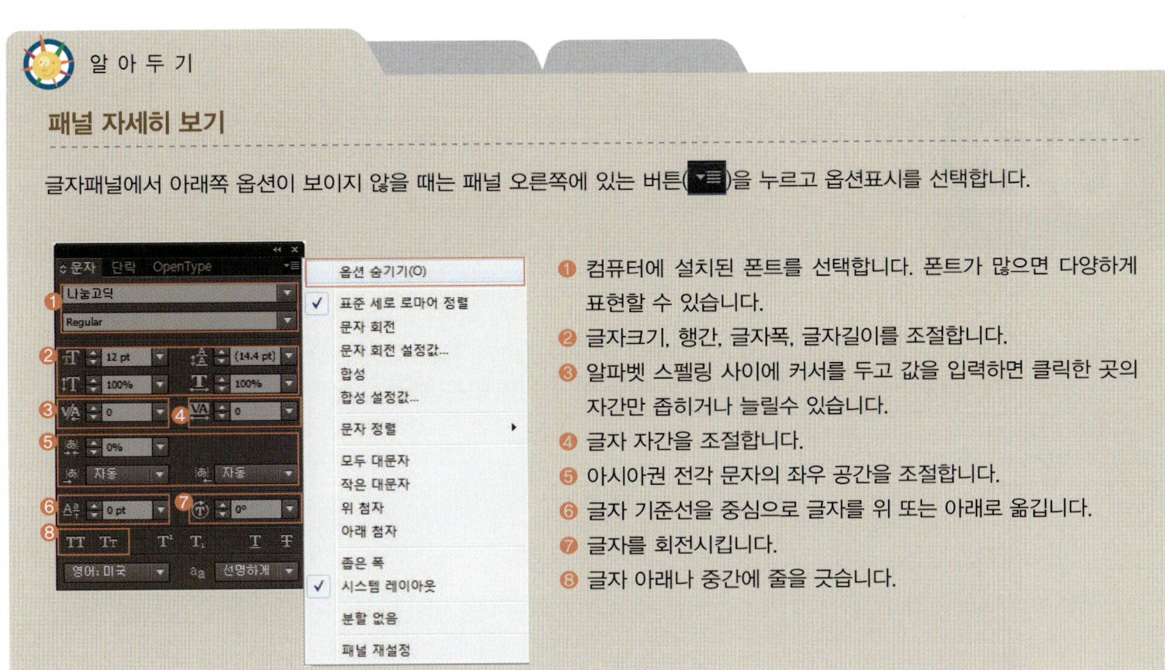

❶ 컴퓨터에 설치된 폰트를 선택합니다. 폰트가 많으면 다양하게 표현할 수 있습니다.

❷ 글자크기, 행간, 글자폭, 글자길이를 조절합니다.

❸ 알파벳 스펠링 사이에 커서를 두고 값을 입력하면 클릭한 곳의 자간만 좁히거나 늘릴수 있습니다.

❹ 글자 자간을 조절합니다.

❺ 아시아권 전각 문자의 좌우 공간을 조절합니다.

❻ 글자 기준선을 중심으로 글자를 위 또는 아래로 옮깁니다.

❼ 글자를 회전시킵니다.

❽ 글자 아래나 중간에 줄을 긋습니다.

## 알 아 두 기

### 글자 관련 단축키

Ctrl+Shift+O 글자 속성을 버리고 아웃라인 만들기

Ctrl+→ 단어의 끝부분으로 커서 이동하기

Ctrl+← 단어의 첫부분으로 커서 이동하기

Ctrl+Shift+R 오른쪽 정렬

Ctrl+Shift+L 왼쪽 정렬

Ctrl+Shift+C 가운데 정렬

Ctrl+Shift+〉 글자크기 키우기

Ctrl+Shift+〉 글자크기 줄이기

Alt+↑ 행간 넓히기

Alt+↓ 행간 좁히기

Alt+→ 자간 넓히기

Alt+← 자간 좁히기

# 02 손그림 명함 만들기

인테리어를 하면서 명함만들기는 꼭 한번은 겪어야 하는 업무 중 하나가 되었습니다. 어떤 종목의 일을 하는지, 분명하게 드러나서 자신을 잘 알릴 수 있는 명함디자인을 해보도록 하겠습니다.

**알 아 두 기**

손그림으로 명함작업을 하려면 스케치가 필요합니다. 스케치를 할 때는 A4용지, 연필, 지우개, 플러스펜을 주로 이용합니다.

손그림을 연필로 그려준 후, 플러스펜으로 스케치를 따라 그려줍니다. 선이 다 그려지면, 지우개로 연필선을 지워줍니다. 완성된 그림은 스캔을 받아도 되고, 스캐너가 없다면 핸드폰 카메라로 촬영 후 메일보내기 기능 등을 이용하여, 컴퓨터로 보내놓습니다.

**1** 열기 단축키 Ctrl+O를 눌러 부록 CD_Part03_02_예제.명함만들기_시작.Ai 파일을 열어줍니다.

**2** 확대 툴( ) 단축키 Z를 누르고 다음과 같이 드래그 하여 이미지를 확대시켜줍니다.

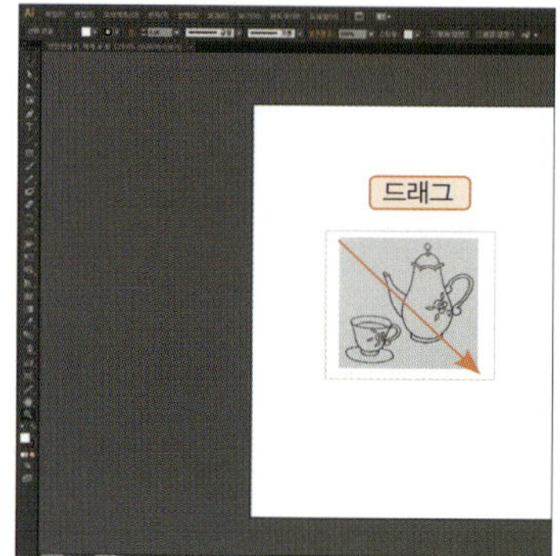

**3** 선택 툴(  ) 단축키 V를 눌러주고 이미지를 선택한 후, 컨트롤 패널의 이미지 추적 버튼을 클릭합니다.

**4** 핸드폰으로 촬영해서 이미지가 큽니다. 다음과 같은 창이 뜨면 확인 버튼을 누릅니다.

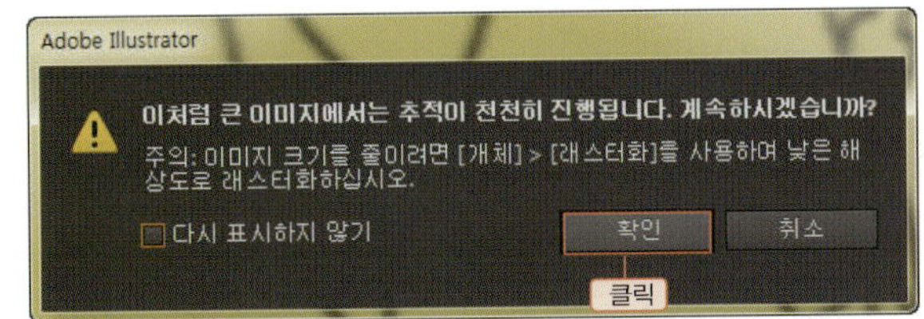


**5** 이미지가 흰색과 검은색으로 깔끔하게 정리되었습니다. 컨트롤 패널의 [확장] 버튼을 눌러줍니다.

**6** 일반 오브젝트와 같이 패스가 생겼습니다.

**7** 검은색 사각형을 오브젝트 뒤쪽에 배치해보면 흰색 바탕이 있는 것을 알수 있습니다. 선을 제외한 나머지 흰색 배경들을 삭제해보도록 하겠습니다.

**8** 오브젝트를 선택하고, 마우스 우클릭을 하여, 그룹풀기를 클릭합니다.

**9** 흰바탕을 선택하고, 메뉴바의 [선택]–[동일하게]–[칠 색상]을 선택합니다.

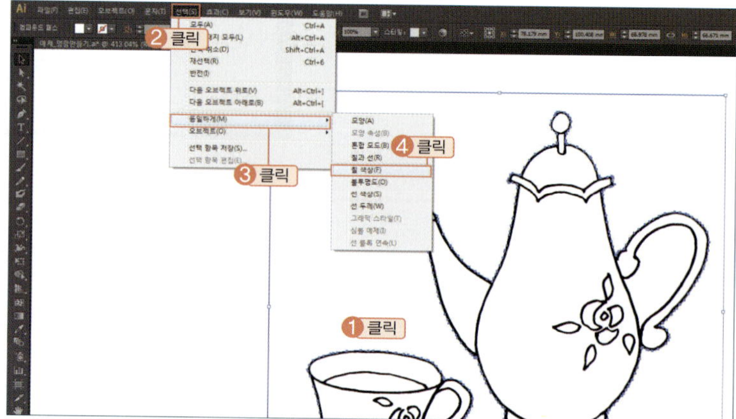

**10** 흰색 바탕만 선택되었습니다. [Delete] 을 눌러 삭제해줍니다.

**11** 라이브 페인트 통 툴을 이용하여, 색상을 입혀보도록 하겠습니다. 색상견본을 클릭하고, 견본 라이브메뉴 버튼을 클릭한 후, [음식]–[사탕]을 선택합니다.

**12** 다음과 같이 색상[C:0, M:48, Y:11, K:0]을 더블클릭하여 선택하고, 오브젝트를 드래그 하여, 선택해줍니다.

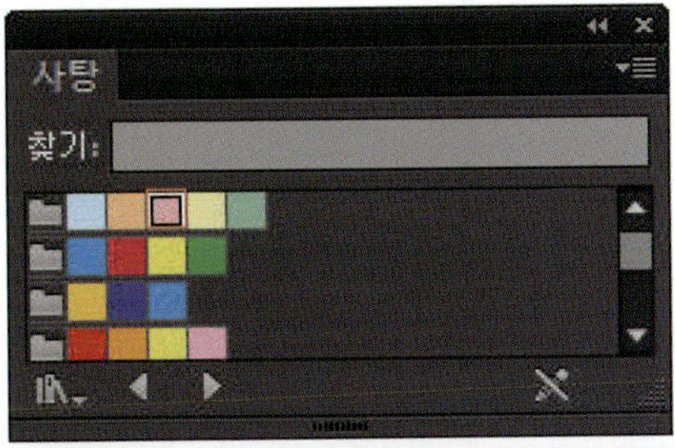

**13** 라이브 페인트 통 툴( ) 단축키 K 를 누르고, 꽃잎에 마우스를 갖다 대면 빨간선이 표시됩니다. 꽃잎의 선과 면 색상 모두 클릭하여, 분홍색으로 바꿔줍니다.

**14** 연두색상[C:28, M:0, Y:54, K:0]을 더블클릭하여, 선택해준 후 오브젝트를 드래그하여, 선택합니다.

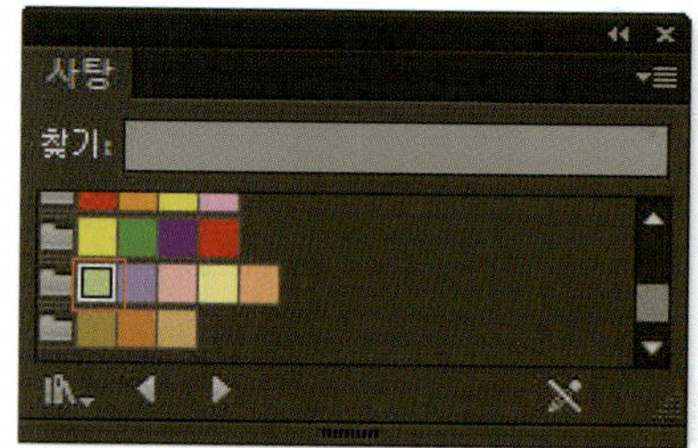


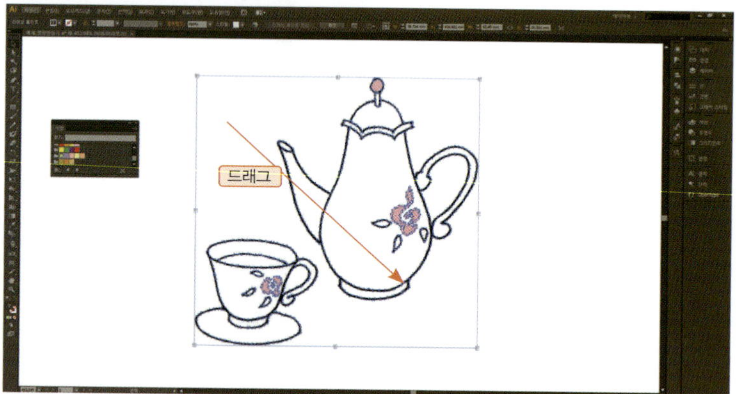


**15** 라이브 페인트 통 툴( ) 단축키 K 를 누르고, 잎에 마우스를 갖다 대면 빨간선이 표시됩니다. 선과 면 색상 모두 클릭하여, 연두색으로 바꿔줍니다.

**16** 차 색상을 넣어보겠습니다. 색상[C: 30, M:40, Y:80, K:0]을 더블클릭하여, 선택해준 후 오브젝트를 드래그하여 선택합니다.

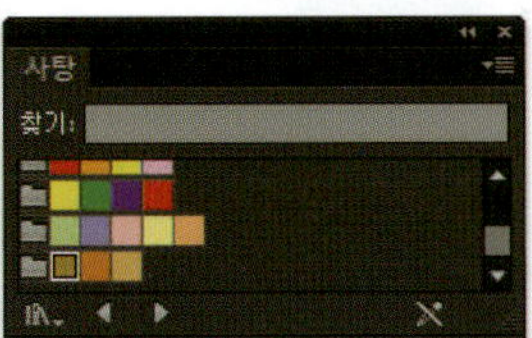

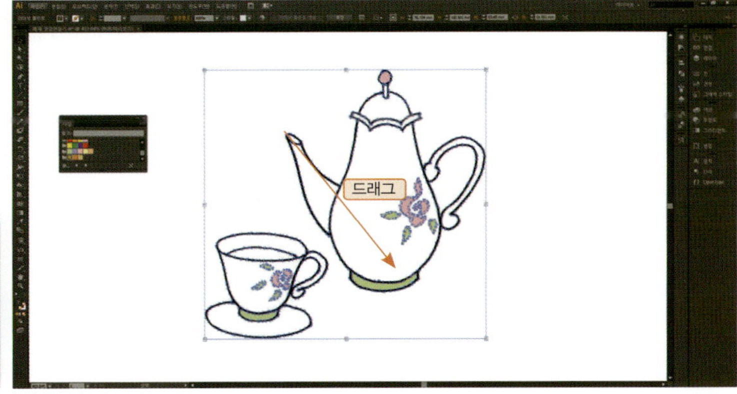


**17** 라이브 페인트 통 툴( ) 단축키 K 를 누르고, 차 색상을 넣어줍니다.

**18** 손그림을 이용하여, 명함을 만들어 보도록 하겠습니다. 전체화면보기 단축키 Ctrl + 0 를 눌러줍니다.

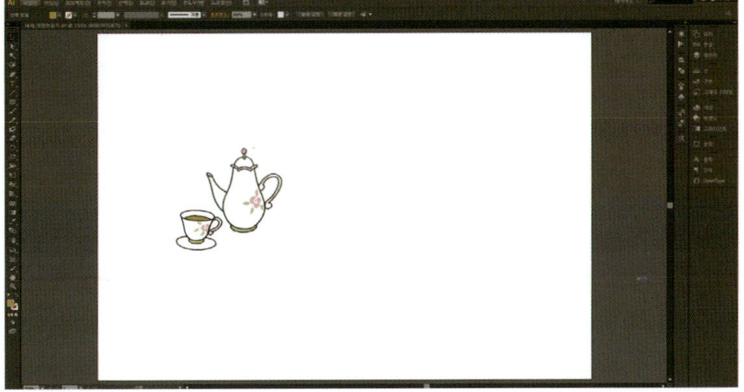

**19** 사각형 툴(▨) 단축키 M을 누르고 빈 화면을 클릭합니다. 가로 90mmX세로 50mm을 입력하고, 확인 버튼을 눌러 사각형을 만들어줍니다.

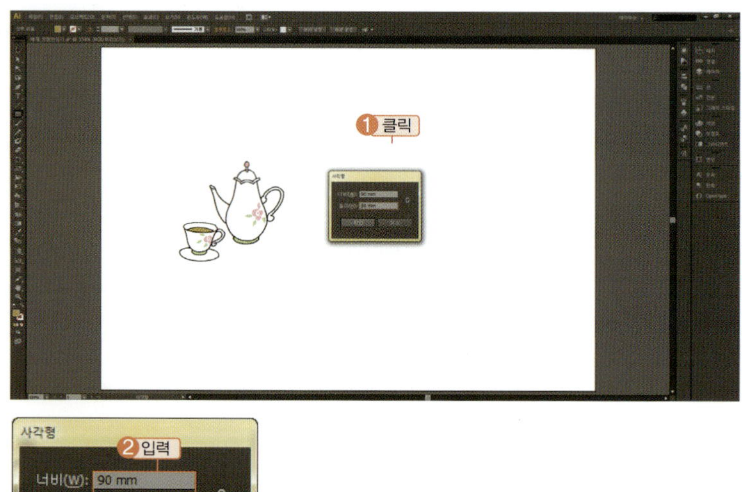


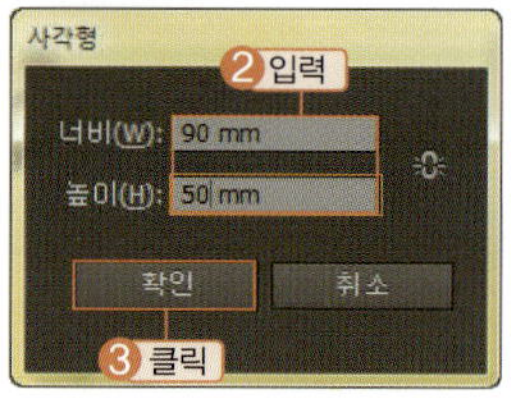


**20** 최종적으로 사용한 색상으로 적용되었네요. 단축키 D를 눌러 면과 선 색상을 초기화시켜줍니다.

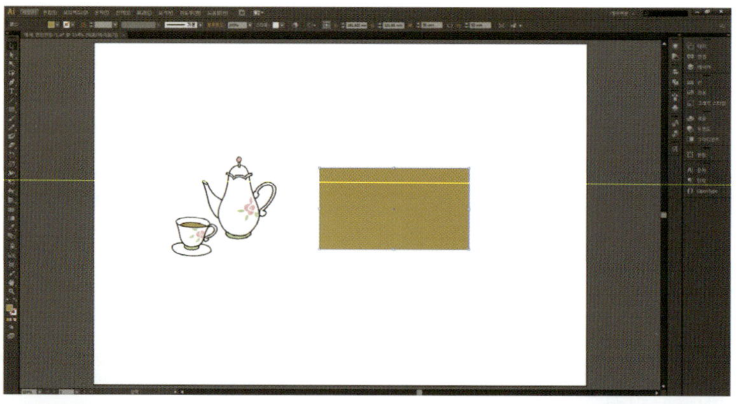

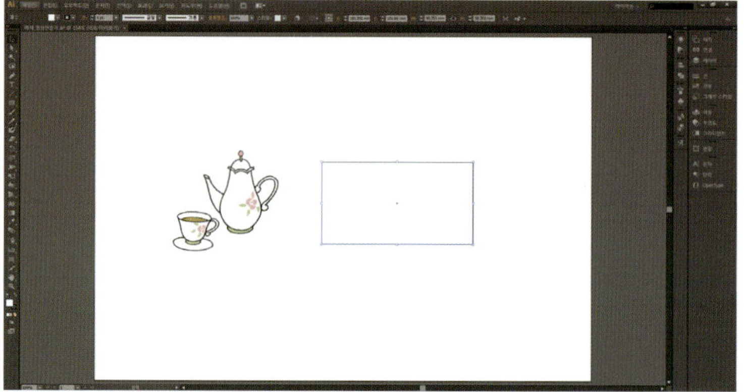

**21** 사각형을 선택한 상태에서, [오브젝트]-[패스]-[패스 이동]을 선택합니다.

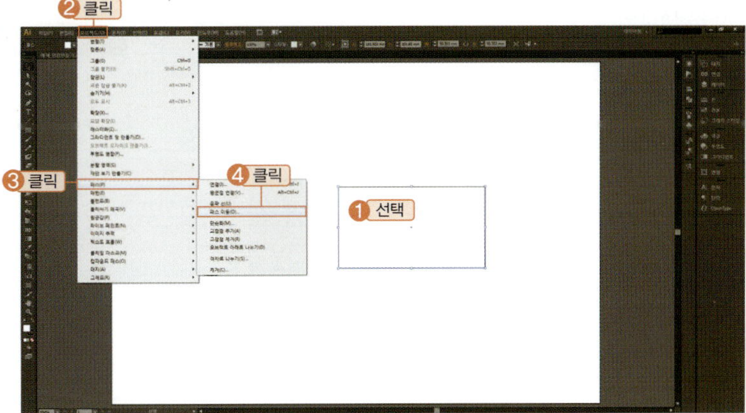

**22** 이동값에 '2mm'를 입력하고 확인버튼을 누릅니다. 바깥쪽으로 생성된 2mm의 선까지, 선이나 면을 넣어주어야, 재단시 오차가 있더라도 잘리지 않습니다.

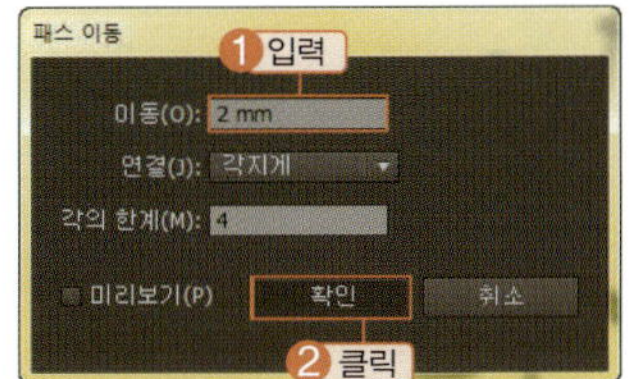

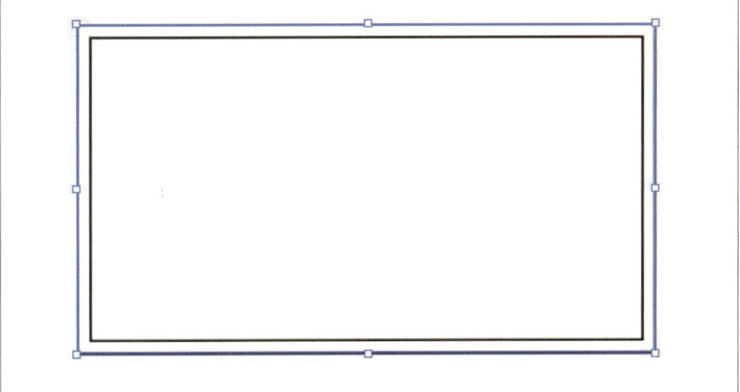

**23** 90mm X 50mm 사각형을 선택하고, 메뉴바에서 [오브젝트]–[재단보기 만들기]를 클릭합니다. 재단선이 만들어졌습니다.

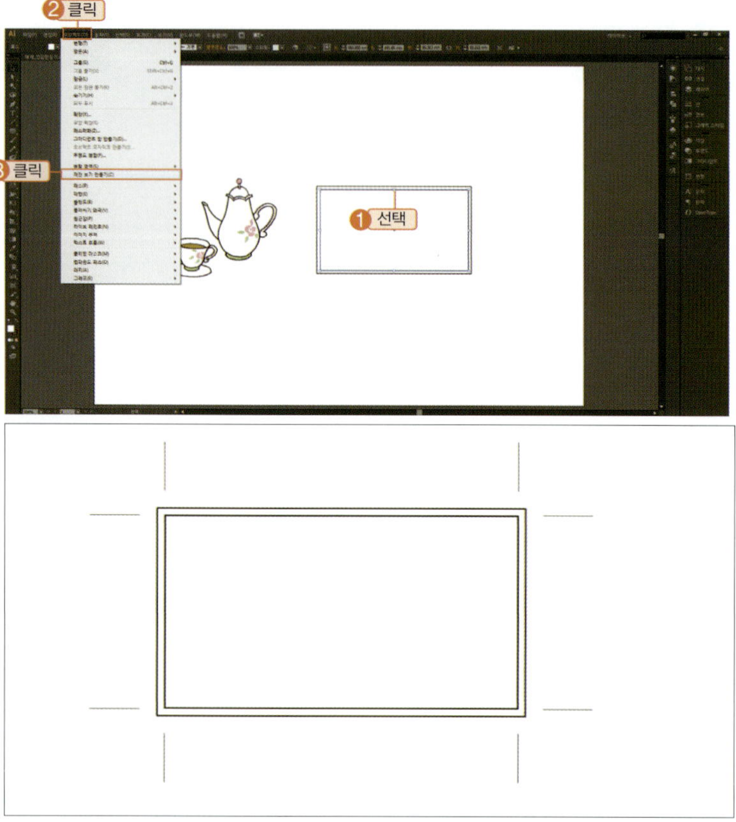


**24** 두 개의 사각형을 선택하고 마우스 우클릭하여, [안내선 만들기]를 선택합니다. 사각형이 안내선으로 변경되었습니다.

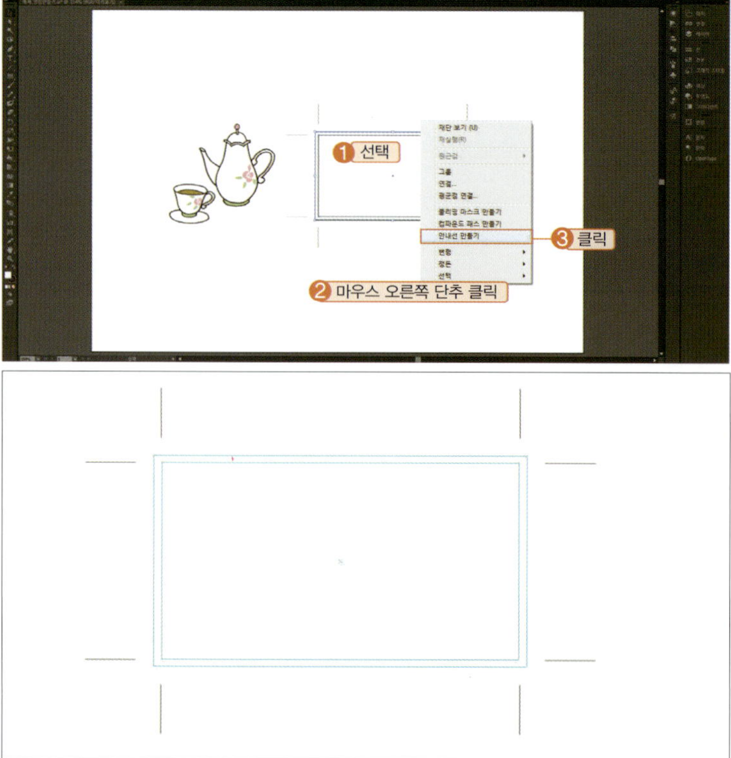

**25** 명함의 배경을 만들어보도록 하겠습니다. 사각형 툴(▣) 단축키 M을 누르고 다음과 같이 드래그 하여, 가로 94mmX세로 54mm 사각형을 만들어줍니다. 사각형이 정확하게 만들어지지 않았다면, 컨트롤 패널에서 값을 직접 입력해줍니다.

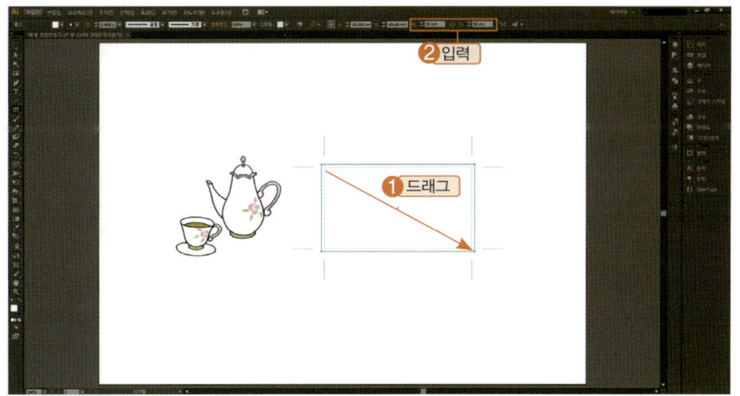

**26** 색상 견본을 클릭하고, 견본 라이브 메뉴 버튼을 클릭합니다. [음식]-[아이스크림]을 선택해줍니다.

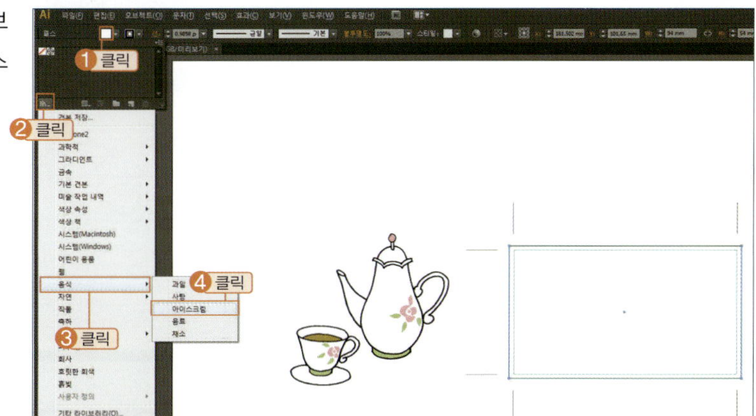

**27** 사각형이 선택된 상태에서 색상[C:7, M:0, Y:12, K:0]을 더블클릭하여, 면색상을 변경해줍니다.

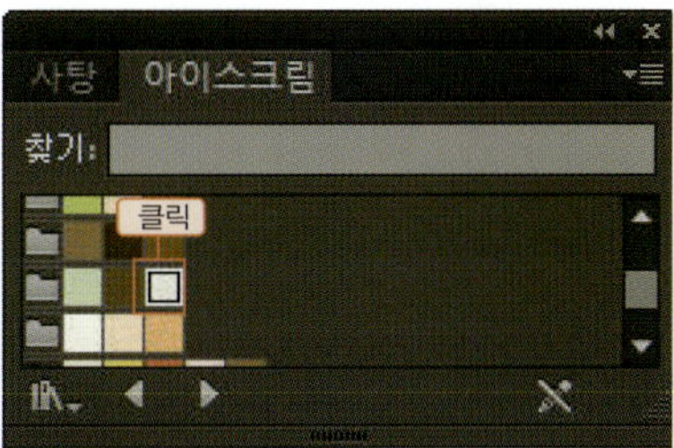

**28** 면에 패턴을 넣어보도록 하죠. 기존 점 패턴을 수정해서 사용해보도록 하겠습니다. [견본라이브 메뉴]–[패턴]–[기본 그래픽]–[기본 그래픽_점]을 선택합니다.

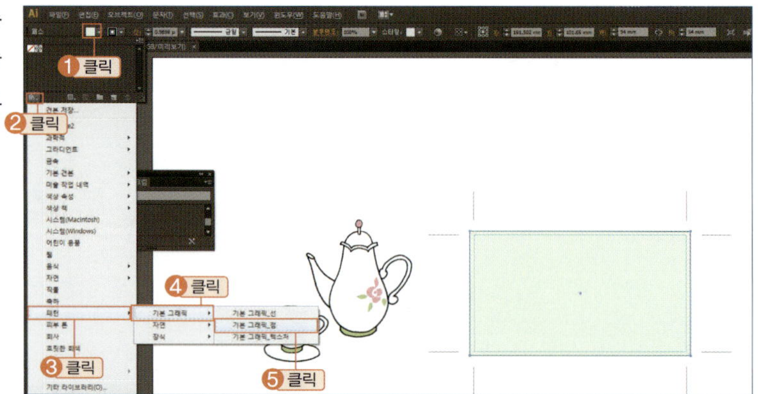

**29** 10dpi 20% 점을 선택하고 빈 화면으로 드래그합니다.

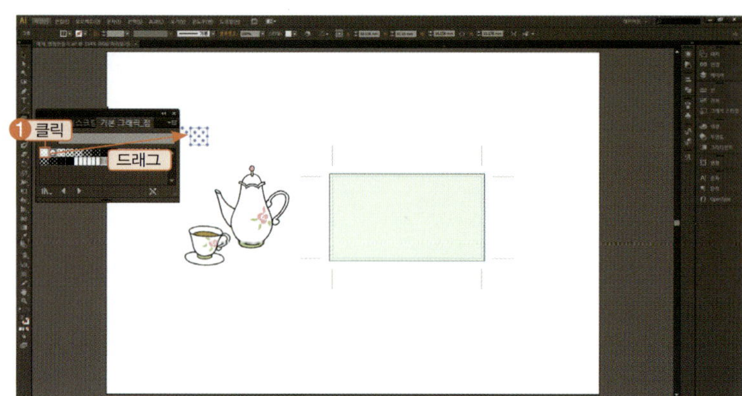

**30** 검은색 점을 흰색으로 바꿔보도록 하겠습니다. 직접 선택 툴(  )을 꾹 눌러 그룹 선택 툴(  )를 선택합니다. 돋보기툴(  ) 단축키 Z 를 눌러 패턴부분만 드래그하여 확대해줍니다.
점 전체를 선택하고 Shift 를 누른상태에서 투명한 사각형을 드래그하여 선택하면, 검정색 점만 선택됩니다.

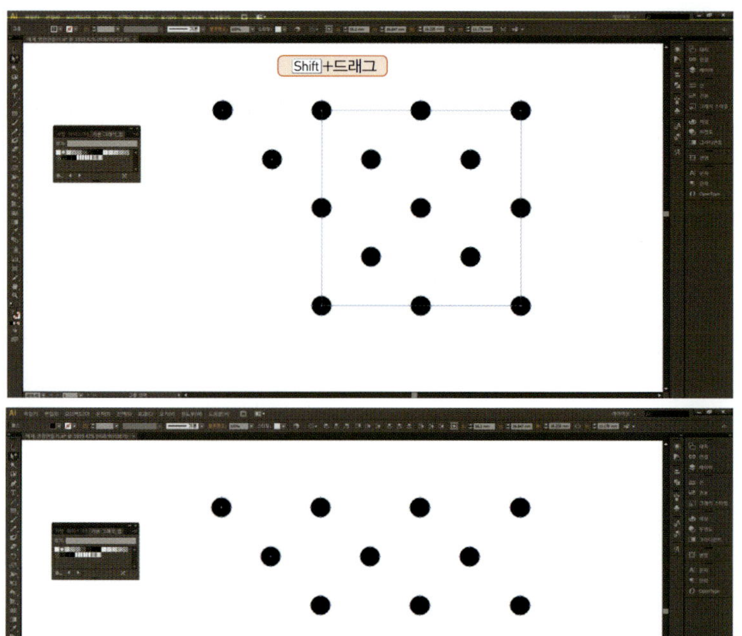

**31** 면색상을 흰색으로 바꿔준 후 견본 패널로 드래그하여 패턴으로 등록합니다.

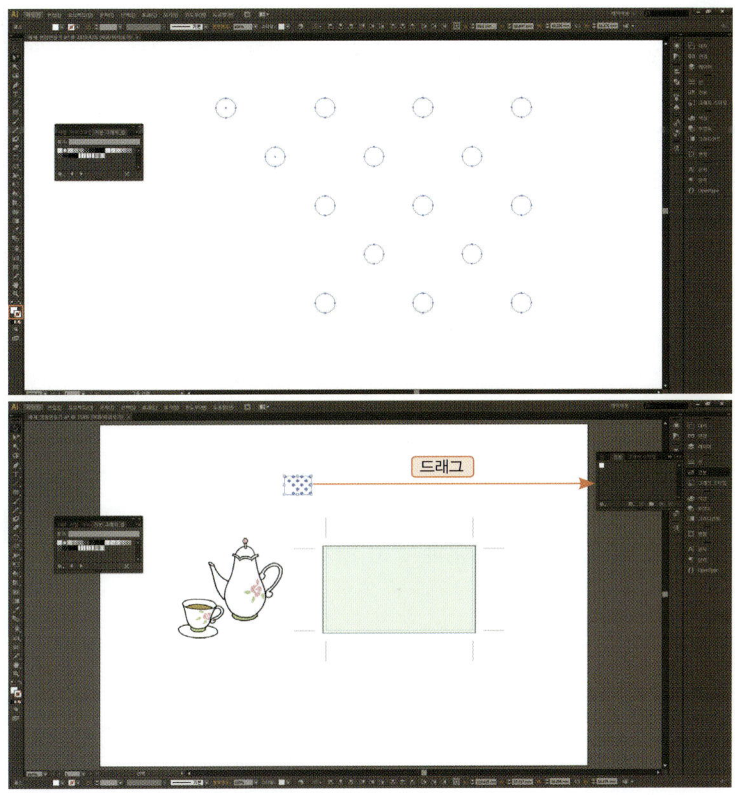


**32** 배경을 복사해보도록 하겠습니다. 사각형을 선택하고, 복사하기 단축키 Ctrl+C, 앞에 붙이기 단축키 Ctrl+F를 눌러줍니다. 조금전 만들어둔 패턴을 클릭하면, 사각형에 패턴이 적용되었습니다.

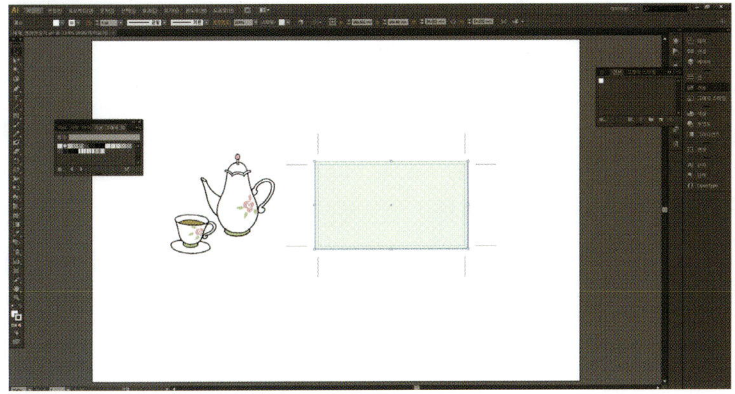

**33** 라벨을 만들어보도록 하겠습니다. 면 색상을 흰색으로 설정하고, 원형 툴( ) 단축키 L 을 입력한 후 빈 화면을 클릭합니다. 원형 설정 창이 나타나면 너비35mm, 높이 35mm를 입력하고 확인 버튼을 누릅니다.

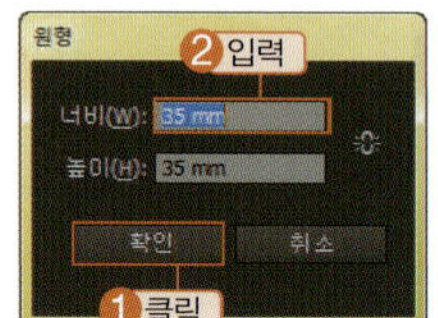

**34** 원이 만들어지면, 면은 흰색으로 선은 없음으로 설정하고, 다음과 같이 배치해줍니다.

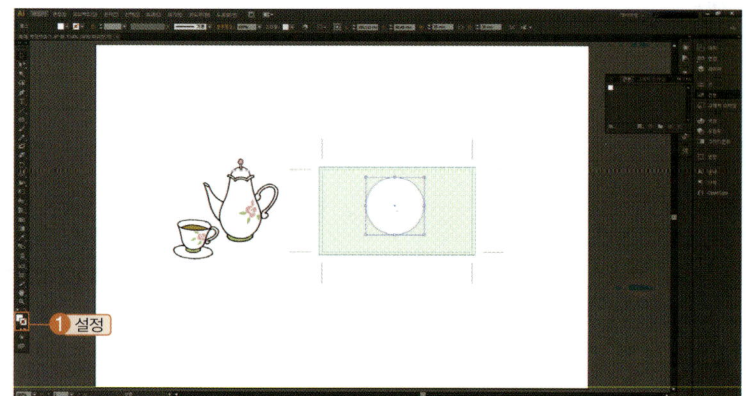

**35** 메뉴바의 [효과]-[왜곡과 변형]-[지그재그]를 누르고 크기를 1, 선분별 이랑을 8, 점을 매끄럽게로 지정해주고 확인을 누릅니다.

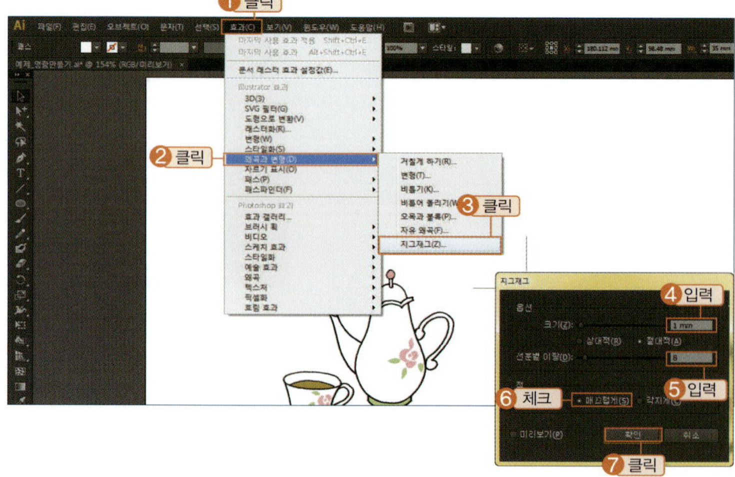

**36** 지그재그 효과가 적용되었습니다.

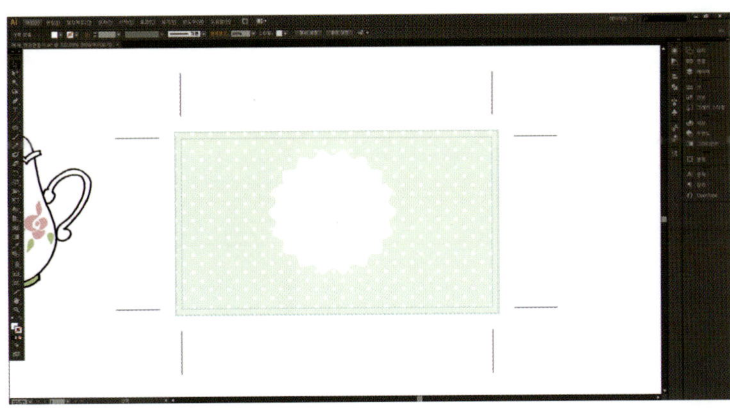

**37** 지그재그안에 원을 만들어보겠습니다. 원형 툴( ) 단축키 L을 입력한 후 빈화면을 클릭합니다. 원형 설정 창이 나타나면 너비30mm, 높이30mm를 입력하고 확인 버튼을 누릅니다.

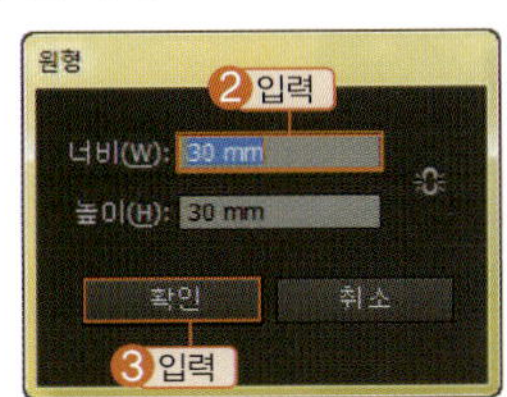


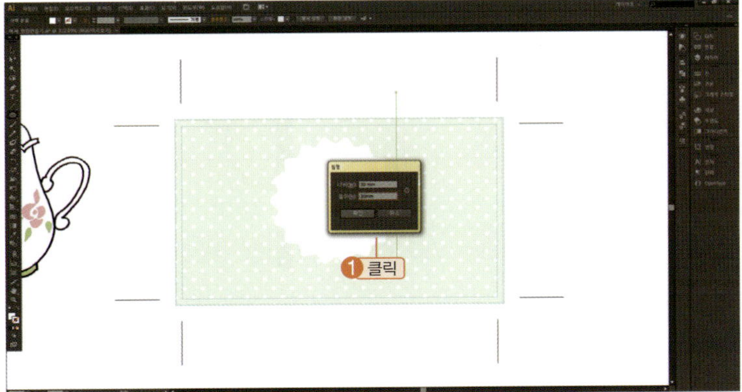


**38** 선택 툴( ) 단축키 V를 눌러 두 개의 원을 선택하고 컨트롤 패널의 가로 가운데 정렬( )과 세로 가운데 정렬( )을 누르면 원이 가운데로 정렬됩니다.

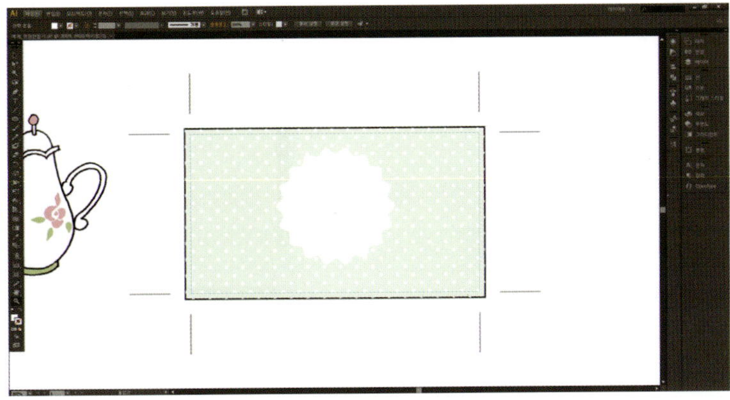

**39** 원을 선택하고, 색상견본을 클릭한 후 견본 라이브메뉴 버튼을 클릭합니다. [음식]–[아이스크림]을 선택해주고, 색상 [C:7, M:0, Y:12, K:0]을 더블클릭하여, 선 색상을 변경해줍니다.

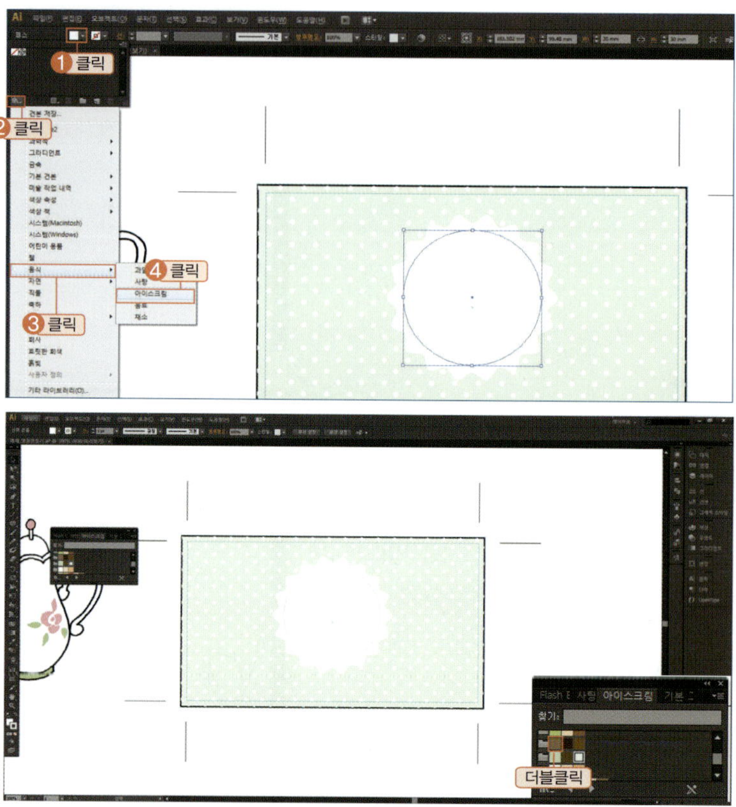

**40** 맨처음 만들어두었던 오브젝트를 배치해보도록 하겠습니다. 원안에 들어가도록 위치시키고, 모서리점을 드래그하여, 크기를 줄여줍니다. 제일 앞에 배치될 수 있도록 Shift + Ctrl + ] 를 눌러줍니다.

**41** 문자 툴(T) 단축키 T를 눌러 화면을 클릭한 후 'TEA & CUP'를 입력하고, 글자체와 크기를 다음과 같이 설정해줍니다. 문자 패널을 단축키는 Ctrl+T입니다.

**42** 명함 뒷면을 디자인해 보도록 하겠습니다. 안내선도 옮겨야 합니다. 마우스 우클릭하여, 안내선 잠그기를 해제합니다.

**43** 단축키 Ctrl+0를 눌러 전체 화면 보기로 바꿔주고, 선택 툴( ) 단축키 V를 눌러 앞면 명함을 드래그하여 선택한 후 Alt를 누르면서 좌측으로 드래그하여, 복사해줍니다.

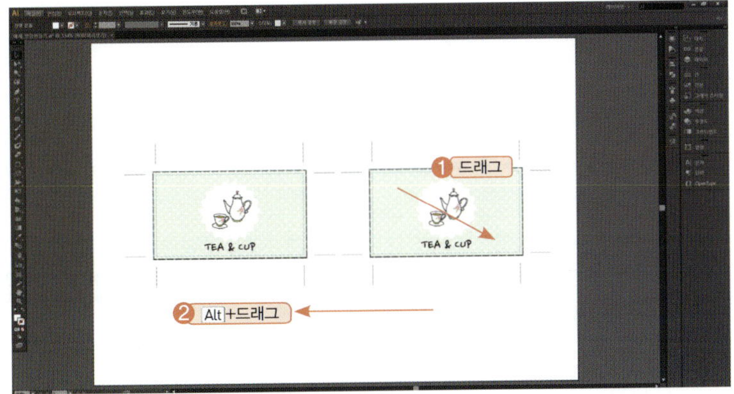

**44** 선택 툴( ) 단축키 V 를 눌러서, 패턴과 도일리를 선택한 후 Delete 를 눌러 삭제해줍니다. 찻잔 오브젝트의 모서리를 드래그하여, 크기를 줄여주고 TEA & CUP 글자도 다음과 같이 배치해줍니다.

**45** 쿠폰 스티커를 붙일 원을 만들어보도록 하겠습니다. 원형 툴( ) 단축키 L 을 입력한 후 빈 화면을 클릭합니다. 원형 설정창이 나타나면 너비5mm, 높이5mm를 입력하고 확인 버튼을 누릅니다.

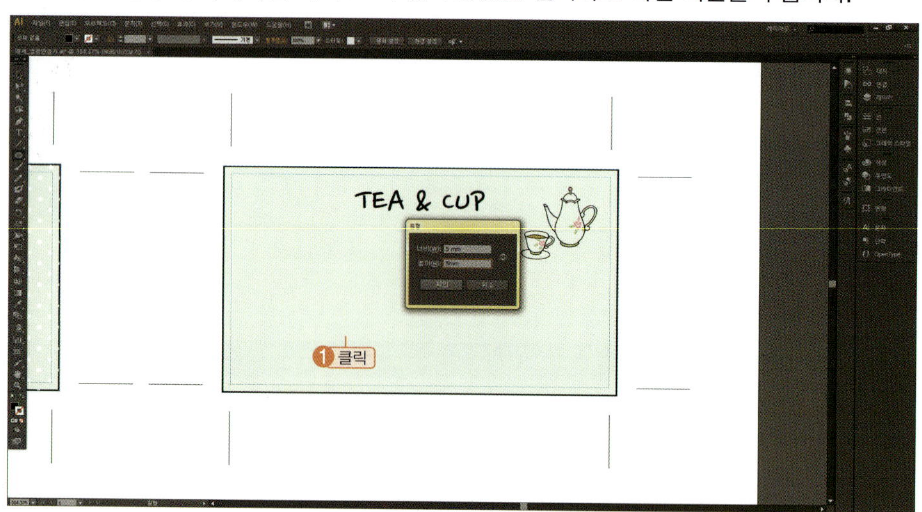
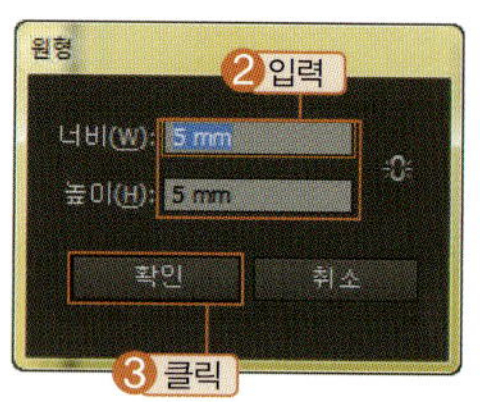

**46** 스포이드 툴( ) 단축키 I 를 누르고, 잎의 연두색을 클릭하여 원의 색상을 변경시켜 줍니다.

**47** 선택 툴( ) 단축키 V 를 눌러서, 원을 다음과 같이 배치해준 후 Alt 를 누르면서 우측으로 원을 복사해줍니다.

**48** 명령 반복하기 단축키 Ctrl + D 를 세 번 눌러 다음과 같이 원을 위치시켜줍니다.

**49** Shift 를 누르면서 원을 선택하고 Alt 를 누르면서 아래쪽으로 원을 복사해줍니다.

**50** 문자 툴( T ) 단축키 T 를 눌러 '10개 찍으면 11개째 1,000원 할인  TEL. 1.2.3.  4.5.6.7.'를 입력하고, 글자체와 크기를 다음과 같이 설정해줍니다. 손그림으로 명함 만들기가 완성되었습니다.

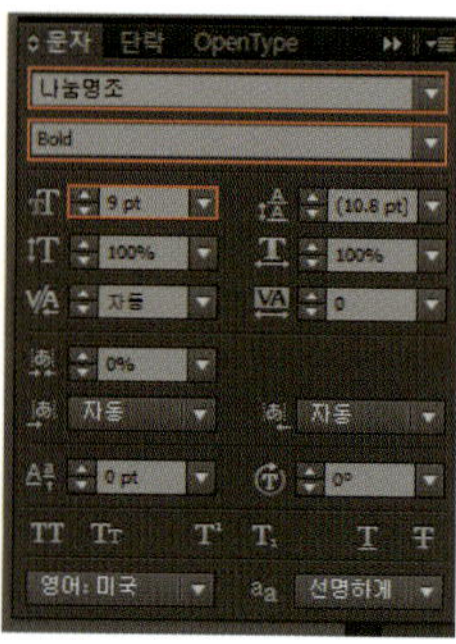

**51** 명함을 맡길 때 서체가 맞지 않으면, 기본서체로 대체됩니다. 반드시 전체 선택하고 Ctrl + Shift + O 를 눌러 아웃라인 처리해 일반 오브젝트로 만듭니다. 전체 선택 단축키 Ctrl + A 를 눌러 오브젝트를 전체선택하고, Ctrl + Shift + O 눌러 아웃라인 처리해줍니다.

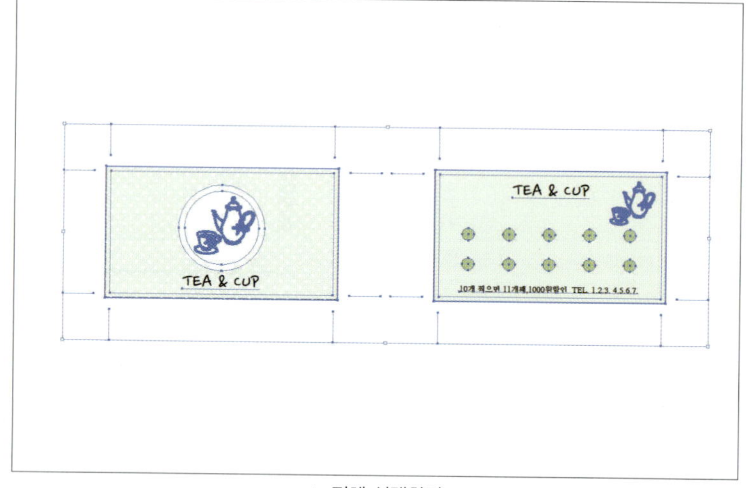

▲ 전체 선택화면

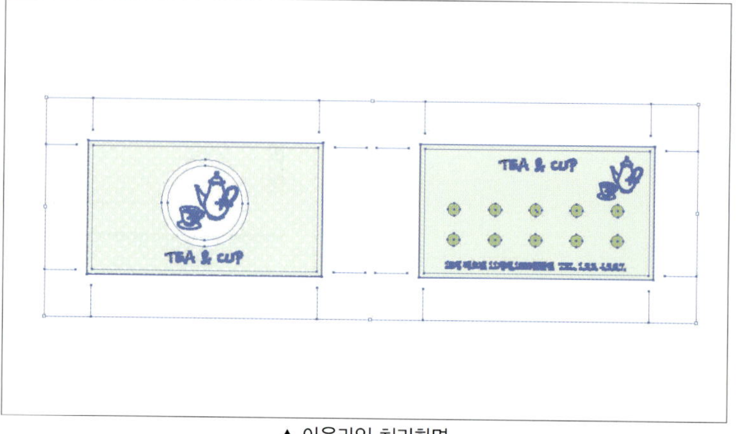

▲ 아웃라인 처리화면

**52** 앞면의 원형 선을 선택하고, 메뉴바의 [오브젝트]-[패스]-[윤곽선]을 눌러 면으로 바꿔줍니다. 인쇄소로 보내기 전에 프린터로 인쇄해서 전체적인 모습, 글자크기, 오탈자 등을 확인합니다. 인쇄소에서 낮은 버전으로 사용하는 경우가 많으니, 버전확인 후 낮은 버전으로 저장합니다.

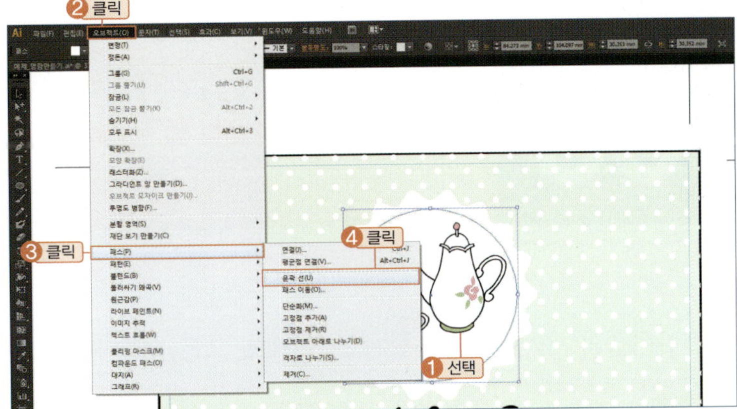

 **알 아 두 기**

명함은 디자인해보시면 아시겠지만, 정말 많은 배치가 나옵니다. 모두가 공감하면서도 스스로 만족할 수 있는 디자인을 하기 위해 수많은 오류를 범하게 됩니다. 글자 크기도 고려해야 합니다. 6포인트보다도 작으면 잘 안보일 수도 있고 너무 크면 좀 징그러워 보입니다.

주로 제출할 고객이 나이가 많으신 분이 많다면 작은 글자크기에 불만을 나타내기도 합니다. 끝과 끝라인을 맞춰주면 배치가 더 정리되어 보입니다. 자간을 맞춰주세요. 폰트의 선택도 중요합니다. 예쁜 폰트를 많이 보유하고 있다면 내 명함이 더 빛날 것입니다.

# 03 간판 디자인 하기

프랜차이즈의 서막이라고나 할까요. 어때에 모든 것을 붙여보는 겁니다. 소갈비 어때. 돼지 어때. 커피 어때. 닭고기 어때…

어쨌든… 최고의 맛을 느낄 수 있는 곳임을 표현하고 싶었고. 개성있고. 다양한 메뉴들이 있다는 의미도 부여하고 싶어 탄생된 로고입니다. '어때' 로고 디자인 방법을 알아보도록 하겠습니다.

**1** Ctrl+O 를 눌러, 부록CD_Part3_03_예제_어때시작.Ai 파일을 불러옵니다.

**2** 로고 디자인 컨셉의 최고를 뜻하는 엄지손을 올려주는 모양을 '어'자의 형태에서 이미 표현되었습니다. '다양한 맛'을 뜻하는 다양한 색상을 적용해보도록 하겠습니다. 돋보기 툴( ) 단축키 Z 를 누르고 '어'를 드래그 합니다.

**3** 선택 툴( ) 단축키 V 를 눌러 '어' 오브젝트를 선택하고, 칼 툴( )을 선택합니다.

 알 아 두 기

**칼 툴**

종이를 칼로 잘라내듯 오브젝트를 잘라주는 툴입니다. 오브젝트를 선택한 생태에서 사용하면 선택한 오브젝트에만 적용되며, 잘라낸 오브젝트는 닫힌 패스가 됩니다.

**4** 4가지 색상으로 만들어줄 겁니다. 칼 툴 선택되셨죠? 왼쪽에서 오른쪽으로 살짝 곡선을 주면서 그려주세요. 간격을 주면서, 다음과 같이 다섯줄을 만들어줍니다.

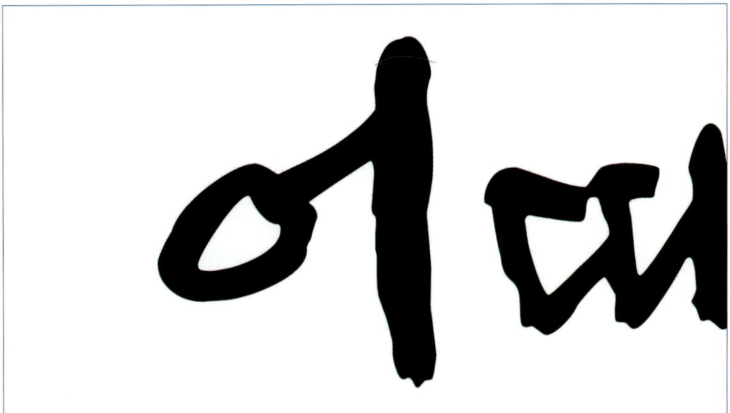

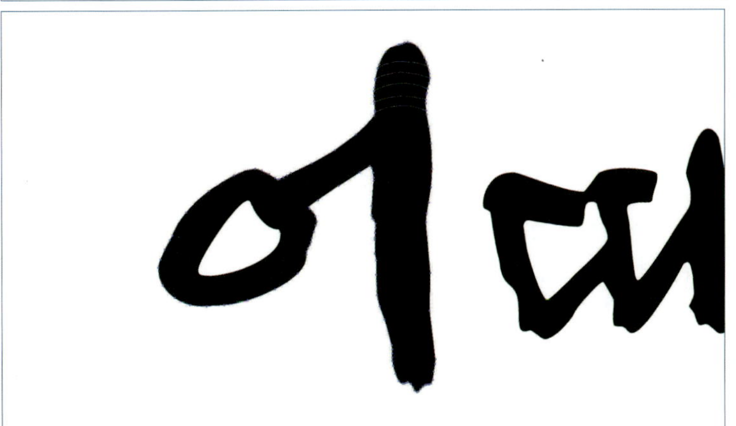

**5** 선택 툴(  ) 단축키 V 로 '어'를 선택하면 하나의 그룹으로 묶여 있습니다. 더블클릭하여, 속성 창으로 들어온 후 오브젝트를 하나씩 차례대로 클릭해서 색상을 입혀줍니다.

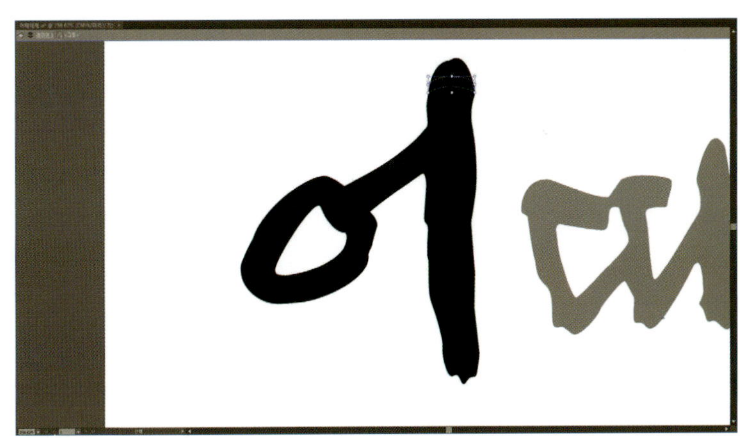

**6** 다양한 맛을 나타내는 띠장이 완성되었습니다. 흰바탕화면을 더블클릭하면, 속성 창 밖으로 나오게 됩니다.

▲ ❶번 색상

▲ ❷번 색상

▲ ❸번 색상

▲ ❹번 색상

**7** 다양한 맛의 표현은 좀 더 세게 나가야 할 것 같아요. 돼지 어때면 돼지 그림이, 커피 어때는 커피 그림이 들어가게 될 둥근 사각형도 디자인해 보도록 하겠습니다. 사각형 툴(▢) 단축키 M 을 눌러 다음과 같이 드래그해줍니다.

**8** 단축키 Alt +드래그를 눌러 다음과 같이 오브젝트를 복사해줍니다.

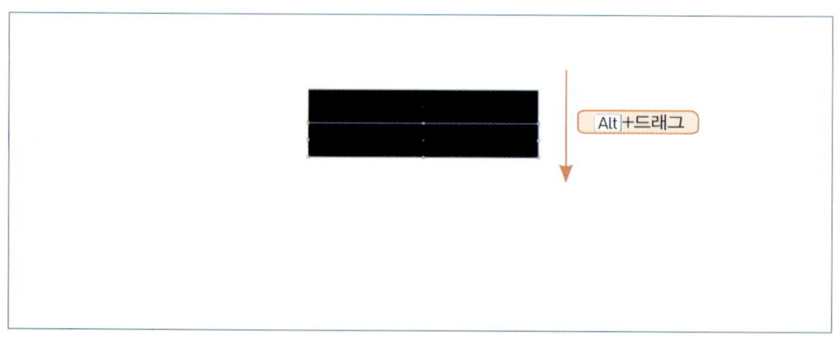

**9** 단축키 Ctrl+D 를 3번 눌러, 같은 명령어를 반복하여 적용해줍니다.

**10** 위부터 차례대로 선택 툴( ) 단축키 V 로 오브젝트를 선택하고, 스포이드 툴( ) 단축키 I 를 눌러 색상 속성을 복사하여 다음과 같이 적용해줍니다.

**11** 딱딱해 보이는 사각형을 부드럽게 만들어보겠습니다. 선택 툴( ) 단축키 V 를 누르고, 드래그 하여 오브젝트를 선택합니다. [오브젝트]-[둘러싸기 왜곡]-[망으로 만들기]를 선택하거나, 단축키 Alt+Ctrl+M 을 누르고, 행을 '1', 열을 '2'로 설정한 후 확인 버튼을 누릅니다.

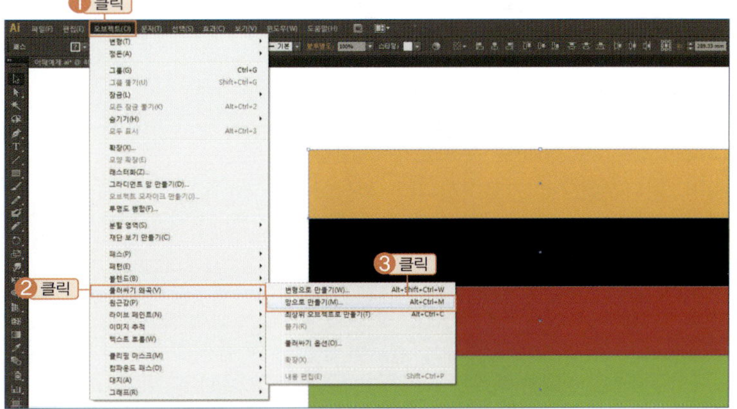


▲ 방법1

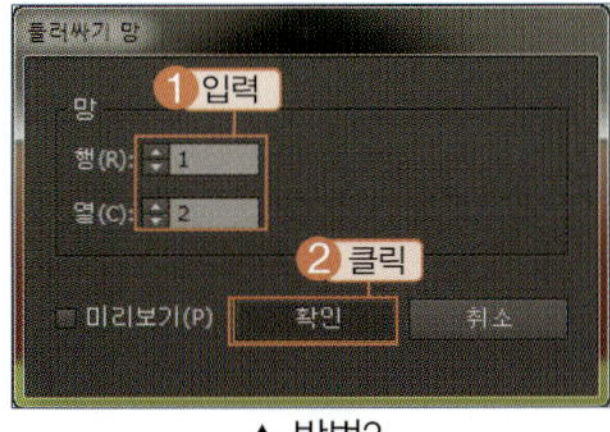


▲ 방법2

**12** 망이 적용된 오브젝트는 하나의 오브젝트로 인식되어 전체를 왜곡할 수 있습니다.

**13** 직접선택 툴(￼) 단축키 A을 누르고, 중간 기준점을 클릭한 후 드래그하면, 핸들이 나타나면서, 자연스러운 곡선을 만들 수 있습니다. 다음과 같이 만들어줍니다.

**14** 툴바의 사각형 툴을 꾹 눌러 둥근 사각형 도구를 선택하고, 다음과 같이 드래그하여 줍니다. Shift를 누르면서 드래그하면, 정사각형으로 만들어집니다. 색상이 골고루 들어갈 수 있도록 사각형을 위치시켜줍니다.

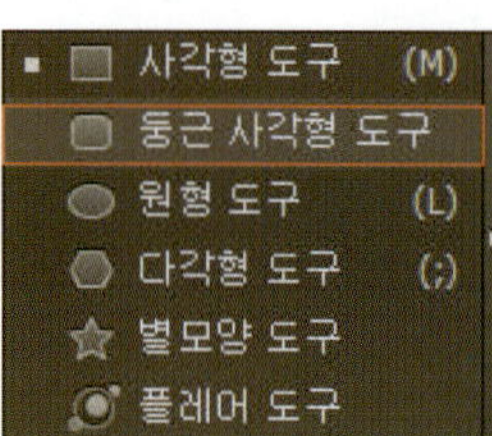

**15** 선택 툴( ) 단축키 V 로 다음과 같이 드래그 하여, 오브젝트를 선택하고, 클리핑마스크 단축키 Ctrl + 7 을 눌러서, 적용시켜줍니다.

---

 알 아 두 기

### 클리핑마스크

오브젝트의 면과 선의 색상은 상관이 없으며, 남기고자 하는 이미지가 제일 위에 있어야 합니다. 클리핑 마스크 해제하기 단축키는 Ctrl + Alt + 7 입니다.

---

**16** 선택 툴( ) 단축키 V 를 누르고, 처음 예제 이미지를 불러올 때 함께 있었던 '소 일러스트'를 이동시키고, 단축키 Ctrl + Shift + ] 를 눌러 제일 위에 위치시켜 만들어줍니다. 단축키 Shift +드래그하여, 크기를 둥근 사각형에 맞게 줄여줍니다.

**17** 선과 면색상을 다음과 같이 설정하여, 소를 흰색으로 만들어줍니다.

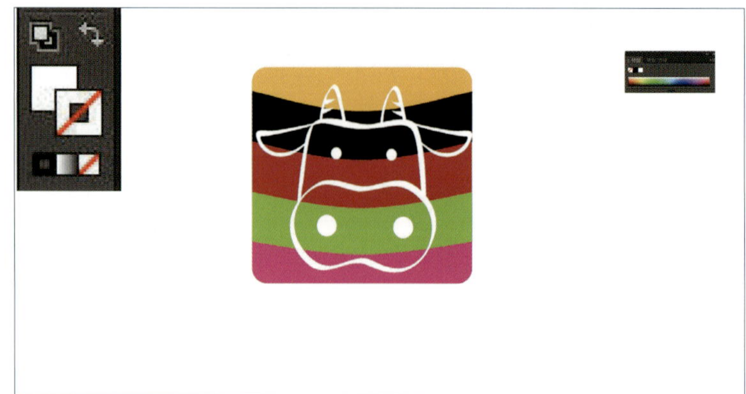

**18** 다른 글자들도 써보도록 하겠습니다. 문자툴 단축키 T 를 누르고, 흰바탕을 클릭한 후, 커서가 깜빡거리면, 'O'TTAE'를 입력한 후, [나눔고딕]–[Bold]로 글자체를 지정해줍니다.

**19** 주메뉴인 소갈비 전문점임을 나타내는 간판도 만들어보겠습니다. 일단 넣을 자리를 만들어보죠. 단축키 Ctrl+R 을 눌러 눈금자를 꺼내고, 위와, 좌측에서 드래그하여, 라인을 맞춰줍니다. 다음과 같이 크기를 맞춰줍니다. 나타난 안내선을 숨기려면 마우스 우클릭을 하여, 안내선 숨기기를 선택하고, 안내선을 삭제하려면, 안내선을 선택 후 Delete 버튼을 눌러주면 됩니다.

**20** 사각형 툴(▢) 단축키 M을 눌러 다음과 같이 드래그해줍니다. 면색은 검정으로 지정해줍니다.

**21** 문자 툴 단축키 T를 누르고, 흰바탕을 클릭한 후, 커서가 깜빡거리면, '소/갈/비/전/문/점'을 입력한 후, [나눔고딕]-[Reqular]로 글자체를 지정하고, 글자색도 면은 흰색 선은 없음으로 다음과 같이 지정해줍니다.

**22** 저장은 하셨나요?^^ 아직 다 된 것이 아닙니다. 간판디자인을 마무리해야겠죠? 투시도에 간판이미지를 넣어볼 겁니다. 투시도가 빈티지로 표현되어 있어, 간판이 돋보이려면, 검정색보다는 흰색으로 표현이 되어야 합니다.

**23** 선택 툴(▨) 단축키 V를 누르고, 드래그하여, 다음과 같이 위치시켜주고, 전체 오브젝트를 선택한 후 단축키 Alt+드래그하여, 복사하여 줍니다.

**24** 어때의 다양한 띠를 제외한 글자를 선택하여, 선은 검정, 면은 흰색, 선굵기는 4pt로 맞춰줍니다.

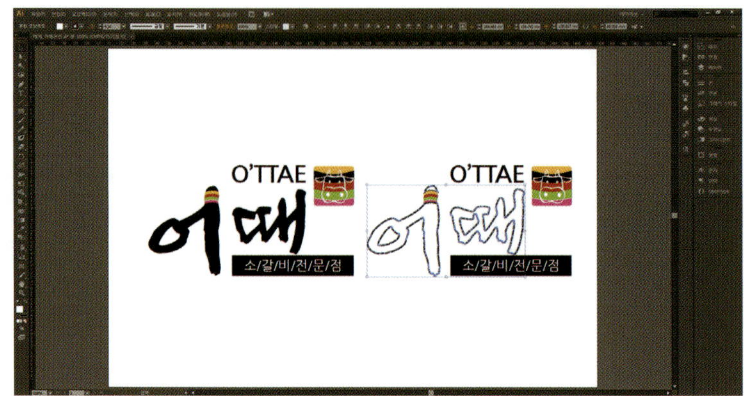

**25** 'O'TTAE'도 선은 검정, 면은 흰색, 선굵기는 2pt로 다음과 같이 맞춰줍니다. 띠도 드래그하여 선택하고 선굵기를 24pt로 다음과 같이 맞춰줍니다.

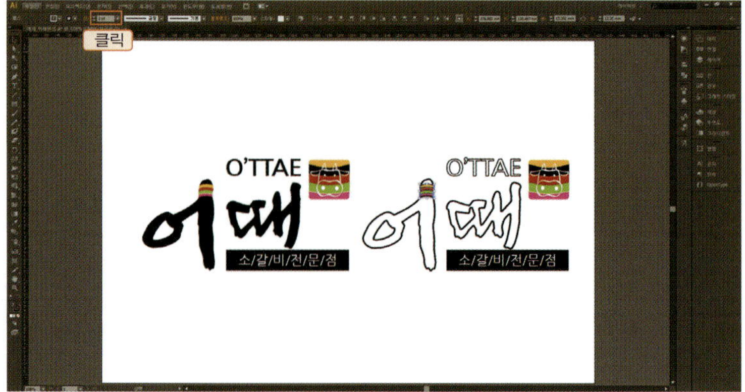

**26** 완성되었습니다. 단축키 Shift + Ctrl + S 를 눌러 다른 이름으로 저장해주고 옵션창이 나타나면, 확인 버튼을 눌러줍니다.

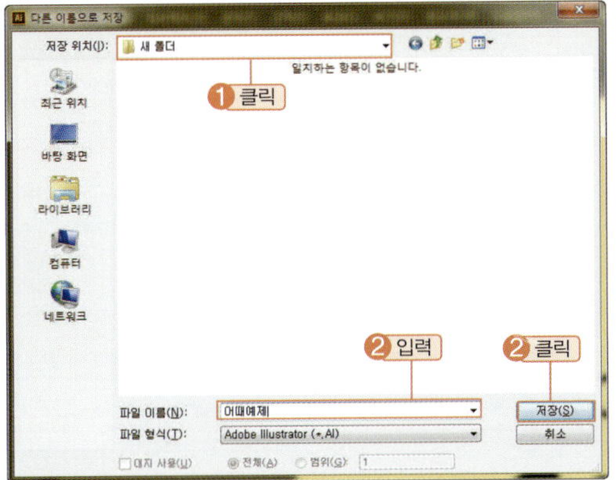

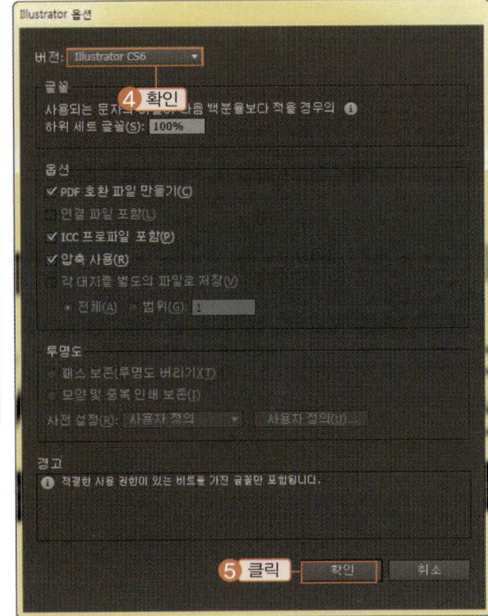

 알 아 두 기

간판업체나 다른 사람에게 파일을 넘겨줄 때는 버전을 확인해야 합니다. 상대방이 어떤 버전을 쓰고 있는지, 확인하고 보내는 습관을 들이도록 합니다.

**27** 포토샵을 열고 단축키 Ctrl+O 또는 화면을 더블클릭하여, 부록CD_Part03_03_예제_어때간판시작.psd 파일을 불러옵니다.

**28** 단축키 Ctrl+O를 눌러, **25** 번에서 완성한 예제 파일을 불러옵니다. 포토샵에서 일러스트파일을 그대로 열때, 배경을 특별히 깔아놓지 않았다면, 배경이 투명한 상태로 넘어오게 됩니다. 탭을 잡고 아래로 드래그하면, 다음과 같이 설정가능합니다.

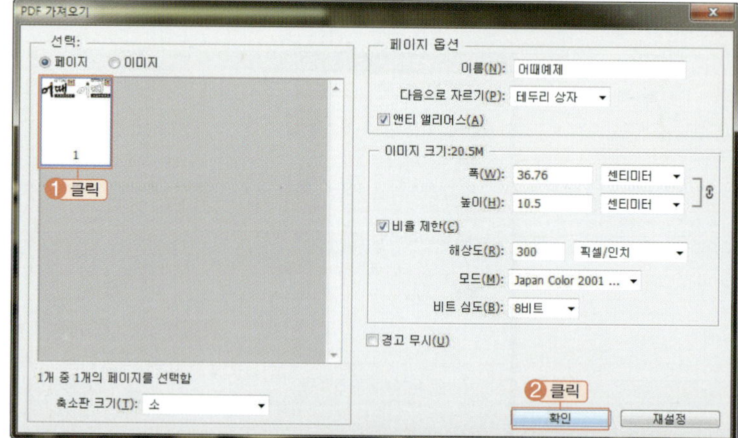

**29** 사각선택 툴(▫) 단축키 M을 눌러 필요한 흰색 글자 세트만 드래그하여 선택한 후, 이동 툴 단축키 V를 누르고, 투시도 이미지 쪽으로 드래그하여, 이동시켜줍니다.

**30** 단축키 Ctrl+T를 누르고, 크기를 다음과 같이 줄여준 후 Enter를 눌러 선택을 해제해줍니다.

**31** 레이어를 더블클릭하여, '그림자 효과'를 선택하고, 각도 140°, 거리 10px, 스프레드 5%, 크기를 20px로 지정한 후 확인 버튼을 누릅니다.

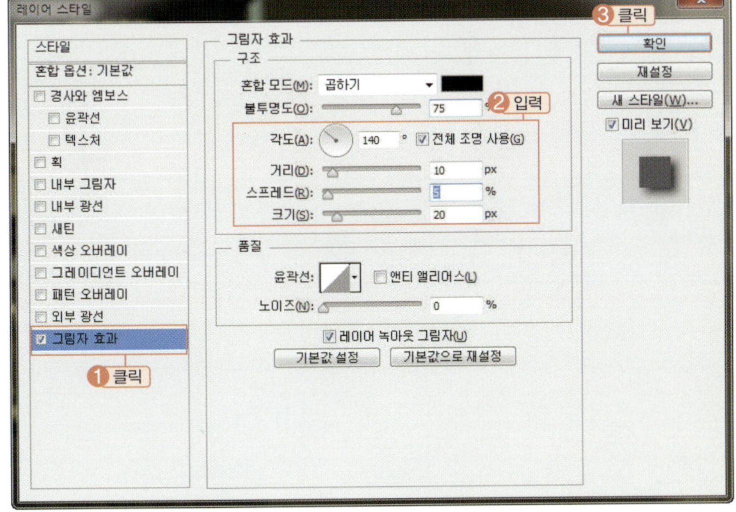

**32** 효과가 적용되었네요. 완성되었습니다.

# >> Chapter

# 04 표찰 만들기

인테리어의 컨셉과 함께 하는 실내 사인은 전체적인 분위기를 완성하는데. 아주 중요한 요소입니다. 그러다보니, 인테리어 디자인 뿐만 아니라 로고, 표찰 등을 포함한 실내 사인물도 디자인을 하게 되죠. 이번장에서는 한식당 공사중 룸의 표찰을 디자인하게 되는 상황을 가정하여, 아크릴단면 5T 배면인쇄로 표찰 디자인을 하는 과정을 알아보도록 하겠습니다.

**1** 열기 단축키 Ctrl+O 을 눌러서 부록 CD_Part03_04_예제_표찰만들기_시작 파일을 열어줍니다.

**2** 크기가 200mm(가로)X200mm(세로)인 표찰을 만들겁니다. 면색은 흰색, 선색은 검정색으로 설정한 후 사각형 툴(▣) 단축키 M 을 누르고, 아트보드를 클릭합니다. 너비와 높이를 다음과 같이 (200, 200) 입력하고 확인 버튼을 누릅니다.

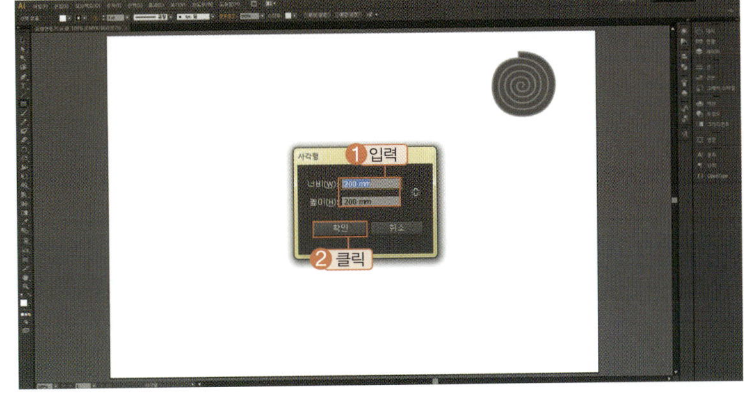

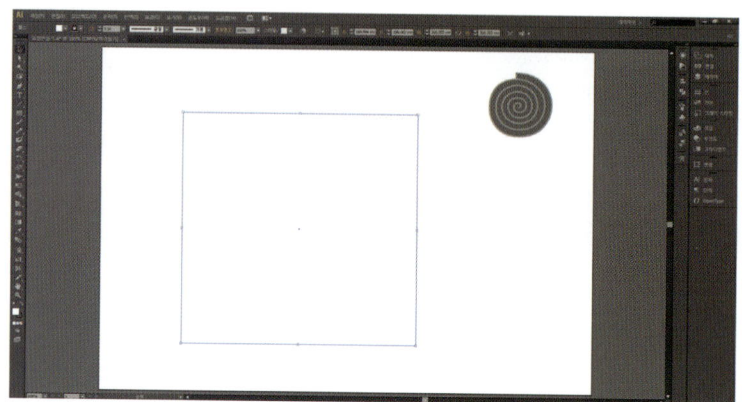

**3** 문양을 심볼로 등록할 겁니다. 심볼패널 단축키 Shift+Ctrl+F11을 눌러서 패널을 열어줍니다.

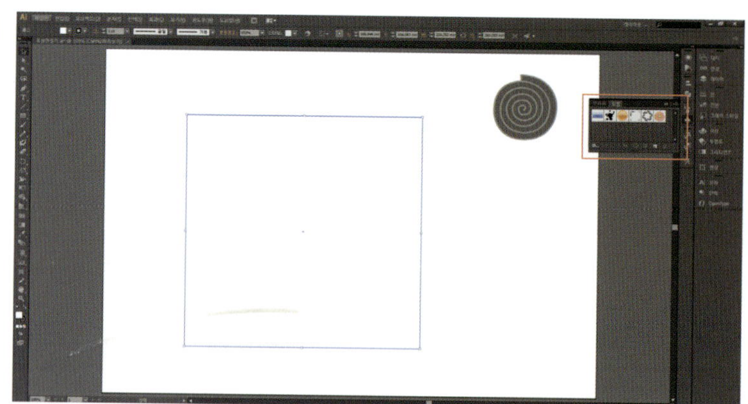

**4** 미리 만들어둔 문양을 심볼 패널로 드래그합니다. 심볼 옵션에서 이름을 지정해주고, 확인 버튼을 누릅니다.

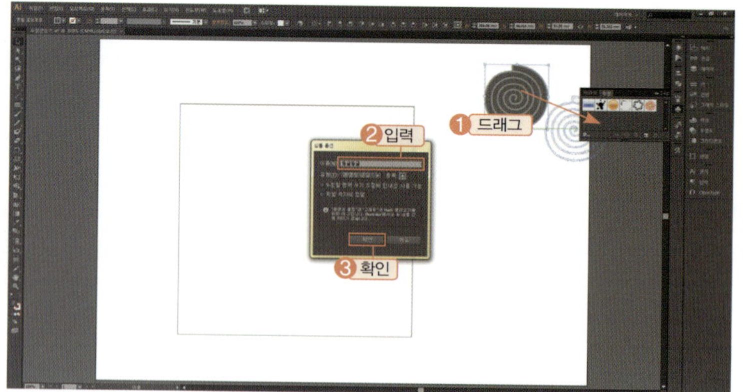

**5** 심볼이 등록되었습니다. 만들어둔 사각형이 움직이면 불편할 겁니다. 사각형을 선택하고, 임시고정 단축키 Ctrl+2 를 눌러 사각형을 움직이지 않게 고정시켜 줍니다. 사각형은 심볼 분무기를 어느 정도 뿌려야 하는지에 대한 기본틀이 됩니다.

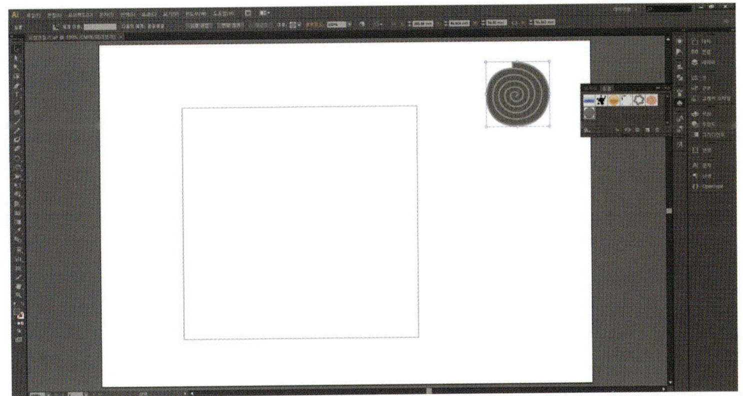

**6** 심볼 분무기 툴( ) 단축키 Shift+ S 를 누르고 사각형 안쪽을 원형으로 드래그해주면, '동글동글' 문양이 동그랗게 뿌려집니다. 원하는 모양이 나올 때 까지 드래그해봅니다. 마음에 안들면 Ctrl+ Z 를 눌러 전단계로 돌아간 후 다시 뿌려줍니다.

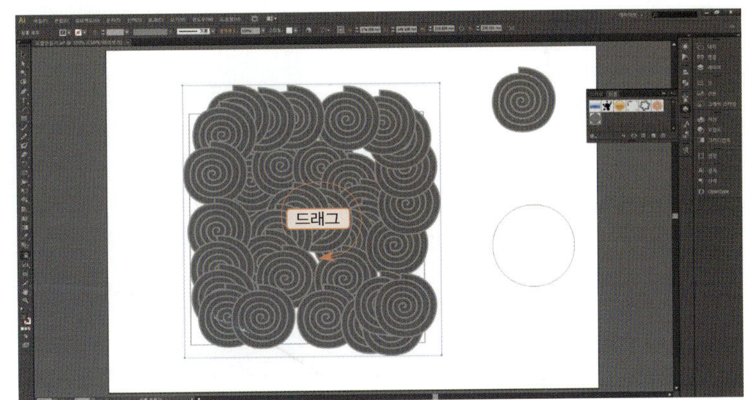


**7** 심볼 이동하기 툴( )을 눌러 빈곳을 채워준다는 느낌으로 심볼을 이동시켜줍니다. 심하게 겹쳐진 오브젝트도 옆으로 이동시켜서 자연스럽게 만들어주세요.

**8** 심볼크기 조절기 툴( )을 눌러 군데군데, 클릭합니다. 클릭하는 곳마다 오브젝트 크기가 커집니다. 길게 누르고 있을수록 오브젝트는 점점 더 커집니다. 전단계 돌아가기 단축키 Ctrl+Z를 눌러가며, 크기를 어색하지 않게 조절해줍니다.

**9** 심볼 회전기 툴( )을 눌러 방향을 조금씩 회전해주세요.

**10** 심볼 염색기 툴( )을 눌러 오브젝트를 하나하나 클릭해줍니다. 클릭하여 누르고 있는 시간이 길어질수록 색상이 점점 더 밝게 변화합니다.

**11** 나중에 심볼의 색상을 조절할 수 있게 심볼 해제 아이콘( )을 클릭하여, 심볼 상태를 해제시켜줍니다.

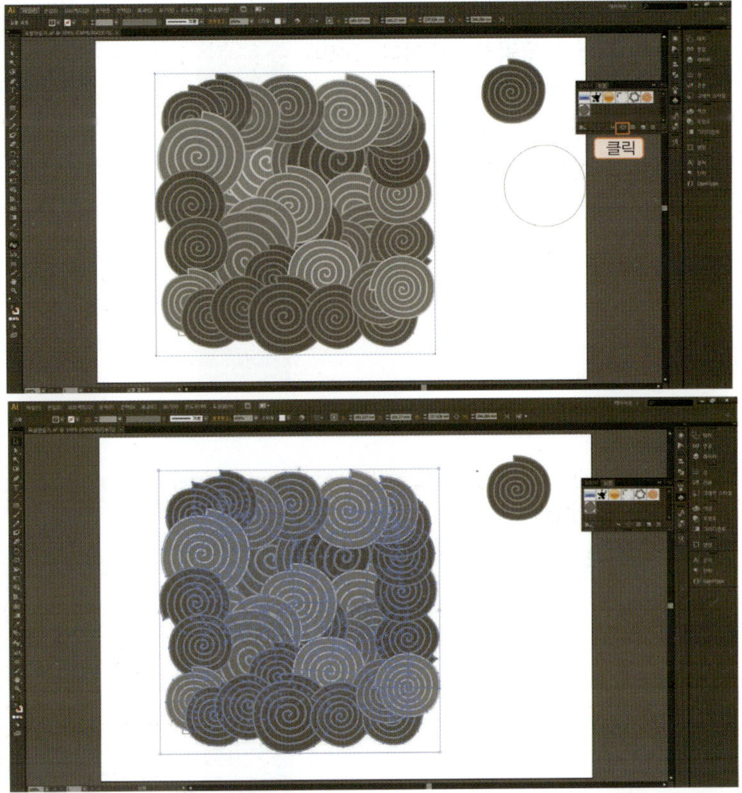

**12** 심볼 형성을 위해 만들어두었던 문양 도 선택 툴( ) 단축키 V 을 누르고, 문 양을 선택한 후 Delete 키를 눌러 삭제해줍 니다.

**13** 5 번에서 고정해두었던 사각형의 고정을 단축키 Ctrl + Shift + 2 를 눌러 풀 어줍니다.

**14** 선이 나타나면 오브젝트 맨 앞으로 올리기 단축키 Ctrl+Shift+] 를 눌러 사각형을 제일 위로 올려줍니다.

**15** 단축키 Shift+A 를 눌러 오브젝트 전체를 선택하고 단축키 Ctrl+7 을 눌러 클리핑마스크를 만들어줍니다.

**16** 오브젝트가 선택되어 있는지 확인하고 고정하기 단축키 Ctrl+2 를 눌러 문양 오브젝트를 다시 고정시켜줍니다.

**17** 사각형 테두리를 만들겁니다. 사각형 툴(  ) 단축키 M을 누르고, 아트보드 위를 드래그해줍니다.

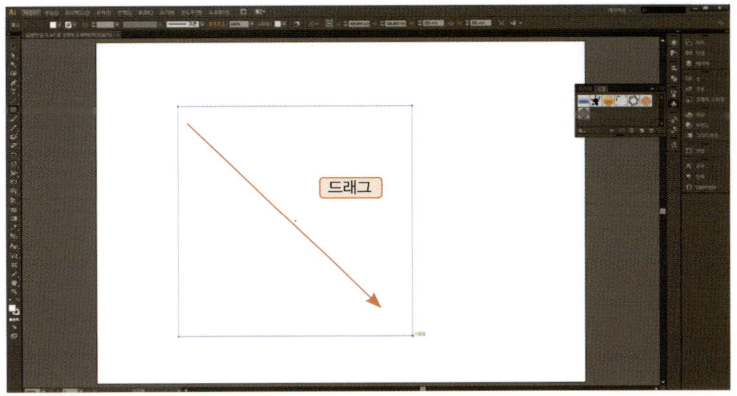


**18** [오브젝트]–[패스]–[패스이동]을 선택하고, 패스이동 값을 '–10'으로 설정한 후 확인 버튼을 누릅니다.

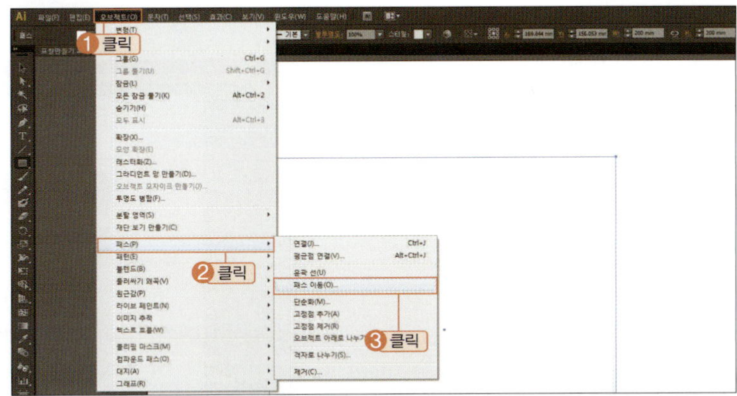


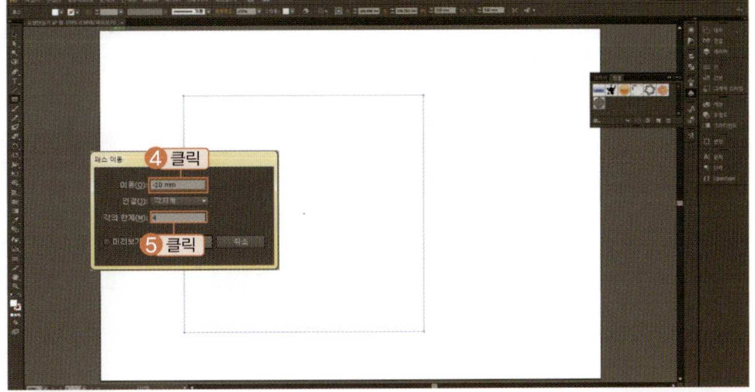


**19** 안쪽으로 10만큼 작은 사각형이 만들어졌습니다.

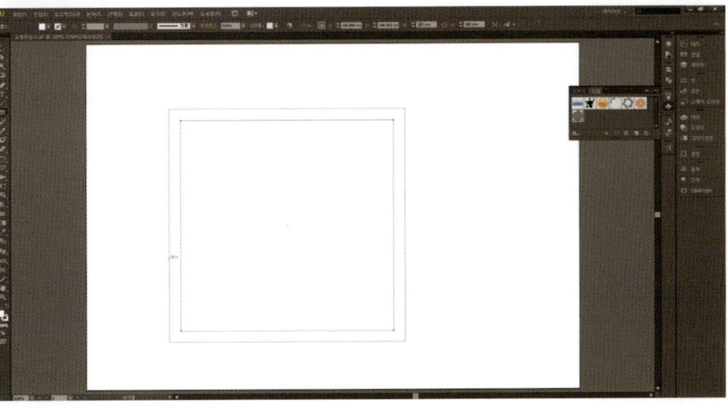

**20** 패스파인더 단축키 Ctrl + Shift + F9 를 눌러 패스파인더 패널을 불러옵니다.

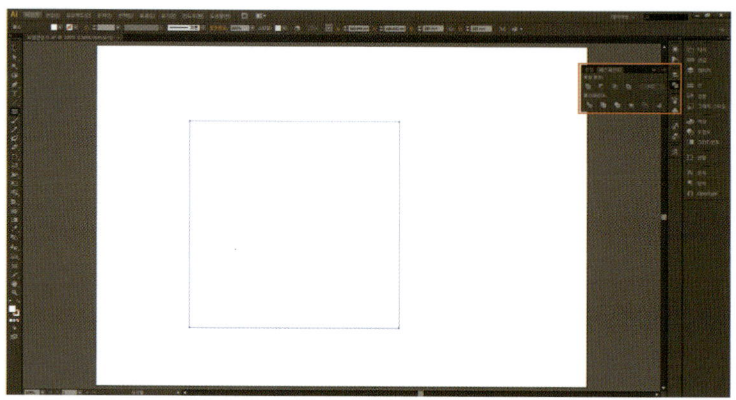

**21** 선택 툴( ) 단축키 V 을 누르고, 두 개의 사각형을 선택한 후 패스파인더의 앞면 프로젝트제외 버튼을 눌러줍니다. 사각형 테두리가 만들어졌습니다.

**22** 색상을 바꿔보겠습니다. 색상 C:0, M:0, Y:0, K:60을 선택하고 선은 없음으로 지정해줍니다.

**23** 배경 여백을 클릭하여, 사각형 테두리 선택을 해제합니다. 색상을 면색은 흰색으로 선색은 없음으로 지정해주고 사각형 툴(■) 단축키 M을 누릅니다. 다음과 같이 드래그해주고, 높이는 55정도입력 후 Enter를 누릅니다

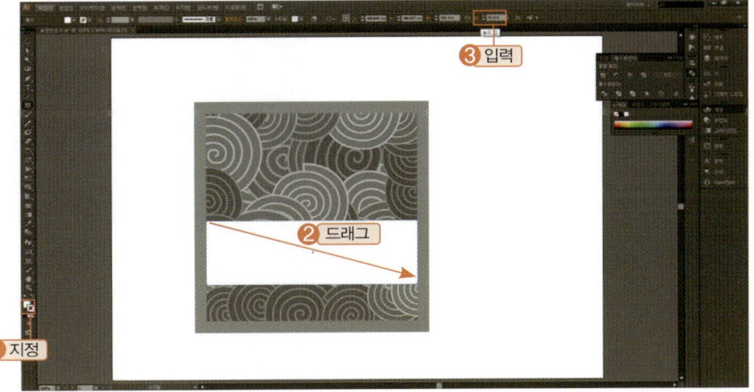

**24** 문자 툴(T) 단축키 T를 누르고 아트보드를 클릭하여 ROOM을 입력합니다. 단축키 Ctrl+T를 눌러 문자 패널을 불러온 후 다음과 같이 문자를 지정해주고, 배치해줍니다.

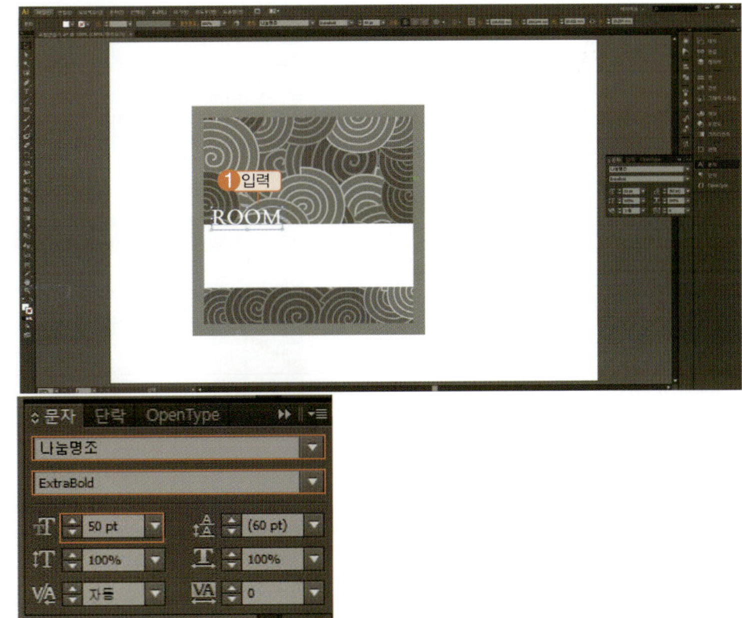

**25** 세상에 중심이 되다라는 뜻의 '가온'을 같은 방법으로 입력해보겠습니다. 문자 툴 단축키 T를 누르고 아트보드를 클릭하여 '가온'을 입력하고, 색상 C:0, M:0, Y:0, K:70을 선택합니다.

**26** 문자 패널에서 다음과 같이 문자 크기
와 폰트를 지정해주고, 배치해줍니다.

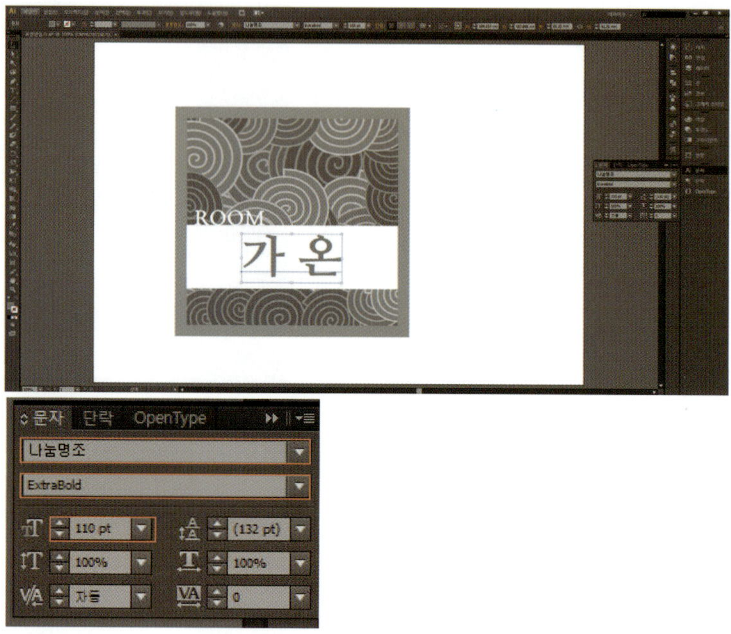

**27** 오브젝트 색상을 전체적으로 바꿔보
도록 하겠습니다. 먼저 **16** 번에서 고정
해두었던 오브젝트를 Ctrl + Alt + 2 를 눌
러 고정 해제시켜 줍니다. 파란색 사각형
테두리가 보이면, 고정이 해제된 것입니다.

**28** 오브젝트를 한번클릭하면, 〈클린 그
룹〉으로, 한번 더 더블클릭하면, 격리된 〈그
룹〉 속성 창으로 들어오게 됩니다.

▲ 클린 그룹 화면

▲ 그룹 속성 창 화면

**29** 전체선택 단축키 Ctrl + A 를 누르고, 아트웍 색상 변경하기 버튼(　)을 눌러줍니다.

**30** 아트웍 색상변경 속성 창에서 조화 규칙 버튼(　)을 누르고, 유사색2를 선택한 후 확인 버튼을 눌러 색상을 변경해준 후 상단의 속성 창 바를 더블클릭해 줍니다.

**31** 원래 작업 창으로 돌아왔습니다. 유사색으로 색상이 변경되었습니다. 선택 툴(▨) 단축키 V을 누르고, 가온 문자를 선택한 후 스포이드 툴(▨) 단축키 I 를 눌러줍니다. 한글키가 선택되어 있으면, 단축 명령키가 적용되지 않습니다. 영문으로 바꿔주세요. 문양 위에서 원하는 색상을 클릭하면, 문자의 색상이 문양 색상으로 변경됩니다.

**32** 표찰이 완성되었습니다. 스포이드툴 선택해제는 선택 툴(▨) 단축키 V를 누르고 배경을 클릭하면 됩니다.

**33** **30**–**32** 번을 반복하면 다양한 색상으로 변경가능 합니다.

ROOM
가 온

ROOM
가 온

## >> Chapter 05 현수막 디자인하기

현수막은 인테리어 시공 막바지쯤 클라이언트의 요청사항이 있을 때 만들게 됩니다. 복잡하지 않으면서도, 전달사항을 명확하게 표현하는 것이 포인트라 할 수 있겠습니다. 이번장에서는 현수막 디자인을 공부해보도록 하겠습니다.

**1** 새 창 만들기 단축키 Ctrl+N을 누르고 다음과 같이 설정한 후 확인 버튼을 누릅니다.

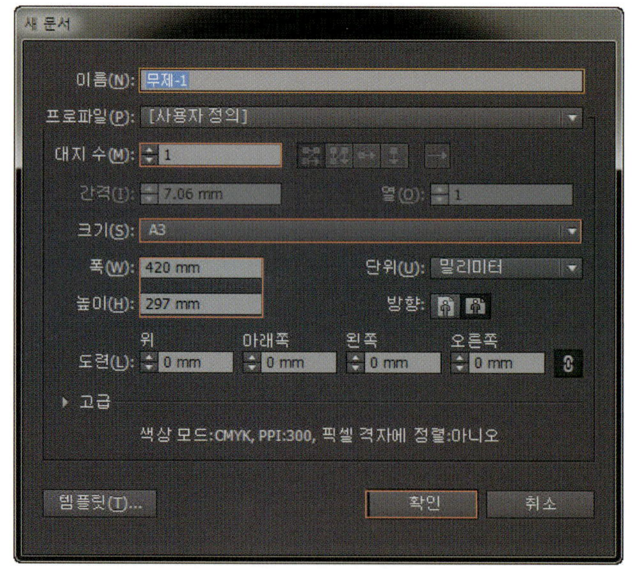

**2** 크기가 190mm(가로)X250mm(세로)인 현수막을 만들겁니다. (실제크기는 1900X2500입니다. 시안은 축소해서 만들어줍니다.) 면색은 흰색, 선색은 검정색으로 설정한 후 사각형 툴( ) 단축키 M을 누르고, 빈 화면을 클릭합니다. 너비와 높이를 다음과 같이 (190, 250) 입력하고 확인 버튼을 누릅니다.

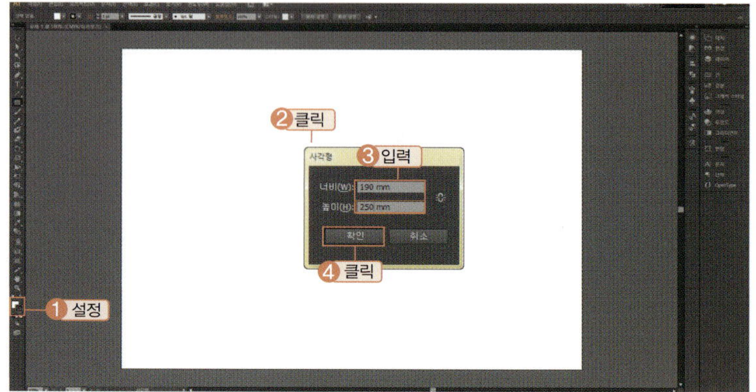

**3** 클릭한 곳을 기준으로 사각형이 만들어집니다. 선택 툴( ) 단축키 V 를 눌러 다음과 같이 아트보드 중간에 위치시켜줍니다. 배경이 움직이지 않게, 고정하기 단축키 Ctrl + 2 를 눌러 사각형을 고정시켜 줍니다.

**4** 부록CD_Part03_05_현수막 디자인하기_이미지.jpg 파일을 선택하고 복사하기 단축키 Ctrl + C 를 누른 후, 일러스트레이터에서 붙여넣기 단축키 Ctrl + V 를 눌러줍니다. 컨트롤 패널에서 [포함] 버튼을 눌러 이미지를 파일에 포함시켜 줍니다.

**5** 이미지가 너무 크죠? 선택 툴( ) 단축키 V 를 눌러 모서리를 클릭하고 드래그하여, 이미지 크기를 다음과 같이 줄여줍니다.

**6** 붓터치 심볼을 불러오겠습니다. [윈도우]-[심볼 라이브러리]-[지저분한 벡터팩]을 클릭합니다.

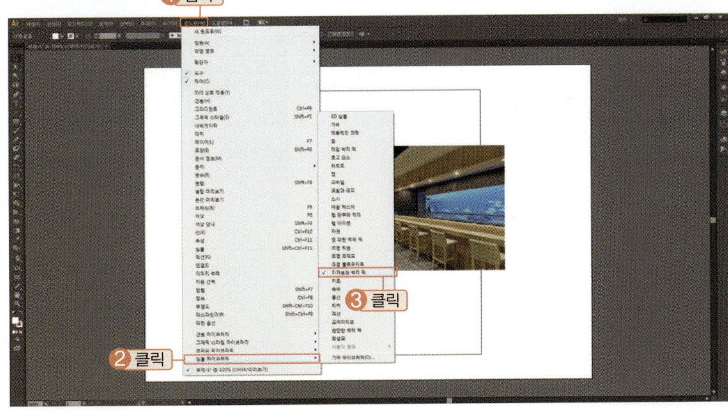

**7** 지저분한 벡터 팩 02를 선택하고, 빈 화면으로 드래그합니다. 불러온 심볼을 선택하고, 컨트롤 패널의 [연결끊기]버튼을 눌러 일반패스로 만들어줍니다.

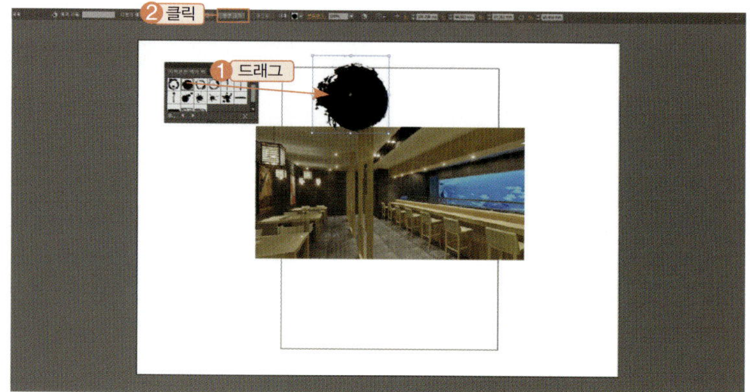


▲ 심볼 연결 끊기 전

▲ 심볼 연결 끊기 후

**8** 붓터치 오브젝트를 이미지 위에 올리고, 배경크기와 비교하면서 함께 크기를 조절해줍니다.

**9** 이미지와 붓터치 오브젝트 두 개를 선택한 상태에서 단축키 Ctrl + 7 을 눌러 클리핑마스크 처리해줍니다.

**10** 문자 툴(T) 단축키 T를 눌러 화면을 클릭한 후 'OPEN'을 입력하고 다음과 같이 설정해줍니다. 문자 설정 창이 보이지 않을 때는 단축키 Ctrl+T를 누르면 됩니다. 색상은 견본라이브러리에서 C:0, M:0, Y:0, K:90을 선택합니다.

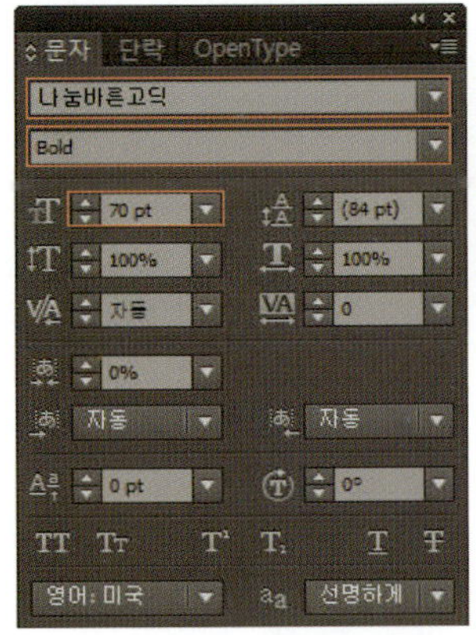

**11** 오브젝트를 선택한 상태에서 Alt키를 누르면서 우측으로 드래그하여 복사한 후 문자색상을 C:0, M:0, Y:0, K:70으로 선택합니다.

**12** 사각형 툴(■) 단축키 M을 누르고, 다음과 같이 드래그하여 사각형 띠를 만들어줍니다. 크기는 190X18정도로 맞춰줍니다. 사각형띠의 색상은 내부 인테리어에서 보이는 색상과 비슷한 CMYK청록색상을 선택합니다.

**13** 문자 툴(T) 단축키 T를 눌러 '7월 중순 COMING SOON'을 입력하고 면은 흰색, 선은 색상없음으로 설정하고, 폰트와 크기는 다음과 같이 설정해줍니다.

**14** 문자 툴(T) 단축키 T를 눌러 '일식당 동경 새로운 모습으로 찾아뵙겠습니다'를 입력하고 색상은 견본라이브러리에서 C:0, M:0, Y:0, K:90을 선택해주고, 문자는 다음과 같이 설정해줍니다.

**15** 문자 툴(T) 단축키 T를 눌러 '동경'을 입력하고 색상은 견본라이브러리에서 CMYK청록색상을 선택해주고, 문자는 다음과 같이 설정해줍니다.

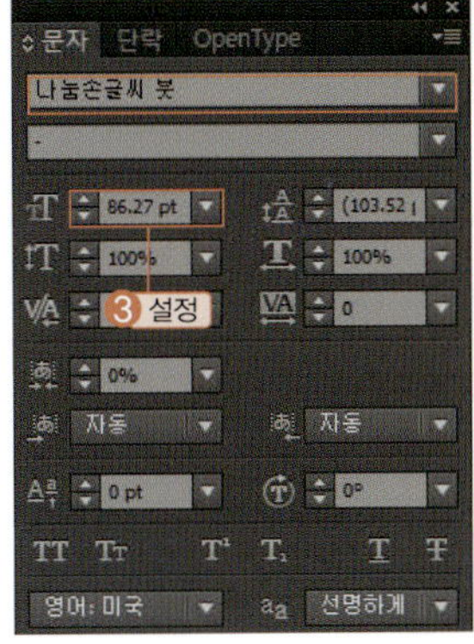

**16** 허전한 배경을 패턴으로 채워보도록 하겠습니다. 열기 단축키 Ctrl+O를 눌러 부록CD_Part03_05_현수막 디자인 하기_패턴Ai. 파일을 선택하고 Ctrl+C를 눌러 복사한 후 작업 창에서 Ctrl+V를 눌러 붙여줍니다.

**17** 패턴이미지를 반대쪽으로 반사시켜보도록 하겠습니다. 패턴이미지를 선택하고, 마우스 우클릭 [변형]–[반사]를 클릭합니다. 세로에 체크하고 확인 버튼을 누릅니다.

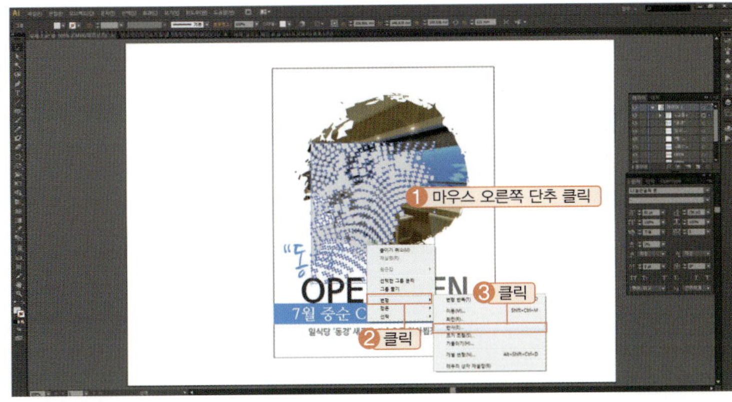

**18** 선택 툴( ) 단축키 V 를 눌러 다음과 같이 배치하여 줍니다. 패턴보다 붓터치 이미지가 앞으로 와야겠죠? 붓터치 이미지를 선택하고 단축키 Ctrl + Shift + ] 를 눌러 붓터치 이미지를 제일 앞으로 배치해줍니다.

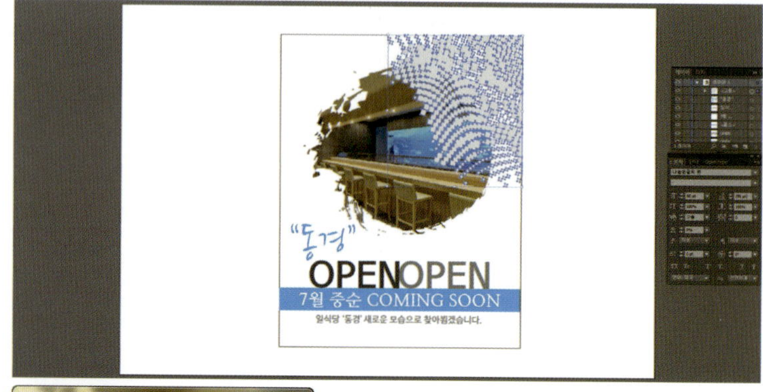

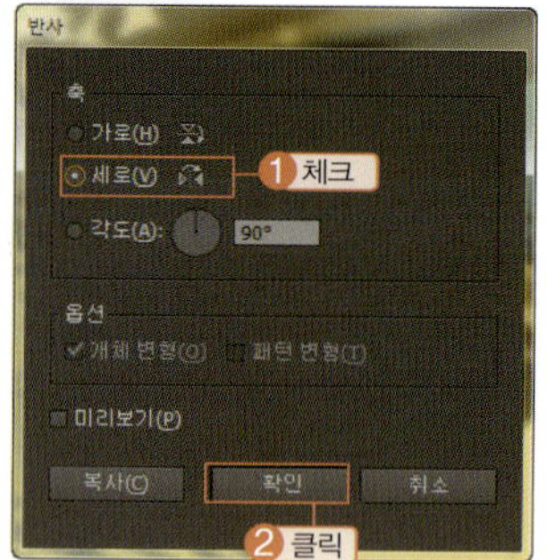


**19** 현수막 디자인이 완성되었습니다.

# 06 전단지 만들기

인테리어 설계를 하다보면. 종종 전단지 시안을 잡아야 할 때가 생깁니다. 가게이름부터 지어달라는 클라이언트에 비하면 A4 용지 4장 분량으로 내용이라도 이렇게 작성해 주시면 참 감사하답니다.
많은 내용을 어떻게 배치해야 할지에 대한 고민만 없다면요~~ 이번 장에서는 전단지 만들기에 대한 내용을 공부해보도록 하겠습니다.

**1** Ctrl+N을 누르고 다음과 같이 설정 후 용지크기와 색상모드가 CMYK 모드로 되어 있는지, 확인하고 확인 버튼을 눌러 새 창을 만듭니다.

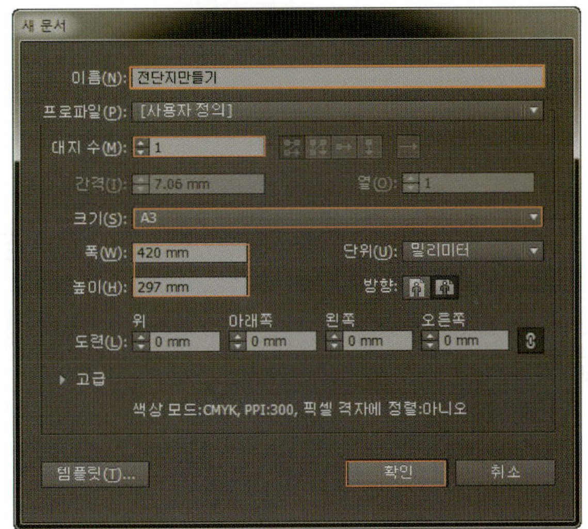

**2** 사각형 툴(▣) 단축키 M을 누르고 다음과 같이 교차영역을 드래그 해서 가로 420mm에 높이 297mm의 사각형을 그립니다.

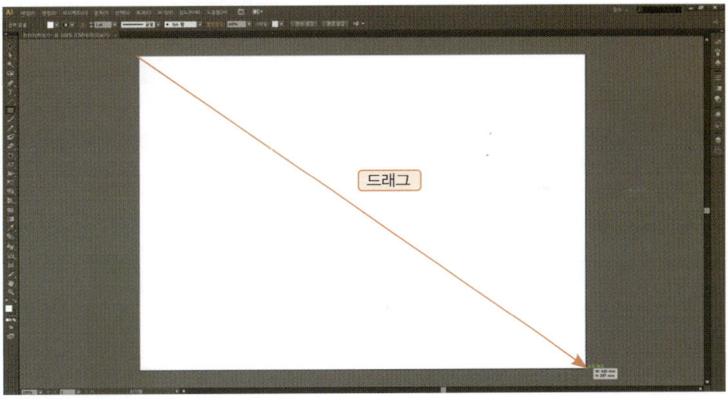

**3** [오브젝트]-[패스]-[패스이동] 메뉴를 선택합니다. 이동에 '-5mm'를 입력하고 확인 버튼을 누르면 다음과 같이 안쪽으로 패스가 생깁니다.

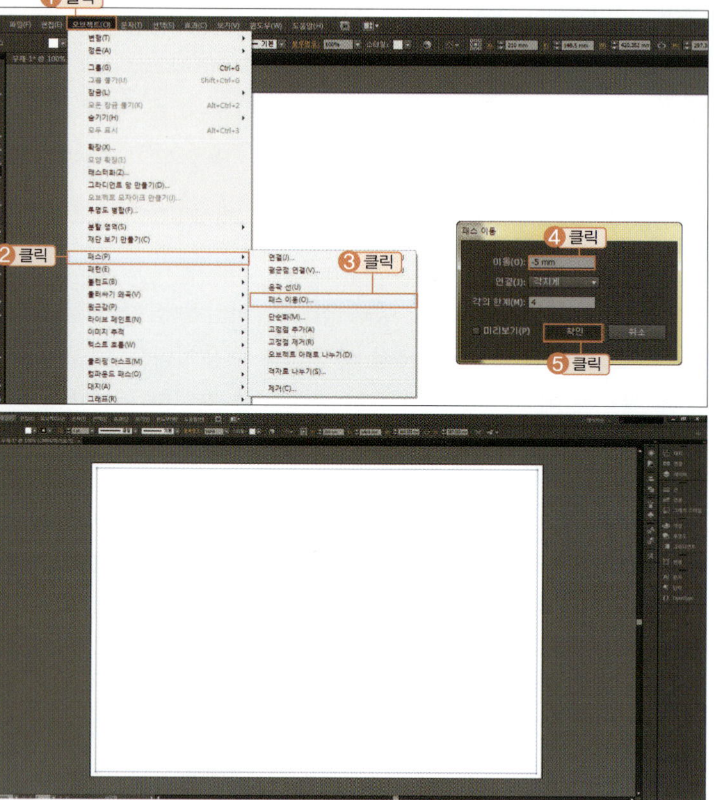

**4** 만들어진 패스를 선택하고 단축키 Ctrl + 5 를 누르면 안내선으로 바뀝니다. 이 선은 가이드 역할을 하게 되며, 인쇄되지는 않습니다.

**5** 다시 **2** 번에서 만들어둔 패스를 클릭하고 [오브젝트]-[패스]-[패스이동] 메뉴를 선택합니다. 이동에 '2mm'를 입력하고 확인 버튼을 누르면 다음과 같이 바깥쪽으로 패스가 생깁니다.

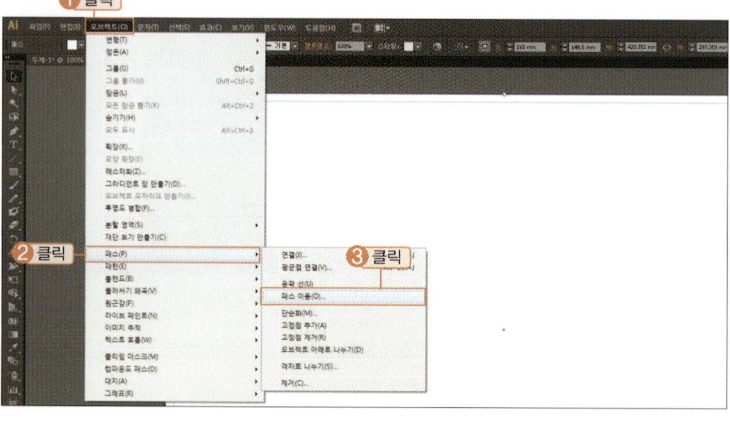

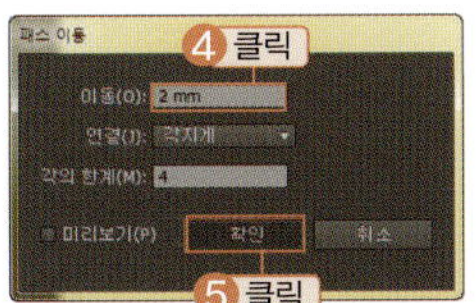


**6** 만들어진 패스를 선택하고 단축키 Ctrl + 5 를 누르면 안내선으로 바뀝니다. 이 선은 재단 여분을 의미하며, 이 선까지 여분을 주어야 재단했을 때 내부 이미지가 잘리지 않습니다.

**7** 그럼, 이미지를 배치해보도록 하겠습니다. 열기 단축키 Ctrl + O 를 눌러 부록CD_Part03_06_예제_아이소메트릭흑백.jpg 파일을 엽니다.

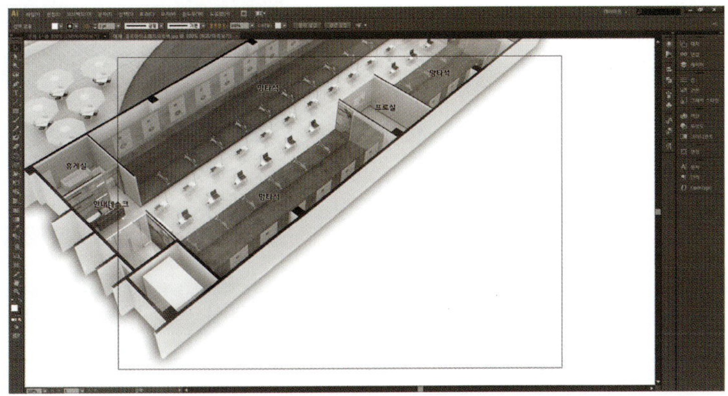

**8** 이미지가 많이 크네요. 줄여보도록 하겠습니다. 이미지를 선택하고 컨트롤 패널(🔗)의 으로 지정하고 H:320을 입력한 후 Enter를 누르면, 다음과 같이 이미지 크기가 줄어듭니다.

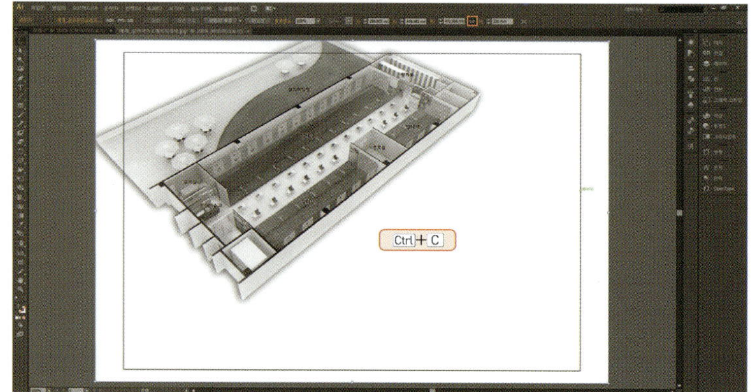


**9** 불러온 이미지를 전단지 만들기 탭으로 가져가 보겠습니다. 이미지가 선택된 상태에서 복사 단축키 Ctrl+C를 누르고, 전단지 만들기 탭을 클릭해서 이동한 다음, 붙여넣기 단축키 Ctrl+V를 누르면, 다음과 같이 그림이 전단지 만들기 탭으로 이동되었습니다.
이미지의 윗선을 안내선으로 이동시켜 맞춰줍니다.

**10** 용지 크기보다 이미지가 큽니다. 모서리를 드래그하여 이미지를 안내선으로 이동시켜 맞춰줍니다.

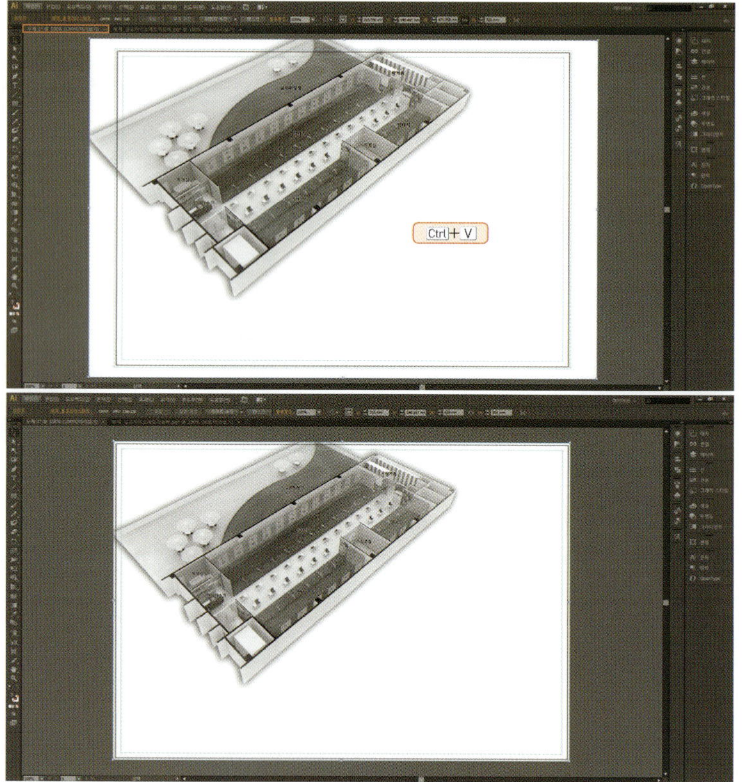


**11** 이번에는 골프장의 장점을 나열하는 코너를 만들어보도록 하겠습니다. 저는 예제를 이미 만들어 본 상태에서 진행하기 때문에. 크기를 정해서 시작하지만, 실제 작업을 할 때는 늘였다, 줄였다, 키웠다, 줄였다 하는 수많은 오류 끝에 마음에 드는 크기를 정할 수 있습니다. 사각형 툴(■) 단축키 M을 누르고 빈 화면을 클릭합니다. 너비 110mm, 높이 301mm를 입력하고 확인 버튼을 누르면, 빈 화면을 클릭한 딱 그 자리에, 사각형이 만들어집니다.

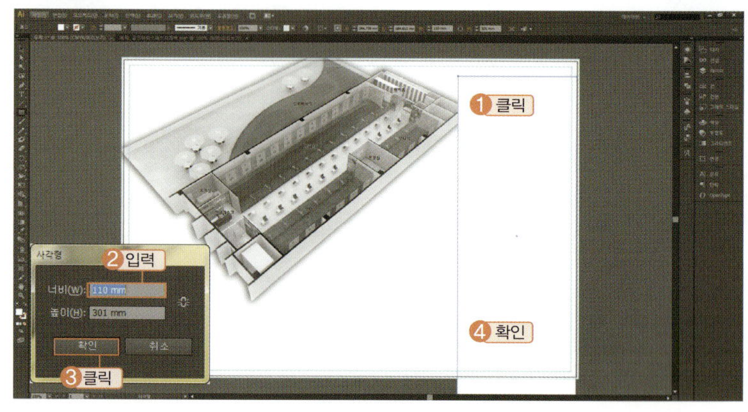

**12** 선택 툴( ) 단축키 V를 눌러 사각
형을 안내선 끝으로 이동시켜줍니다.

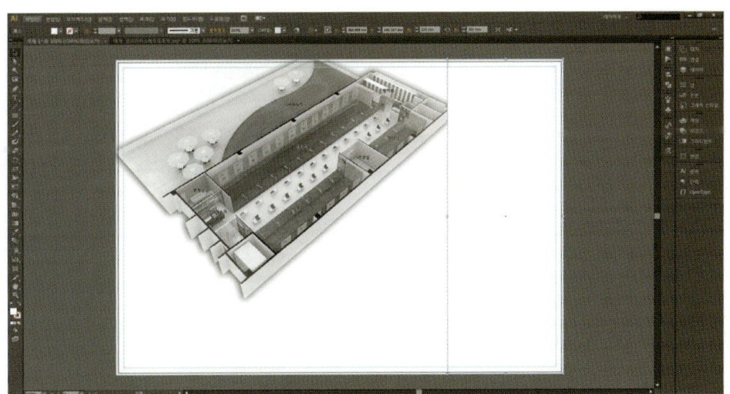

**13** 색상을 바꿔보도록 하겠습니다. 사각
형이 선택된 상태에서 색상 패널을 눌러
C:0, M:0, Y:0, K:60인 회색을 선택하고 선
은 없애줍니다.

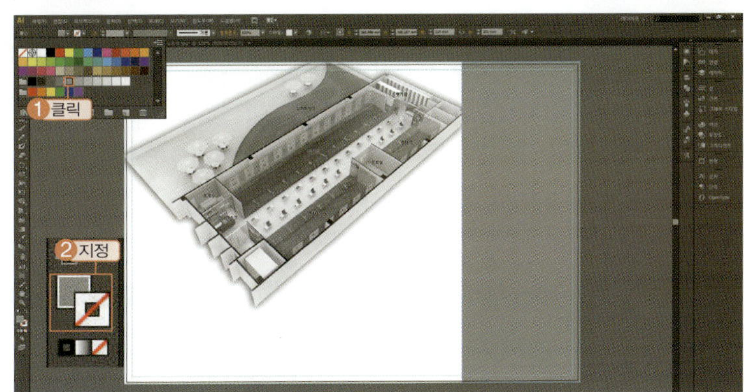


**14** 이제, 내용을 입력해 보도록 하겠습
니다.
부록CD_Part03_06_예제_전단지메모장_
txt 파일을 열면, 홍길동 골프 아카데미에
대한 내용이 들어 있습니다. 여백을 기준
으로 관련 내용이 바뀌니까요. 각각 데려올
수 있도록 합니다.
메모장의 '어떤곳인가' 부분을 드래그 하고
단축키 Ctrl + C를 눌러 복사한 다음, 전
단지 만들기 화면으로 돌아와 단축키 Ctrl
+ V를 눌러 붙여넣기 합니다.

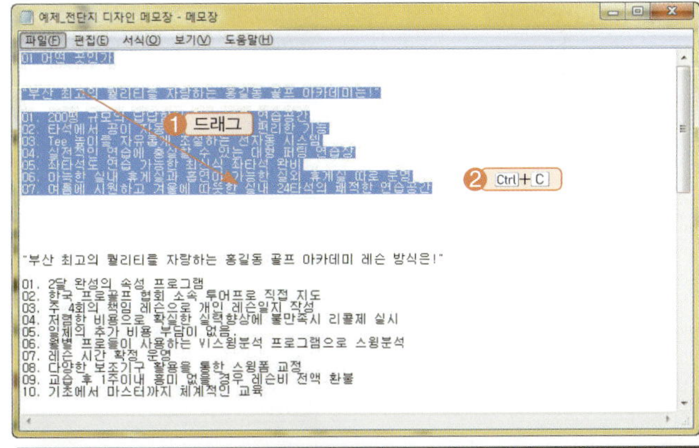


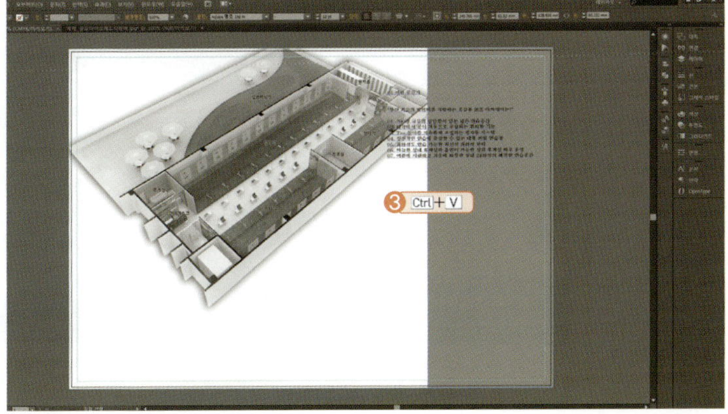

**15** 같은 방법으로 텍스트를 각각 복사해서 붙입니다.

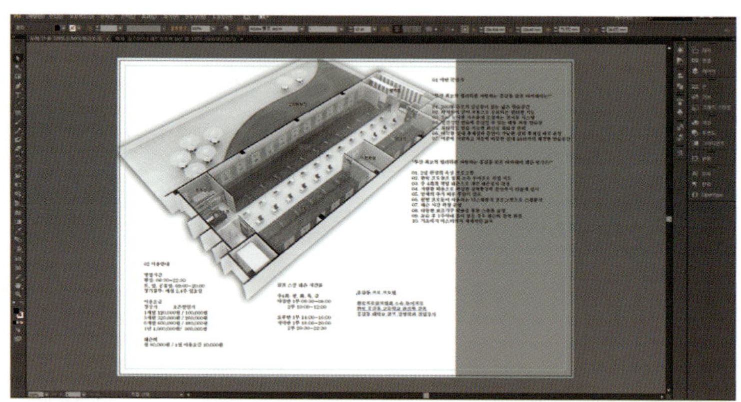

**16** 이번엔 골프 소개란과 기타 이용안내, 레슨시간, 프로필부분에 구분을 주기 위해 띠를 만들어 보도록 하겠습니다. 사각형 툴(■) 단축키 M을 누르고 다음과 같이 드래그해줍니다. 길이나 폭은 비율을 보고 수정할 수 있으니까요. 대략 그려줍니다.

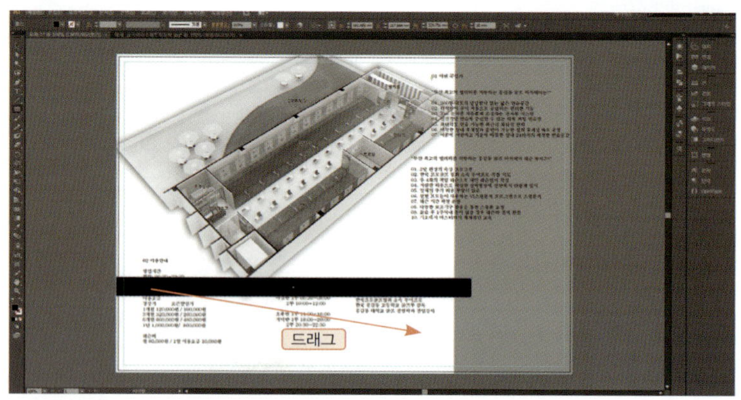


**17** 하나 더 그려보죠. 선택 툴(▶) 단축키 V를 눌러 **15** 번에서 만든 사각형을 선택하고, 단축키 Alt+드래그 해서 복사해줍니다.

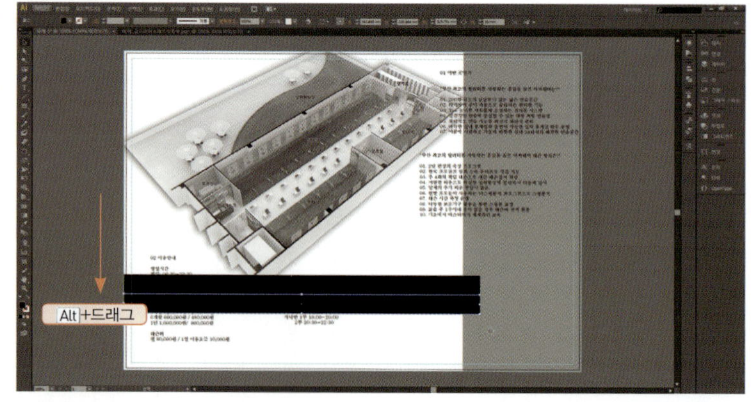


**18** 위의 사각형을 선택하고 마우스를 점쪽으로 가져가면, 회전시킬 수 있습니다. 다음과 같이 회전시켜봅니다.

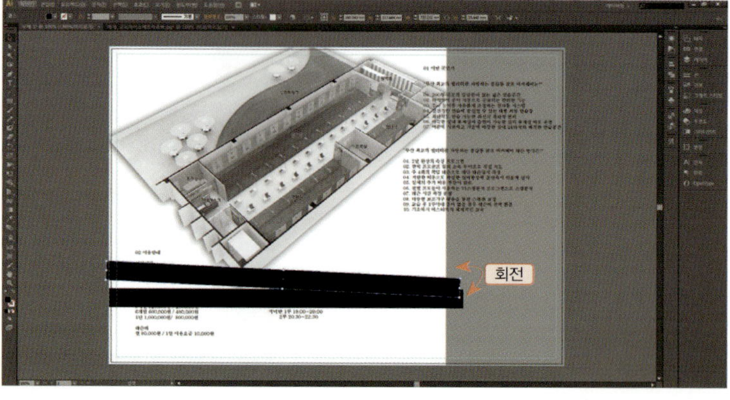

**19** 색상도 바꿔보도록 하겠습니다. 사각형이 선택된 상태에서 색상 패널을 눌러 C:0, M:0, Y:0, K:90인 회색을 선택합니다.

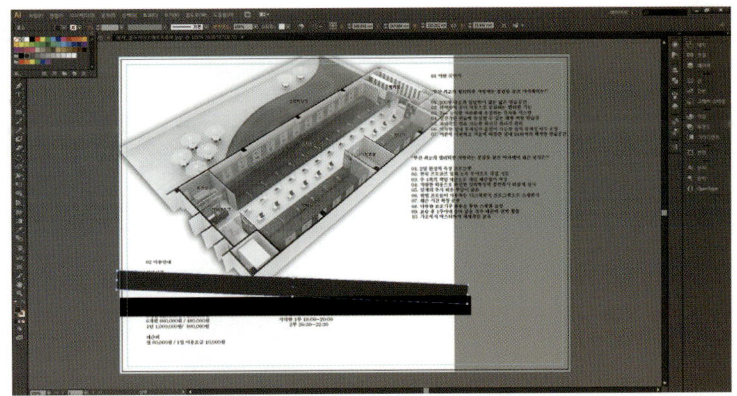

**20** 그림자 효과를 내보죠. [효과]–[스타일화]–[그림자 만들기]를 누르고 다음과 같이 값을 지정한 후 확인 버튼을 누릅니다. 그림자 효과가 적용되었습니다.

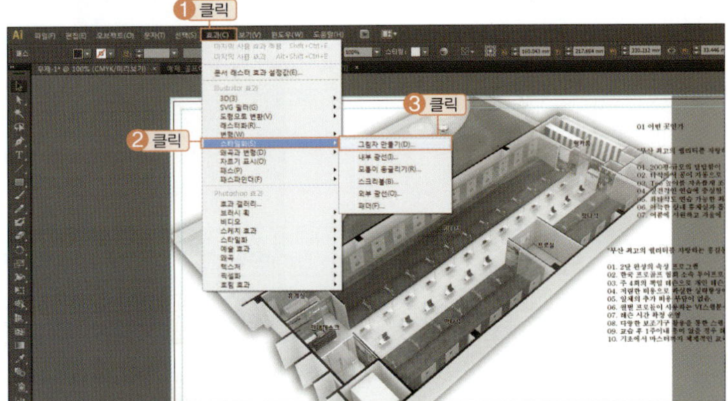

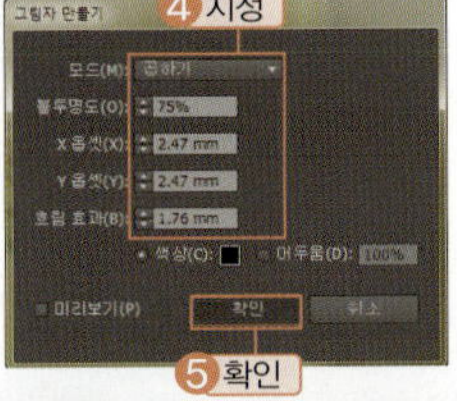

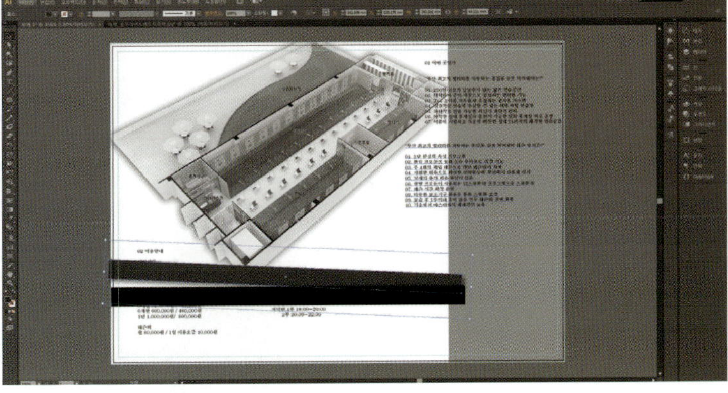

**21** 아래 사각형도 선택하여 색상을 흰색으로 바꿔주고, [효과]-[스타일화]-[그림자만들기]를 눌러 다음과 같이 값을 지정해줍니다. 그림자 효과가 적용되었습니다.

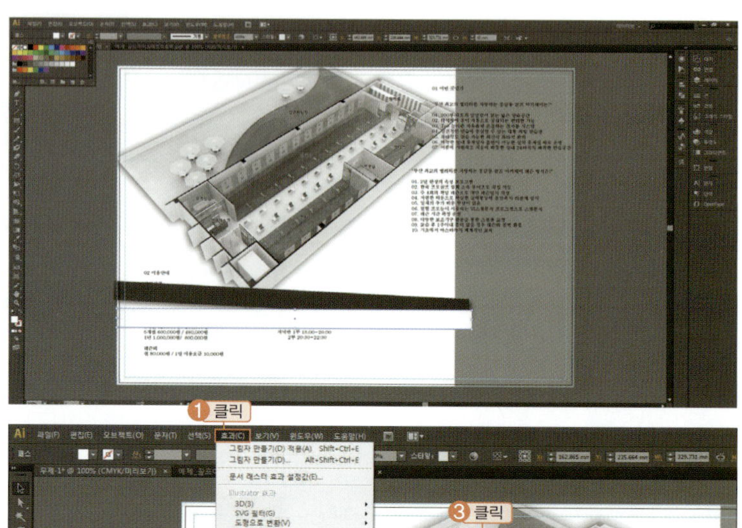

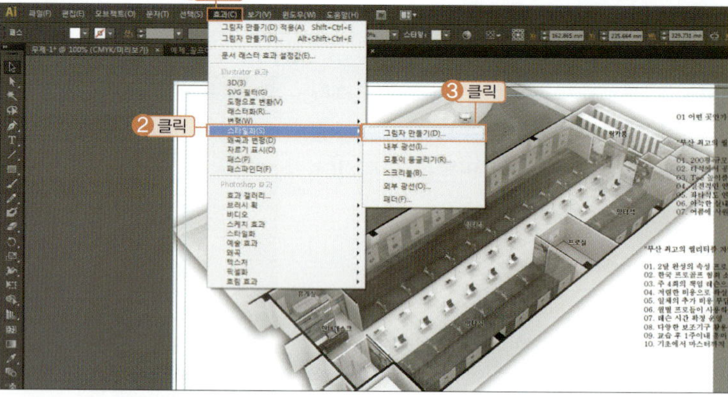

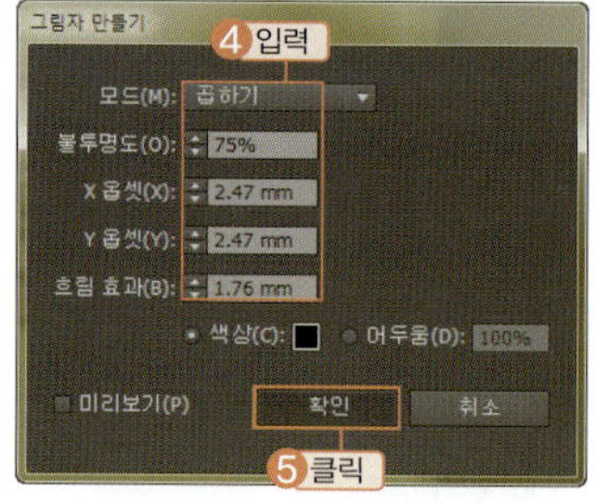

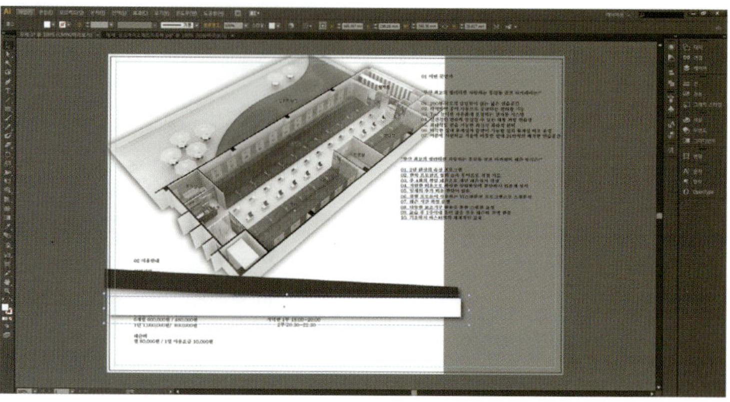

**22** 이미지를 정리해보도록 하겠습니다. 흰색띠를 선택하고 단축키 Ctrl + [ 를 누르면 검정띠 아래로 배치됩니다.

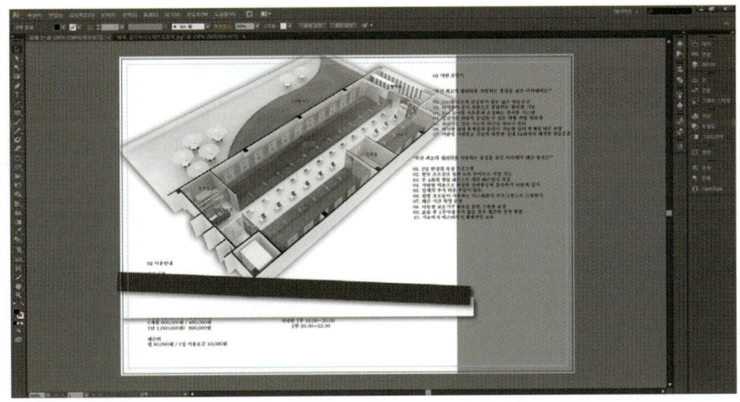

**23** 텍스트들과 회색배경을 Shift 를 누르면서 차례로 선택한 후 Ctrl + Shift + [ 를 누르면 제일 위쪽으로 배치됩니다.

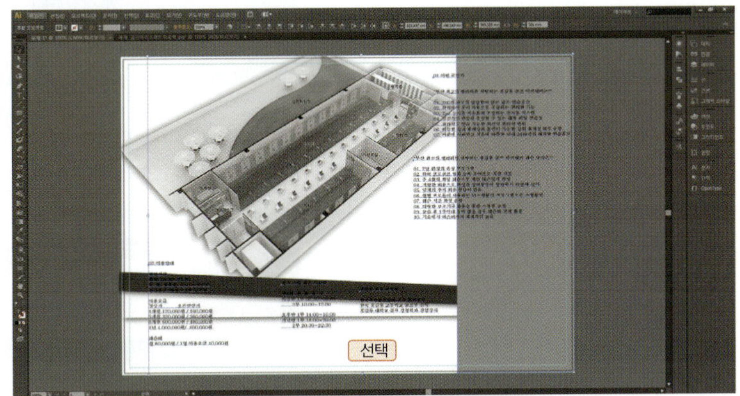

 알 아 두 기

클릭하면서 자꾸 흑백 그림이 선택되시나요? 그림을 선택하고 단축키 Ctrl + 2 를 눌러 잠시 잠궈두시고 편하게 작업하세요. 다시 푸는 명령은 Ctrl + Alt + 2 입니다.

**24** 문자를 편집해보도록 하겠습니다. 문자 편집 창이 보이지 않으면 단축키 Ctrl + T 를 눌러 불러오고, 폰트를 '나눔고딕'으로 지정해줍니다.

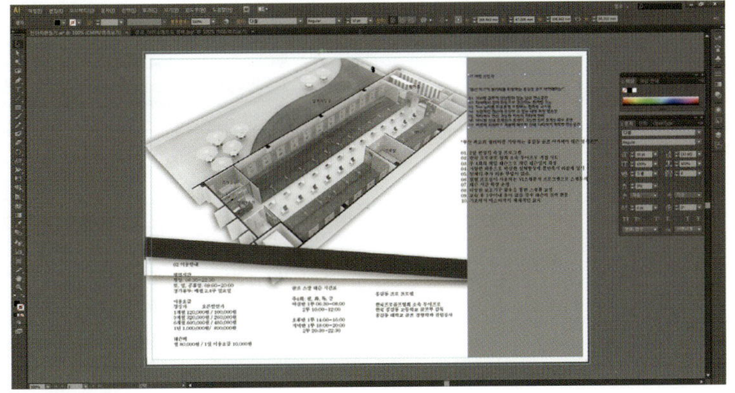

**25** 다른 텍스트를 선택하고 스포이트 툴(🖌) 단축키 `I`를 누른 후, 어떤곳인가 텍스트를 클릭해 줍니다. 글자 속성이 바뀌었습니다.

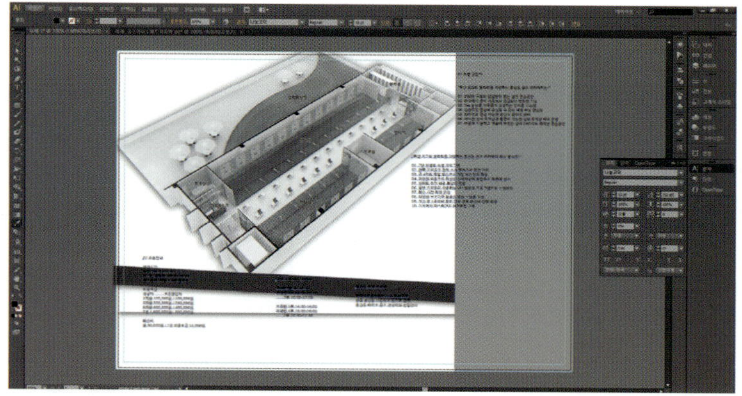

**26** 글자가 너무 빽빽하게 보이죠? 텍스트를 선택하고 `Alt`+`↓`를 2번 눌러줍니다. 행간을 조절해줄 영역을 드래그 해서 선택하고 단축키 `Alt`+`↑`, 또는 `Alt`+`↓`를 눌러 조절할 수 있습니다.

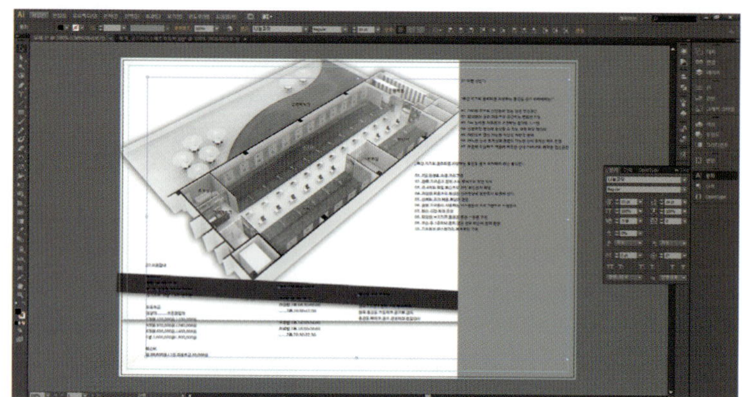

**27** 강조할 문구는 색상과 크기를 조금씩 변경해서 포인트가 될 수 있도록 해보죠. 단축키 `Z`를 누르고 화면을 드래그 해서 확대시켜줍니다. 선택 툴(▶) 단축키 `V`를 누른 후, 글자를 더블클릭하고 글자 색상을 바꿔줄 문구를 다음과 같이 드래그 한 후 색상 패널에서 흰색으로 바꿔줍니다.

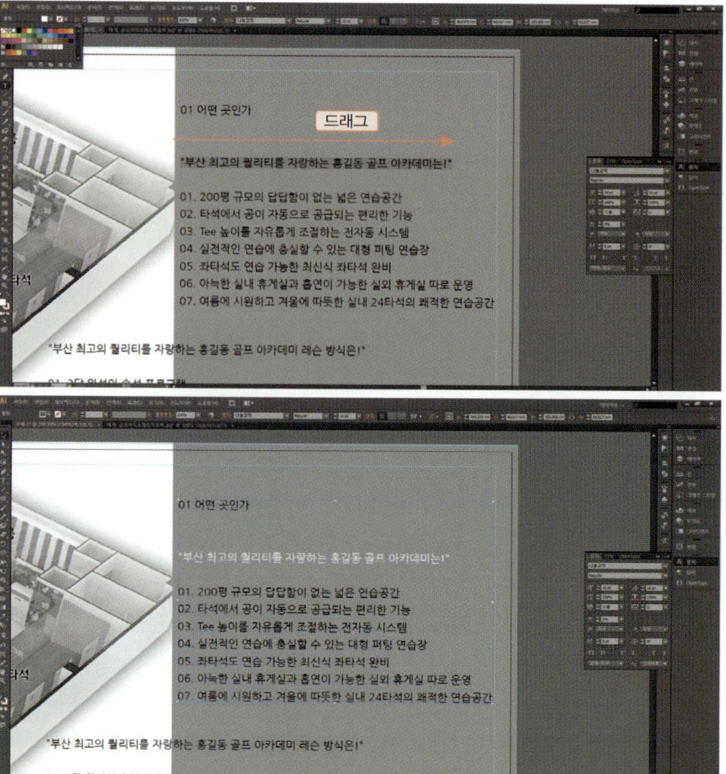

**28** 글자크기를 키우고, 아래 밑줄을 긋고 싶다면, 나눔고딕 Bold 폰트크기 15pt 밑줄긋기 (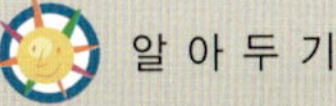)를 클릭하면 적용이 됩니다.

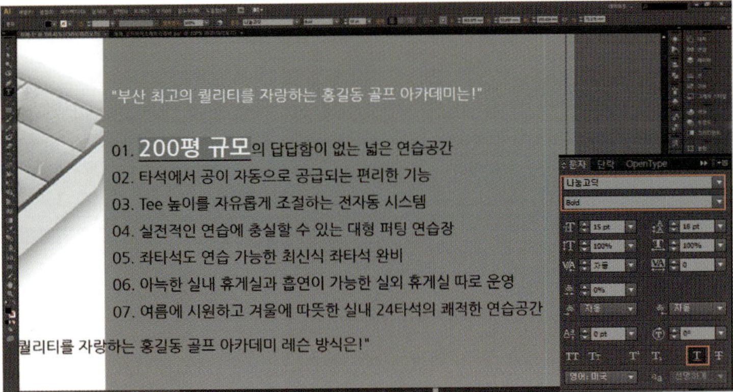

알 아 두 기

자간을 조절할 때는 조절할 곳을 드래그하여 선택한 후 단축키 Alt + →, 또는 Alt + ← 를 눌러서 조절합니다.

**29** 위와 같은 방법을 사용해서 글자를 다음과 같이 편집해줍니다.

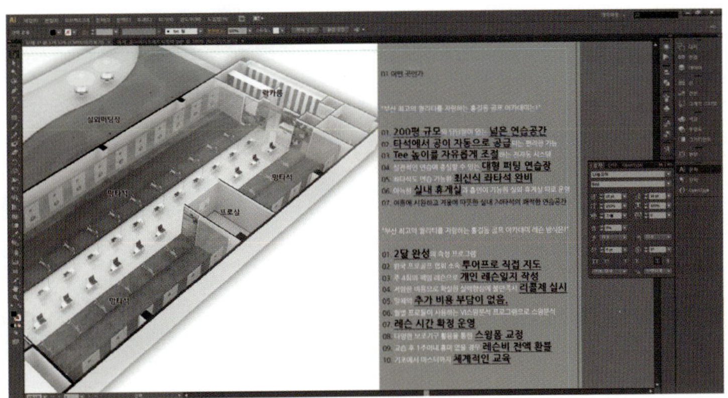

**30** 두 문단의 앞줄을 정렬해보도록 하죠. Shift 를 눌러 차례로 글자를 선택해준 후 가로 왼쪽 정렬(▤)을 클릭하면, 왼쪽으로 글자가 정렬되었습니다.

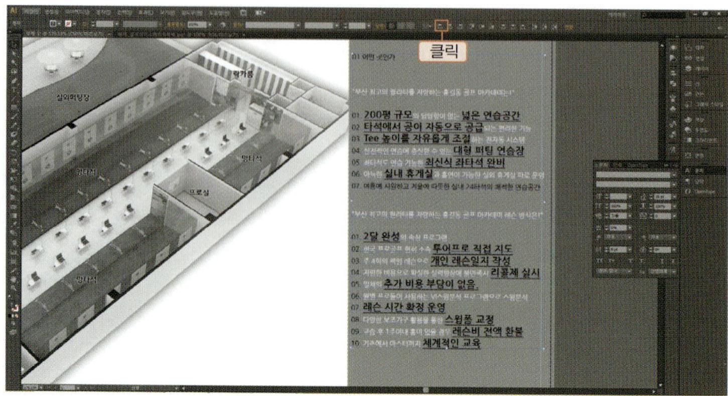


**31** 문장의 제목에 형광펜으로 그린 듯한 효과를 내보도록 하겠습니다. 사각형 툴 (▭) 단축키 M 을 눌러 다음과 같이 드래그해줍니다.

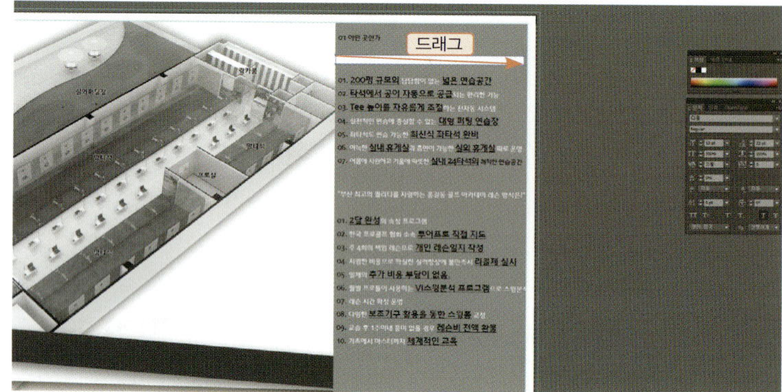


**32** 색상 패널을 눌러 C:70, M:15, Y:0, K:60인 청록색을 선택하고 투명도 패널 단축키 Ctrl + Shift + 10 을 눌러 불투명도를 '60' 입력한 후 Enter 를 눌러줍니다.

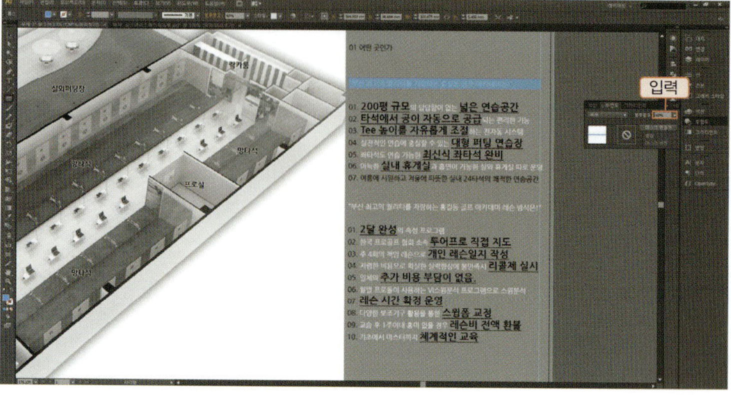

**33** 글자를 선택하고 Ctrl+Shift+] 를 눌러 제일 위로 오게 배치합니다. 오브젝트 앞뒤 순서 변경 단축키를 이용하여, 다음과 같이 배치되도록 합니다.

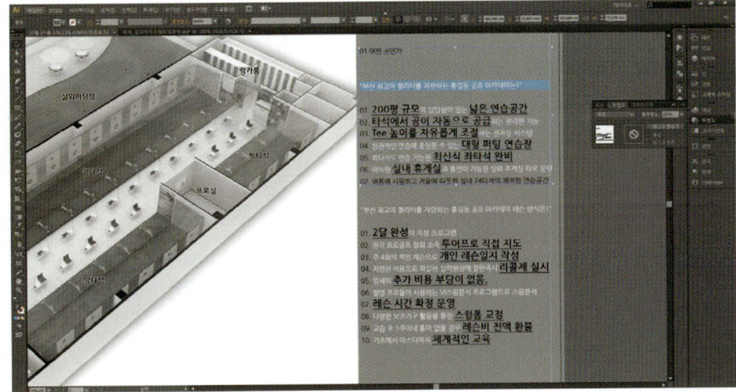

**34** 복사 단축키 Alt+드래그 하여 아래 제목 청록띠도 위치시켜주고 글자 선택후 Ctrl+Shift+] 를 눌러 제일 위로 배치합니다.

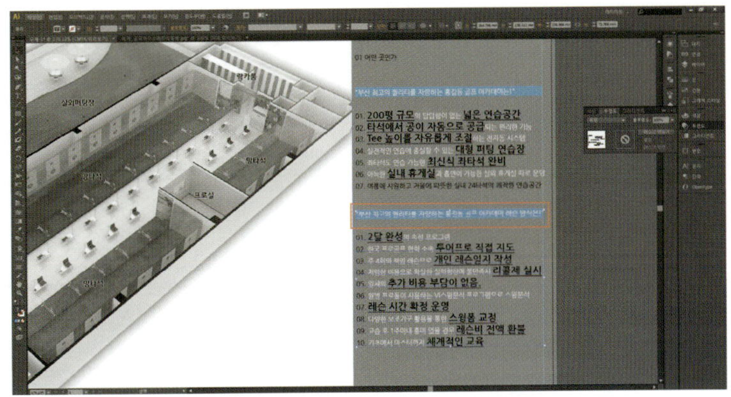

**35** 다른 글자들도 정리해보도록 하겠습니다. 사각형 툴(■) 단축키 M을 눌러 빈 화면을 클릭한 후 다음과 같이 사각형의 너비 '80'와 높이 '80'를 입력한 후 확인 버튼을 누릅니다.

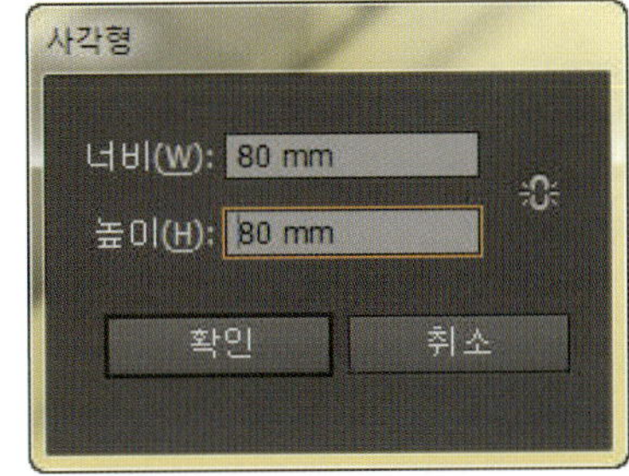

**36** 면 색상을 흰색으로 바꿔주고, [오브젝트]-[패스]-[패스이동]을 클릭한 후 다음과 같이 패스이동값을 '-3'으로 입력하고 확인 버튼을 누릅니다.

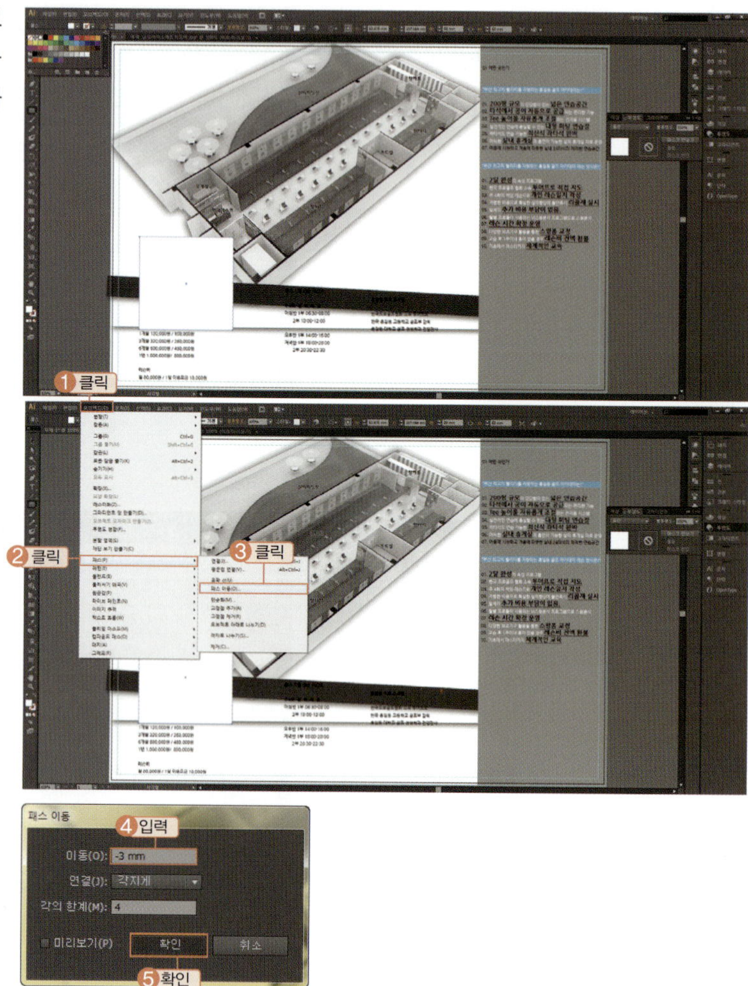

**37** 스포이드 툴( ) 단축키 Ⅰ를 누르고, 옆의 회색 위를 클릭합니다. 색상이 변경되었습니다.

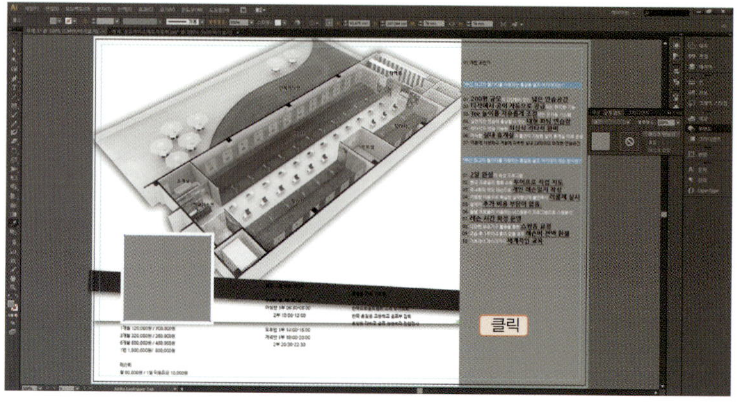

**38** 선택 툴(▯) 단축키 V 를 누르고 만든 두 개의 사각형을 Shift 를 누르면서 차례로 선택한 후 단축키 Ctrl + G 를 눌러 하나의 그룹으로 만들어줍니다.

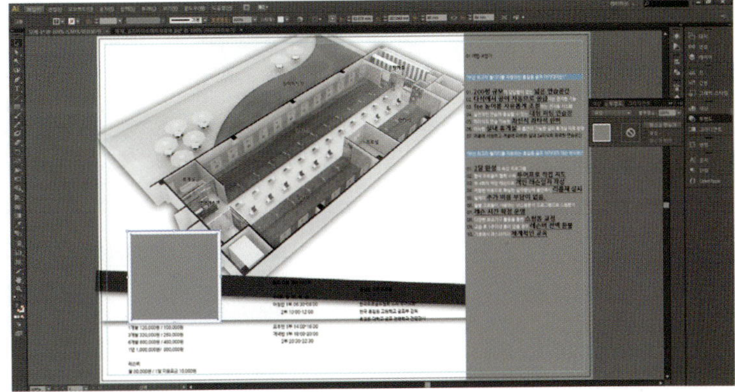

**39** [효과]–[스타일화]–[그림자 만들기]를 누르고 그림자 만들기 창이 나타나면 확인버튼을 누릅니다. 그림자 효과가 적용되었습니다.

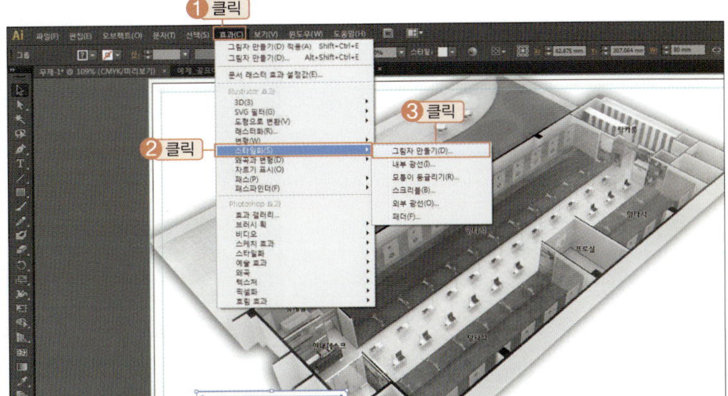


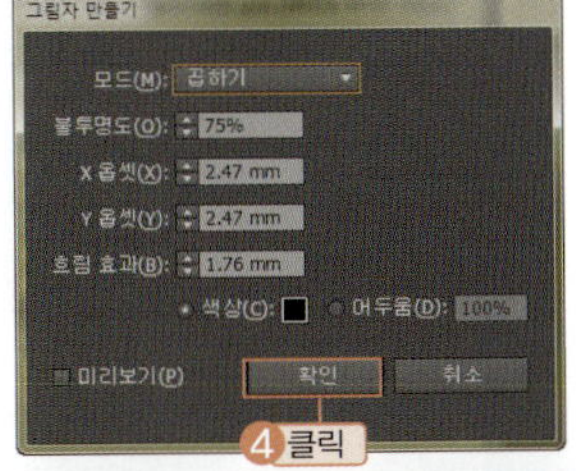


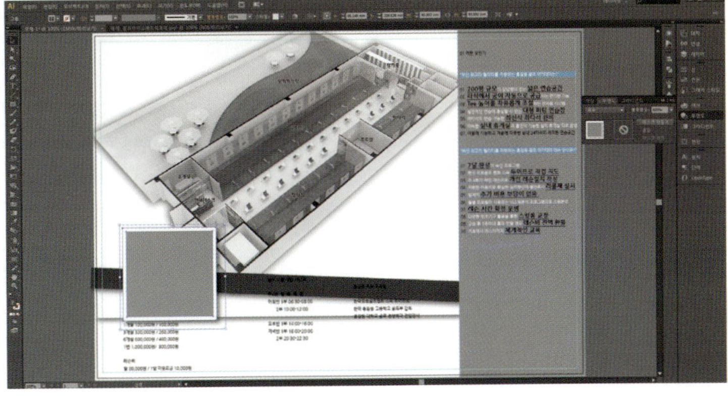

**40** 글자를 Ctrl+Shift+] 명령을 이용하여, 제일 위로 올리고 글자 색상을 변경해줍니다. 특수문자를 써야 할때는 한글키로 바꾸고 'ㅁ'+Alt를 누르면 원하는 특수문자를 고를 수 있습니다. 같은 방법으로 다음과 같이 만들어줍니다.

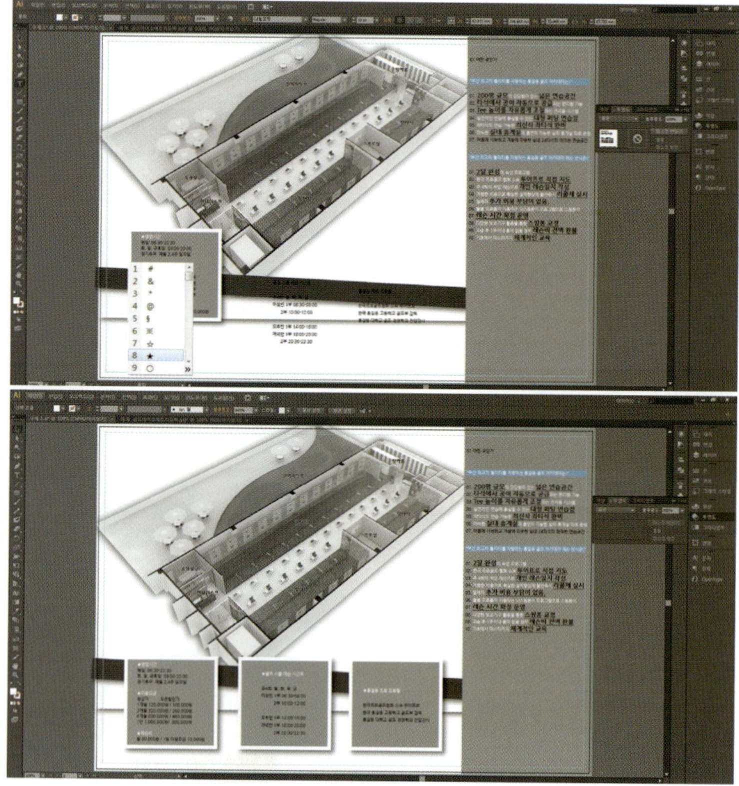

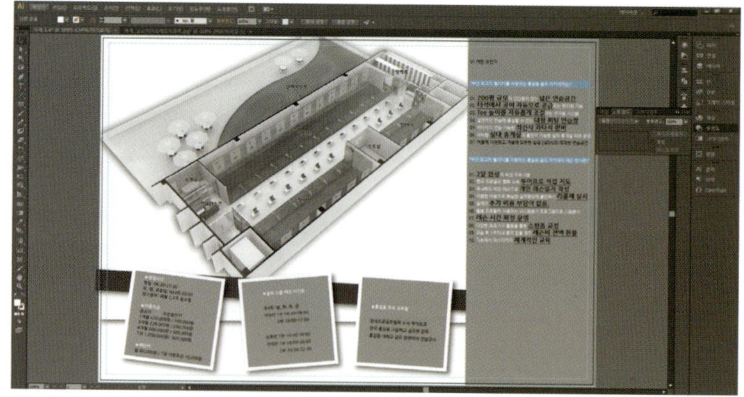

**41** 글자와 사각형을 단축키 Ctrl+G를 눌러 그룹을 만들어준 후 모서리부분을 살짝살짝 돌려서 회전시켜서 다음과 같이 만들어줍니다. 이미지가 훨씬 부드럽죠?

**42** 제목을 넣을 말풍선을 만들어 보도록 하겠습니다. 원형 툴(◯) 단축키 L을 누르고, 빈 화면을 클릭한 후 다음과 같이 값을 지정하고 확인 버튼을 누릅니다.

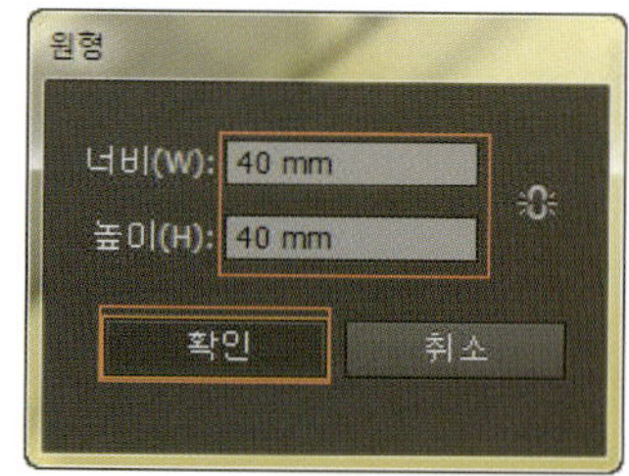

**43** 펜 툴( ) 단축키 P 를 누르고 다음과 같이 그려줍니다.

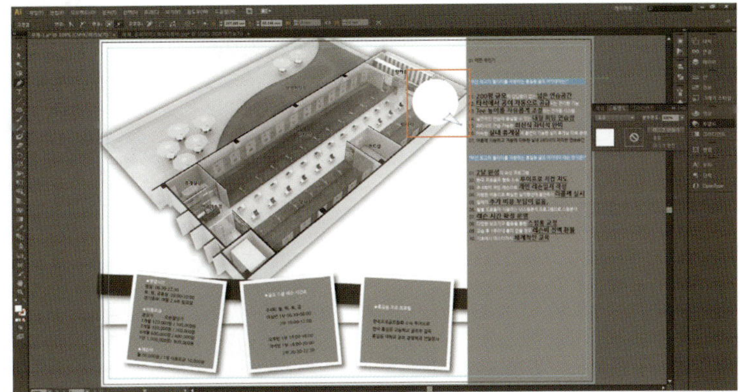

**44** 말풍선을 선택하고 도형구성 툴( ) 단축키 Shift + M 을 눌러 드래그하여 하나의 오브젝트로 만들어줍니다. 색상 패널을 눌러 C:70, M:15, Y:0, K:60인 청록색을 선택해줍니다.

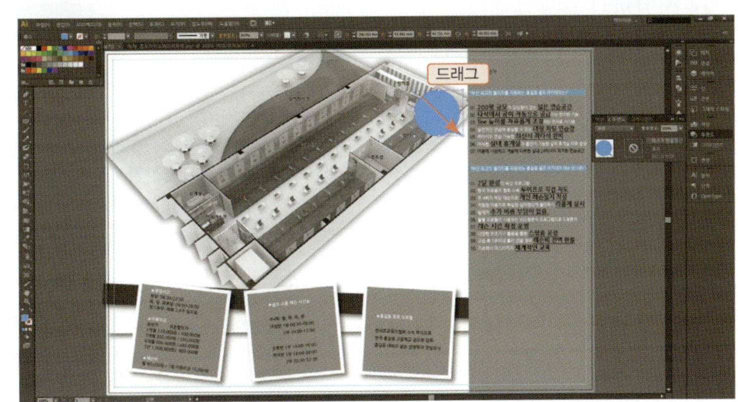


**45** 제목을 적어야 겠죠? 옆의 글자를 단축키 Alt +드래그를 눌러 복사한 후 '어떤 곳인가?'를 쓰고 본문에서는 지워줍니다. 글자 크기와 색상도 흰색으로 변경합니다.

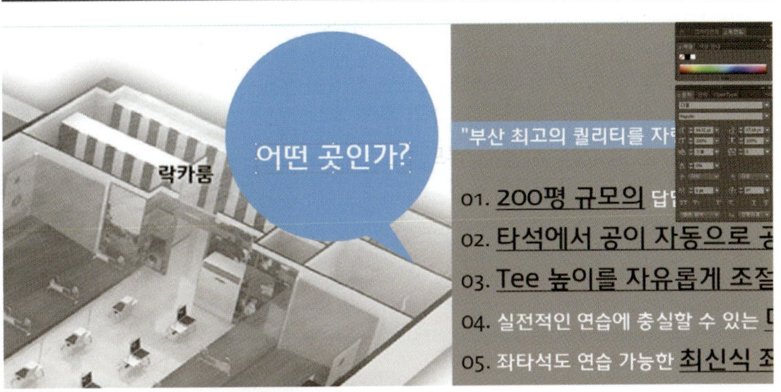


**46** '어떤곳인가'(나눔고딕, ExtraBold, 15pt)를 단축키 Alt +드래그를 눌러 복사한 후 '01'(나눔고딕, ExtraBold, 30pt)을 적어주고 글자크기를 변경해줍니다. 다른 제목도 같은 방법으로 다음과 같이 위치시켜줍니다.

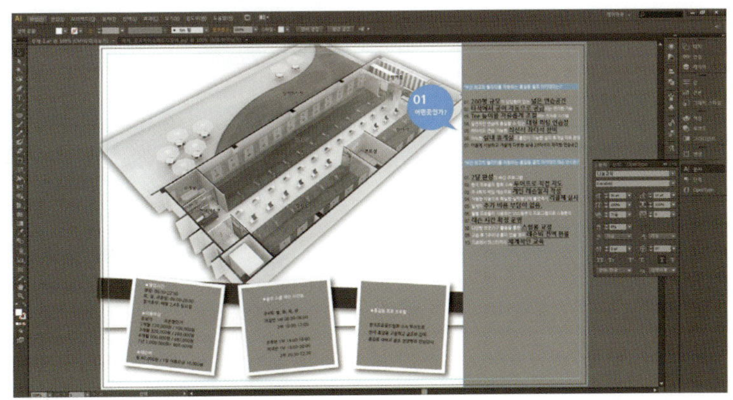

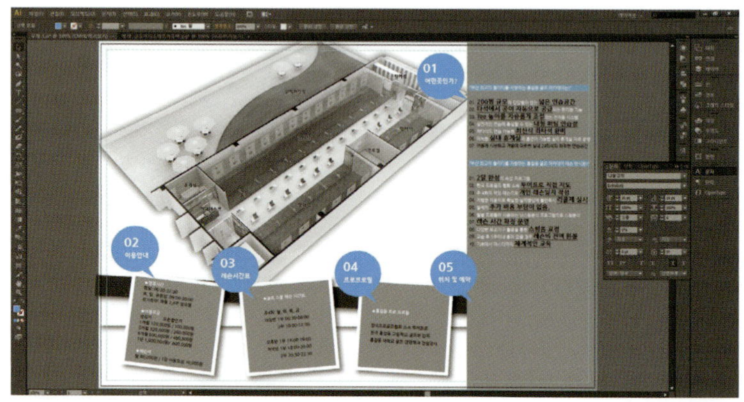

**47** 여기까지 해놓고 작업물을 되돌아봅니다. 레슨시간과 프로프로필 박스는 크기를 드래그하여 줄여줍니다. '어떤곳인가' 내용은 행간을 좀더 넓히고 위쪽으로 이동시키구요. 회색과 흰띠도 좀 더 위로 올려줍니다.

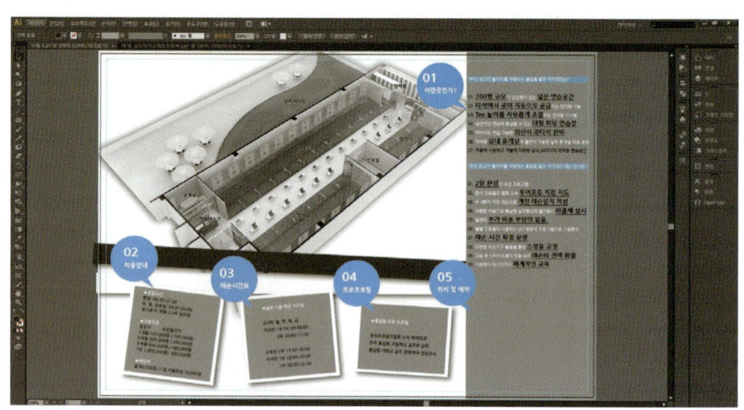

**48** 골프 스윙자세를 넣어보도록 하겠습니다. 열기 단축키 Ctrl+O를 누르고 부록 CD_Part06_예제.골프스윙.Ai 파일을 불러옵니다. 드래그하여 선택하고 Ctrl+G를 눌러 그룹으로 만들어주고, 복사 단축키 Ctrl+C를 누릅니다.

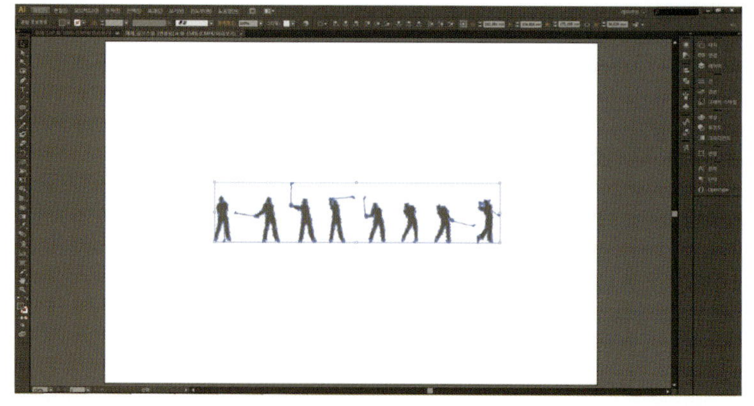

**49** 전단지 만들기 탭으로 이동 후 붙여넣기 Ctrl+V를 눌러줍니다. 붙여 넣어진 스윙자세의 크기를 줄이고 검정띠에 맞게 살짝 회전시켜준 후 색상도 CMYK 청록으로 바꿔줍니다.

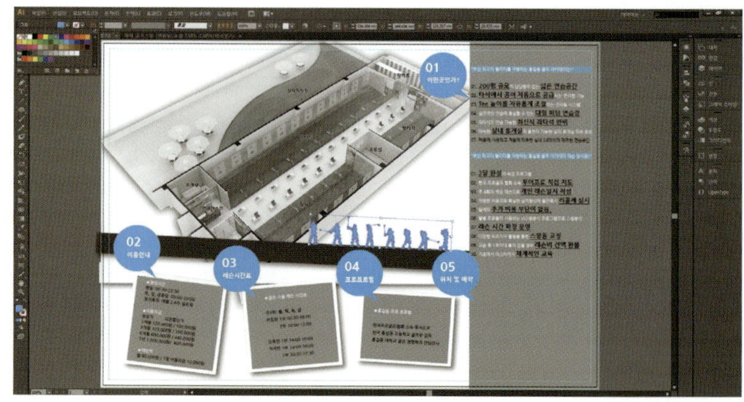

**50** 이번엔 투시도를 넣어보도록 하겠습니다. 열기 단축키 Ctrl+O를 누르고 부록CD_Part03_06_예제_골프홀투시도.Ai 파일을 불러옵니다. 투시도를 선택하고 복사 단축키 Ctrl+C를 누른 후, 전단지 만들기 탭으로 이동하여 붙여넣기 Ctrl+V를 눌러줍니다.

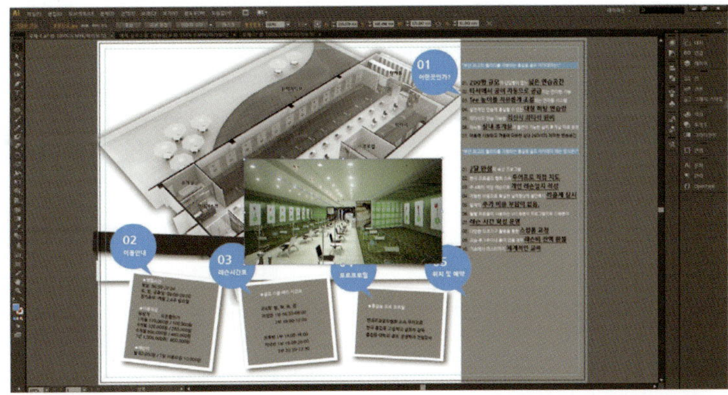

**51** 붙여 넣어진 투시도의 크기를 줄이고 말풍선을 선택하여 Ctrl+Shift+]를 눌러 제일 위로 위치시켜 줍니다.

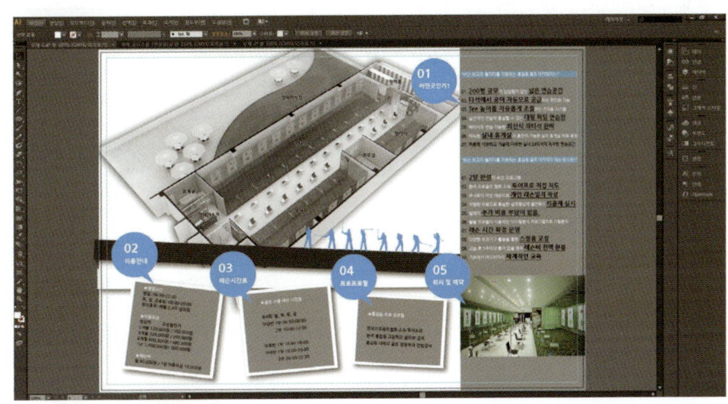

**52** 큰 제목부분을 만들어보겠습니다. 아무래도 오픈이니까. 좀 화려하게 표현되면 좋겠네요. [윈도우]-[심볼 라이브러리]-[축하]에서 색종이를 선택하고 화면으로 드래그합니다.

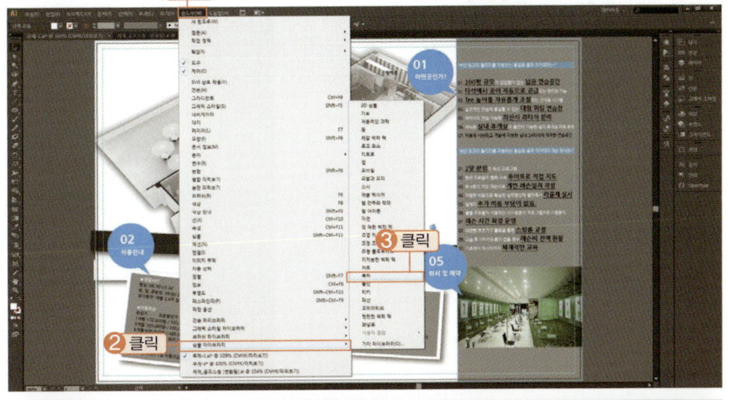


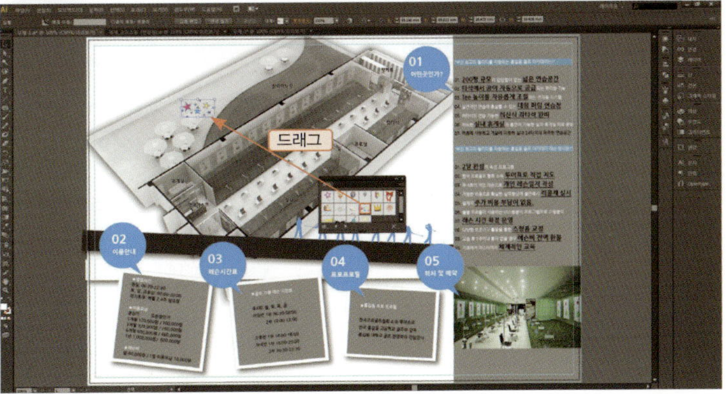

**53** 심볼 분무기 툴( ) 단축키 Shift + S 를 이용해서 다음과 같이 심볼을 뿌려 줍니다.

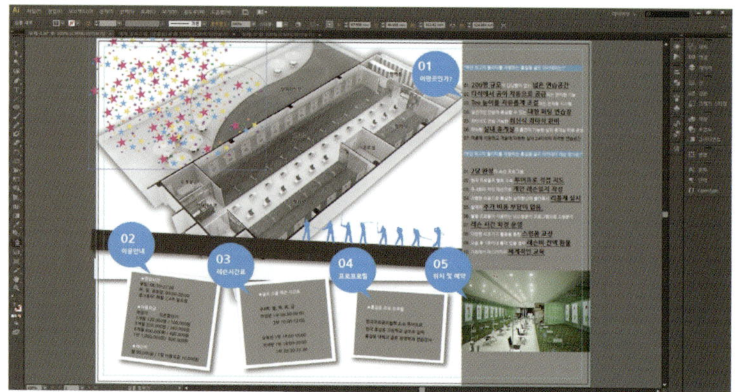

**54** 심볼 크기 조절기 툴( )를 선택하고 화면을 꾹꾹 누르듯이 찍어주면 심볼 크기가 조절이 됩니다.

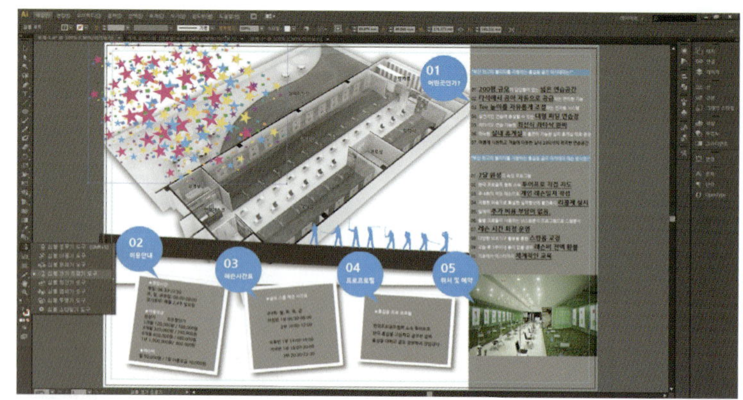

**55** 심볼 회전기 툴( )를 선택하고 화면을 찍어주면 심볼이 회전합니다. 원하는 느낌이 나올 때 까지 반복해보세요.

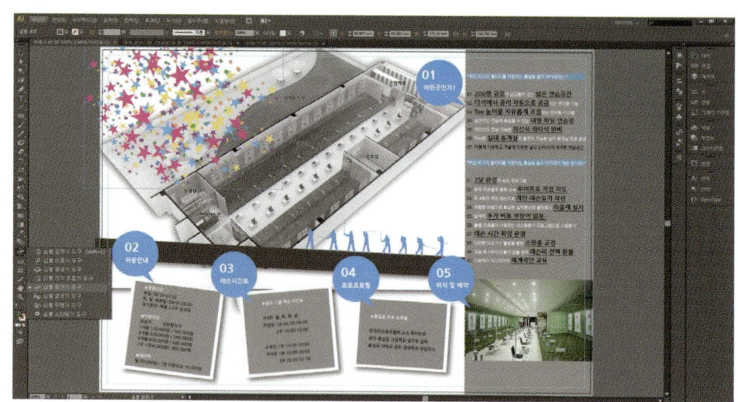

**56** 심볼 분쇄기 툴( )를 이용하여 심볼들을 안쪽으로 모읍니다. Alt 를 누른채 드래그 하면 바깥쪽으로 흩어집니다.

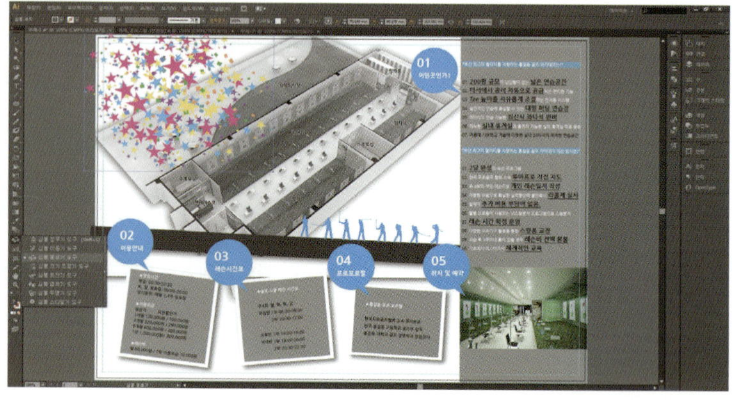

**57** 심볼 투명기 툴( )를 이용하면, 심볼의 투명도를 조절해줍니다.

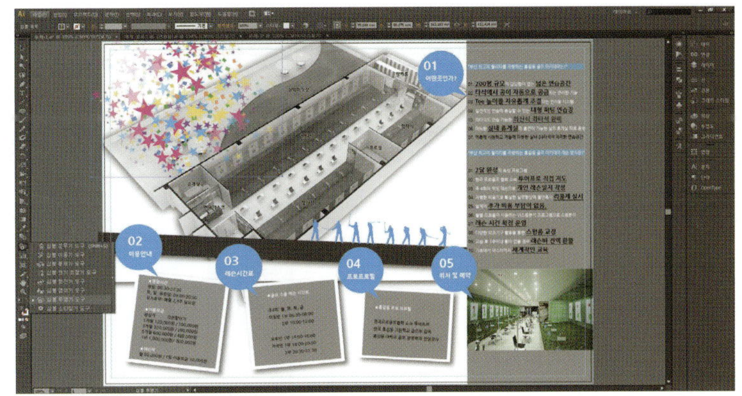

**58** 둥근 사각형 툴( )을 선택하고 화면을 클릭합니다. 둥근사각형 크기를 다음과 같이 지정하고 확인을 누릅니다.

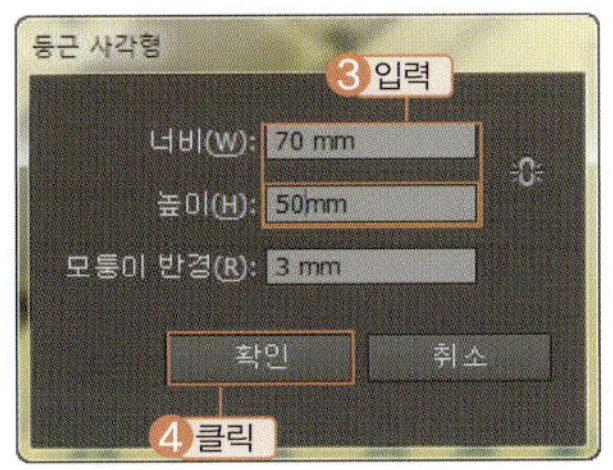


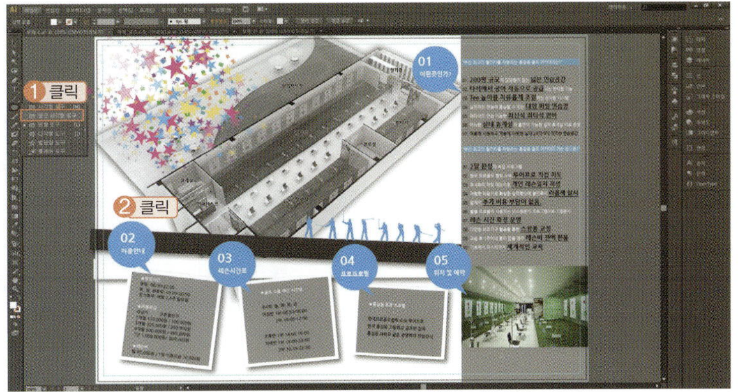


**59** 옆의 글자를 Alt +드래그하여 복사하고 'OPEN'으로 문구를 수정한 후 글자 색상은 CMYK청록으로 폰트는 나눔고딕, ExtraBold 65pt로 조절해줍니다.

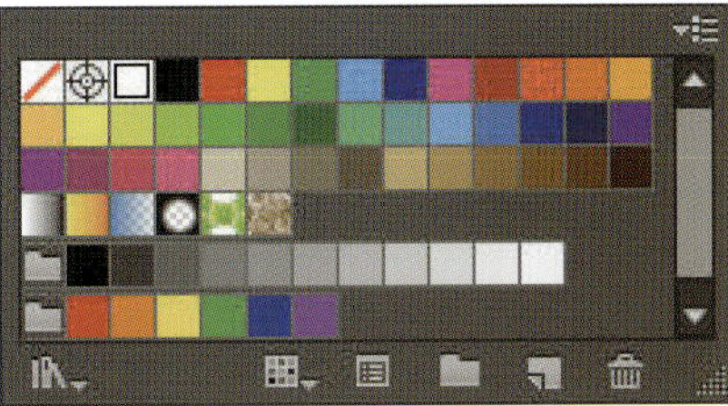

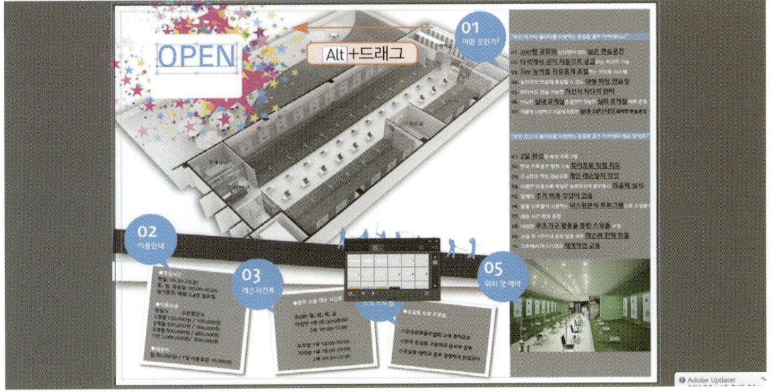

**60** 'OPEN' 글자를 Alt+드래그하여 복사하고 '홍길동골프아카데미'로 문구를 수정한 후 글자색상은 C=0, M=0, Y=0, K=80으로 크기는 20pt로 조절해줍니다.

**61** 둥근 사각형과 'OPEN', '홍길동골프아카데미'를 Shift를 누르면서 클릭하여 함께 선택하고, 단축키 Ctrl+G를 눌러 그룹으로 만들어줍니다.
[효과]-[스타일화]-[그림자만들기]를 눌러 다음과 같이 값을 지정해줍니다. 그림자 효과가 적용되었습니다.

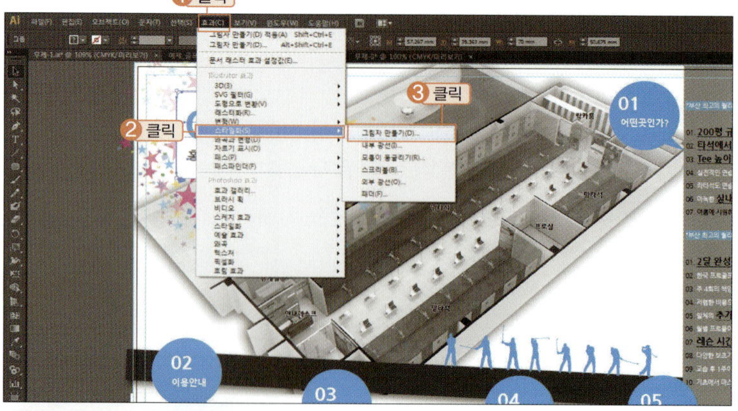

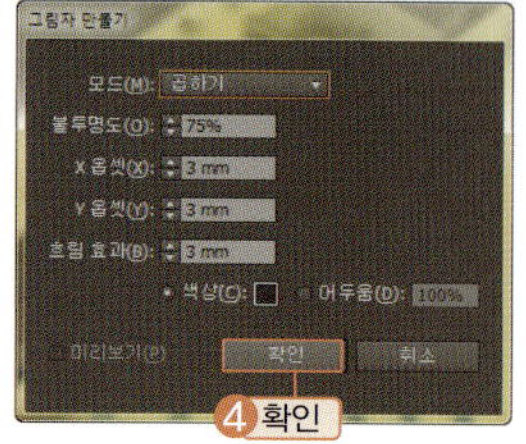

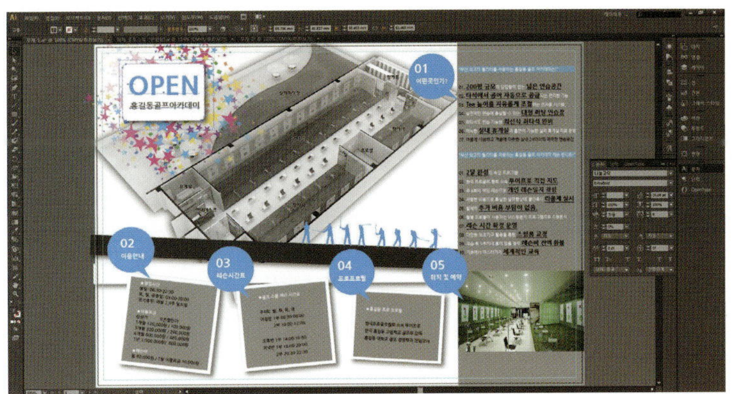

**62** 자, 지금까지. 다 되셨다면 한번 점검 해보세요. 전화번호와 주소가 빠졌고, 중간에 다른 문구를 넣어주면 좋을 것 같네요. 심볼을 뿌린 곳이 좀 허전해보이면 다시 뿌려서 좀 더 채워주고 완성합니다.

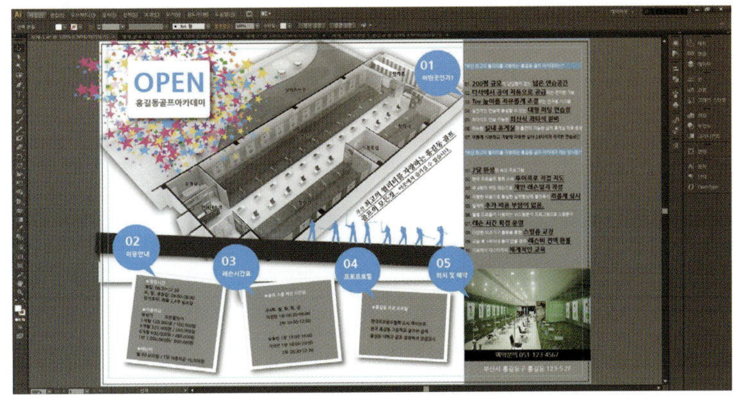

## >> Chapter
# 07 실측보고서 만들기

일반공사를 진행할 때는 실측보고서를 굳이 만들지 않는데요. 매뉴얼 공사를 진행할 때는 담당자에게 보고를 위한 실측보고서를 작성하게 됩니다. 하지만, 일반공사시에도 실측보고서 작성을 습관화해 놓으면, 실측해온 사람과 현장담당소장이 같은 사람이 아니더라도, 현장내용을 어느 정도 파악하는데, 도움이 될 것입니다. 구두상의 설명으로는 놓치는 부분이 아무래도 많겠죠?

실측시에는 여러 가지 사항을 체크해야 합니다. 간략하게 소개를 드리자면,

전기_전기 용량, 증설가능여부, 분전함 위치

수도_수도계량기, 급수, 배수 위치 및 배관사이즈

소방_스프링 쿨러, 감지기 개수파악

냉난방_현재 냉난방 기기를 재사용할지 여부, 기존 냉난방기 위치

닥트_현재 닥트 상태

간판_ 사인물 부착 가능 위치 및 허가사항

등 입니다.

보통은 실측보고서 양식이 매뉴얼별로 각각 정해져있습니다만, 이번 장에서는 일러스트레이터로 표를 만들어가는 방법, 알씨를 이용하여 사진크기줄이기, 그리고 일러스트레이터에서 PDF파일로의 변환방법을 알아보도록 하겠습니다.

**1** Ctrl+N을 누르고 대지수와 용지크기를 다음과 같이 설정 한 후 확인 버튼을 눌러 새 창을 만듭니다.

**2** 흰색면과 검은색 선으로 설정하고, 선 툴( / )을 꾹 눌러서 격자 툴( )을 선택합니다.

**3** 격자 툴( )에서 더블클릭하면, 사각형 격자 도구 옵션창이 나타납니다. 가로 분할자를 '4'로 세로 분할자를 '3'으로 설정하고, 격자 채우기에 체크한 후 확인 버튼을 누릅니다.

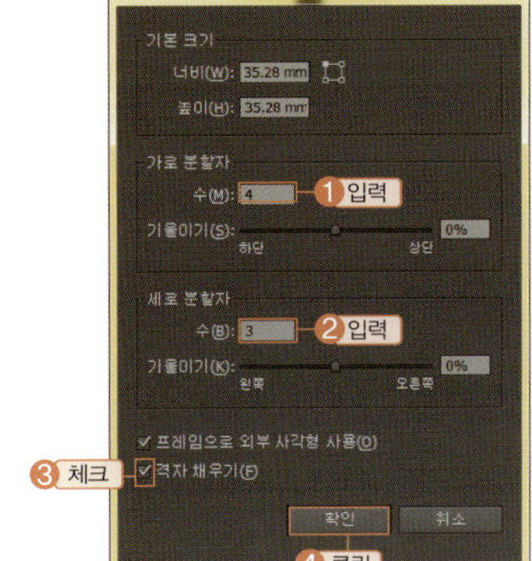


**4** 아트보드 위로 드래그하여 다음과 같이 만들어줍니다.

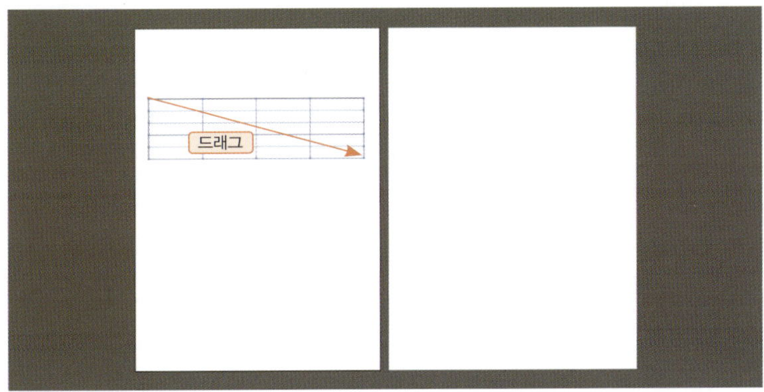


**5** 다른 표를 하나 더 만들어보겠습니다. 이번엔 격자 툴( )을 선택하고, 아트보드 위를 클릭합니다. 똑같이 사각형 격자 도구 옵션 창이 나타나죠? 가로 분할자를 '6'으로 세로 분할자를 '2'로 설정하고, 확인버튼을 누르면, 표가 아트보드 위에 생깁니다. 다음과 같이 위치시켜줍니다. 칸의 크기는 표를 클릭하면 나오는 중심점을 이동해서 얼마든지 조절할 수 있습니다.

**6** 직접 선택 툴( ) 단축키 A를 눌러 줄을 선택하고 아래로 드래그해줍니다. 다른 줄도 다음과 같이 정렬해줍니다.

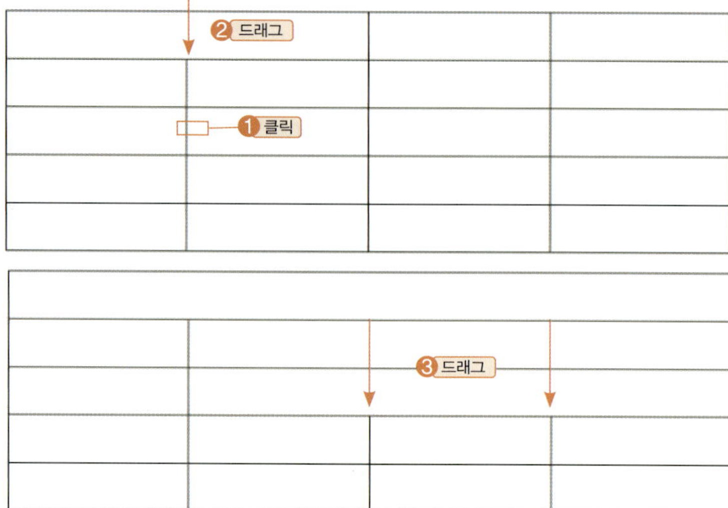


**7** 아래쪽 표도 칸의 너비를 조절해보도록 하겠습니다. 직접 선택 툴( ) 단축키 A이 선택되었나요? 확인하고, 줄을 선택한 후 방향키 ←를 꾸우욱 눌러서 위의 표와 줄이 맞게 조절해줍니다. 옆의 또 하나의 선은 필요 없을 것 같네요. 선을 선택하고 Delete를 눌러 삭제해줍니다.

**8** 선굵기를 조절해보도록 하겠습니다. 단축키 Ctrl+F10을 눌러 선패널을 불러옵니다. 직접 선택 툴로 바깥쪽 사각형을 선택하고, 선굵기를 2pt로 지정해줍니다.

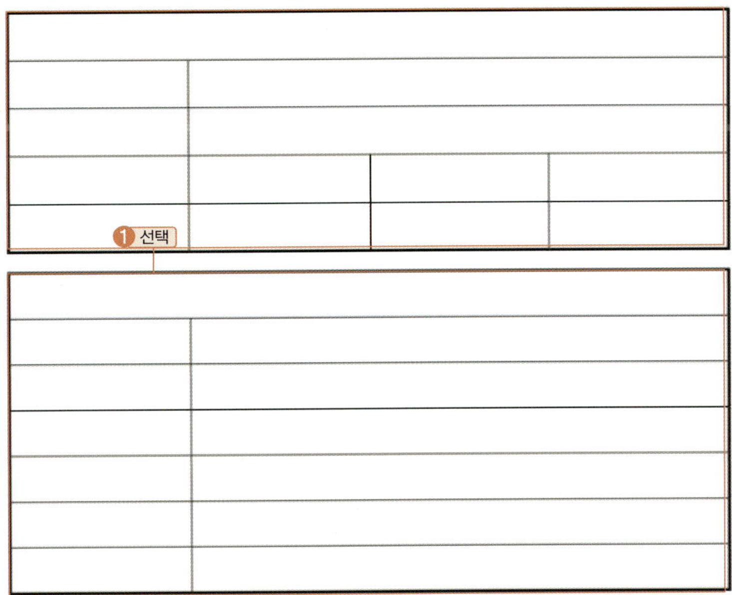


**9** 색상을 넣어보도록 하죠. 우선 색상을 골라보겠습니다. C:0 M:0 Y:0 K:50 인 색상을 고르고 전체선택 단축키 Ctrl+A를 눌러 표를 전체 선택해줍니다.

**10** 라이브 페인트 통 툴( ) 단축키 K를 누르고, 다음과 같은 문구가 나오면 칠할 부분을 클릭해줍니다. 색상이 칠해졌습니다.

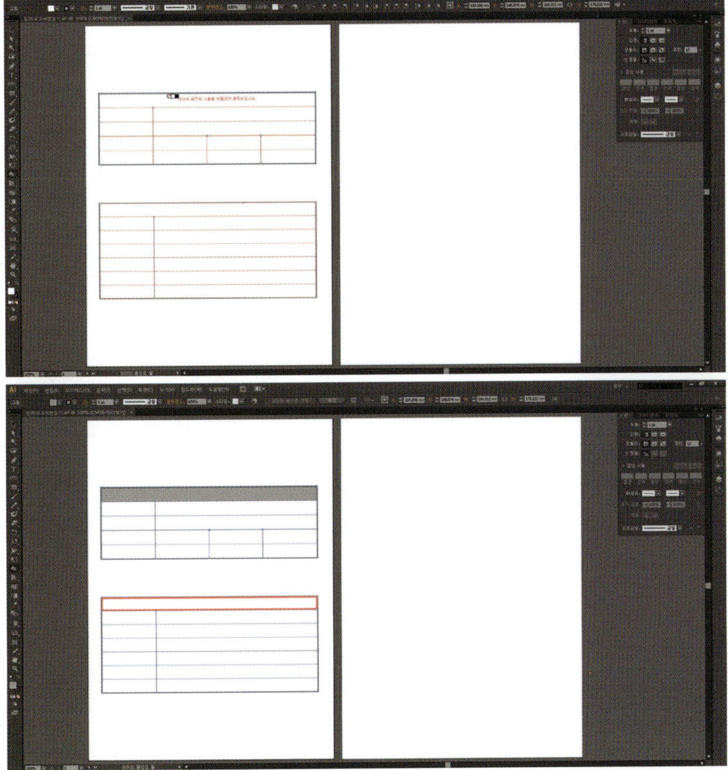

**11**　제목을 써보겠습니다. 문자 툴(**T**) 단축키 **T**를 누르고, 글자색상은 검정색 면으로 지정한 후, 아트보드를 클릭하여, '실측보고서' 라고 씁니다. 폰트와 글자크기는 다음과 같이 지정해줍니다.

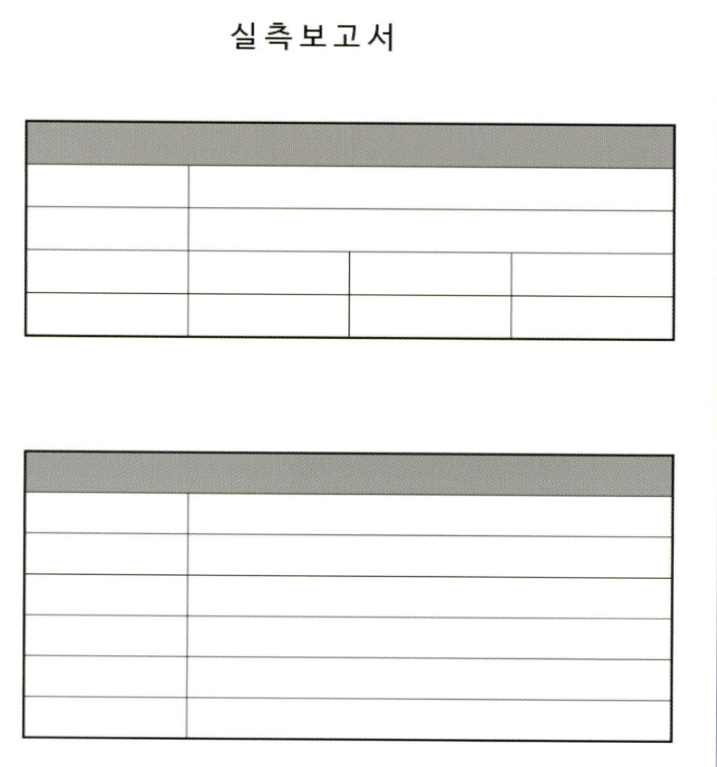

**12**　표와 제목을 아트보드의 중간으로 정렬해보겠습니다. 전체선택 단축키 **Ctrl**+**A**를 누르고, 컨트롤 패널의 정렬하기를 대지에 정렬로 바꿔준 후 가로 가운데 정렬(　)을 클릭합니다.

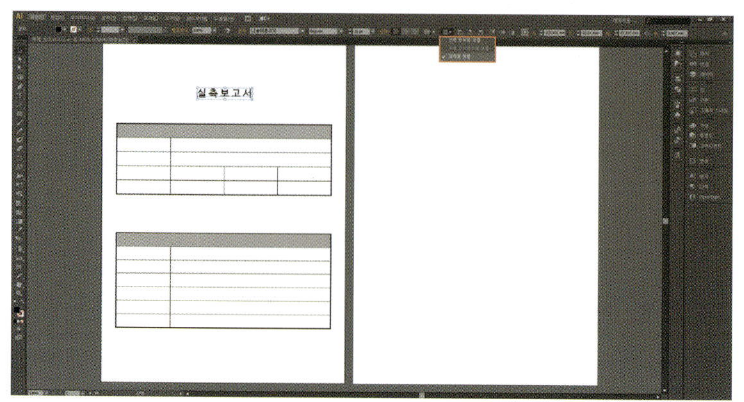

**13** 문자 툴( T ) 단축키 T 를 누르고, 글자색상은 검정색으로 지정합니다. 폰트와 글자크기는 다음과 같이 지정해줍니다. 아트보드를 클릭하여, '현장보고'라고 입력한 후 글자를 클릭하고 Alt 를 누르면서 아래쪽으로 드래그하여 위치시켜줍니다.

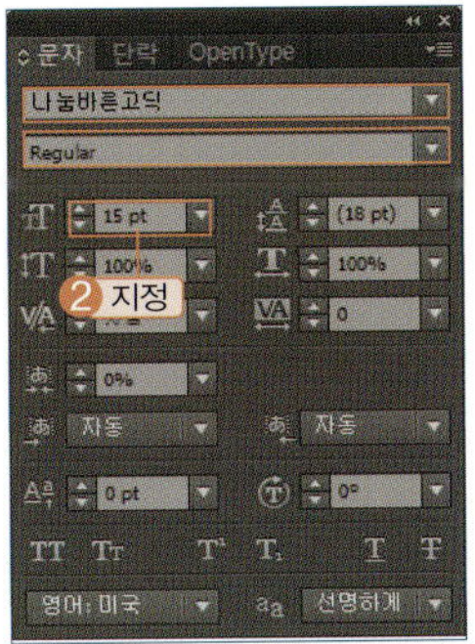



| 현장보고 | | | |
|---|---|---|---|
| 현장보고 | | | |
| | | | |
| | | | |
| | | | |

**14** 반복명령어 단축키 Ctrl + D 를 세 번 눌러 다음과 같이 적용시켜줍니다. 같은 방법으로 다른 칸에도 글자를 복사해서 붙여 넣어 줍니다.

| 현장보고 | | | |
|---|---|---|---|
| 현장보고 | | | |
| 현장보고 | | | |
| 현장보고 | | | |
| 현장보고 | | | |

**15** 내용을 다음과 같이 수정하여 넣어줍니다. 글자크기도 제목과는 차이가 나야겠죠? 12pt정도로 수정해줍니다.

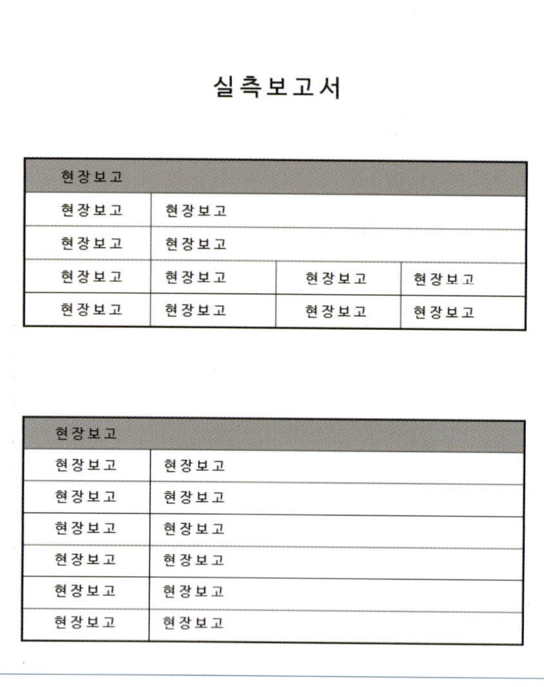

실측보고서

| 현장보고 | | | |
|---|---|---|---|
| 현장보고 | 현장보고 | | |
| 현장보고 | 현장보고 | | |
| 현장보고 | 현장보고 | 현장보고 | 현장보고 |
| 현장보고 | 현장보고 | 현장보고 | 현장보고 |

| 현장보고 | |
|---|---|
| 현장보고 | 현장보고 |
| 현장보고 | 현장보고 |
| 현장보고 | 현장보고 |
| 현장보고 | 현장보고 |
| 현장보고 | 현장보고 |
| 현장보고 | 현장보고 |

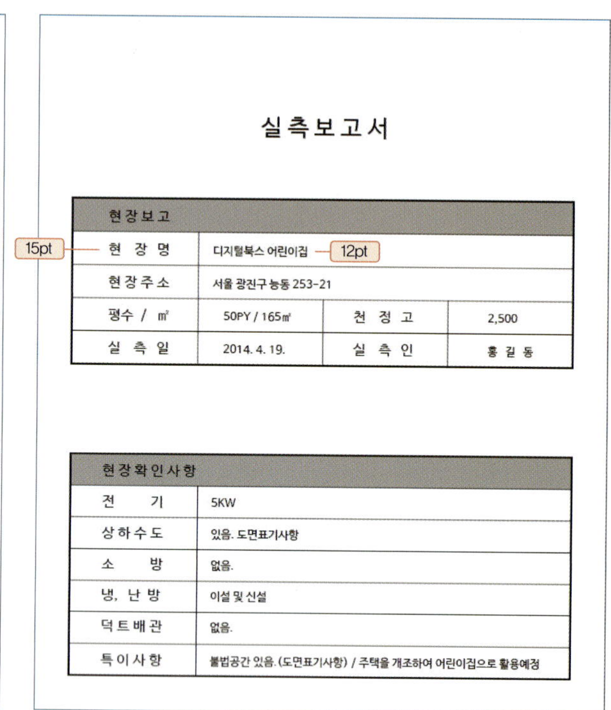

실측보고서

| 현장보고 | | | |
|---|---|---|---|
| 현 장 명 | 디지털북스 어린이집 | | |
| 현 장 주 소 | 서울 광진구 능동 253-21 | | |
| 평 수 / ㎡ | 50PY / 165㎡ | 천 정 고 | 2,500 |
| 실 측 일 | 2014. 4. 19. | 실 측 인 | 홍 길 동 |

| 현장확인사항 | |
|---|---|
| 전 기 | 5KW |
| 상 하 수 도 | 있음. 도면표기사항 |
| 소 방 | 없음. |
| 냉, 난 방 | 이설 및 신설 |
| 덕 트 배 관 | 없음. |
| 특 이 사 항 | 불법공간 있음. (도면표기사항) / 주택을 개조하여 어린이집으로 활용예정 |

㎡는 한글키로 바꿔준 후 ㄹ+한자를 누르고 지정해주면 됩니다.

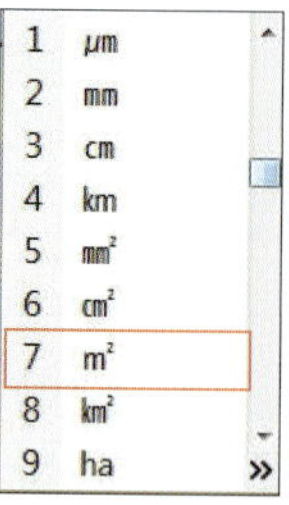


**16** 사진을 불러와서 배치해보도록 하겠습니다. 부록CD_Part03_07_예제_현장사진_단차.jpg 파일을 복사하기 단축키 Ctrl+C를 눌러 복사해주고, 일러스트레이터 아트보드에서 붙여넣기 단축키 Ctrl+V 해줍니다.

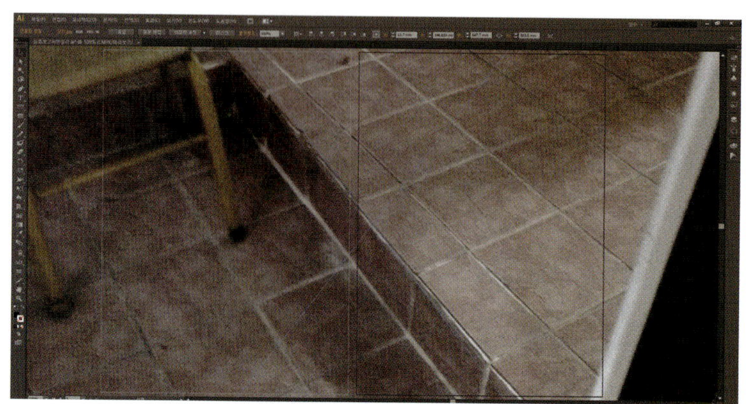

▲ 아트보드에 붙여넣기 된 이미지

**17** 핸드폰으로 촬영한 사진이라 사진 크기가 많이 큽니다. 화면에 꽉차네요. Delete 를 눌러 불러온 사진을 삭제해줍니다. 이렇게 큰 사진은 파일용량 자체를 크게 만들기 때문에, 불러오는 단계부터 사진의 크기를 줄여주는 것이 좋습니다.

**18** '알씨'를 이용해서 사진크기를 줄여보도록 하겠습니다. 부록CD_Part03_07_예제_현장사진 폴더에서 전체선택하기 단축키 Ctrl + A 를 눌러주고, 마우스 우클릭하여, 알씨 – 이미지 크기 변경하기를 선택합니다.

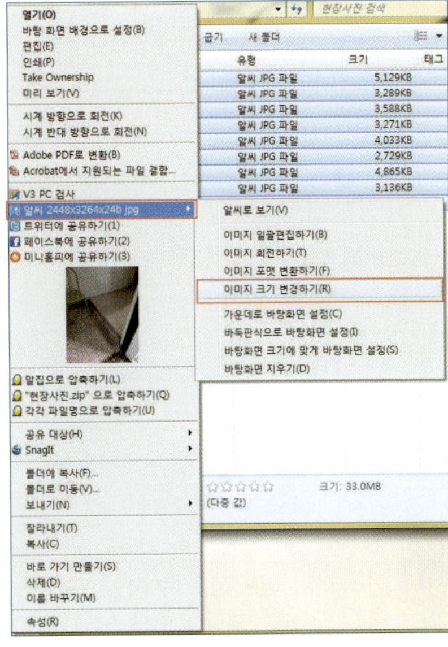

**19** 비율로 조절하기에 30%를 입력하고, 저장할 경로는 원본 하위폴더에 저장을 선택하고, 폴더이름을 크기변환으로 변경해준 후 확인 버튼을 눌러줍니다. 이미지 크기를 변경이 완료되었습니다.

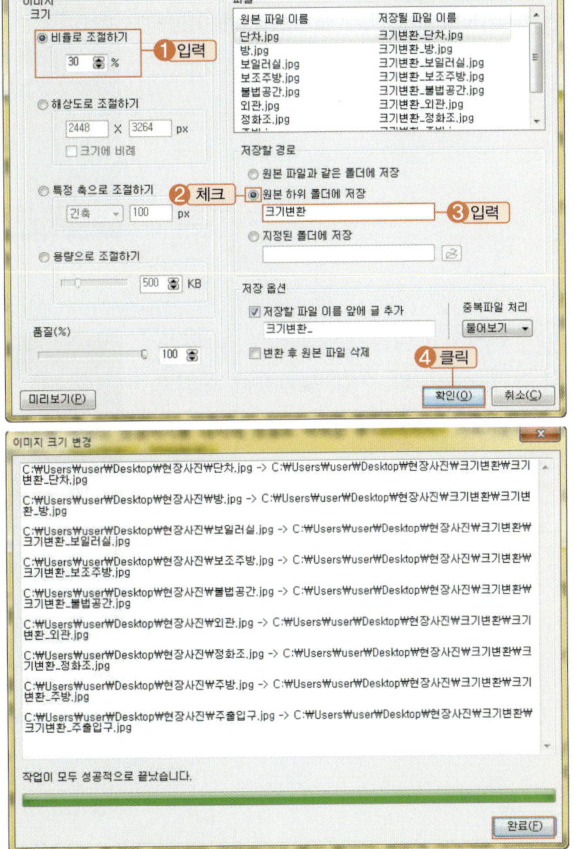

**20** 저장해둔 경로의 폴더에 들어가보면 크기변환 폴더가 생성되어 있습니다. 크기 변환폴더 내의 사진을 전체 선택 단축키 Ctrl+A를 눌러, 선택해준 후 일러스트레이터 아트보드에서 붙여넣기 단축키 Ctrl+V해줍니다.

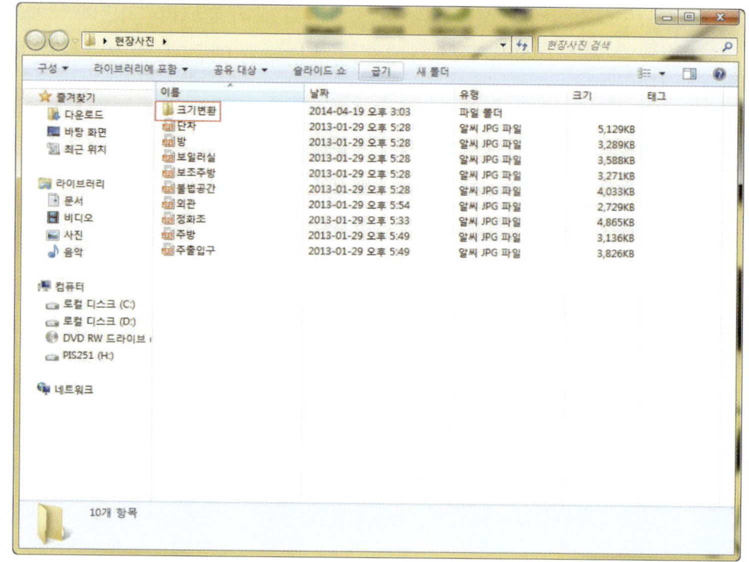

**21** 이미지가 어느정도 수정할 수 있는 크기로 줄었습니다. 전체 이미지가 선택이 되었을 때 모서리 고정점을 드래그하여 사진을 전체적으로 조금 더 줄여준 후 어떤 사진이 있는지, 이미지가 겹치지 않게 이동시켜 펼쳐줍니다.

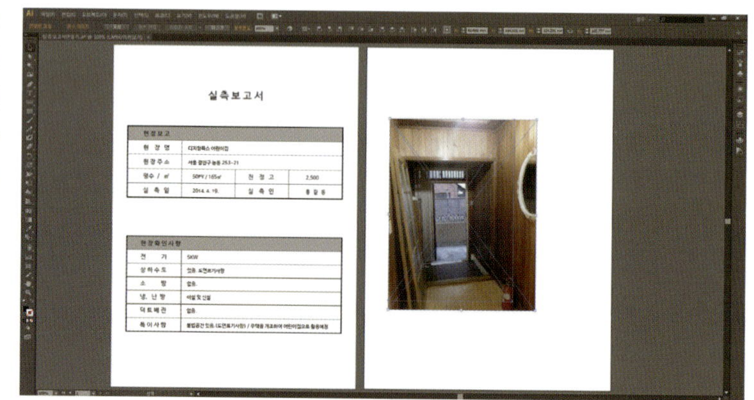

**22** 펼쳐지고 나면, 분류작업에 들어갑니다. 외부, 입구, 방, 주방, 불법공간, 정화조, 보일러실 이렇게 분류해줍니다.

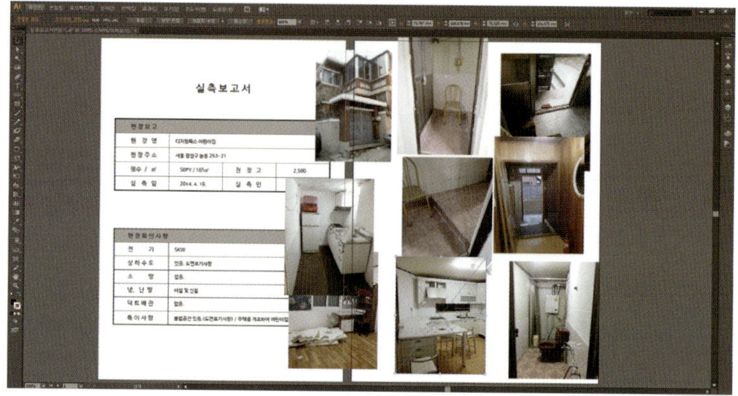

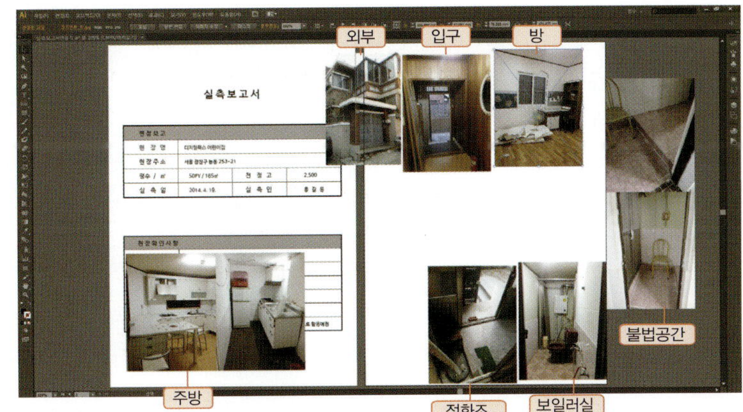


**23** 이미지를 선택하고 옆의 이미지와 크기 맞추기 작업을 계속합니다. 교차영역 보조선이 표시되면서, 이동 시킬 때마다 보조선으로의 역할을 톡톡히 합니다.

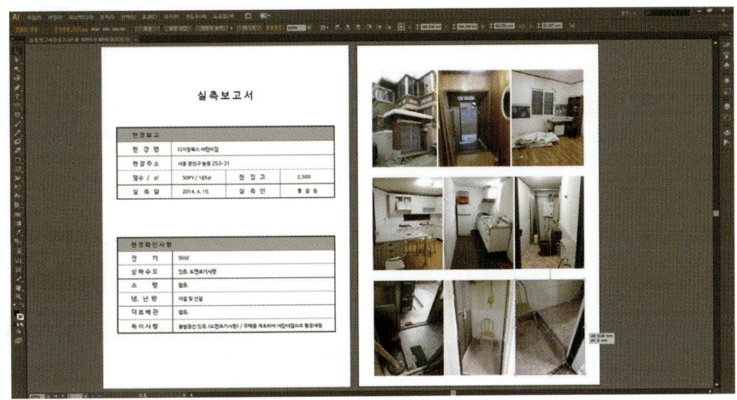

**24** 대략 크기를 맞춰주고 나면, 이미지를 선택해준 후 컨트롤 패널에서 '선택항목으로 정렬'을 선택해주고, 세로 위 정렬(  )을 눌러 위쪽라인을 맞게 정리해줍니다.

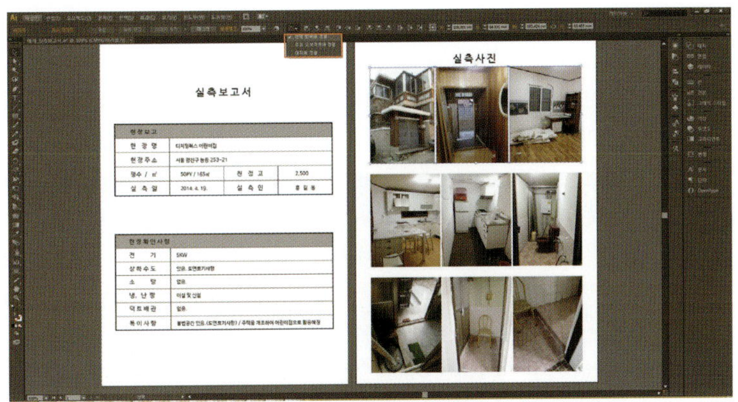

**25** 이미지를 드래그하여 전체 선택해주고 컨트롤 패널의 포함 버튼을 눌러, 이미지를 파일에 포함시켜줍니다. X자 표시가 없어지면서 포함되었습니다.

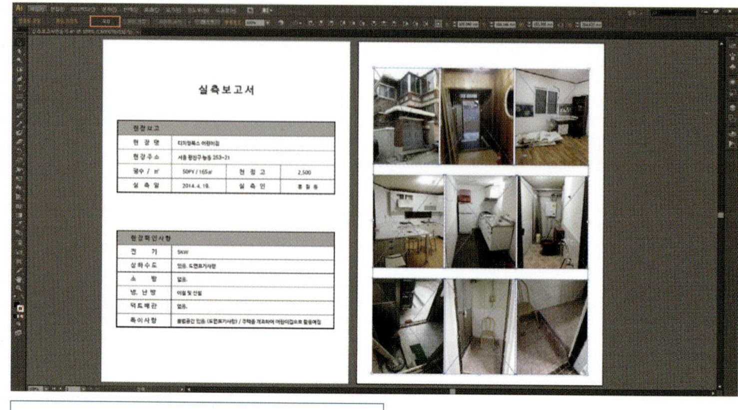

**26** 문자 크기를 다음과 같이 지정해주고, 사진에 각각 위치를 표기해줍니다.

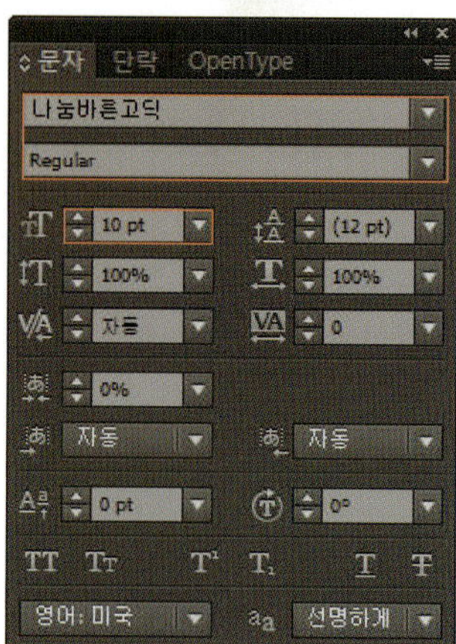

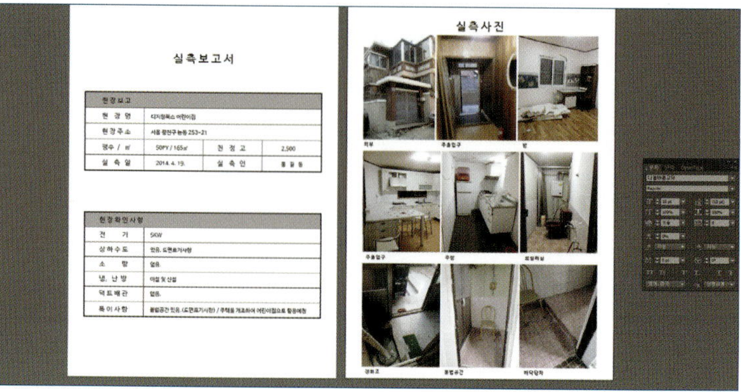

**27** 저장을 해보도록 하죠. 원본파일은 사무실에 저장해두고, 담당자에게 제출하기 위한 PDF파일로 저장해보도록 하겠습니다. 다른 이름으로 저장하기 단축키 Shift + Ctrl + S 를 눌러서 저장위치와 이름을 지정해주고 확인 버튼을 누릅니다. 사무실에 저장해둘 것이니, 원본파일로 언제든지 수정 가능하도록 Ai파일 CS6버전으로 저장합니다.

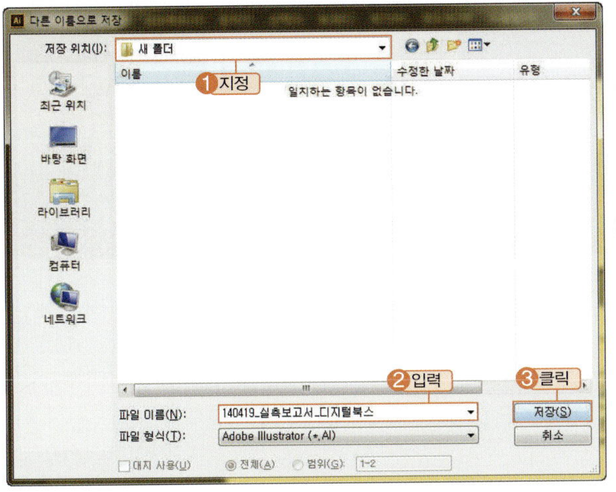
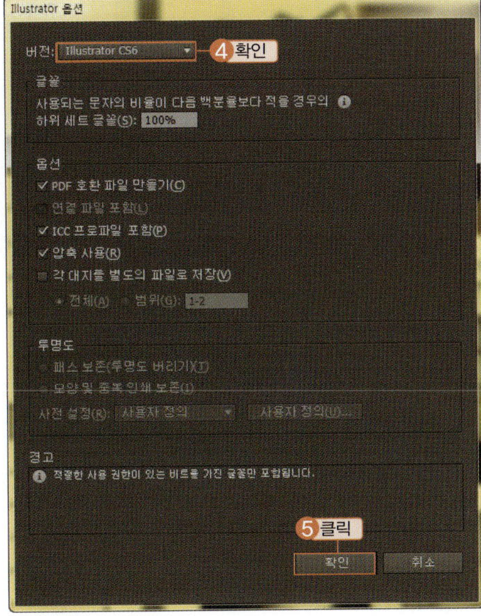

**28** 다른 이름으로 저장하기 단축키 Shift + Ctrl + S 를 눌러서 파일형식을 PDF로 선택한 후 확인 버튼을 누릅니다. PDF파일 설정 창이 나타나면, PDF 저장 버튼을 눌러줍니다.

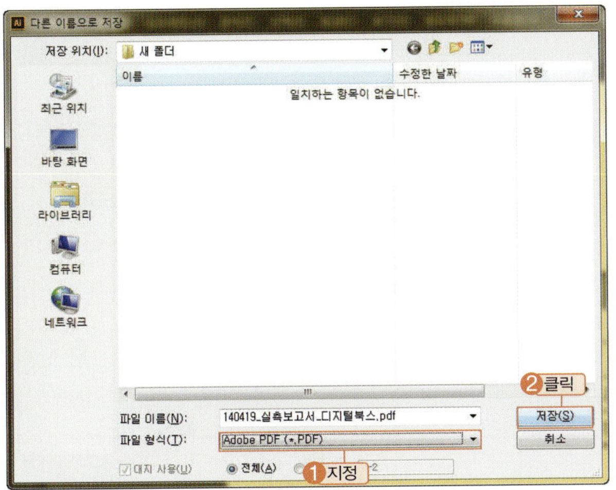
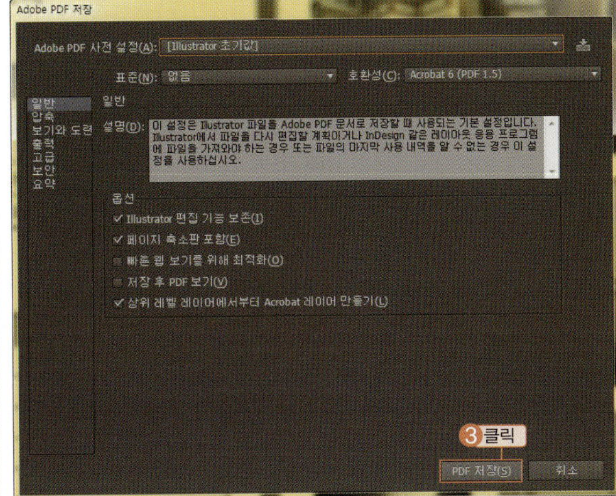

**29** 저장해둔 PDF파일을 열어봅니다. 일 러스트레이터에서 만들어둔 대지가 1, 2페 이지로 연결되어 저장되어 있습니다. 완성 되었습니다.

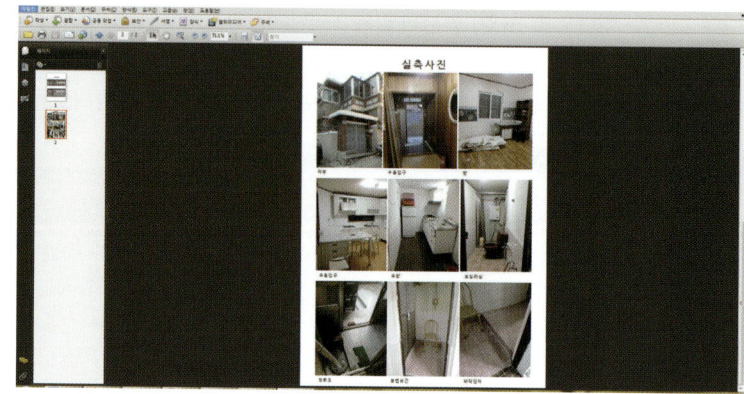

## 알 아 두 기

## 알씨 설치하기

**1** 알씨로 검색하고, 알씨(ALSee)를 클릭합니다.

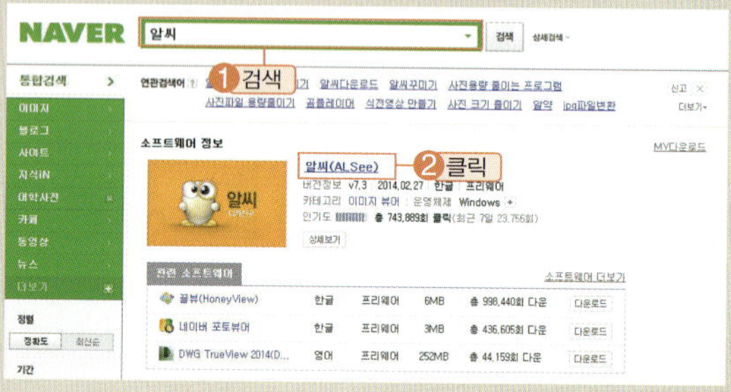

**2** 개발사 다운로드 버튼을 클릭하고, 설치하기를 누릅니다.

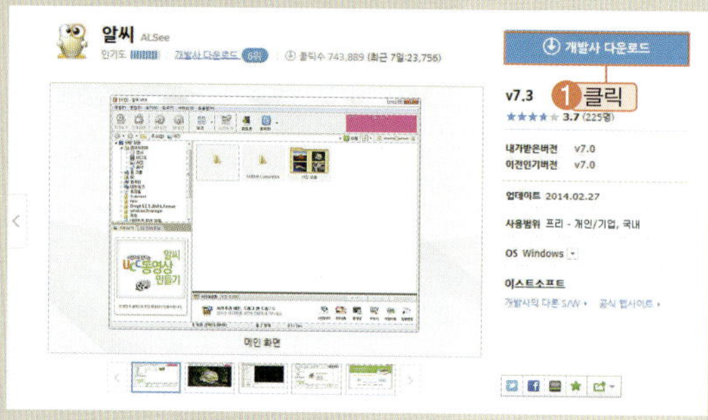

**3** '다른 이름으로 저장하기'를 누르고 저장할 위치를 지정해준 후 저장 버튼을 눌러 컴퓨터에 저장합니다.

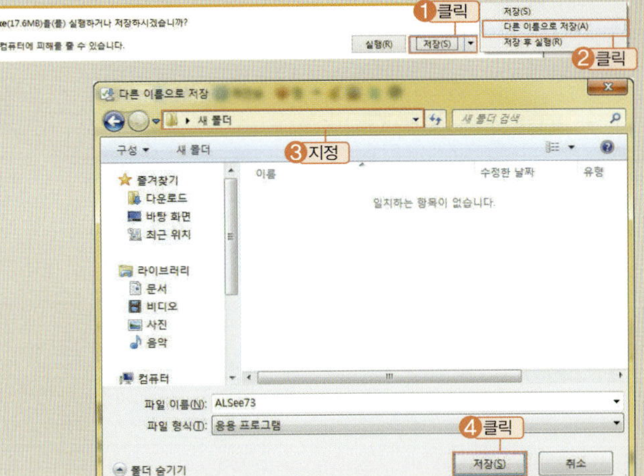

**4** 생성된 실행파일을 더블클릭한 후 실행 버튼을 눌러, 설치를 진행합니다.

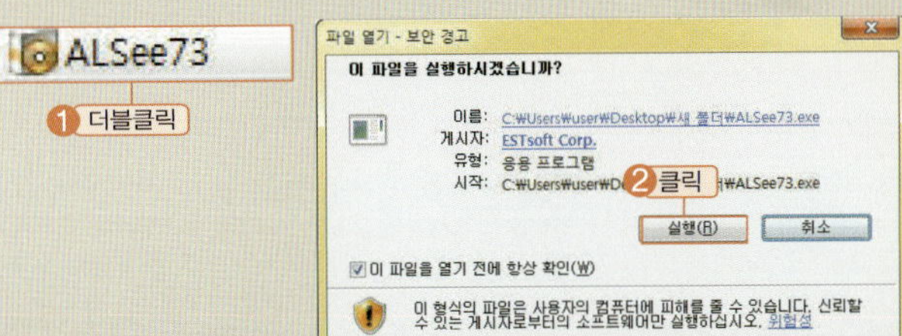

**5** '동의' 하고 저장경로를 지정한 후 '다음' 버튼을 누릅니다.

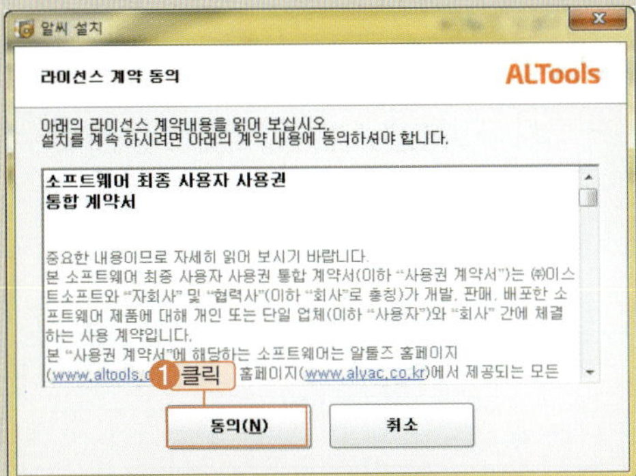

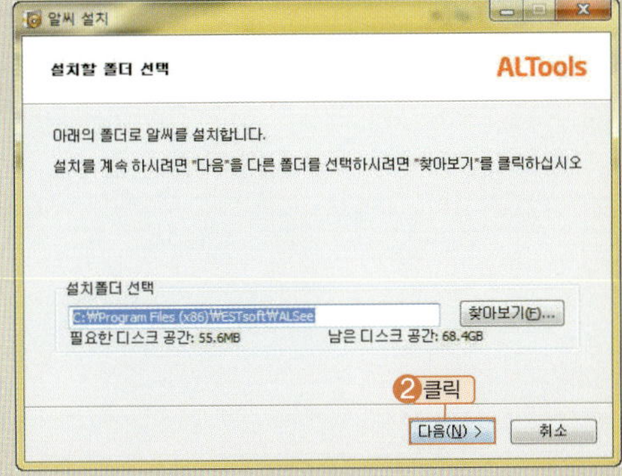

**6** 바탕화면에 아이콘만들기만 체크하고 설치 버튼을 누릅니다.

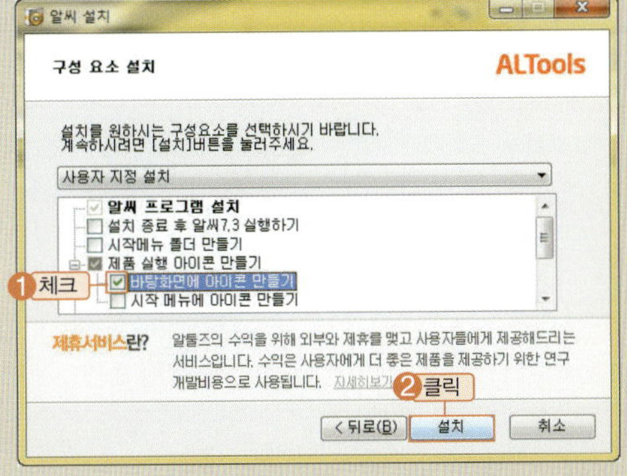

**7** 확인 버튼을 누르면, 아이콘이 형성됩니다. 설치가 완료되었습니다.

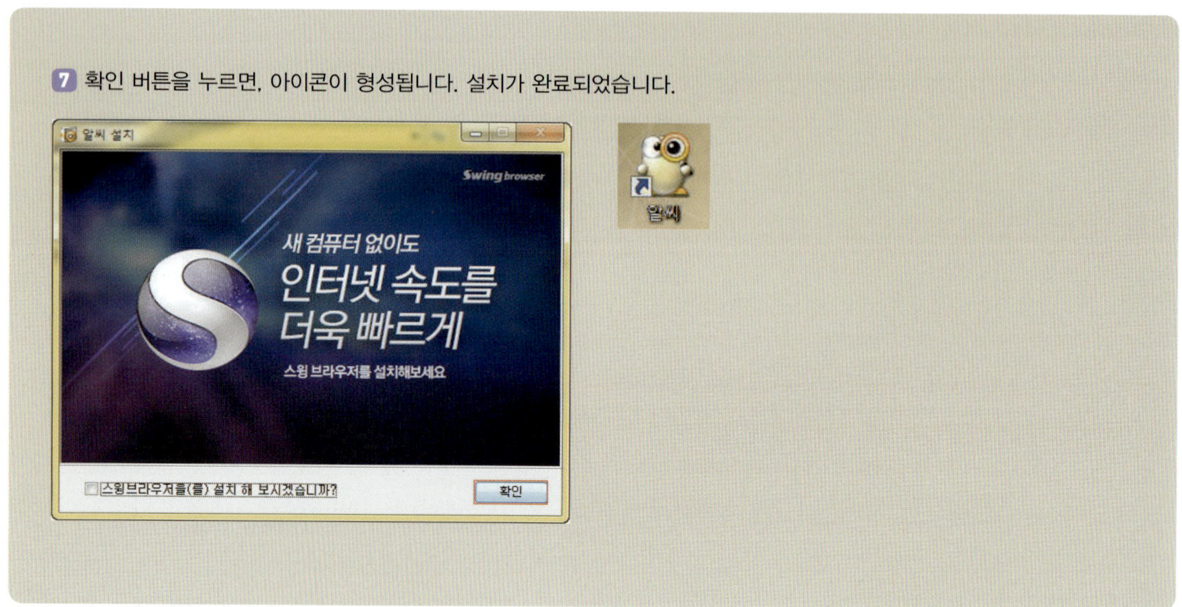

# 08 제안서 만들기

제안서 작업은 인테리어의 시작단계에서 꼭 제출해야 되는 문서 중 하나입니다. 제안서 내용을 어떻게 진행할지 고민해봐야 합니다. 이 시점이면 도면 계획이 진행되어서, 찾은 자료들을 어떤 식으로 분류할지도 정해져야 합니다. 일러스트레이터에서 제안서 작업시 장점은 한번에 많은 사진을 불러올 수 있다는 것입니다. TV프로그램중 범죄현장 사진을 손으로 밀어서 화면에 보이게 하는 장면이 나오는 CIS 보셨나요? 그 장면처럼 일러스트에서 작업이 가능합니다. 분류하고 싶은대로 사진을 분류해두고 하나하나 아트보드에 배치하는 것이죠.

핸드폰으로 촬영한 사진은 대용량일 수 있으니. 사진크기를 반드시 줄여서 불러와야 합니다. 컴퓨터가 멈춰버리는 사태도 이따금씩 발생할 수 있습니다. ^^

**1** 새 창 만들기 단축키 Ctrl + N 을 눌러 대지수 '9', 열'3' 으로 설정 후 확인 버튼을 누릅니다. 대지가 9개 3개의 열씩 정렬된 아트보드가 만들어 졌습니다.

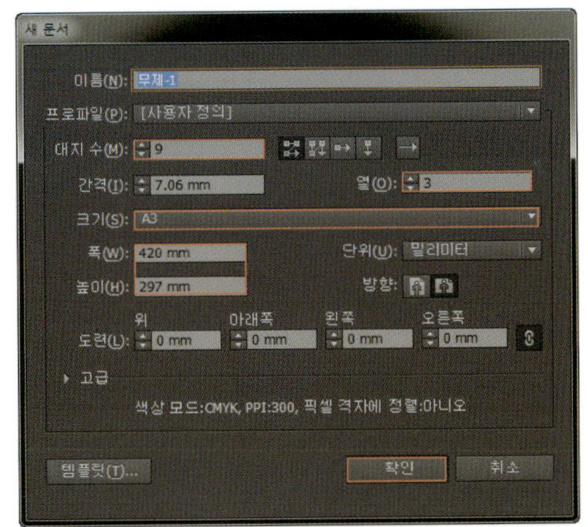

**2** 열기 단축키 Ctrl+O을 눌러서 부록CD_Part03_ 08_예제_제안서만들기_시작.Ai 파일을 열어줍니다.

**3** 제목 페이지와, 내용 페이지입니다. 제목 페이지를 선택 툴( ) 단축키 V로 드래그하여 선택하고 복사하기 단축키 Ctrl+C를 눌러 복사합니다. 만들어둔 새 창 탭으로 이동해서 붙여넣기로 Ctrl+V로 붙여넣으면, 다음과 같이 되죠.

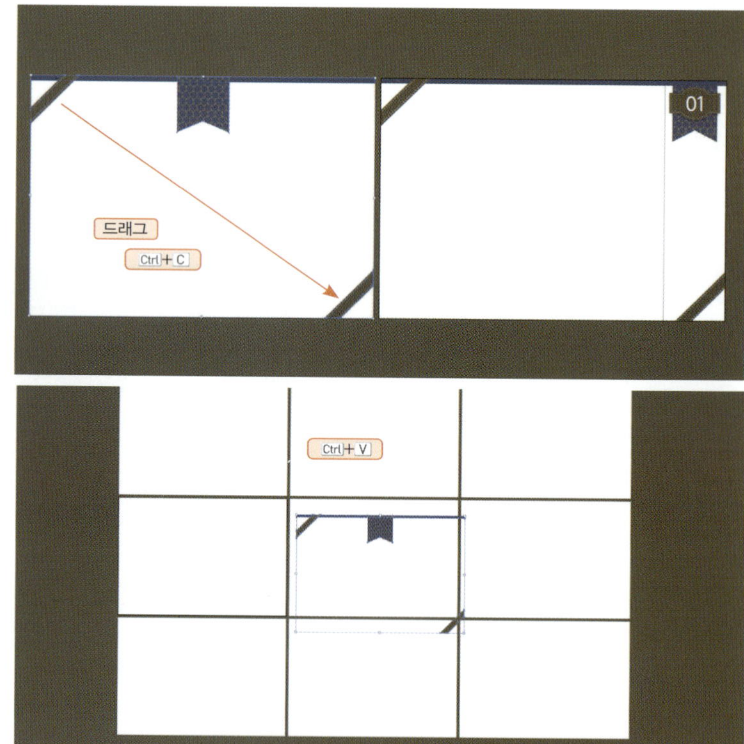


**4** 원하는 아트보드에 복사하는 파일과 같은 배치로 붙여넣고 싶을 땐 제자리 붙이기 단축키 Shift+Ctrl+V를 눌러 붙여넣어줍니다.

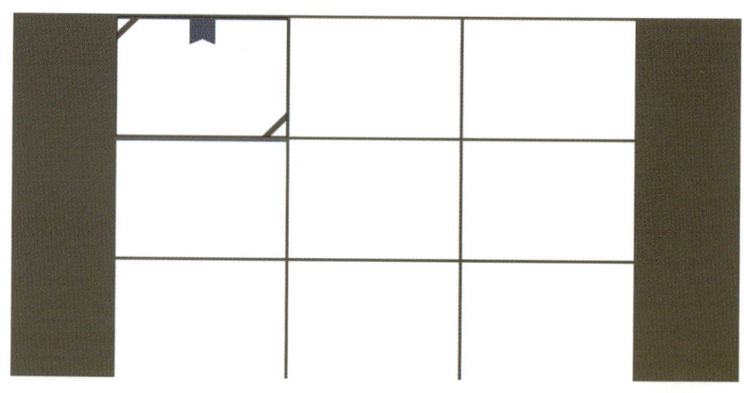

**5** 내용 페이지도 드래그하여 선택하고 복사하기 단축키 Ctrl+C를 눌러 복사해 준 후, 제자리 붙이기 단축키 Shift+Ctrl+V를 눌러 붙여 넣어줍니다. 다른 아트보드에도 같은 방법으로 다음과 같이 붙여 넣어줍니다.

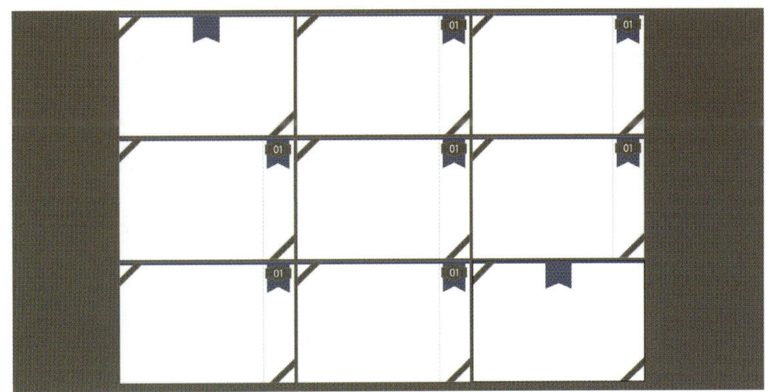

**6** 아트보드에 제목을 붙여봅니다. 문자 툴(T) 단축키 T를 눌러 아트보드마다 제목을 써줍니다. 준비한 파일과 내용을 어떤 차례로 이어나갈지에 대한 정리차원이라 생각하시면 됩니다.

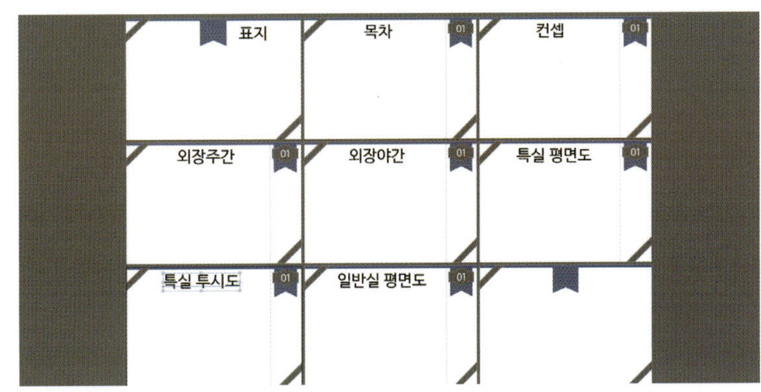


**7** 일반실 투시도 페이지를 더 넣어야겠네요. 아트보드를 복사해야겠습니다. 아트보드툴 단축키 Shift+O를 누르고, 제일 마지막 페이지 [09-대지9]를 선택한 후, [Alt]키를 누른 상태로 드래그 하여 다음과 같이 배치해줍니다.

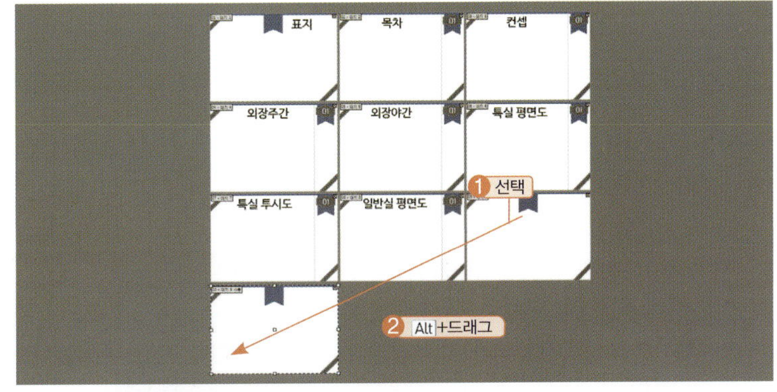


가만히 보시면, 페이지마다 넘버가 지정되어 있을텐데요. 뒷페이지가 모자라서 근처에 있는 아트보드를 복사하게 되면, 나중에 PDF파일로 저장할 때 순서가 섞이게 됩니다.

**8** 제목 페이지를 단축키 Ctrl+C 를 눌러 복사하고 제자리 붙여넣기 Shift+Ctrl+V 를 눌러 다음과 같이 정리해 줍니다.

 알 아 두 기

반대로 아트보드를 너무 많이 만들었나요? 아트보드 툴 단축키 Shift+O 를 누르고, 삭제할 아트보드를 선택한 후 Delete 버튼을 눌러 삭제해줍니다. 명령어가 제대로 적용되지 않을때는 한글키가 눌러지진 않았는지 확인합니다.

**9** 부록CD_Part03_08_예제 파일을 열고, 전체선택하기 단축키 Ctrl+A 를 눌러 파일을 전체선택한 후, Ctrl+C 를 눌러 복사해 줍니다.

| 이름 | 날짜 | 유형 | 크기 | 태그 |
| --- | --- | --- | --- | --- |
| 예제_외장야간 | 2013-04-15 오후 2:39 | 알씨 JPG 파일 | 1,888KB | |
| 예제_외장주간 | 2013-04-15 오후 2:39 | 알씨 JPG 파일 | 1,947KB | |
| 예제_일반실투시도01 | 2013-04-15 오전 9:26 | 알씨 JPG 파일 | 1,956KB | |
| 예제_일반실투시도02 | 2013-04-15 오전 9:26 | 알씨 JPG 파일 | 1,933KB | |
| 예제_일반실평면도 | 2014-04-27 오전 11:47 | Encapsulated PostSc... | 476KB | |
| 예제_특실투시도 | 2013-04-15 오전 9:26 | 알씨 JPG 파일 | 2,453KB | |
| 예제_특실평면도 | 2014-04-27 오전 11:47 | Encapsulated PostSc... | 509KB | |

**10** 일러스트레이터 작업화면을 열고 단축키 Ctrl+V 를 눌러 붙여넣어줍니다. 선택 툴( ) 단축키 V 를 누르고, 외장은 외장대로 도면은 도면대로 투시도는 투시도대로 분류해봅니다.

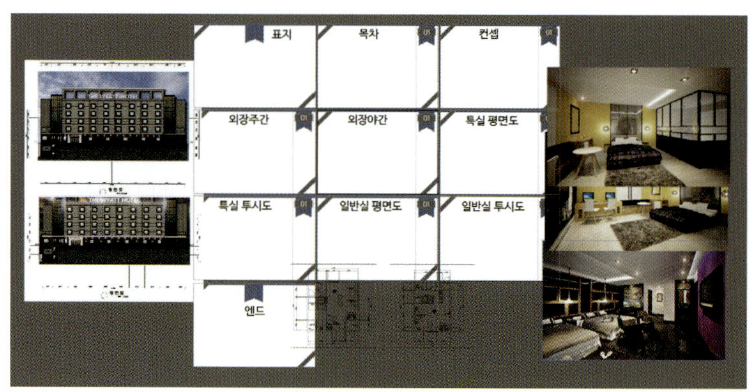

**11** 이미지의 크기를 조절하는 방법은 여러 가지가 있는데요. 그 중 하나의 방법은 이미지를 선택하고 마우스 우클릭 [변형]–[크기 조절]을 선택합니다. 크기 조절 창이 나오면, 균일에 50%를 입력한 후 확인 버튼을 누릅니다. 이미지의 크기가 줄었습니다.

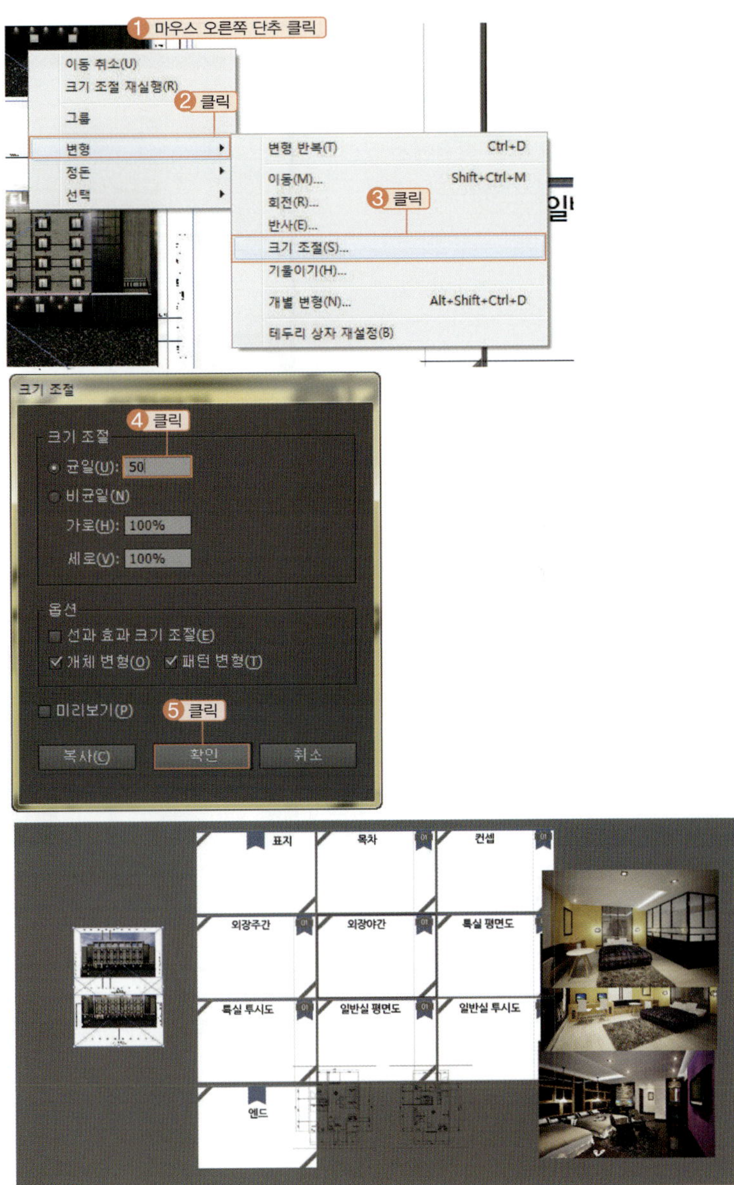


**12** 또 하나의 방법으로는 이미지를 선택하고, 모서리를 드래그하여 줄여주는 방법입니다. 편한 방법을 선택해서 사용하면 됩니다.

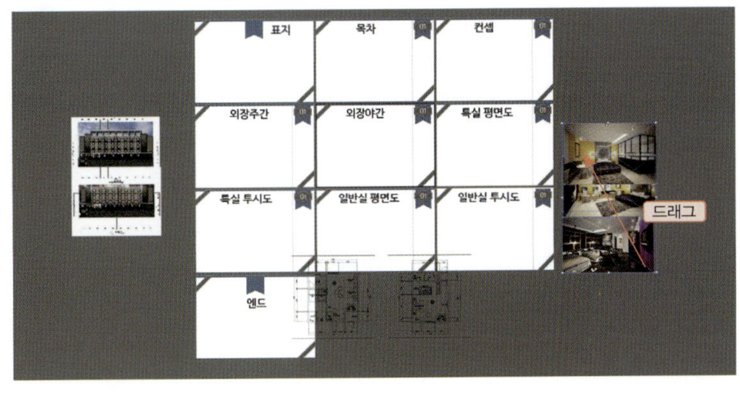

**13** 아트보드 페이지의 제목에 맞게 이미지를 배치합니다. 이미지를 세밀하게 배치하고 싶으면 눈금자 단축키 Ctrl + R 을 누르고, 위에서 드래그 또는 좌측에서 드래그하여, 눈금자를 위치시켜줍니다.

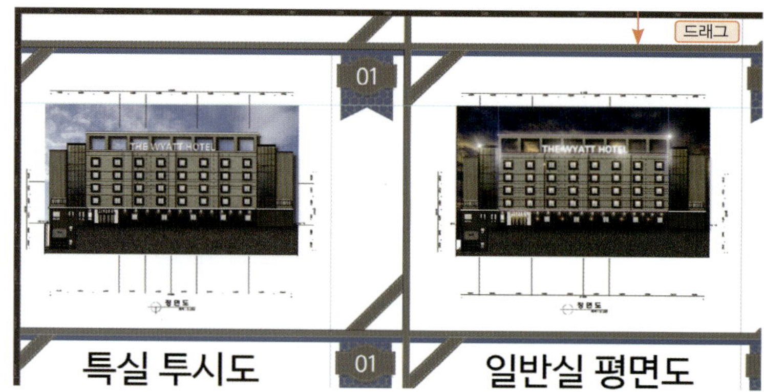


**14** 이미지가 제안서 틀보다 위에 있을 때는 Ctrl + Shift + [ 를 눌러 제일 뒤로 보내줍니다.

▲ 제안서 틀보다 이미지가 위에 있을 때

▲ 제안서 틀보다 이미지가 아래로 이동

**15** 이미지 배치가 다 되었으면 선택 툴(￼) 단축키 V 를 누르고, Shift 키를 누르면서 이미지를 선택해줍니다. 이미지 경로가 지정되어 있어 X로 표시됩니다. 컨트롤 패널의 [포함] 버튼을 눌러 이미지를 파일에 포함시켜 줍니다.

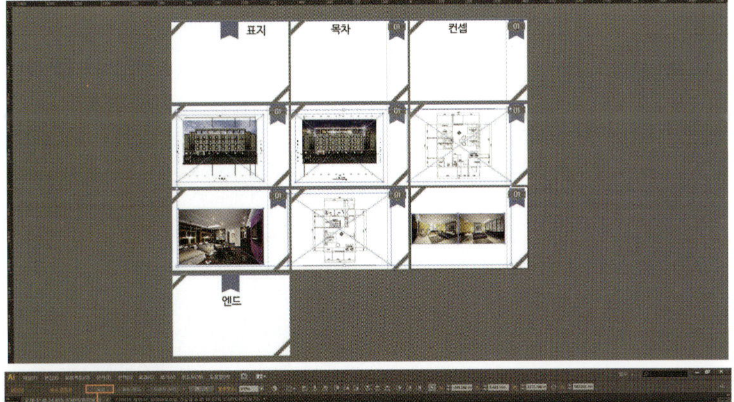


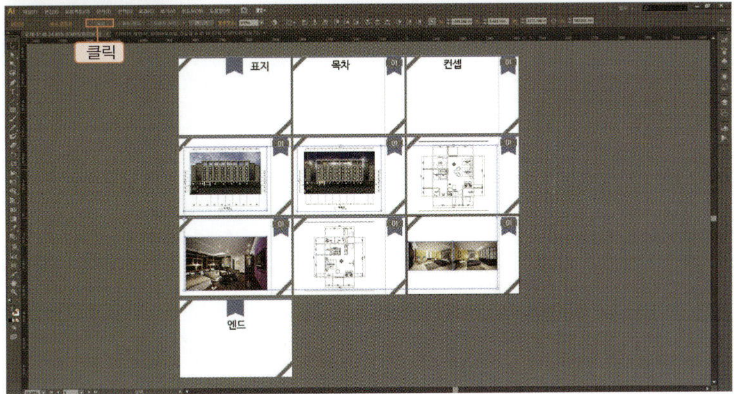


**16** 표지부터 차례로 정리해 보도록 하겠습니다. 문자 툴(T) 단축키 T 를 눌러 'THE WYATT HOTEL'을 써줍니다. 폰트와 크기는 다음과 같이 지정하고, 색상견본에서 색상도 C:0, M:0, Y:0, K:90을 선택합니다.

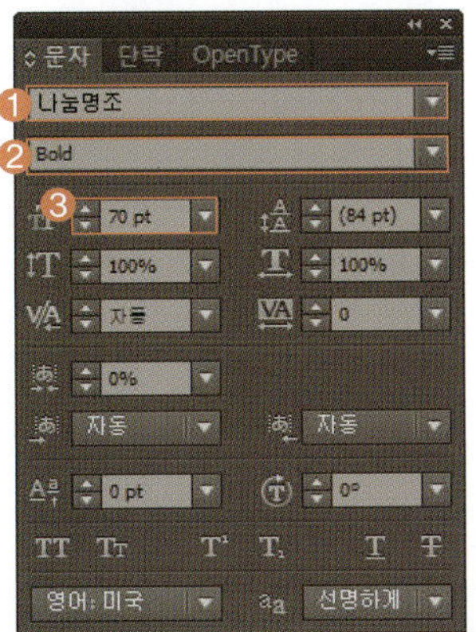


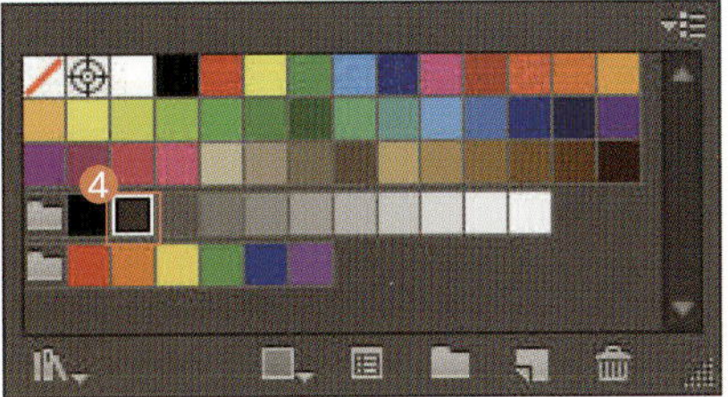

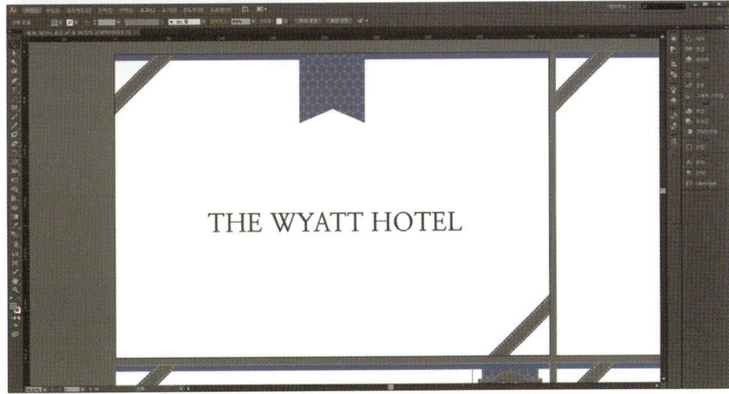

**17** Alt 키를 누른상태에서 아래로 드래그
하여, 문자를 복사하고, 'Interior Design'이
라 입력해줍니다. 폰트와 크기는 다음과
같이 지정하고, 색상견본에서 색상도 C:0,
M:0, Y:0, K:70을 선택합니다.

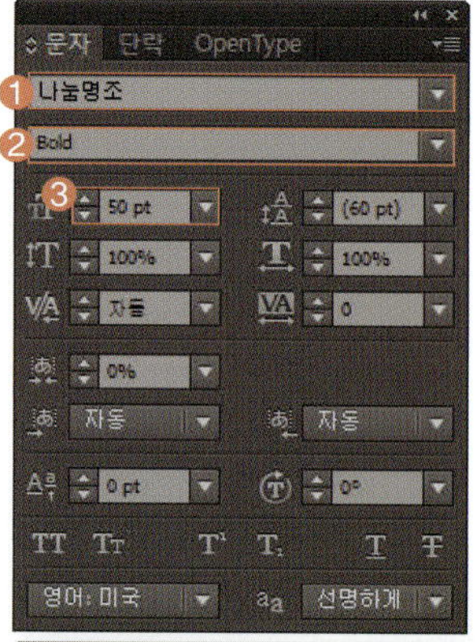

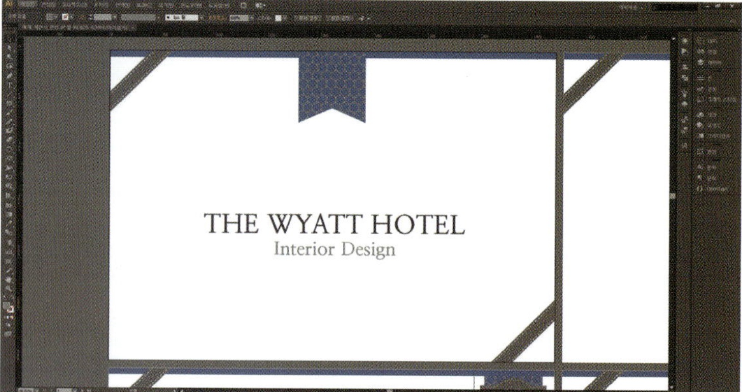


**18** 같은 방법으로 목차도 작성해서 배치
해봅니다.

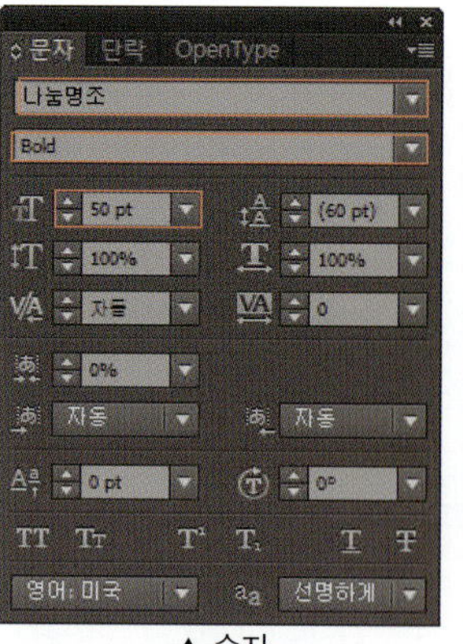

▲ 숫자

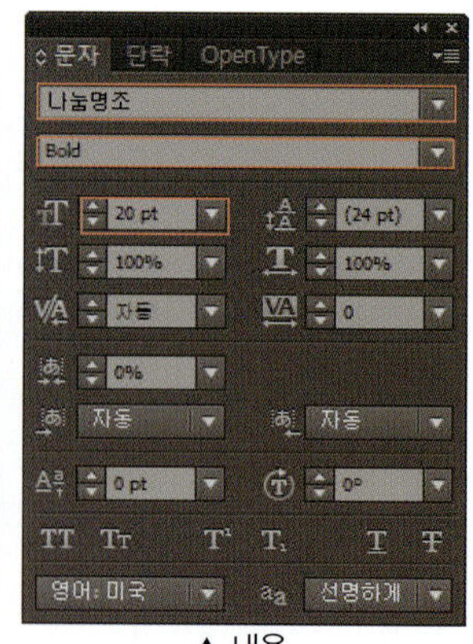

▲ 내용

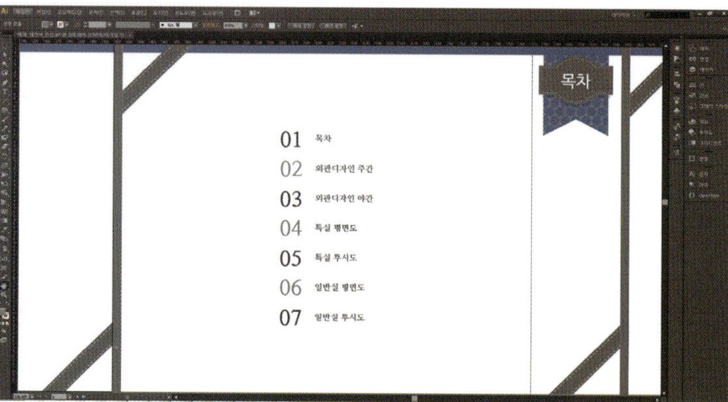

**19** 부록CD_Part03_08_예제_제안서만들기_텍스트.txt 파일을 열고, 전체선택하기 단축키 Ctrl + A 를 눌러 내용을 전체선택한 후, Ctrl + C 를 눌러 복사해줍니다.

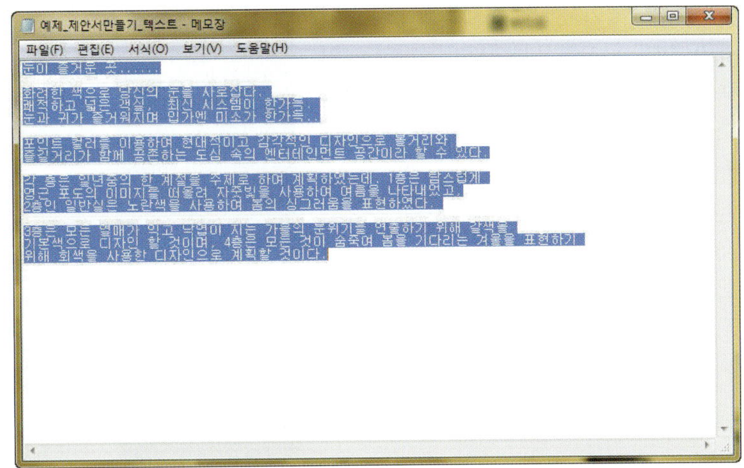

**20** 일러스트레이터 화면에서 Ctrl + V 를 눌러 붙여 넣어주고, 폰트는 '나눔명조'로 크기는 40pt로 설정해줍니다.

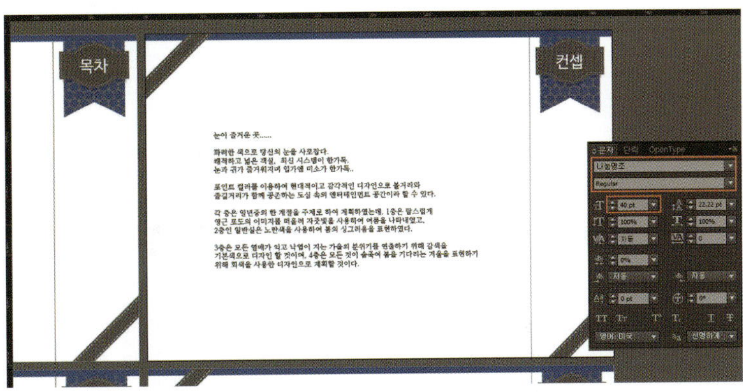

**21** 중요한 표현부분만 25pt정도로 키워서 문자크기도 조절해줍니다. 문자가 선택된 상태에서 Alt + ↓ 를 눌러 행간크기를 조절해줍니다. 포인트 글자만 드래그하여, 선택하고, 색상 견본 라이브러리에서 색상을 바꿔줍니다. 제목은 '01'로 소제목도 '컨셉'으로 입력합니다.

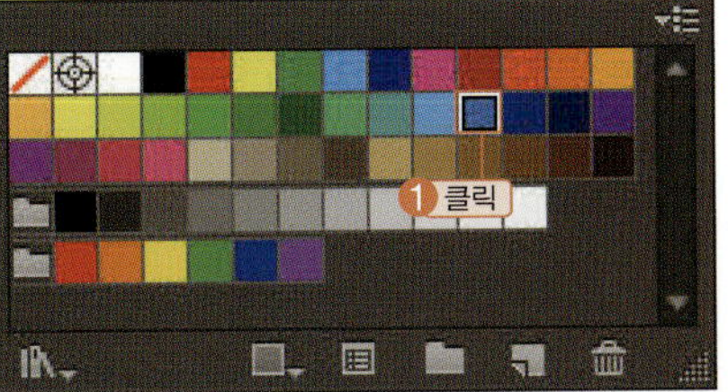

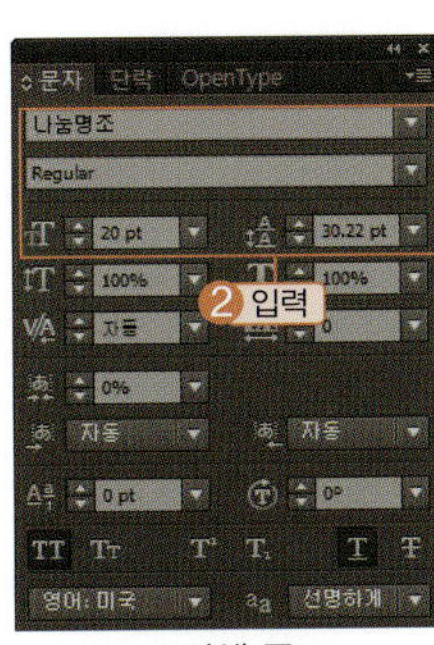

▲ 컨셉 폰트

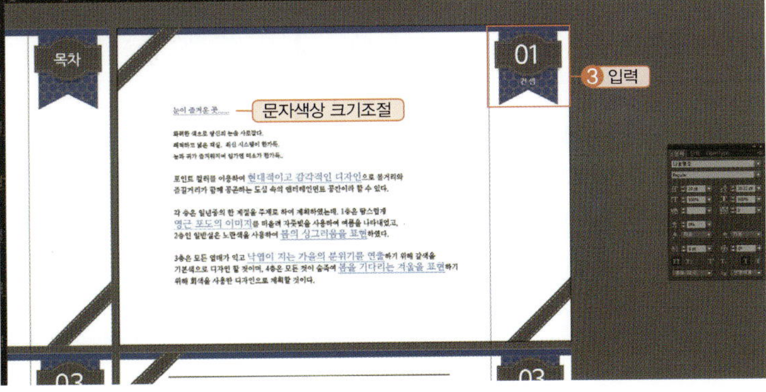

**22** 다른 페이지에도 소제목을 붙여야겠죠? '컨셉' 글자를 선택하고, 복사하기 단축키 Ctrl+C 를 누른 후 다른 페이지들에 모든 대지에 붙여넣기 단축키 Alt+Shift+ Ctrl+V 를 눌러 붙여 넣어줍니다. 표지, 엔드, 목차 페이지에 붙여진 글자만 선택해서 Delete 를 눌러 삭제해줍니다. 각 페이지의 특성에 맞게 제목을 수정해줍니다.

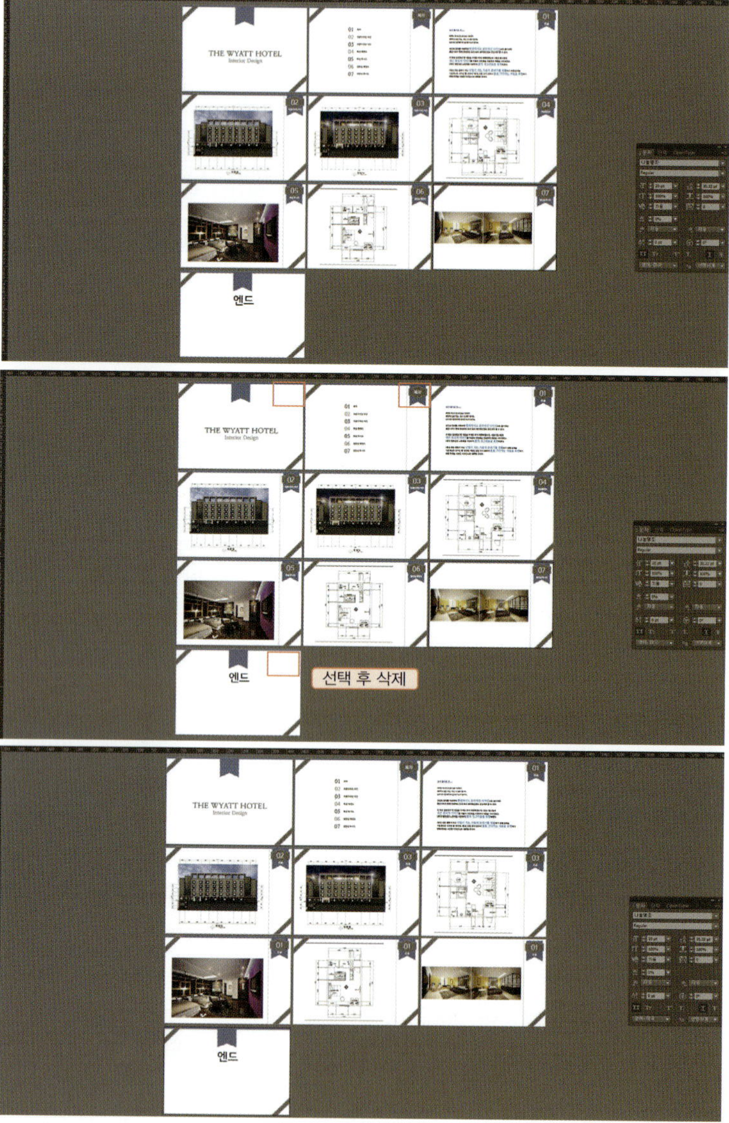


**23** 특실 평면도 페이지로 가보겠습니다. 도면 위, 아래쪽에 필요없는 선이 있네요. 삭제해보도록 하겠습니다. 도면을 선택하고 지우개 툴( ) 단축키 Shift+E 를 누른 후 위, 아래 선을 지워줍니다. 포인터가 크거나, 작나요? [ , ] 키를 이용해서 크기를 더 작게 또는 더 크게 조절 가능합니다.

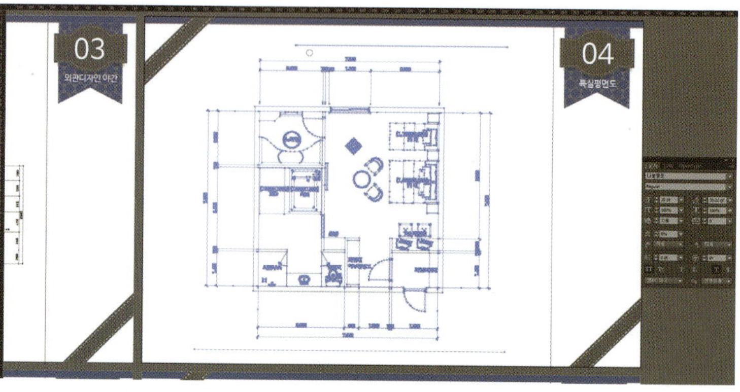

**24** 위, 아래 선이 지워졌습니다. 같은 방법으로 일반실 평면도도 삭제해줍니다.

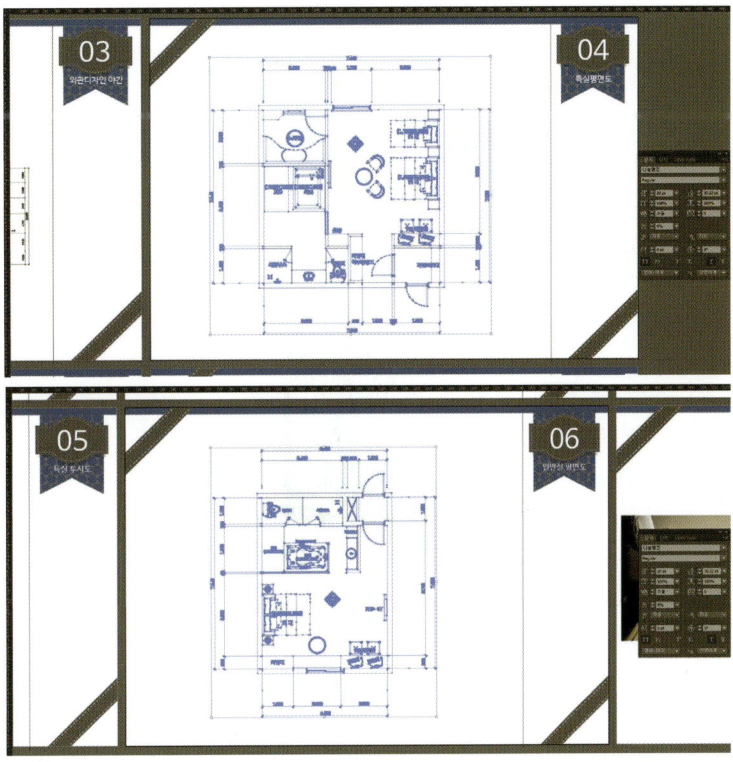

**25** 평면도에 실별로 묶음 사각형을 표기 해보도록 하겠습니다. 사각형 툴(▭) 단축키 M 을 눌러 다음과 같이 드래그해주고, 면색은 없음 선색은 CMYK청록으로 설정 해줍니다.

**26** 선 패널 단축키 Ctrl+F10를 누르고, 선두께, 점선사용 값을 다음과 같이 설정해줍니다.

**27** 선분 툴( ) 단축키 W를 눌러 다음과 같이 선을 그려줍니다. 삼각형을 만들어보도록 하겠습니다. 다각형 툴( ) 단축키 :를 누르고 방향키 ↓를 세 번눌러 삼각형을 만들어주고 다음과 같이 배치해줍니다. 문자 툴( T ) 단축키 T를 눌러 실명도 써줍니다.

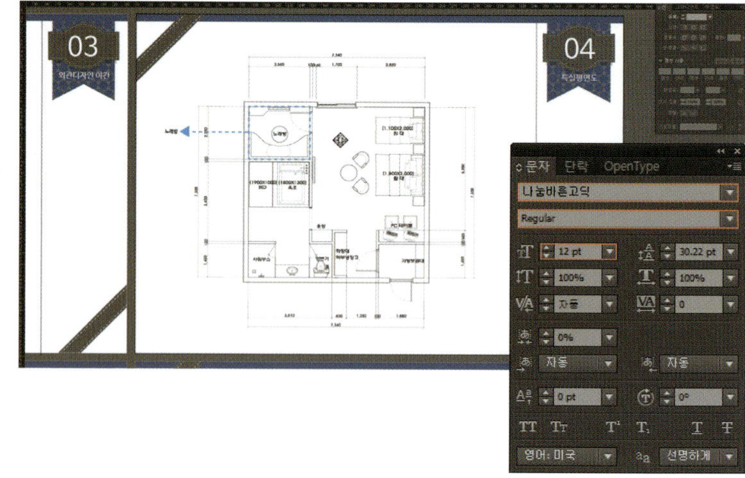

**28** 다른실들도 표기해보도록 하겠습니다. 사각형 툴( ) 단축키 M을 눌러 다음과 같이 사각형을 드래그하여 그려줍니다. 욕실처럼 사각형을 두 번 그려야 할 경우 사각형 두 개를 선택하고 도형구성 툴( ) Shift+M을 눌러 드래그하여 하나의 도형으로 합쳐줍니다.

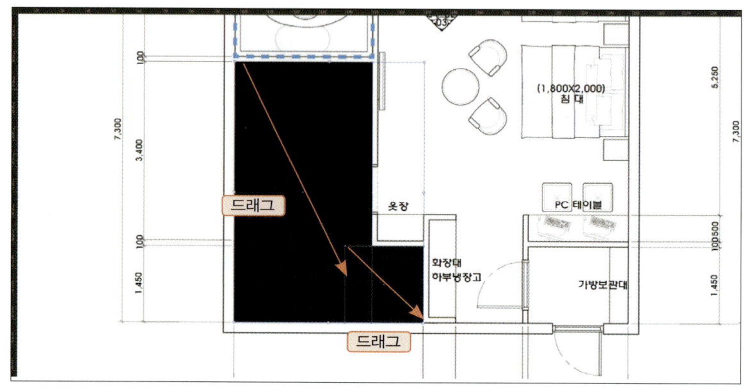

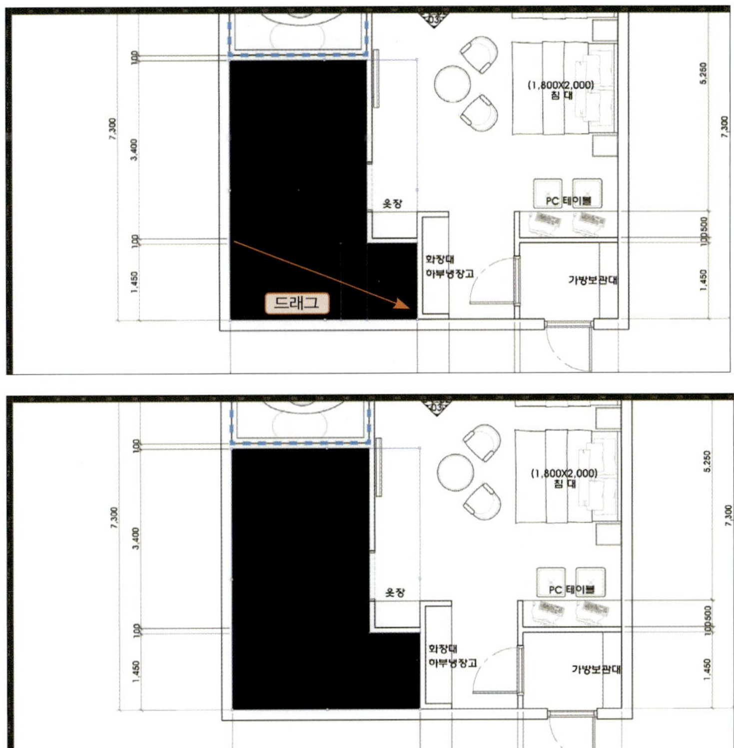



**29** 스포이드 툴(   ) 단축키 **I** 를 누르고 **28**번에서 만들어둔 사각형을 클릭합니다. 색상이 변경되었습니다. 나머지 객실도 같은 방법으로 다음과 같이 표기해 줍니다.

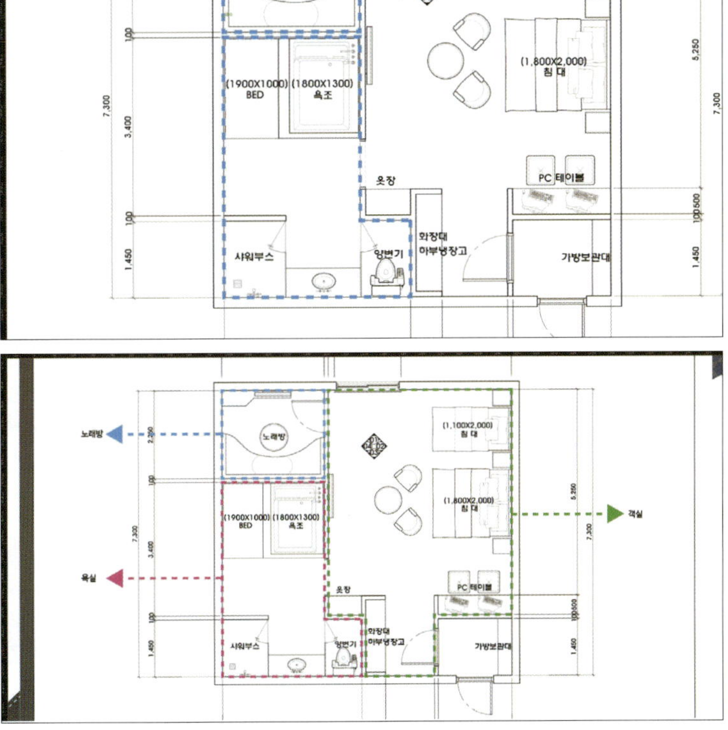

**30** 일반실 평면도도 같은 방법으로 표현해줍니다.

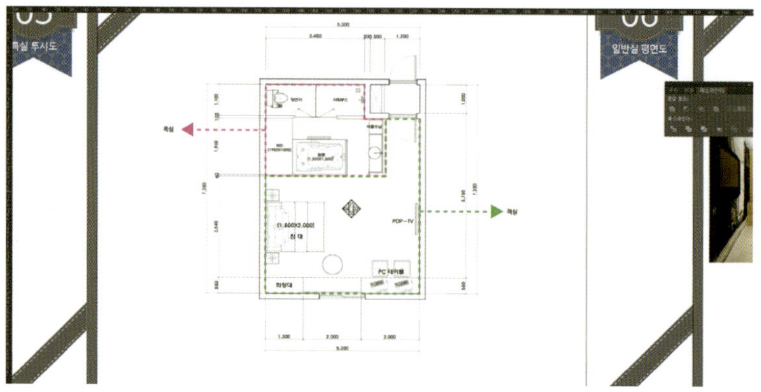

**31** 키플랜을 만들어보겠습니다. 특실 평면도를 선택하고 Ctrl+C를 눌러 복사한 후 Ctrl+V를 눌러 빈 화면에 붙여줍니다. 지우개 툴( ) 단축키 Shift+E를 눌러 치수선을 지워줍니다.

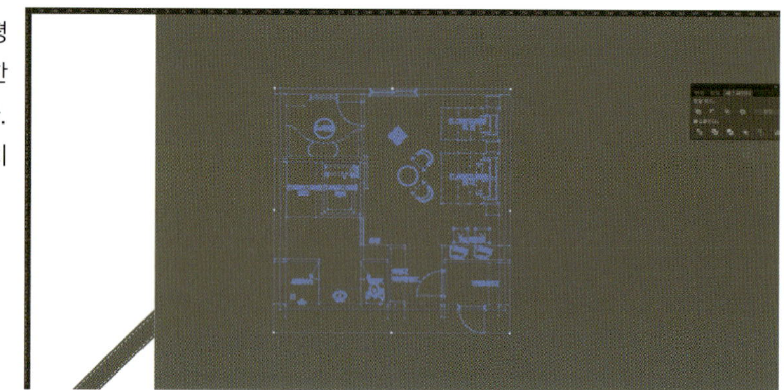

**32** 같은 방법으로 일반실 평면도도 키플랜을 만들어서 배치해주고, 'KEY PLAN'도 입력하여 배치해줍니다.

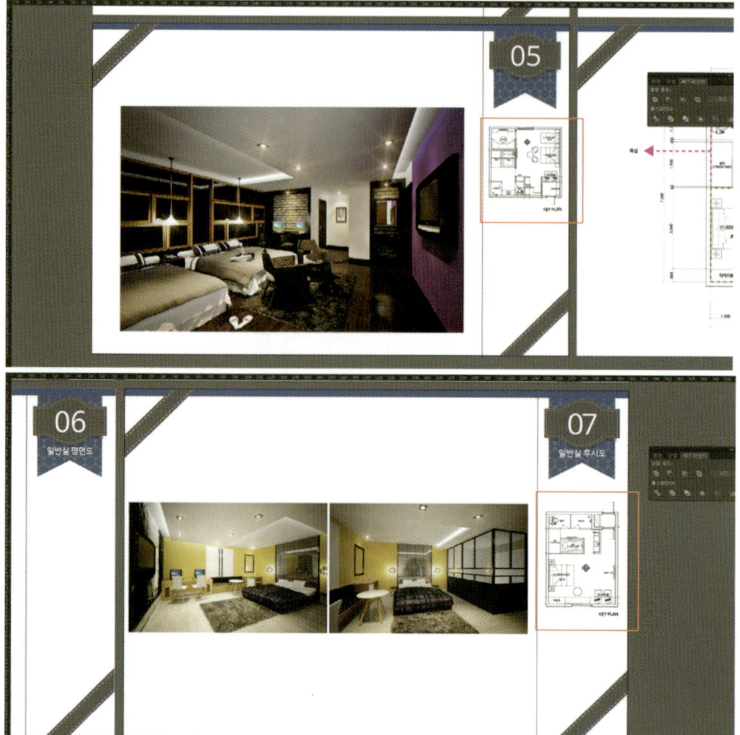

**33** [윈도우]–[심볼라이브러리]–[웹아이콘]을 선택하고, 알림 아이콘을 빈 화면으로 드래그합니다.

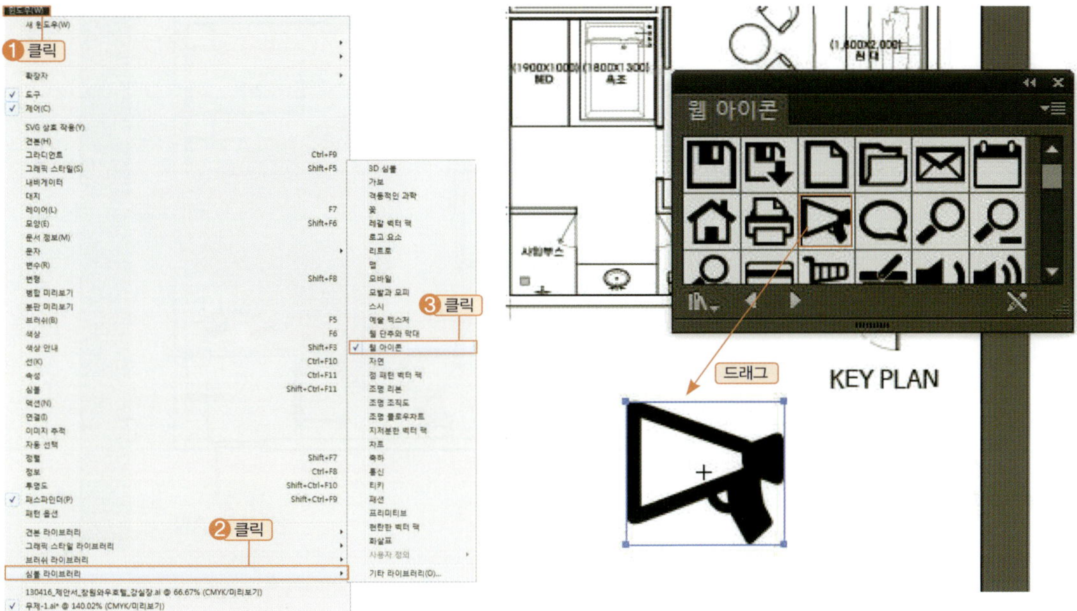


**34** 컨트롤 패널의 [연결끊기] 버튼을 눌러 일반패스로 만들어 준 후 색상을 변경해줍니다.

**35** 모서리를 드래그하여 오브젝트의 크기를 줄여주고 다음과 같이 배치해줍니다.

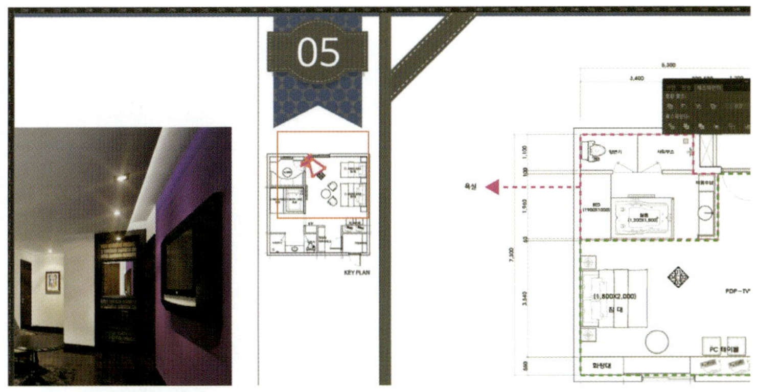

**36** 다각형 툴( ) 단축키 : 를 누르고 방향키 ↓ 를 세 번눌러 삼각형을 만들어 준 후, 다음과 같이 배치해줍니다. 조금전 삼각형에서 명령이 종료된 상태라 삼각형 이 바로 적용됩니다.

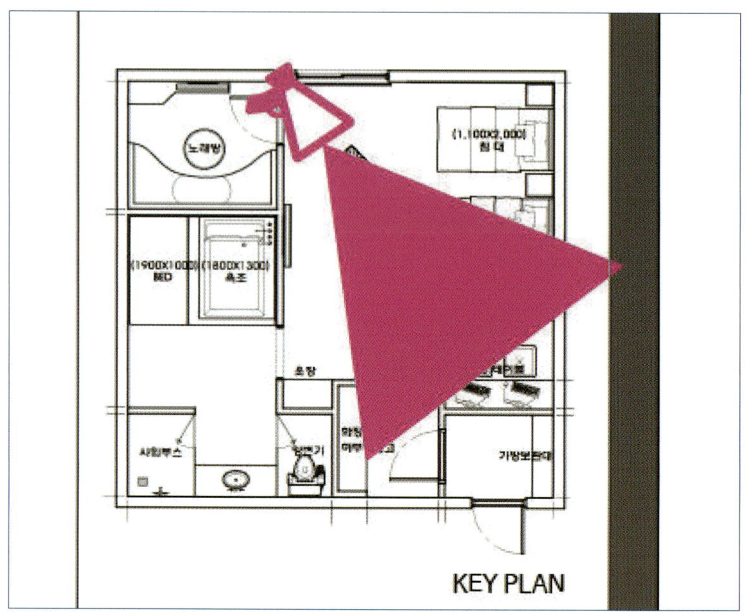



**37** 컨트롤 패널의 불투명도를 20으로 입 력하여, 반투명하게 조절해줍니다.

**38** 일반실 투시도에도 적용해보도록 하겠습니다. 오브젝트를 선택하고, [Alt]키를 누르면서 우측으로 이동하여, 복사해줍니다.

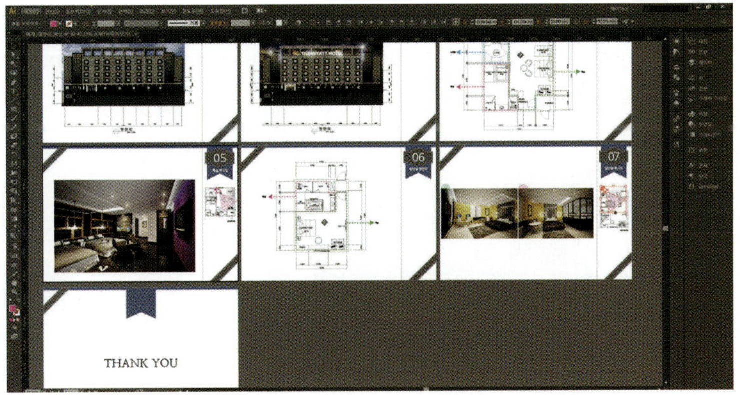

**39** 모서리쪽에 마우스를 가져가면 회전할 수 있는 커서가 표시됩니다. 그 때 딱 잡고 회전하면됩니다. 회전이 잘 안되나요? 마우스 우클릭 [변형]–[회전]–[회전각도]를 조절하여도 회전이 가능합니다. 다음과 같이 위치시켜 줍니다.

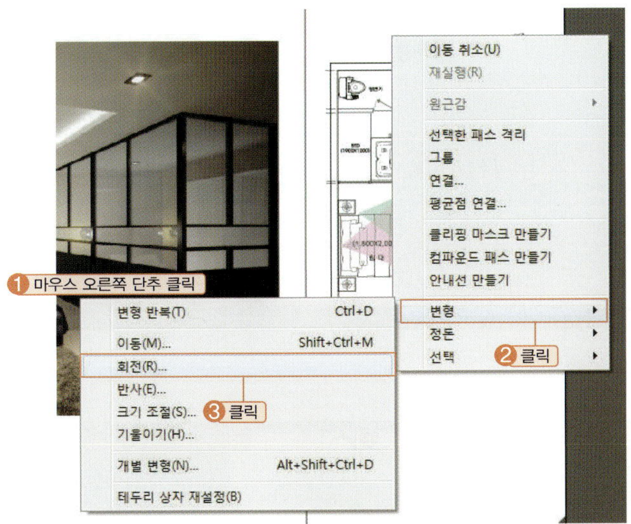


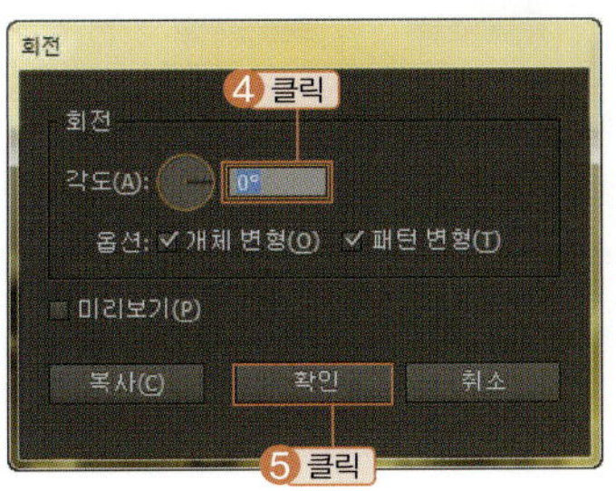


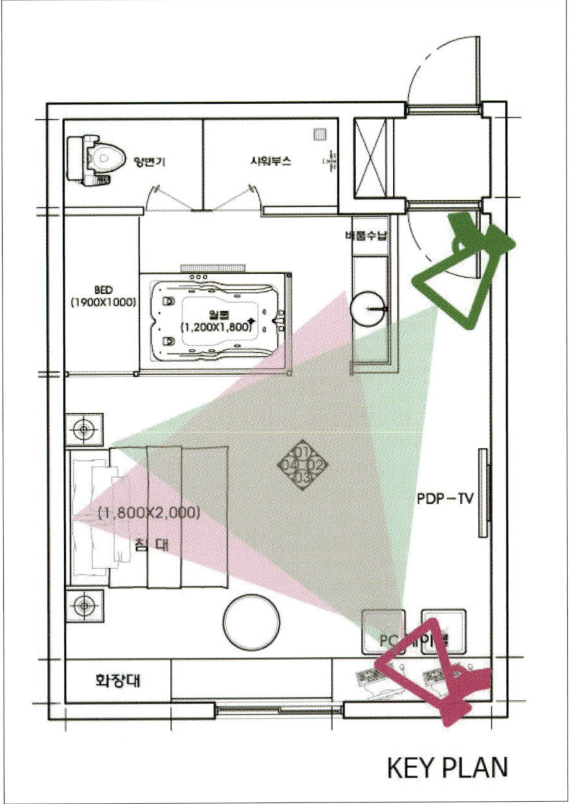

**40** 원형 툴(◯) 단축키 L을 누르고 이미지 위에 드래그해줍니다. 카메라와 같은 색상으로 맞춰줍니다. 컨트롤 패널에서 불투명도를 20으로 조절해줍니다.

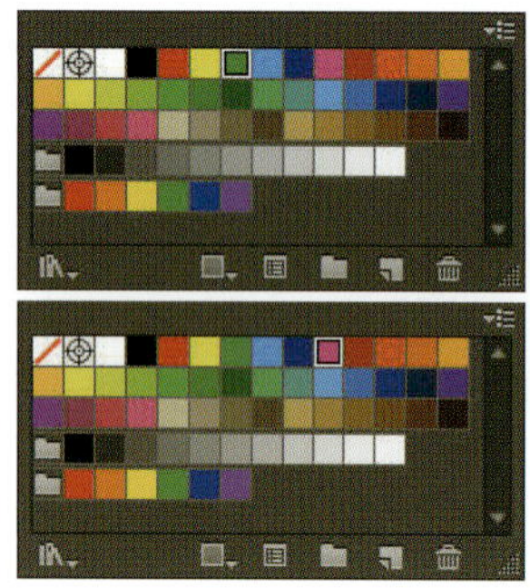

**41** 마지막 엔드페이지입니다. 표지의 글자를 Ctrl+C를 눌러 복사한 후 Shift+Ctrl+V를 눌러 붙여 넣어줍니다. 더블클릭하여 'THANK YOU'로 문구를 변경해줍니다.

**42** 제안서가 완성되었습니다.

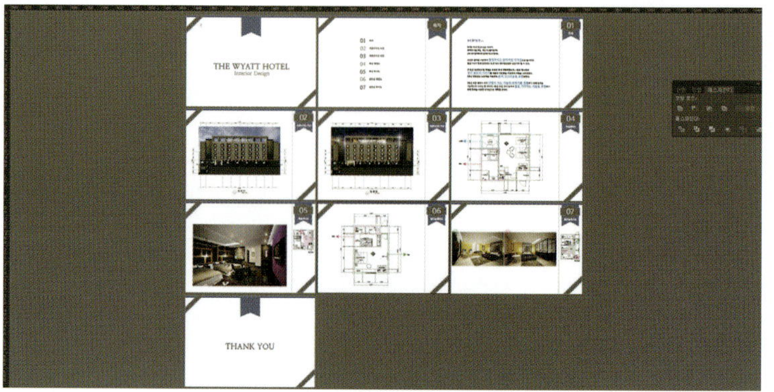

**43** 저장해보도록 하겠습니다. 다른이름으로 저장하기 단축키 Shift+Ctrl+S를 누르고, 저장위치와, 파일이름을 지정한 후 저장 버튼을 누릅니다.

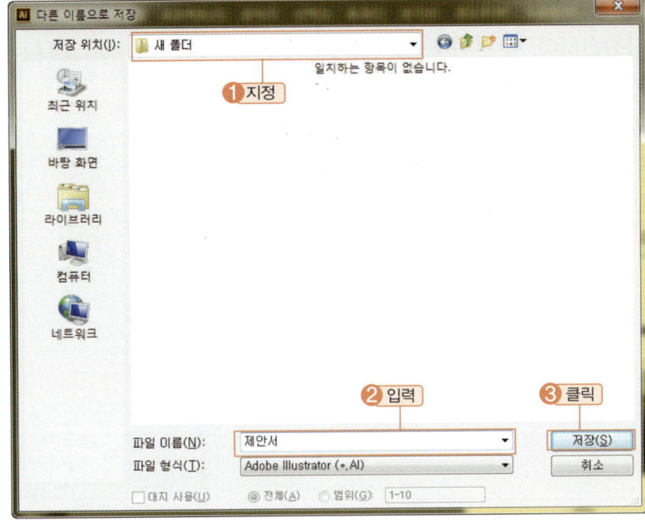

**44** 옵션 창이 나타나면 버전을 확인하고 확인 버튼을 누릅니다. 다른 사람에게 파일을 보낼 때는 버전 확인을 꼭 해야 합니다.

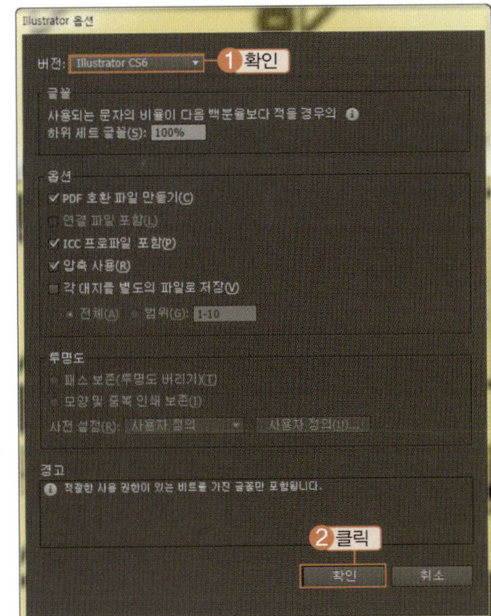

**45** 이번에는 PDF파일로 저장해보도록 하겠습니다. 다른이름으로 저장하기 단축키 Shift+Ctrl+S 를 누르고, 저장위치와, 파일이름을 지정한 후 저장 버튼을 누릅니다. 옵션 창이 나타나면 별다른 설정 없이 PDF저장 버튼을 누릅니다.

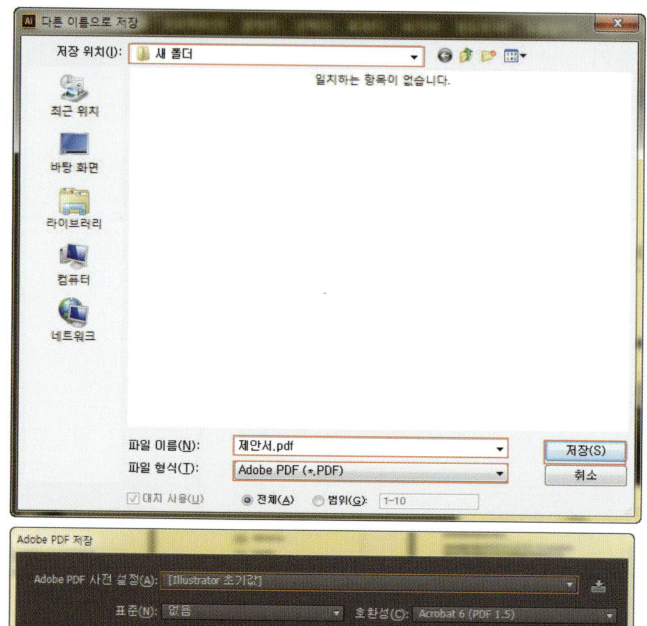

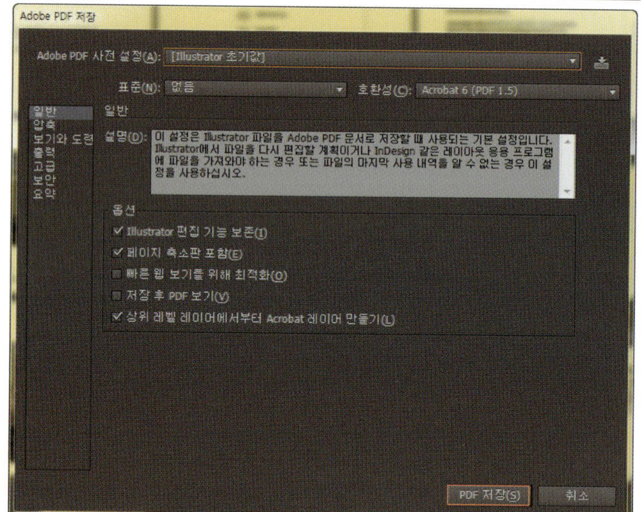

**46** 잘 저장되었는지, PDF파일을 열어 보겠습니다. 표지포함해서 10페이지가 잘 저장되어 있습니다. 완성되었습니다. PDF 용량 줄이는 법은 Part02_Lesson13_PDF 파일 용량 줄이기를 참고하시기 바랍니다.

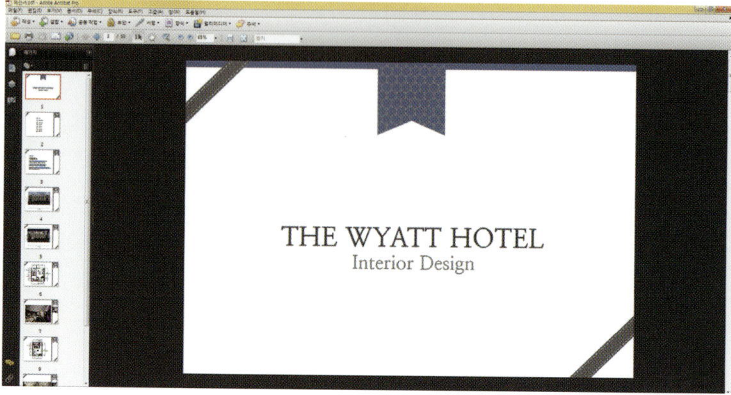

# MEMO

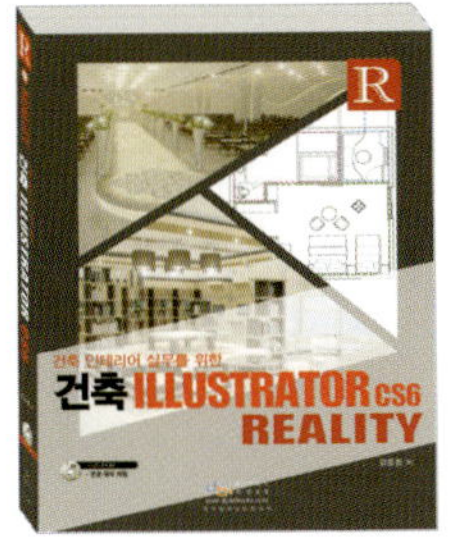

건축인테리어 실무를 위한

# 건축 ILLUSTRATOR CS6 REALITY

**1판 1쇄 인쇄** 2014년 7월 25일
**1판 1쇄 발행** 2014년 7월 30일

—

지 은 이  강윤정
발 행 인  이미옥
발 행 처  디지털북스
정    가  25,000원
등 록 일  1999년 9월 3일
등록번호  220-90-18139
주    소  (143-849)서울 광진구 능동로 32길 159
          (구 주소 : 서울 광진구 능동 253-21)
전화번호  (02)447-3157~8
팩스번호  (02)447-3159

—

ISBN 978-89-6088-142-6 (13000)
D-14-11
Copyright ⓒ 2014 Digital Books Publishing Co,. Ltd

DIGITAL BOOKS
www.digitalbooks.co.kr
디·지·털·세·상·의·이·안·내·자

D-14-11

건축인테리어 실무를 위한
건축 ILLUSTRATOR CS6 REALITY